Richard Stiegler

Zwischen Zeit und Ewigkeit

∞

Richard Stiegler

Zwischen Zeit und Ewigkeit

Eine Entdeckungsreise durch die
drei Ebenen des menschlichen Bewusstseins

arbor

Arbor Verlag
Freiburg im Breisgau

1. Auflage 2021

Lektorat: Thomas Böhmer
Titelfoto: ©pixel2013 / S. Hermann & F. Richter
Umschlaggestaltung und Satz: mediengenossen.de
Druck und Bindung: Eberl & Kœsel, Krugzell

Dieses Buch wurde auf 100 % Altpapier gedruckt und ist alterungsbeständig.
Weitere Informationen über unser Umweltengagement finden Sie unter
www.arbor-verlag.de/umwelt

www.arbor-verlag.de

ISBN 978-3-86781-362-4

Die Seele ist geschaffen an einem Ort
zwischen Zeitlichkeit und Ewigkeit,
in die beide sie hineinragt.

Mit ihren höchsten Kräften
rührt sie an die Ewigkeit,
aber mit ihren untersten Kräften
berührt sie die Zeitlichkeit.

MEISTER ECKHART

Inhalt

Einleitung 11

Fragen über Fragen 13

Eine Entdeckungsreise 16

1 Wie wirklich ist die Wirklichkeit? 21

Bewusstseinszustände und ihre Wirkung 23

Viele Rollen und die Frage nach der Identität 27

Wie die Dinge lebendig werden 31

Mit den Augen einer Libelle schauen 34

Nur eine Welt? 37

Die Schlüsselrolle des Bewusstseins 41

2 Die äußere Wirklichkeit – die Alltagsrealität 45

Eine Welt der Abstraktion 47

Wie wir eine äußere Wirklichkeit erschaffen 50

Die Fähigkeit der Zusammenarbeit 52

Wie die Alltagsrealität uns begrenzt 55

Ein kurzer Ausflug ins Gehirn 60

Ich und die Ich-Identität 65

Wo kommen unsere Ängste her? 71

Zusammenfassung Alltagsrealität 74

3 Im Reich der Seele – die Seelische Realität 77

Der Fluss in uns 79

Eine innere Perspektive 81

Subjektivität und die Falle der Generalisierung 84

Erfüllung und das Verstehen 88
Das Wesen des Mangels 91
Was wir suchen, ist in uns 94
Die Tiefendimension der Seele 95
Motivation und Gestaltkraft 99
Eine fließende Identität 102
Ein Land der unbegrenzten Möglichkeiten 105
Das Mysterium des Lebens 109

4 Am Grund aller Dinge – die Absolute Realität 115
Das Unermessliche 117
Phasen der Offenbarung 119
Die Ohnmacht im gegenwärtigen Moment 128
Wer wir sind 131
Nach innen fallen 133
Das Gewahrsein – eine eigene Welt 134
Losgelöst und frei 137
Unberührt und zeitlos 140
Einverstanden und heil 142
Empfangend und schöpferisch 145
Verbunden und allesdurchdringend 148
Demütig und dankbar 150

5 Vom Entstehen der Bewusstseinswelten 157
Die Verzahnung von individueller und kollektiver Entwicklung 159
Leben in der Einheit 161
Die Vertreibung aus dem Paradies 165
Wie die Welt entsteht 168
Sich in der Welt zurechtfinden 174

Wie wir zwei Welten erschaffen 177
Vom Funktionalen Ich zur Ich-Identität 180
Das Ich – ein Chamäleon 185
Innere Stabilität und Ich-Struktur 190
Primärerfahrungen der seelischen Entwicklung 192
Das erste und wichtigste Sinnesorgan 194
Das Hören als Tor zur Seele 197
Bewegung und Selbstausdruck 199
Natur als Seelenraum 201
Magische Phase und emotionale Kompetenz 203
Zusammenfassung und wie es weitergeht 205

6 Das Zusammenspiel der Ebenen 209

Das individuelle Bewusstsein 211
Eine dialogische Grundhaltung einnehmen 214
Wie wir uns auf Realitätsebenen fixieren 216
Das Anerkennen der Ebenen 221
Die Realitätsebenen im Tagesablauf 223
Projekte gestalten 226
Die Bedeutung des Absoluten für Projekte 229
Wenn wir krank werden 233
Der Ort, an dem wir heil sind 239
Es gibt nur *ein* Bewusstsein 241
Wie sich die Realitätsebenen durchwirken 244

7 Missverständnisse und Verwechslungen 251

Die Bedeutung von Gesetzmäßigkeiten 253
Das falsche Werkzeug benutzen 254
Kann der Glaube Berge versetzen? 256

Über das Missverständnis der Magie 260
Vom Wesen des Wunders 265
Sich in der Innenwelt verlieren 269
Ängste bei veränderten Bewusstseinszuständen 274
Gibt es Engel? 277
Als Jesus übers Wasser ging 284
Warum Gespräche manchmal so unbefriedigend sind 288
Zwischen Relativität und Fundamentalismus 291
Der Verlust der Bodenhaftung 295

8 Ein neuer Blick aufs Leben 301
Wachstum und Bildung 304
Sicherheit und Vertrauen 312
Wert und Vollkommenheit 321
Wissen und Weisheit 328
Freiheit 336
Verbundenheit und Liebe 346
Wer sind wir? 354
Zwischen Zeit und Ewigkeit 366

Anhang
Zitatquellen 375
Dank 377
Begriffsklärungen 381
Ergänzende und weiterführende Literatur 389
Zum Autor 393

Einleitung

Können wir Menschen wie Vögel fliegen? Ganz klar, natürlich nicht. Und doch kann ich mich an Träume erinnern, in denen ich mich auf wundersame Weise vom Boden lösen konnte und durch den Raum schwebte. Eine beglückende Erfahrung. Ist eine innere Erfahrung weniger wirklich als eine äußere?

Konnte Jesus übers Wasser laufen? So steht es doch in der Bibel geschrieben. Ist hier wirklich die physische Realität gemeint, oder ist die Geschichte eine Metapher für eine seelische Dimension? Oder beides?

Wenn in den heiligen Schriften steht, dass der Glaube Berge versetzen kann, heißt das, dass wir nur fest genug glauben müssen, um sogar große Berge verrücken zu können? Oder anders gefragt: Können wir aufgrund von Gedanken und Wünschen unser äußeres Leben oder das von anderen Menschen beeinflussen, ja vielleicht sogar erwünschte Situationen hervorrufen und kontrollieren? Können wir, wie es manche Menschen praktizieren, einen Parkplatz qua Gedankenkraft bestellen oder einen anderen Menschen heilen, wenn wir nur fest genug daran glauben? Mit anderen Worten: Haben wir magische Kräfte?

Sollen wir nicht auf der anderen Seite uns anvertrauen und hingeben? Heißt es nicht im Vaterunser: »Dein Wille geschehe«? Wenn *sein* Wille geschieht, wie kann es dann sein, dass ich versuche, ihm *meinen* Willen abzutrotzen? Wie weiß ich denn überhaupt, was *sein* Wille ist?

Gibt es Engel und geistige Wesen? Manche behaupten, dass sie Kontakt zu diesen Wesen hätten. Dass sie sie sehen und hören könnten. Sind diese Menschen schizophren, oder ist der Normalsterbliche, der nicht mit Engeln verkehrt, geistig blind?

Wenn ein Erwachter wie Sri Nisargadatta Maharaj, angesprochen auf das Leiden in der Welt, antwortet: »Nichts geschieht«, ist er dann erwacht oder herzlos und abgestumpft? Wenn Menschen in der Meditation in Räume eintauchen, in denen sie mit leuchtenden Augen schildern, dass alles zutiefst in Ordnung sei, spalten sie dann etwas ab, oder sind sie verrückt geworden? Gibt es für diese Menschen kein Leiden mehr? Würden sie das auch noch sagen, wenn sie in der Zeitung über die Kriege und Hungersnöte dieser Welt lesen?

Ist eine Person, die über viele Jahre an einem Trauma, also an einer seelischen Verwundung, leidet und dann plötzlich die Erfahrung macht, dass sie zuinnerst heil ist und sie hier niemals verletzt wurde und niemals verletzt werden kann, in Zukunft immun gegen Verletzungen? Und wenn sie doch wieder psychisch oder physisch verletzt wird und Schmerz empfindet, war dann die Erfahrung des Heilseins eine schöne Illusion?

Wie ist das zu bewerten, wenn Menschen in ein Meditationsretreat gehen und dann nach Tagen der Stille eine universale Liebe zu allen Wesen fühlen, lieben sie dann jeden Menschen gleich? Könnten sie jede Person heiraten? Oder können sie dann nicht mehr heiraten, da sie eine Person nicht mehr ausschließlich lieben können und daher eine Bindung zu einer Person nicht mehr möglich ist?

Wie ist das überhaupt mit den Bedürfnissen? Wir alle haben doch individuelle Bedürfnisse und brauchen Nahrung, Wärme, seelische Zuwendung und vieles mehr? Wenn, wie Buddha sagt, wir das Leiden überwinden können und in Räume der absoluten Freiheit und

Verbundenheit eintauchen können, in denen es offenbar kein Leiden mehr gibt, oder vielleicht sogar nur noch Glückseligkeit, so wie manche Erwachte es ausdrücken, haben wir dann keine Bedürfnisse mehr oder sind sie dann alle erfüllt? Leben wir dann in einem inneren Schlaraffenland?

Ist nicht laut dem Buddhismus das Höchste, was ein Mensch verwirklichen kann, die nonduale Dimension des Gewahrseins? Wenn diese Art von spiritueller Verwirklichung die eigentliche Krönung des menschlichen Lebens darstellt, was bedeutet das dann für unsere Kinder? Sollen wir ihnen sagen: »Vergesst die Schule und das Lernen, gründet keine Familien, mischt euch nicht in die Politik ein und engagiert euch nicht in der Gesellschaft?«

Sagt nicht Buddha, dass es ein getrenntes, individuelles Selbst nicht gibt? Dass der Ich-Gedanke die Grundillusion des Menschen ist, die allem Leiden zugrunde liegt? Wenn unsere wahre Identität grenzenlose Verbundenheit ist, oder anders gesagt, wenn ich *alles* bin, was sage ich dann im Alltag, wenn ich nach meiner Identität gefragt werde? Soll ich weiterhin mit meinem individuellen Namen unterschreiben? Bin ich dann überhaupt noch persönlich verantwortlich, wenn es kein individuelles Selbst gibt? Auch dann nicht, wenn mir ein Fehler unterlaufen ist oder ich jemanden verletzt habe? Sagt nicht C.G. Jung andererseits, dass es um die Individuation – die Selbstverwirklichung – des Einzelnen geht? Gibt es also doch eine Individualität?

Fragen über Fragen

Wer sich diesen Fragen ernsthaft stellt und Erfahrungsdimensionen, die widersprüchlich sind, als menschliche Lebenswelten zulässt, wird wahrscheinlich zunächst in Verwirrung geraten. Betrachten wir nur einmal die letzte Frage: Wie kann es sein, dass wir uns einerseits so deutlich im Alltag als Individuum wahrnehmen und dieses sogar uneingeschränkt als das Zentrum unserer Welt behandeln? Ist es nicht sogar so, dass wir es verteidigen, falls es bedroht ist? Und was bedeutet es dann, dass wir andererseits in tiefer Meditation erfahren können, dass es kein Ich gibt? Ist das nicht zutiefst widersprüchlich?

Mein eigener Weg führte mich zunächst als noch junger Erwachsener in Selbsterfahrungsgruppen, in denen es viel um Gefühle und Bedürfnisse ging. Wahrhaftige Begegnung mit anderen schien mir damals ein Lebenselixier zu sein, das auf mich zutiefst sinnstiftend wirkte. Obwohl ich bereits zu diesem Zeitpunkt meditierte, war mir die Dimension des Gewahrseins mit seiner unbedingten Präsenz, seiner Freiheit und Verbundenheit noch nicht zugänglich. Entsprechend suchte ich die Erfüllung in tiefen Gefühlen und intensiven Begegnungen.

Doch dann vertiefte sich mein spiritueller Weg, und die Meditation führte mich in die Stille des Bewusstseins, in dem alle Gefühle und Bedürfnisse verstummten. In manchen Momenten verschwanden das Ich und die äußere Welt vollständig. Es blieb nur noch SEIN. Gefühle, Bedürfnisse und auch Begegnungen, die zuvor für mich so wichtig gewesen waren, waren zwar weiterhin da, verloren aber in der Folge dieser Erfahrungen für eine ganze Zeit an Bedeutung (obwohl ich weiterhin als Psychotherapeut arbeitete). Die Erfüllung suchte ich im Lauschen auf das SEIN.

Doch nach ein paar Jahren musste ich in einer Krise mit meiner damaligen Frau feststellen, dass die Gefühle und seelischen Welten und die Beziehungen sehr wohl eine Bedeutung hatten und mich wieder einholten. Dies war für mich eine andere Art des Erwachens. Das Erwachen aus der Leugnung von seelischen Kräften, denen ich mehrere Jahre keine große Bedeutung mehr gab und entsprechend kaum mehr Beachtung schenkte. Jetzt, in der Beziehungskrise, kamen die Gefühle mit Macht in mein Leben zurück und es war nicht zu leugnen, dass es in mir seelische Kräfte gab, die ich vernachlässigt hatte und die jetzt ihr Recht forderten und mein Leben bestimmten. Es kam zu einer Trennung von meiner damaligen Frau.

Mit der äußeren Krise ging auch ein innerer Umbruch einher. Jahrelang erschien mir das Heilbringendste und Erfüllendste das Lauschen auf das SEIN. Hier eröffnete sich mir eine Dimension, die frei von inneren und äußeren Bedingtheiten war. Hier erfuhr ich mich als zutiefst heil und konnte einen zeitlosen Frieden schmecken. Jetzt stand dies alles infrage. Wie konnte es sein, dass ich mich so getäuscht hatte und unbeachtet meines inneren Friedens starke seelische Schattenanteile in mir schlummerten, die bei nächster Gelegenheit dämonengleich ausbrachen und über mich herfielen? War der innere Friede, den ich jahrelang erfuhr, eine Illusion? War vielleicht sogar mein Meditationsweg ein einziger Irrweg? Eine Flucht vor dem Leben und den Gefühlen?

Aber nein. Das konnte auch nicht stimmen. Denn in der Lebenskrise, in all den aufwühlenden Gefühlen und mitten in der schwierigen äußeren Situation, hatte ich weiterhin einen Zugang zur Stille. Es gab weiterhin Momente von großer Freiheit und tiefem Frieden. Momente, in denen alles zutiefst in Ordnung war, obwohl mein Leben äußerlich wie innerlich offensichtlich in tiefster Unordnung war.

Mit der Zeit erkannte ich zunehmend, dass sich der Widerspruch zwischen meiner aufgewühlten Gefühlswelt und der Dimension des Friedens dadurch ergab, dass es sich um zwei verschiedene Lebenswelten handelte, die nebeneinander in meinem Menschsein existierten. Wenn ich den Gefühlen und der äußeren schwierigen Situation meine Aufmerksamkeit schenkte, hatte ich mit starken Emotionen und offensichtlichen Problemen zu tun. Wenn ich aber den Fokus meiner Aufmerksamkeit auf die Stille lenkte und in den offenen Raum des Gewahrseins eintauchte, war alles friedlich und weiterhin in bester Ordnung.

Wie ein Schwimmer sich entscheiden kann, an der Oberfläche des Ozeans zu bleiben und dabei vielleicht mit starkem Wellengang zu kämpfen hat, oder aber hinabzutauchen, um dort in der Tiefe vollkommene Ruhe zu erfahren, so können wir kraft unserer Aufmerksamkeit die Ebene wechseln. Das bedeutet nicht, dass die andere Ebene nicht existiert, aber sie hat in dem Moment keine Wirkkraft auf uns. Beide Ebenen, die Oberfläche mit ihren Wellen und die Tiefendimension des Meeres, existieren parallel. Über kurz oder lang wird die Ebene aber, der wir gerade keine Aufmerksamkeit schenken und die wir damit ausblenden, uns wieder rufen und unweigerlich unsere Aufmerksamkeit fordern.

Diese Dynamik, die mir mit meiner Gefühlswelt widerfahren war, konnte ich auf eine andere Art bei manchen Meditierenden beobachten, die ausschließlich die Zurückgezogenheit der Meditation suchten und dabei der alltäglichen Welt mit ihren Verantwortlichkeiten immer weniger Bedeutung beimaßen. Am liebsten hätten sie die äußere Welt ganz abgestreift. Doch auch sie wurden über kurz oder lang von dieser wieder eingeholt und mussten sich ums Geldverdienen oder um andere äußere Belange kümmern. So wie ich von meiner Gefühlswelt gerufen wurde, wurden sie von der Alltagswelt mit ihren Notwendigkeiten gerufen und wachgerüttelt.

Was ist nun aber mit den Menschen, die keinen unmittelbaren Zugang zur Dimension der Stille haben? Oder den Menschen, die so stark in den Pflichten und Oberflächlichkeiten der Alltagswelt und im Funktionieren aufgehen, dass sie sogar ihre Gefühle als unvernünftige Störenfriede ansehen und im Grunde nichts damit zu tun haben wollen? Werden diese Menschen auch von den anderen Ebenen unseres Menschseins gerufen?

Wenn man sieht, wie häufig auch äußerlich höchst erfolgreiche Menschen, bei denen oberflächlich alles glatt läuft, in ihrem Leben irgendwann von einer Sinnkrise oder einem Burn-out heimgesucht werden, dann muss man diese Frage mit Ja beantworten. Immer wenn wir einer Realitätsebene (oder sogar mehreren) keine Aufmerksamkeit schenken oder sie übergehen, wird diese über kurz oder lang sich melden und mit Macht unsere Aufmerksamkeit einfordern.

Eine Entdeckungsreise

Diese Erfahrungen führten mich mit der Zeit zu der Erkenntnis, die Existenz von drei parallelen Lebenswelten anzuerkennen, die menschliches Leben ausmachen: die Alltagsrealität mit ihren äußeren Notwendigkeiten, die Seelische Realität der Gefühle und die Absolute Realität des Gewahrseins. Wenn man diese verschiedenen Aspekte des Menschseins erkennt und ihre Bedeutung für unser Leben anerkennt, ergibt sich daraus eine zwingende Aufgabe: Menschsein verlangt, dass wir alle drei Wirklichkeiten in den Blick nehmen und uns diese Welten erschließen.

Sich mit den Realitätsebenen des Menschseins zu befassen, ist dabei mehr als eine Notwendigkeit. Es ist ein großes Abenteuer – eine Entdeckungsreise –, bei der uns zunehmend bewusst wird, was unser menschliches Leben ausmacht, welche Kräfte hier wirken und welch beeindruckende Möglichkeiten unser Geist hat.

Wir werden feststellen, dass jede dieser drei grundlegenden Wirklichkeiten ganz eigene Potenziale beinhaltet, aber auch eigenen Gesetzmäßigkeiten und Begrenzungen unterliegt. Solange wir diese Welten mit ihren Besonderheiten nicht kennen und sie nur unbewusst nutzen, sind wir wie ein Wanderer in einem fremden Land, der die Sprache und Gebräuche nicht versteht. Wir leben zwar darin, können jedoch die Möglichkeiten in diesem Land nicht ausschöpfen und unterliegen zudem ständig Missverständnissen, die uns verwirren und verunsichern.

Wie tiefgreifend das Wissen um die drei Ebenen menschlichen Lebens sich auswirkt, merken wir erst, wenn wir uns längere Zeit mit ihnen befassen. Wir entdecken dann zunehmend, wie diese Welten immer anwesend sind und in jede Lebenssituation hineingreifen. So werden wir mit der Zeit erkennen, wie jede Frage, die uns bewegt, und jede Situation, die eine Antwort von uns fordert, aus den unterschiedlichen Realitätsebenen heraus vollkommen anders beantwortet werden würde. Wenn es aber mehrere Antworten gibt, dann kann es nicht darum gehen, nur eine Antwort zu leben und sie für die »einzig richtige« zu halten.

Genauso erhalten Begriffe, die auf den ersten Moment klar zu sein scheinen, wie »Gegenwart«, »Freiheit« oder »Liebe«, auf jeder Ebene eine neue Bedeutung, die vollkommen anders, ja sogar widersprüchlich sein kann. Missverständnisse lösen sich in Wohlgefallen auf, da wir erkennen, wie sich zum Beispiel in einem Gespräch zwischen zwei Menschen unbewusst die Ebenen kreuzen und es insofern zu keinem Verständnis füreinander kommen kann. Und alte spirituelle Texte, deren Bedeutung sich meist erst erschließt, wenn wir sehen, aus welcher Realitätsebene heraus sie geschrieben wurden, offenbaren sich auf eine neue Weise. Nicht zuletzt wird sichtbar werden, welche Schlüsselrolle das Bewusstsein in unserem Leben einnimmt.

Seit vielen Jahren begleitet mich nun das Interesse an der Relevanz der drei Realitätsebenen für unser Leben und es ergeben sich immer neue Facetten von Einsichten daraus. So hat sich zum Beispiel mein Verständnis eines spirituellen Weges, und daraus ergebend meine spirituelle Praxis, verwandelt. Zur Meditation des offenen Gewahrseins hat sich eine weitere zentrale Praxis etabliert: das Innere Erforschen, das sich mehr auf die Seelenrealität bezieht und heute fester Bestandteil all meiner Schweigekurse ist. Beide Praxisformen habe ich in meinem zweiten Buch »Nach innen lauschen« beschrieben. Die Alltagsrealität hingegen, genauer die Relevanz einer spirituellen Grundhaltung für den Alltag, war das Thema meines dritten Buches »Im Einklang leben«.

Im vorliegenden Buch will ich nun endlich die Philosophie beleuchten, die seit vielen Jahren das Fundament meiner Arbeit und meines Lebens ist. Es ist mir ein echtes Anliegen, die drei Realitätsebenen in ihrem Facettenreichtum und in ihrer Relevanz für das menschliche Leben darzustellen, um ein differenziertes Verständnis dieser drei Ebenen zu ermöglichen. Letztlich geht es um nichts Geringeres als darum, in diesem Buch eine Landkarte des Bewusstseins zu erstellen.

Im ersten Kapitel werde ich zunächst die tradierte Sicht einer einheitlichen äußeren Welt, in der wir leben, infrage stellen und auseinandernehmen. Im Anschluss werde ich in Kapitel 2–4 die drei grundlegenden Realitätsebenen mit ihren Potenzialen und Grenzen beschreiben. Im Kapitel 5 will ich einen Geschmack davon vermitteln, wie diese Facetten unseres Menschseins in den ersten Jahren unseres Lebens entstehen und wie sie in dieser Zeit gefördert werden können. Danach in Kapitel 6 will ich darauf eingehen, wie die Ebenen sich wechselseitig beeinflussen und welche Haltung wir einnehmen müssen, damit sie auf eine konstruktive Weise für unser Leben wirkmächtig werden. In Kapitel 7 werde ich typische Missverständnisse und Schwierigkeiten erläutern, die sich ergeben, wenn wir die Ebenen nicht sauber auseinanderhalten. Und schließlich in Kapitel 8 werden noch einmal verschiedene zentrale Bereiche unseres menschlichen Lebens auf dem Hintergrund der drei Realitätsebenen betrachtet. Wir werden sehen, dass sie dabei in einem neuen Licht erscheinen.

Ich würde mir sehr wünschen, dass beim Lesen dieses Buches eine Lust geweckt wird, selbst die Weiten und Tiefen der inneren Welten zu erkunden und diese Dimensionen mit dem äußeren Leben in Einklang zu bringen. Und ich würde mir wünschen, dass das Wissen um die Realitätsebenen eine große Verbreitung findet. Mir scheint, dass dieses Wissen das Potenzial beinhaltet, viele Missverständnisse zu bereinigen und viele scheinbare innere und äußere Widersprüche aufzulösen. So kann dieses Buch eine Grundlage sein für einen integrativen und ganzheitlichen Bewusstheitsweg.

RICHARD STIEGLER

Noch ein Hinweis

Zur besseren Lesbarkeit und um eine Sprache zu benutzen, die beiden Geschlechtern gerecht wird, wechsle ich meist zwischen der weiblichen und der männlichen Form ab. Sprache hat eine enorme Kraft, Bewusstheit zu fördern und uns für die Würde und Gleichwertigkeit aller Geschöpfe zu sensibilisieren.

KAPITEL 1

Wie wirklich ist die Wirklichkeit?

Wie kann es da draußen ein mechanisches Universum geben, wenn sich das Universum jedes Mal verändert, wenn wir unsere Betrachtungsweise ändern?

FRED ALAN WOLF, QUANTENPHYSIKER

Seit vielen Jahren begleite ich Menschen in unterschiedlichsten Lebenssituationen. Manche von ihnen befinden sich in einer Lebenskrise, in der sie ein Strudel von heftigen Emotionen umtreibt. Oft stellen sie sich selbst und ihr bisheriges Leben infrage. Doch auch in diesen Phasen spüren sie die grundlegende Verunsicherung und die Gefühle, die damit einhergehen, meistens nicht rund um die Uhr. Wenn sie zur Arbeit gehen und in die gewohnten Tätigkeiten des Alltags eintauchen, sind sie plötzlich gelassen und kompetent. Wie weggeblasen sind alle Fragen und Unsicherheiten, die sie noch morgens vor der Arbeit bewegt haben. Doch abends, bei einem Gespräch mit einer guten Freundin, drängen die Fragen und die Gefühle wieder mit Macht an die Oberfläche. Ist das nicht erstaunlich, wie schnell selbst heftige Gefühle verschwinden und wieder auftauchen können?

Wie oft habe ich selbst bereits erfahren, dass sich im Laufe eines ganz gewöhnlichen Tages meine Befindlichkeit ändert? Wenn ich unter der Lupe der Achtsamkeit mein Leben betrachte, bin ich geradezu überrascht, wie oft und wie schnell sich innere Zustände abwechseln. Manchmal wache ich morgens mit einem verstörenden Traum auf, der mich benebelt und etwas ängstlich beim Frühstück sitzen lässt. Innerlich habe ich das Gefühl, noch nicht wirklich wach zu sein. Traumfetzen ziehen wie kurze Filmsequenzen durch mich hindurch und färben meine Stimmung ein. Doch bereits wenige Augenblicke später, wenn ich an den Schreibtisch gehe und mich auf die Arbeit konzentriere, treten diese Gefühle weit zurück und ich fühle mich klar, wach und handlungsbereit. Besonders wenn ich Menschen begleite oder Gruppen leite, erlebe ich immer wieder, dass fast augenblicklich alles verschwindet, was mich innerlich als Person in diesem Augenblick beschäftigt hat. In den Vordergrund rückt eine Präsenz, die eine große Klarheit und ein tiefes Einfühlungsvermögen ermöglicht, und in der ich viele innere Ressourcen ganz leicht abrufen kann. Alles, was mich persönlich ausmacht, hat hier keine Relevanz. Bin ich hier ein anderer Mensch?

Und dann gibt es da noch die Momente der Stille. Wenn ich mich nach innen fallen lasse, entsteht wieder eine ganz andere Art von Wachheit – eine innere Präsenz –, in der alles, was mich an der Oberfläche meines Menschseins bewegt, sich auflösen kann. Alltägliche Gedanken und Gefühle, aber auch alle Strukturen wie Zeit und Raum und selbst das Erleben einer klaren Ich-Identität mit einem Körper verflüchtigen sich, und für einen Augenblick lang gibt es nur ein zeitloses, offenes SEIN – Dasein pur. Vielleicht dauern diese SEINSmomente nur ein paar Augenblicke, vielleicht auch mehrere Minuten. Was spielt das für eine Rolle in einem Raum jenseits der Zeit?

Doch fast unmerklich tauchen wieder Gedanken und Gefühle auf und färben den inneren weiten Horizont ein, als ob sich ein Schleier darüberlegt. Und ehe ich mich versehe, beschäftigt mich eine bevorstehende Aufgabe. Plötzlich finde ich mich in Gedanken wieder, wie ich die Situation regeln kann, und mit diesen Gedanken geht eine gewisse Anspannung einher. Vorbei ist der Zustand einer friedlichen Stille jenseits aller Aufgaben und Verpflichtungen und auch jenseits allen Tuns. Oder doch nicht? Manchmal kann ich ihn trotz der Aktivität auf der Oberfläche noch weiterhin unterschwellig spüren.

Das kann sich aber sehr schnell ändern, wenn im weiteren Tagesverlauf etwas auftaucht, das meine ganze Aufmerksamkeit braucht, wie zum Beispiel ein Konflikt. Vielleicht flattert eine unangenehme E-Mail auf meinen Schreibtisch oder die Kinder verhalten sich ganz anders, als ich mir das vorstelle. Wie schnell kann sich hier ein Ärger oder eine Hilflosigkeit einstellen? Wo ist jetzt dieser friedliche konfliktfreie Raum hingekommen, der mich noch vor Kurzem so erfüllt hat?

Bewusstseinszustände und ihre Wirkung

Im Laufe eines ganz gewöhnlichen Tages durchlaufen wir unzählige Male verschiedene Bewusstseinszustände, ohne uns dessen in der Regel bewusst zu sein. Wir wundern uns vielleicht darüber, dass uns eine Zeit lang ängstliche Gefühle und eine körperliche Anspannung beschäftigen, die dann plötzlich, nachdem wir unsere professionelle Rolle übergestreift haben, wie weggeblasen sind. Jetzt spüren wir eine innere Sicherheit und fragen uns: Wo kamen diese Gefühle der Unsicherheit her? Und wo gingen sie hin?

Oder wir genießen immer wieder Momente von unbedingter Präsenz, in denen alles Tun und alles Wollen verstummt und sich eine innere Freiheit ausbreitet. Vielleicht sehnen wir uns danach, diese Momente auszudehnen und unser ganzes Leben in dieser Freiheit führen zu können. Doch schwups – kaum haben wir diese Freiheit geschmeckt –, schon ist sie wieder im Strudel von Gedanken und Alltagshandlungen untergegangen. Im Kontext von Familie und Beruf haben wir meist nicht das Gefühl, dass wir uns in einem Raum jenseits von Zeit und Tun bewegen, sondern empfinden deutlich Zeit- und Handlungsdruck. Wo ist diese Freiheit hin? Ist sie auch da, wenn wir sie nicht spüren? Was hilft es uns, zu wissen, dass sie da ist, wenn wir dazu keinen Zugang haben?

Manchmal reicht unsere Bewusstheit so weit, dass wir diese Vorgänge beobachten können. Verschiedenste Zustände in unserem Geist wechseln sich ab, und wir haben kaum eine Möglichkeit, diese zu beeinflussen, geschweige denn zu kontrollieren. Wenn wir ehrlich sind, müssen wir sogar zugeben, dass wir diese Vorgänge in unserem Geist nicht mal verstehen. Wieso gibt es morgens ein Gefühl der Ängstlichkeit in mir? Wie kann ich gleichzeitig in meinem Job ein kompetenter Profi sein, der sich seiner selbst sicher ist? Wieso kann ich nicht immer in der absoluten Freiheit des SEINS verweilen?

Vielleicht schleichen sich mit diesen Fragen auch Selbstzweifel ein: Ist meine Meditationspraxis tief genug? Ist mein Gefühl der Sicherheit im Job nur aufgesetzt? Sind die Gefühle der Ängstlichkeit nicht meine wahrhaftigen Gefühle und soll ich ihnen mehr Raum geben? Oder sind sie nur ein altes Gefühlsmuster, dem ich besser keine Aufmerksamkeit mehr schenke? Ist nicht das Freiheitsgefühl in der Meditation mein wahrhaftiges Sein? Oder verdränge ich hier nur meine Gefühle?

Selbstzweifel helfen uns beim Vorgang der Selbsterkenntnis meist nicht weiter, sondern verunsichern uns nur. Daher ist es hilfreicher, den Fragen und unserer Unwissenheit standzuhalten und unsere Bewusstheit dazu zu nutzen, tiefer und tiefer die Vorgänge in unserem Geist an einem ganz normalen Tag zu studieren. Dabei werden wir feststellen, wie häufig und fast unmerklich sich die Zustände ändern und regelrecht ineinandergreifen.

Jedes Mal, wenn ein bestimmter Zustand im Vordergrund unseres Erlebens unsere Aufmerksamkeit fesselt, verschwindet das, was uns kurz zuvor noch beschäftigt hat, aus dem Bewusstsein. Dabei ist dies kein rein gedanklicher Vorgang, auch wenn daran oft Gedanken beteiligt sind. Nein, der jeweilige Bewusstseinszustand, in den wir eintauchen, ist ein körperlich-seelisches Gesamterleben, das wie eine Wolkenstimmung am Himmel die gesamte Atmosphäre einer Szenerie einfärbt. Genauso verändert der aktuelle Zustand unser augenblickliches Dasein in einer Weise, dass er unser Lebensgefühl bestimmt.

An dieser Stelle ist es höchste Zeit, auf den Begriff »Bewusstseinszustand« näher einzugehen. Bewusstseinszustände sind der Schlüssel zum Verständnis der Vorgänge in unserem Geist. Nur wenn wir begreifen, was Bewusstseinszustände sind und welche Wirkung sie entfalten, werden sich manche paradoxe Verhaltensweisen von Menschen und manche Fragen, die sich daraus ergeben, von selbst beantworten.

Um uns dem Begriff »Bewusstseinszustand« anzunähern, ist es hilfreich, sich zunächst ungewöhnliche Geisteszustände vor Augen zu führen und diese mit »normalem Alltagserleben« zu vergleichen. Betrachten wir zum Beispiel einen Menschen, der sich durch einen Autounfall im Schock befindet, dann sehen wir, dass sich diese Person höchst ungewöhnlich fühlt und verhält.

Obwohl sie starke Verletzungen hat, spürt sie keine Schmerzen. Doch nicht nur Schmerzen fühlt sie nicht, sie hat überhaupt keine Empfindungen im Körper und keine Gefühle. Der ganze körperlich-seelische Bereich befindet sich in einer außergewöhnlichen Taubheit. Entsprechend verhält sich eine solche Person trotz starker Verletzungen so, als wäre sie unversehrt. Nicht selten kommt es vor, dass sie zu den Sanitätern sagt: »Mir geht es gut. Ich gehe jetzt nach Hause«, obwohl sie blutüberströmt daliegt und vollkommen desorientiert ist.

Offensichtlich fühlt und verhält sich eine Person im Schock vollkommen anders als normalerweise. Wichtige Parameter, um eine Situation korrekt einzuschätzen, wie Körperempfindungen, Gefühle, Erinnerungen und geistige Zuordnungen, fehlen ihr in diesem Zustand. Das natürliche geistige Potenzial von Spüren, Denken, Erinnern, Vergleichen und Abschätzen, das ihr selbstverständlich im Alltag zur Verfügung steht, ist hier nicht oder nur stark eingeschränkt zugänglich. Gleichzeitig gibt ihr dieses geistige »Notprogramm« die Möglichkeit, trotz starker Verletzungen nicht von den Schmerzen und der Situation überwältigt zu werden und entsprechend eine gewisse Zeit empfindungslos agieren zu können.

Es ist ein Überlebensmechanismus, der bei starken Verletzungen hilft, diese Extremsituation zu überstehen. Doch unabhängig vom biologischen Sinn eines Schockzustandes für das Überleben eines Menschen können wir feststellen, dass sich eine Person im Schock komplett verändert und sich verhält, als wäre sie ein vollkommen anderer Mensch. Sie befindet sich urplötzlich in einer anderen inneren Welt, in der es keine Empfindungen gibt.

Besonders tragisch wird dieses Phänomen, wenn eine Person aufgrund eines körperlichen oder seelischen Traumas in einen Schockzustand von emotionaler Taubheit fällt und dieser Bewusstseinszustand chronisch wird. Die Gefühllosigkeit wird zum Dauerzustand und die Unerreichbarkeit – ein Gefühl von »weit weg sein« oder von »abgeschnitten sein« – führt dazu, dass die Person keine Nähe mehr zu nahen Menschen, zu sich selbst oder zum Leben überhaupt empfinden kann.

Diese innere Unerreichbarkeit ist für Angehörige oft unverständlich und kann bei ihnen eine große Irritation hervorrufen. Manchmal spüren sie sogar einen Verlust, als ob sie den geliebten Menschen verloren hätten. Sie fühlen deutlich, dass die Person nicht mehr die »gleiche« ist und versuchen meist verzweifelt, dem »alten«, vertrauten Menschen wieder nahezukommen. Doch solange sich die traumatisierte Person im Bewusstseinszustand einer seelischen Taubheit befindet, haben die Angehörigen keine Chance. Erst wenn sie, vielleicht durch eine Psychotherapie unterstützt, wieder einen natürlichen Zugang zu ihren Gefühlen bekommt, kann sie wieder in einen Bewusstseinszustand zurückfinden, der ihr die seelische Nähe mit ihren Angehörigen ermöglicht.

Bewusstseinszustände bestimmen und verändern uns völlig. Das geht so weit, dass wir uns in unterschiedlichen Bewusstseinszuständen verhalten, als wären wir eine andere Person. In gewissem Sinne agieren wir nicht nur wie eine andere Person, wir sind es. Die Art, wie wir wahrnehmen, was wir denken, ob und welchen Zugang wir zu unseren Gefühlen haben, kann sich radikal verändern, wenn wir den Bewusstseinszustand wechseln.

Ein alltägliches Beispiel dafür ist der Alkoholkonsum. Wie stark verändern wir uns, wenn wir Alkohol zu uns genommen haben? Die anfängliche Gelöstheit und Entspannung weichen bei zunehmendem Alkoholspiegel einer Enthemmung, bei der wir impulsiv und ungefiltert unseren Gefühlen und Meinungen freien Lauf lassen. Mit der Kontrolle schwinden jedoch auch unsere geistige Klarheit und die Sensibilität für unsere Umwelt. Wir werden regelrecht zu Egomanen. Unsere Stimme wird lauter, vielleicht schreien und grölen wir sogar herum. Dabei haben wir selbst das Gefühl, dass es ein Ausdruck von Lebensfreude ist. Wir sind uns dabei aber nicht bewusst, dass wir Nachbarn damit stören könnten, und im Grunde ist uns das in diesem Zustand auch egal. Auf unser Umfeld wirkt unser enthemmtes Verhalten keinesfalls freudvoll, sondern erzeugt eine bedrohliche Wirkung. Und das zu Recht. Schließlich kann die Enthemmung jederzeit dazu führen, dass das Gefühl der Lebensfreude in Aggression umkippt.

Am Beispiel Alkohol sehen wir, dass aus einem Menschen, der normalerweise vielleicht ein großes Verantwortungsbewusstsein für sein Verhalten und sein Umfeld an den Tag legt, plötzlich ein Egomane werden kann. Er wird offensichtlich im Rausch zu einem anderen Menschen. Aus der Suchtforschung wissen wir, dass eine Person, die regelmäßig Alkohol zu sich nimmt, nicht nur im akuten Zustand des Rausches ihre Persönlichkeit verändert, sondern mit der Zeit eine sogenannte »Suchtpersönlichkeit« entwickelt. Das bedeutet, dass sich die innere Veränderung, die mit dem Alkoholkonsum einhergeht, nicht nur im betrunkenen Zustand zeigt, sondern zu einem dauerhaften Charakterzug wird.

Viele Rollen und die Frage nach der Identität

Was wir bei ungewöhnlichen Bewusstseinszuständen wie dem Schock oder dem Rauschzustand beobachten können, nämlich dass die Person sich vollkommen verändert und mal kürzer, mal länger zu einer anderen Person mutiert, lässt sich genauso in weniger »extremen« Lebensumständen beobachten. Da verhält sich eine selbstsicher auftretende Geschäftsfrau in ihrer Partnerschaft unsicher und abhängig. Da wird öffentlich bekannt, dass ein angesehener Stadtrat, der sich jahrelang für die Belange von anderen Menschen in der Gemeinde eingesetzt hat, gleichzeitig, gierig nur auf den eigenen Vorteil bedacht, den Staat um große Summen Steuern betrogen hat. Wenn diese Menschen äußerlich nicht in den verschiedenen Situationen den gleichen Körper hätten, würde niemand auf die Idee kommen, dass es sich um die gleiche Person handeln könnte.

Kennen wir nicht alle Beispiele von Menschen, die plötzlich eine Verhaltensweise an den Tag legen, die wir ihnen nie zugetraut hätten? Und wie oft hat uns bereits schockiert, wenn menschliche Abgründe bei scheinbar »normalen« und gut integrierten Menschen nach außen hin sichtbar wurden? Wenn wir ehrlich sind, müssen wir uns eingestehen, dass es diese Widersprüche auch in unserem eigenen Leben gibt. Verhalten wir uns nicht immer wieder in verschiedenen Umgebungen sehr unterschiedlich? Und müssen wir nicht manchmal verschämt zugeben, dass wir nicht wissen, was uns gerade »geritten« hat?

Meistens nehmen wir diese Widersprüche zwar wahr und sind davon irritiert oder empören uns sogar darüber, wenn es andere Menschen betrifft, aber wir betrachten sie nicht genauer. Dann würden wir nämlich sehen, dass es nicht die Ausnahme ist, dass Menschen sich wie unterschiedliche Personen verhalten, sondern die Regel. Natürlich sind die Widersprüche oft nicht so krass wie bei extremen Bewusstseinszuständen durch Schock oder Alkohol. Aber im Kleinen sind sie im Alltag deutlich wahrnehmbar.

Die Wirkung auf uns ist in jedem Fall die gleiche: Der jeweilige Bewusstseinszustand – ob extrem oder nicht – färbt unsere Sinne, unsere Selbstwahrnehmung, unsere Gedanken, unsere Gefühle und unser Verhalten ein. Bewusstseinszustände wirken damit wie hypnotische Trancen, die unsere Aufmerksamkeit auf eine bestimmte innere Erlebenswelt fixieren und gleichzeitig Potenziale, die uns in anderen Zuständen zugänglich sind, ausklammern.

Das Irritierende dabei ist, dass wir vordergründig nicht die Bewusstseinszustände sehen, in denen sich eine Person befindet, sondern weiterhin ihre äußere gewohnte Erscheinung. Nach außen scheint es immer die gleiche Person zu sein, die sich so unterschiedlich verhält. Doch das, was sie von innen her ausmacht – der jeweilige Bewusstseinszustand –, wirkt unsichtbar im Hintergrund. Könnten wir den Bewusstseinszustand sehen, der eine Person gerade bestimmt, und könnten wir sehen, wie Menschen Bewusstseinszustände wechseln, dann würde es uns nicht überraschen, dass sie sich nach außen plötzlich anders verhalten.

An dieser Stelle kann man sich natürlich fragen, was nun eine Person definiert: Ist es die äußere Erscheinung des Körpers, durch den das Lebendige einer Person wirkt? Oder ist es das lebendige Wirken eines Menschen, das durch den jeweiligen Bewusstseinszustand geprägt wird? Aus der gängigen Perspektive unserer Gesellschaft definieren wir den Menschen durch seine äußere Form und sind dann verwundert, wenn er sich plötzlich stark verändert oder sich widersprüchlich verhält. Wir könnten jedoch auch einen anderen Blickwinkel einnehmen und auf das Lebendige schauen, das durch einen Menschen zum Ausdruck kommt. Nicht der Körper definiert dann die Person, sondern das lebendige Geschehen und damit die jeweilige innere Welt – der Bewusstseinszustand, der durch die Person wirkt.

Diese zweite Betrachtungsweise findet sich auch in der Ursprungsbedeutung des Begriffes »Person« wieder. »Person« stammt vom griechischen Wort »prosopon« bzw. dem lateinischen »persona« ab, was sich auf die Maske einer Schauspielerin im antiken Theater bezieht, durch welche sie »hindurchtönt«. Es bezeichnet also die jeweilige Rolle, die die Schauspielerin gerade spielt. Diese Rolle wird durch die äußere Maske – also das Gesicht im Sinne von sicht-bar – durch das, was hindurchtönt, definiert.

Wie wir wissen, kann eine gute Schauspielerin sogar in einem einzigen Theaterstück verschiedene Rollen einnehmen und selbst beide Geschlechter glaubhaft verkörpern. Da wir als Zuschauende uns von der jeweiligen Rolle verzaubern lassen und nicht darauf achten, dass es immer der gleiche Körper ist, der die verschiedenen Rollen spielt, entsteht auch kein Widerspruch und keine Irritation. Für uns Zuschauende ist der lebendige Prozess, der durch die Schauspielerin in der jeweiligen Rolle zum Ausdruck kommt, das Wesentliche, welcher sie definiert, und nicht ihr Körper.

Spielen nicht alle Menschen unterschiedliche Rollen in dem einen Theaterstück ihres Lebens? Natürlich sind die alltäglichen Rollen, die wir einnehmen, meist nicht so markant und dramatisch wie im antiken Theater, sondern viel gewöhnlicher. Aber die Dynamik bleibt die gleiche. Wie eine gute Schauspielerin schlüpfen wir in verschiedene Bewusstseinszustände, die dann unser Erleben und unser Verhalten bestimmen, allerdings meist ohne uns dessen bewusst zu sein.

Hier zeigt sich ein wesentlicher Unterschied zum Schauspielberuf. Eine Schauspielerin stellt sich bewusst in den Dienst einer Rolle. Will sie überzeugend spielen, muss sie sich dabei vollkommen in die Rolle hineinversetzen und sich mit dieser Welt zeitweise identifizieren. Sprich, sie muss in der Rolle des Bösewichts zu einem Bösewicht oder in der Rolle des Opfers zu einem Opfer werden. Anders ausgedrückt, muss sie in den jeweiligen Bewusstseinszustand hineinwechseln, bis sie in eine Art Trance fällt, in der sie das authentische Erleben einer bestimmten Rolle selbst erfährt und lebendig zum Ausdruck bringt.

Schauspielerinnen nutzen damit bewusst die hintergründige Dynamik von Bewusstseinszuständen, die menschliches Leben ausmacht, und spielen damit. Das macht der gewöhnliche Mensch im Alltag meistens nicht. Auch wir nehmen verschiedene Bewusstseinszustände ein und wechseln sie, aber wir müssen uns nicht bewusst extra in den jeweiligen Zustand hineinversetzen. Im Gegenteil. Die verschiedenen Rollen greifen meist mit Macht nach uns, sodass wir keine Wahl haben und sie uns vollkommen gefangen nehmen. Wir sind mit ihnen so stark identifiziert, dass wir uns meist nicht einmal bewusst sind, dass wir eine bestimmte Rolle spielen, und auch nicht, welche Potenziale wir dabei ausblenden. Die machtvolle Dynamik der Bewusstseinszustände und ihre Bedeutung für uns läuft hinter dem nach außen hin sichtbaren Geschehen an der Oberfläche unseres Lebens permanent im Verborgenen und damit meist unbewusst ab.

Wenn wir betrachten, wie Menschen immer wieder Bewusstseinszustände wechseln und dabei unterschiedliche, wenn nicht sogar widersprüchliche »Rollen« spielen, kommt früher oder später die Frage nach unserer Identität auf: *Wer sind wir*, wenn wir uns in unterschiedlichen Bewusstseinszuständen vollkommen anders verhalten? *Wer sind wir*, wenn wir als Mensch in so unterschiedliche Erlebniswelten eintauchen können? Das reicht von Zuständen, in denen wir hocheffektiv funktionieren, aber vollkommen abgetrennt von unseren Gefühlsbereichen sind, bis hin zu Zuständen, in denen uns schöne oder schmerzhafte Gefühle so stark ausfüllen, dass sie vollkommen unser Denken und Handeln bestimmen.

Offensichtlich sind wir nicht eine kohärente Einheit, so wie es die äußere Erscheinung unseres Körpers vielleicht vermuten lässt. Nach außen treten wir als *eine* Person in Erscheinung, aber die inneren Welten, in die wir eintauchen und aus denen wir leben und handeln, sind höchst unterschiedlich. Wenn wir uns auf das tatsächliche lebendige Geschehen beziehen, das sich durch unseren Körper ausdrückt, dann verschwindet das Bild einer einheitlichen Identität und wir können nur noch fragen: »Wer bin ich jetzt – in diesem Augenblick?« Oder anders ausgedrückt: »Welcher Bewusstseinszustand drückt sich jetzt durch mich aus?« Mit dieser Frage verschiebt sich die Sicht auf uns selbst, da wir uns immer weniger als eine feststehende einheitliche Person mit klar definierbaren Eigenschaften sehen.

Wie die Dinge lebendig werden

Doch nicht nur unser Identitätsbegriff, sondern auch unsere grundlegende Sicht auf die Welt verschiebt sich: Sogenannte Dinge wie ein Baum oder ein Stuhl fangen plötzlich an, lebendig zu werden und ihre Eigenschaften zu verändern. Hört sich das nicht verrückt oder esoterisch an? Kann ein Ding wie ein Stuhl wirklich lebendig werden? Ein Baum ist zumindest noch eine Pflanze, also ein lebendiges Wesen, obwohl wir ihn meist genauso als ein Ding behandeln. Aber ein Stuhl? Dieser ist doch wirklich ein feststehendes totes Objekt, oder?

Natürlich hat ein Stuhl kein Eigenleben wie eine Pflanze oder ein Mensch, aber aus der Perspektive unserer lebendigen Erfahrung gibt es keinen unabhängigen Stuhl. Daher kann sich unser Erleben des Stuhles, je nachdem in welchem Bewusstseinszustand wir uns gerade befinden, sehr unterschiedlich gestalten. Er kann für uns ein Gebrauchsgegenstand sein, den wir zwar nutzen, aber kaum wahrnehmen. Er kann sich für uns jedoch auch in einem Moment der Muße zu einer tiefen sinnlichen Erfahrung des Niederlassens und Getragen-Werdens verwandeln.

Machen wir nicht alle die Erfahrung, dass der »gleiche« Blick aus dem Küchenfenster unserer Wohnung, je nachdem in welchem Zustand wir uns befinden, eine sehr unterschiedliche Landschaft offenbaren kann? Manchmal rührt sie uns an und wir empfinden Vertrautheit, Schönheit und Dankbarkeit. Vielleicht sehen wir sogar eine vollkommen neue Landschaft. Manchmal sehen wir sie jedoch wie durch den Schleier der Gewohnheit und können nichts dabei empfinden.

Wenn wir die lebendige Erfahrung ernst nehmen und die Wirklichkeit nicht nur durch die äußere Erscheinungsform von Menschen oder Dingen definiert wird, dann bekommt der Wirklichkeitsbegriff eine völlig neue Dimension. Er wird vielschichtig und regelrecht lebendig. Plötzlich ist ein Ding nicht mehr nur ein Ding, sondern eine lebendige, sich verändernde Erfahrung. Da ist ein Nachbar kein von uns unabhängiges Objekt, sondern wir erfahren hier ein lebendiges Beziehungsgeschehen, welches immer die Chance bietet, neue und überraschende Facetten hervorzubringen.

Wenn wir also denken, dass die Wirklichkeit feststehend ist – oder anders ausgedrückt: dass ein Nachbar immer gleich ist und gleich bleibt –, liegt dies nur daran, dass wir uns gedanklich auf eine bestimmte Wirklichkeitsperspektive festgelegt haben und unserer lebendigen Erfahrung keinen

Wert beimessen. Der Begriff »Wirklichkeit« wird hier auf eine materielle, objekthafte Beschreibung der Welt verengt. In dieser Beschreibung der Welt spiegeln sich wiederum grundlegende gesellschaftliche Übereinkünfte. In der westlichen Kultur ist die Sichtweise, Menschen und Dinge als voneinander unabhängige Objekte zu betrachten, tief verwurzelt. Die lebendige Erfahrung des Einzelnen wird grundsätzlich der objekthaften Beschreibung der Welt untergeordnet, wenn nicht sogar negiert.

Das hat weitreichende Auswirkungen auf die innere Erfahrung des Menschen. Wenn wir in einer Gesellschaft leben, die uns ständig suggeriert, dass unsere lebendige Erfahrung unbedeutend ist oder keine Wirklichkeit besitzt, sondern nur die äußeren, materiellen Erscheinungen zählen, dann nehmen wir automatisch unsere inneren Erfahrungen nicht mehr so ernst. Sie verschwinden mehr und mehr aus dem Vordergrund unseres Bewusstseins, und das Denken, dessen Domäne die Beschreibung und Benennung von Objekten ist, gewinnt mehr und mehr an Bedeutung.

Leben wir nicht in einer Gesellschaft, in der Gefühle als unbedeutend und subjektiv betrachtet und vernachlässigt werden? In der die Seele der Effektivität und Produktivität untergeordnet wird und entsprechend nicht selten als Störenfried erscheint? Wir geben Unsummen für die psychotherapeutische Behandlung von »seelischen Störungen« aus, aber fördern in unseren Schulen hauptsächlich kognitive Fähigkeiten. Ist es da ein Wunder, dass Menschen emotional verarmen, zu Suchtmechanismen neigen und irgendwann in der Psychotherapie als gesellschaftlich anerkanntem Zufluchtsort der Seele landen?

Ein typisches Beispiel dafür, welche Auswirkungen verschiedene Realitätsbegriffe haben können, findet sich in der Medizin. Das vorherrschende Modell der modernen westlichen Medizin hat sich aus der Sichtweise einer materiellen Welt von unabhängigen Objekten heraus entwickelt. Hier werden menschliche Organe meist unabhängig vom übrigen Körper und auch relativ unabhängig vom energetischen System, den seelischen Einflüssen und den Lebensumständen betrachtet und behandelt. Der Medizin des Ostens, wie zum Beispiel der Akupunktur, liegt eine ganz andere Weltsicht zugrunde: Hier wird Körper und Seele als ein ganzheitliches, lebendiges Geschehen gesehen. So haben sich die Methoden der östlichen Medizin nicht aus dem Sezieren und dem Studium von Organen entwickelt, die toten Menschen entnommen wurden, sondern aus der Beobachtung des lebendigen Menschen.

Es geht mir an dieser Stelle nicht darum, eine Bewertung verschiedener medizinischer Sichtweisen und Methoden vorzunehmen. Wie wir wissen, können beide medizinische Systeme wertvolle Beiträge zur Gesundheit des Menschen beisteuern. Es geht mir im Moment lediglich darum, aufzuzeigen, wie stark sich ein bestimmter Wirklichkeitsbegriff als kollektive Hypnose auf eine Gesellschaft stülpt und welch drastische Auswirkungen dies auf die Entwicklung der Gesellschaft und auf die Erfahrung des einzelnen Menschen hat.

Bei diesen Betrachtungen wird deutlich, dass der Wirklichkeitsbegriff sich nicht auf eine feststehende und allgemeingültige Entität bezieht, da es diese in ihrer Absolutheit und Allgemeingültigkeit gar nicht gibt. Sowohl subjektive Bewusstseinszustände als auch kollektive Beschreibungen der Wirklichkeit können völlig unterschiedliche Welten hervorbringen. Insofern muss man den Wirklichkeitsbegriff auf seine ursprüngliche Wortbedeutung zurückführen: Wirklichkeit ist das, *was wirkt* und damit unsere Welt bestimmt. Dieser Wortsinn weist auf eine Vielschichtigkeit von Realität hin und lässt zu, dass sich Wirklichkeiten ändern können.

Mit den Augen einer Libelle schauen

Bei aller Vielschichtigkeit von Bewusstseinszuständen, die unser Erleben einfärben, gibt es nicht doch eine feststehende, materielle Welt um uns herum? Ist ein Tisch nicht ein Tisch und ein Baum nicht ein Baum, unabhängig davon, aus welchem Bewusstseinszustand wir ihn gerade betrachten? Sieht nicht jeder Mensch den gleichen blauen Himmel über sich und die gleiche bunte Blumenwiese, auf der er steht?

Ja, es gibt eine gewisse kollektive Verlässlichkeit unserer Erfahrung, wenn wir als Menschen unsere sinnliche Wahrnehmung vergleichen. Wahrscheinlich sieht eine Gruppe von Menschen aus unterschiedlichen Kulturen den Himmel tatsächlich in der Farbe Blau und die Blumenwiese dagegen bunt. Natürlich gibt es hier bereits Abweichungen, da manche Menschen nur schwer Braun- und Grüntöne differenzieren können. Aber diese Abweichungen werden kollektiv als Fehlentwicklung ihrer Wahrnehmungsorgane abgetan, sodass sie die kollektive Sichtweise einer feststehenden materiellen Welt nicht infrage stellen.

Wenn wir uns aber jetzt vergegenwärtigen, dass das menschliche Auge nur einen sehr kleinen Bereich der elektromagnetischen Wellen – wir nennen ihn »Licht« – aufnehmen und ans Gehirn weiterleiten kann, das wiederum aus den Sinnesreizen eine farbige Welt konstruiert, dann wird deutlich, dass die Art, wie wir die Welt sehend erfahren, eine menschliche Konstruktion von Auge und Gehirn ist. Infrarotstrahlungen, UV-Strahlen, Röntgenstrahlen und viele andere niedere oder hohe Wellenbereiche des Lichts werden nicht dargestellt. Wie würde die Welt wohl aussehen, wenn wir diese Strahlungsbereiche auch sehen könnten?

Wie sieht beispielsweise eine Libelle mit ihren Facettenaugen die Welt? Ein Facettenauge einer Libelle besteht aus bis zu 30.000 Einzelaugen. Sie sieht also gar nicht eine einzige Welt, sondern unzählig viele. Wir können eine Ahnung davon bekommen, wie die Libelle die Welt sieht, wenn wir einen Blick in ein Kaleidoskop werfen. Hier fächert sich das Sehfeld durch eine Anordnung von mehreren Spiegeln auf und es entsteht eine vielschichtige, aufgelöste und faszinierende »Spektralwelt«. Allerdings besteht diese nur aus wenigen Spiegelfeldern und nicht aus 30.000.

Oder betrachten wir die Sinnesorgane einer Fledermaus. Hört sie nicht den Ultraschallbereich, der unseren Ohren verschlossen bleibt? Auf der anderen Seite können ihre Augen nur Schwarz-Weiß sehen, aber wiederum die UV-Strahlen erkennen. Sie verfügt sogar über einen Magnetsinn, der ihr hilft, ähnlich wie bei Zugvögeln die Orientierung zu behalten.

Man kann sich kaum vorstellen, wie eine Libelle oder eine Fledermaus die Welt konstruiert und damit erfährt, aber wir können sicher sein, dass Menschen und Tiere die Welt, in der sie leben, so unterschiedlich beschreiben würden, dass wir nicht auf die Idee kämen, dass sie den gleichen Planeten bewohnen. Das bedeutet nicht weniger, als dass es keine äußere feststehende Welt gibt, sondern nur innere Konstrukte der Welt, abhängig vom jeweiligen Lebewesen und seinen Wahrnehmungsorganen und seiner Art, die Wahrnehmungsreize zu verarbeiten.

Doch die Unterschiedlichkeit der Welten, in denen Lebewesen leben, endet nicht mit der Wahrnehmung, also der inneren Konstruktion einer äußeren Welt. Sie geht weit über die Wahrnehmung hinaus, da das Lebewesen mit seiner Art zu leben diese Welt, in der es lebt, mitgestaltet. So ist ein lebendiges Geschöpf nicht nur »Empfänger« einer äußeren Welt, sondern erschafft diese auf zweifache Weise: zum einen durch seine individuelle Art der sinnlichen Konstruktion, zum anderen aber durch sein Handeln, also seine Art, sich aktiv auf die von ihm konstruierte Welt zu beziehen.

Nehmen wir zum Beispiel einen Frosch, der als Amphibie perfekt an das Leben im Teich angepasst ist. Seine Sinne helfen ihm, das Leben im Teich zu meistern, Feinde durch kleinste Erschütterungen wahrzunehmen und Beute, wie zum Beispiel Fliegen, im Flug zu erkennen. Der Frosch ist aber nicht nur Wahrnehmender, sondern gleichzeitig auch »Gestalter«. Er prägt durch sein Leben das Milieu im Froschteich mit und wird so auch der Mitschöpfer der Welt, in der er lebt.

Beim Menschen können wir besonders deutlich erkennen, wie stark er seine Welt, in der er lebt, miterschafft. Nehmen wir zum Beispiel seine Fähigkeit, ein bestimmtes Spektrum an Schallwellen zu hören. Innerhalb dieses Spektrums kann er Töne in seinem Erleben konstruieren und damit auf seine spezifisch menschliche Weise erfahren, sprich hören. Dabei bleibt es aber nicht. Er hört diese Töne nicht nur als empfangendes Wesen, er erschafft sie auch. Durch seine Fähigkeit, zu hören, konnte er die sprachliche Kommunikation entwickeln und perfektionieren. Und, was vielleicht noch erstaunlicher ist, er hat Musikinstrumente erschaffen, mit denen er in diesem Hörspektrum Töne und sogar komplexe Symphonien erzeugen kann, die es vorher auf dieser Erde nicht gab. So erschafft der Mensch durch seine Art der Wahrnehmung und seine Art zu leben eine ganz eigene Welt, von der ein Tier, das nicht hören kann, ausgeschlossen ist.

Wie stark der Mensch seine Welt selbst erschafft, können wir daran ermessen, dass Geologen inzwischen davon ausgehen, dass wir erdgeschichtlich in ein neues Zeitalter eingetreten sind, in dem der Mensch das Antlitz der Erde, also die natürliche Beschaffenheit der Oberfläche der Erde, unwiederbringlich verändert hat. Diese Tatsache ist natürlich erschreckend, da sich der Mensch mit seiner ungeheuer mächtigen Gestaltkraft von allen anderen Lebewesen auf der Erde unterscheidet und wir nicht wissen, ob sich der Mensch nicht dadurch langfristig seiner eigenen Lebensgrundlage beraubt. Nichtsdestotrotz ist die grundsätzliche Dynamik, dass jedes Lebewesen die Welt, die es mit seinen Sinnen erfährt, schöpferisch mitgestaltet, dagegen ein natürlicher Prozess.

Nur eine Welt?

Jedes Lebewesen ist also Empfänger und Schöpfer in einem. Wobei man sich auch das Empfangen nicht als passives Abbilden einer äußeren Realität vorstellen darf, sondern als eine aktive Konstruktion, die Sinnesreize zu einer individuellen Erfahrung verdichtet. Dieser Vorgang findet vollkommen automatisch und unbewusst statt, sodass wir die Welt, die wir konstruieren, nicht mehr hinterfragen und wir selbstverständlich davon ausgehen, dass es nur diese *eine* Welt gibt, die wir erfahren. Oder anders gesagt: dass alle Lebewesen in *einer* Welt leben – nämlich der unseren – und sie genauso erfahren wie wir selbst. Welch ungeheure Fehleinschätzung!

Diese Grundannahme stimmt nicht einmal, wenn wir im menschlichen Bereich bleiben. Wenn Menschen aus verschiedenen Kulturkreisen aufeinandertreffen, wird es manchmal geradezu offensichtlich, dass sie aus verschiedenen »Welten« stammen. Die Folge sind eklatante Missverständnisse, die zu Irritation, Befremdung und Ablehnung führen können.

Wenn zum Beispiel ein deutscher Mann in Ägypten höflich die Frau des Gastgebers grüßt und sie dabei anschaut, ist dies im deutschen Verständnis ein Ausdruck von Höflichkeit und eine Selbstverständlichkeit. In der ägyptischen Kultur jedoch ist diese Handlung eine außerordentliche Respektlosigkeit. Umgekehrt, wenn eine ägyptische Frau einen deutschen guten Bekannten auf der Straße keines Blickes würdigt, ist dies im Sittenkodex der arabischen Welt ein Ausdruck von Respekt, für den Bekannten aus einem europäischen Kulturkreis kommend allerdings das Gegenteil.

Manchmal genügt bereits eine bestimmte Art des Humors, um die Kluft zwischen den kulturellen Welten sichtbar werden zu lassen. Was für den einen ein Witz ist, kann für einen anderen Menschen aus einer anderen Gesellschaft eine Peinlichkeit oder sogar eine Beleidigung darstellen. Natürlich sind kulturelle Schranken nicht unüberwindbar, aber um ein echtes Verständnis füreinander zu bekommen, müssen wir zunächst die Unterschiedlichkeit der Welten, aus denen wir kommen, anerkennen. Das bedeutet, dass wir uns bewusst machen, dass uns der Kulturkreis, in dem wir leben, tiefer prägt, als wir uns das normalerweise eingestehen.

Besonders in unserer westlichen Gesellschaft sehen wir uns selbst als aufgeklärt, modern und weltoffen. Damit einher geht das Gefühl, anderen Kulturkreisen überlegen zu sein. Gleichzeitig übersehen wir völlig, dass wir ein Kind dieser Kultur sind und damit unsere Sicht- und Lebensweise stark von der westlichen Gesellschaft geprägt wird. Wir sind daher in unseren Meinungen und Verhaltensweisen genauso wenig unabhängig und frei wie Menschen in anderen Kulturen. Unsere sogenannte Weltoffenheit kommt sehr schnell an ihre Grenzen, wenn wir mit für uns unverständlichen Lebensformen anderer Kulturen konfrontiert werden und diese als gleichwertig akzeptieren sollen.

Doch auch innerhalb einer Kultur leben Menschen in unterschiedlichen Welten. Lebt ein Mensch, der in sich tiefe Ängste hat, und dessen Grundgefühl das der Bedrohung ist, in der gleichen Welt wie ein Mensch mit einem großen Vertrauen ins Leben? Mit Sicherheit nicht. Eine Person mit Grundängsten wird auf allen Ebenen mehr mit Absicherung beschäftigt sein als mit Lebenslust. Das wird ihre Sichtweisen genauso prägen wie ihre Gefühle und Verhaltensweisen. Vielleicht verhält sie sich in Kontakten vorsichtig, geht bei Entscheidungen keine Risiken ein, bleibt im vertrauten Rahmen der Tradition, fährt immer wieder an den gleichen Urlaubsort und ist allem Neuem oder Fremdem gegenüber skeptisch. Ein lebensverändernder Schritt kann für eine ängstliche Person eine ungeheure Herausforderung darstellen, die sie mit tiefen Ängsten konfrontiert und an den Rand der Erschöpfung bringt.

Ganz anders verhält sich da ein Mensch mit Grundvertrauen. Neues wird als belebend erfahren und entsprechend gesucht. Das bekannte und vertraute Terrain kann hinterfragt und erweitert oder zurückgelassen werden. Ein Mensch mit Grundvertrauen hat eine Freiheit und eine Abenteuerlust, von der eine Person mit Ängsten nur träumen kann.

Man könnte jetzt denken, dass eine ängstliche Person auf die Freiheit eines Menschen mit großem Vertrauen neidisch ist. Doch das ist ein Irrtum. Im Gegenteil kann sie ein risikobereites Handeln unverständlich oder sogar erschreckend finden. Eine ängstliche Person sucht nämlich zuinnerst Sicherheit und nicht Freiheit. Man kann sich vorstellen, dass Menschen, die in derart unterschiedlichen Welten leben und so widersprüchliche Sehnsüchte haben wie den Wunsch nach Sicherheit, bzw. Freiheit und Abenteuer, sich manchmal begegnen wie Menschen aus verschiedenen Kulturkreisen – mit großem Unverständnis füreinander. »Wie kann man nur immer an den gleichen Urlaubsort fahren?«, fragt sich da die eine Person und die andere schüttelt den Kopf bei dem Gedanken, »wie man sich nur so damit ›stressen‹ kann, ständig neue Dinge auszuprobieren«.

Wie unterschiedlich diese beiden Welten tatsächlich sind, kann man nur ermessen, wenn man begreift, dass auch die Wahrnehmung der Menschen unmittelbar betroffen ist. Unsere Wahrnehmungsorgane sind eben keine neutralen »Empfangsgeräte«, sondern verarbeiten die äußeren

Sinnesreize in Abhängigkeit zu unserer inneren Verfassung. Wenn eine Person chronisch in einer Welt der Angst und der Bedrohung lebt, »schärfen« sich ihre Sinne und bilden daher eine ganz andere Welt ab als bei einem Menschen mit Grundvertrauen. Die innere Haltung, »immer auf der Hut zu sein«, führt zu einer generellen Anspannung und einer Überbetonung der äußeren Wahrnehmungsorgane.

In der Anspannung arbeiten unsere Sinnesorgane anders als in der Entspannung. Wir kennen dieses Phänomen partiell alle: Bei Gefahr fahren wir unsere »Antennen« aus und werden hochsensibel für äußere Reize, die uns schaden könnten. In diesem »angespannten Schauen und Hören« können uns kleinste Reize in Alarm versetzen, die wir in einem entspannten Grundzustand kaum wahrnehmen würden. Gleichzeitig ist hier die Wahrnehmung nach innen – also das Spüren des Körpers und das Fühlen – deutlich eingeschränkt. Ein angespannter Zustand ist also anstrengend und führt zusätzlich zu einer Überaktivität unserer äußeren Sinne, sodass wir überempfindlich auf äußere Reize reagieren und entsprechend eine reizarme – also vertraute – Umgebung suchen.

Gleichzeitig nimmt im akuten, aber genauso im chronischen Zustand der Bedrohung die Fähigkeit zum Genießen ab. Genießen können wir nur in der Entspannung und durch innere Muße. Hier beginnen wir die Dinge von innen her zu spüren und unsere Sinne öffnen sich für eine Feinheit und Unmittelbarkeit, die uns im Zustand einer Überschärfe durch Gefahr nicht zugänglich ist. Da aber ein Mensch mit Grundängsten nur in einer vertrauten Umgebung einigermaßen entspannen kann, ist es nicht verwunderlich, dass jede neue Situation als anstrengend empfunden und vermieden wird.

Der ängstliche Mensch erfährt also tatsächlich eine andere Welt als ein Mensch mit Grundvertrauen. Beide Menschen konstruieren ihre Sinneserfahrung entsprechend ihrer Grundhaltung und erschaffen durch ihr Verhalten aktiv das Milieu ihrer Umwelt mit. Man kann daher durchaus davon sprechen, dass sie in unterschiedlichen Welten leben, genauso wie zwei Menschen aus verschiedenen Kulturkreisen oder wie eine Fledermaus und ein Mensch. Die weitverbreitete Vorstellung, dass alle Wesen in *einer* Welt leben, entpuppt sich bei näherer Betrachtung als Trugbild.

Die Schlüsselrolle des Bewusstseins

Wenn wir uns jetzt noch vor Augen führen, dass auch der einzelne Mensch in verschiedenen Bewusstseinszuständen und damit inneren Welten zu Hause ist, dann zerfällt die gängige Idee einer einzigen Welt, die unsere Wirklichkeit ausmacht, vollständig. So kann ich mir gut vorstellen, dass manche Leserin oder mancher Leser bei der Lektüre dieses Kapitels das Gefühl hat, schwindelig und zunehmend unsichererer und verwirrter zu werden. Diese Reaktion wäre durchaus berechtigt und sehr natürlich. Schließlich ist es in diesem Kapitel meine Absicht, den Schleier der gewohnten und allgemeingültigen Wirklichkeit, die uns eine kohärente, äußere Welt vorgaukelt, zu lüften. Ja, sogar die gängige Vorstellung, dass wir selbst eine einheitliche Person sind, wird hinterfragt. Damit rüttle ich an dem Grundgerüst, auf dem das persönliche und gesellschaftliche Leben aufgebaut ist.

Wenn uns daher diese Betrachtungen verwirren oder verunsichern, können wir sicher sein, dass wir über den Schleier einer gewohnten einheitlichen Wirklichkeit hinausgetreten sind und dort einer neuen, vielschichtigen und vor allem lebendigen Wirklichkeit begegnen. Hier sind die Dinge nicht so, wie sie auf den ersten Blick erscheinen, nämlich als in sich bestehende, unabhängige Entitäten. Vielmehr wird uns zunehmend bewusst, dass die äußere Welt nicht unabhängig von der betrachtenden Person existiert und es damit keine allgemeingültige Erfahrung einer äußeren Welt gibt, sondern nur unendlich viele Betrachtungsperspektiven.

Wenn wir uns jetzt im nächsten Schritt bewusst machen, dass auch der sogenannte Betrachter keine unabhängige Gegebenheit ist, sondern wiederum von der Betrachtungsperspektive, also dem jeweiligen Bewusstseinszustand, abhängt, verlassen wir endgültig die Vorstellung einer verlässlichen äußeren und inneren Welt. Was bleibt, ist eine vielschichtige

Realität der totalen Bezogenheit und vor allem eine Wirklichkeit, die sich in jedem Augenblick verändern kann. Oder anders gesagt, die nicht feststeht. Es genügt, dass die betrachtende Person einen anderen Bewusstseinszustand einnimmt und damit eine andere Perspektive, schon gerät die Welt in Bewegung und zeigt neue Facetten. Wie beim Blick durch ein Kaleidoskop, bei dem die geringste Bewegung des Betrachters neue Farbspiele erzeugt, so kann uns eine neue Betrachtungsweise die Welt, einschließlich unserer selbst, in einem völlig neuen Licht erscheinen lassen.

Ist das nicht gespenstisch und ein wenig verrückt? Ja, im eigentlichen Wortsinn ist es »ver-rückt«, denn unsere übliche Sicht einer äußeren statischen Welt, in der eine klare Ordnung herrscht, wird hier erschüttert. Das bedeutet aber nicht, dass wir im psychiatrischen Sinne verrückt werden und damit nicht mehr alltagstauglich leben können, sondern dass wir die Möglichkeit bekommen, durch den Schleier der gewohnten Wirklichkeitsperspektive hindurchzuschauen und uns damit befassen können, wie Wirklichkeit – oder besser Wirklichkeitsperspektiven – entstehen.

Unser Blick geht dabei vom äußeren Schein der Dinge weg und wendet sich immer mehr nach innen. Wir fragen uns, was in unserem Geist geschieht, dass bestimmte äußere Erfahrungen zutage treten. Was ist der Grund dafür, dass sich innere Perspektiven und damit einhergehend die äußere Weltsicht verändern? Welche Bedeutung haben dabei Bewusstseinszustände und können wir diese für unser Leben nutzbar machen?

All diese Fragen führen uns von der Oberfläche des Lebens zum Hintergrund des Bewusstseins, aus dem heraus sich unsere Erfahrungen bilden. Denn zuinnerst und zuerst steht hinter allen äußeren und inneren Erfahrungen das Bewusstsein als der Erfahrungsraum, in dem sich unterschiedlichste Erfahrungsdimensionen abbilden. Das Bewusstsein ist das Subjekt, in dem sich alle Phänomene spiegeln. Sogar die Erfahrung der eigenen Person, die in einem Körper erscheint, ist nichts weiter als ein Objekt im Spiegel des Bewusstseins.

Kein Objekt, keine Erfahrung, kann unabhängig vom Subjekt in Erscheinung treten, da es ein Objekt ohne Subjekt nicht gibt. Daher ist für das jeweilige Zustandekommen einer Erfahrung entscheidend, welche Perspektive das Subjekt einnimmt und welche Beschaffenheit es hat. Oder anders gesagt: *Auf was richtet sich unser Bewusstsein und wie ist es gerade beschaffen?* Diese Frage steht am Anfang aller Erfahrungen und entscheidet letztlich darüber, wie wir das Leben konstruieren.

Um die Bedeutung dieser Frage anschaulich zu machen, kann es helfen, sich mit Fotografie zu befassen. Fotografieren ist die Technik, Objekte in der äußeren Welt abzulichten. Jede Fotografin weiß aber, dass das jeweilige Bild in Abhängigkeit zum Subjekt der Fotografin und zur Beschaffenheit der Linse ihres Fotoapparats entsteht. Was bewegt die Fotografin gerade? Was sieht sie? Welchen Fokus auf das Objekt nimmt sie dadurch ein? Welchen Bildausschnitt wählt sie? Wie stellt sie die Brennweite und die Schärfe der Linse ein? Wenn wir den Fotoapparat als Verlängerung des Bewusstseins und der Wahrnehmungsorgane einer Fotografin betrachten, dann ist das jeweilige Bild eben nicht nur ein Produkt des Blickwinkels, den die Fotografin einnimmt, sondern auch der Beschaffenheit ihres Bewusstseins.

Jedes Foto weist uns damit auf das im Hintergrund stehende Bewusstsein der Fotografin hin, aus dessen Beschaffenheit heraus das Bild entstanden ist. Sichtbar ist aber zunächst nur das Foto, nicht das Subjekt, das es geschaffen hat. Genauso wenig, wie wir unser eigenes Bewusstsein wahrnehmen, wenn wir ein Foto anschauen. Und doch gibt es die Erfahrung des Fotos ohne unser Bewusstsein und ohne das Bewusstsein der Fotografin nicht.

Wenn wir diese Welt und unser menschliches Leben tiefer begreifen wollen, dann ist es unumgänglich, dass wir in den Blick nehmen, was hinter allen Dingen steht: *das Bewusstsein und seine Beschaffenheit.* Es ist der Kristallisationspunkt, aus dem heraus verschiedene Welten nebeneinander und ineinander in Erscheinung treten. Nur wenn wir diese grundlegende Dynamik und ihre Gesetzmäßigkeiten tiefer begreifen, werden wir das Wunder der Schöpfung nochmals neu erfassen und lernen, kreativ als Mensch darin zu leben.

In den nun folgenden Kapiteln werde ich die drei grundlegenden Bewusstseinszustände und ihre Gesetzmäßigkeiten darstellen – die äußere Welt der Alltagsrealität, die innere Welt der Seelischen Realität und unser Innerstes, die Absolute Realität.

KAPITEL 2

Die äußere Wirklichkeit – die Alltagsrealität

Die Wirklichkeit, oder die Welt, wie wir sie alle kennen, ist nur eine Beschreibung. Sie ist ein endloser Strom von Interpretationen von Sinneswahrnehmungen, die wir, die Einzelnen, die eine besondere Gruppenzugehörigkeit teilen, übereinstimmend zu deuten gelernt haben.

CARLOS CASTANEDA

Ich stelle mir manchmal vor, wie es wäre, wenn ein Mensch, der im Urwald aufgewachsen und nie der Zivilisation begegnet ist, plötzlich in eine moderne Großstadt kommen würde. Die meisten Vorgänge, die das Leben eines modernen Menschen ausmachen, wären ihm wahrscheinlich fremd und unverständlich.

Ein Urwaldbewohner kennt keine Gehsteige und keine Fahrbahn. Er weiß nichts vom Sinn der Ampeln und wird Autos für gefährliche, unberechenbare Ungetüme halten. Da er die Regeln nicht kennt, nach denen sich das Leben auf der Straße organisiert, wird für ihn eine Stadt mit ihrem Verkehr gefährlicher sein als ein undurchdringlicher Dschungel mit wilden Tieren.

Doch er wird nicht nur mit seiner Sicherheit beschäftigt sein, sondern er wird sich auch fragen, welchen Sinn diese ganze Geschäftigkeit hat? Menschen eilen in alle Richtungen, verschwinden in Eingängen, die sich öffnen und schließen lassen, oder in einem dieser fahrbaren Ungetüme. Manche Menschen sprechen in ein kleines Kästchen, das sie sich ans Ohr halten. Andere sitzen auf bequemen Bänken und halten weiße große seltsame Blätter in den Händen, in die sie vertieft sind. Was tun all diese Leute?

Die nächste Frage, die unseren Urwaldmenschen beschäftigt, ist wahrscheinlich die, wie man hier Essen findet. Nirgends scheint es hier Früchte zu geben oder Tiere, die man jagen könnte. Und doch sind alle Menschen gut genährt. Vielleicht entdeckt er mit der Zeit, dass Einzelne aus einem dieser Eingänge kommen und dabei etwas in der Hand halten, das sie essen. Neugierig tritt er näher und schaut durch eine große, glatte, durchsichtige Wasserscheibe. Drinnen liegen sauber geordnet verschieden geformte kleine hellbraune Zapfen, welche anscheinend essbar sind. Es herrscht ein reges Kommen und Gehen von Menschen, die diese Zapfen abholen und im Gegenzug kleine flache Steine und eine Art farbige Blätter dalassen. Ein Tauschhandel?

Um herauszufinden, was all diese geschäftigen Menschen machen, wagt er es irgendwann, in einen der Eingänge zu gehen und landet in einem Großraumbüro. Ein Büro mit seinen Computern, Akten und Telefonen ist wahrscheinlich für einen Urwaldmenschen der Gipfel der Abstraktion und der Unverständlichkeit. Hier gibt es keine direkte, unmittelbare Tätigkeit, die sich einem unbedarften Beobachter als natürliche Arbeit erschließen könnte. Ich kann mir nicht vorstellen, dass ein Urwaldmensch es schaffen könnte, von alleine den Sinn hinter all dieser Geschäftigkeit herauszufinden.

Eine Welt der Abstraktion

Die vielleicht gewöhnlichste und uns am vertrautesten erscheinende Bewusstseinsebene ist die sogenannte Alltagsrealität. Sie prägt und bestimmt unser normales alltägliches Leben, in dem wir als klar definierte Person in einem sozialen Gefüge agieren. Dabei beziehen wir uns unbewusst auf unzählige Abstraktionen, Konzepte, Regeln, Vereinbarungen, Handlungsabläufe und Hilfsmuster, die uns genauso selbstverständlich erscheinen wie Atmen, Trinken und Schlafen.

Doch auch wenn es zu unserer zweiten Natur geworden ist, in abstrakten Dimensionen zu denken und zu handeln, ist diese Welt rein menschengemacht und damit sekundär. Sekundär bedeutet in diesem Zusammenhang, dass auf dieser Ebene kaum mehr unmittelbare Erfahrungen eine Rolle spielen. Im Gegenteil, unmittelbare Erfahrungen werden hier abstrahiert und organisiert.

Wenn wir zum Beispiel einen Geldschein dazu benutzen, um eine Ware einzukaufen, dann beinhaltet dieser Vorgang implizit ein Bündel an Abstraktionen. Ein Geldschein hat keinen unmittelbaren Wert. Er ist ein bedrucktes Stück Papier, nichts weiter. Erst durch die Überzeugung, dass er einen bestimmten Wert besitzt, erhält der Geldschein seinen Wert. Man könnte also sagen, dass wir selbst den Geldschein durch unsere Gedanken »aufladen«. Aber natürlich genügt unsere Überzeugung alleine nicht. Erst wenn ganz viele Menschen den Geldschein mit der gleichen Überzeugung von Wert »aufladen«, lässt sich mit diesem Stück Papier etwas einkaufen.

Dabei gibt es noch viele andere Abstraktionen und Überzeugungen, die den Geldschein erst möglich machen. Zum Beispiel müssen wir die Existenz eines Staates anerkennen, der den Geldschein druckt und an alle Bürgerinnen ausgibt. Ein Staat ist jedoch genauso eine gedankliche Konstruktion wie ein Geldschein. Erst wenn wir an bestimmte Grenzen glauben, entsteht ein Staatsgebiet. Erst durch bestimmte Definitionen entstehen Staatsbürgerinnen. Und schließlich hat eine Organisationseinheit wie eine Regierung oder ein Parlament erst dann die Macht, Regeln aufzustellen und das Leben zum Beispiel mithilfe von Geldscheinen zu organisieren, wenn Bürgerinnen diese Vorgänge anerkennen.

Je genauer wir das alltägliche Leben betrachten, werden wir entdecken, dass es durchsetzt ist von Abstraktionen und Gedankenkonstrukten, die uns helfen, das soziale Leben zu organisieren und zu meistern. Betrachten wir nur allein die Sprache, die es uns ermöglicht, äußerst differenziert den Kontakt zwischen Einzelwesen und Gemeinschaften zu regeln und Verständigung zu bewirken. Dabei beinhaltet die heutige Sprache des Menschen eine ungeheure Abstraktionsleistung. Ursprünglich war die Sprache für den Menschen, wie für viele Tiere, eine unmittelbare Gestaltform. Da wurden Stimmungen in Lauten ausgedrückt: Freude, Wut, Zärtlichkeit oder Angst lassen typische Laute entstehen. Noch heute finden sich in vielen Worten rudimentäre Hinweise auf die ursprüngliche Erfahrungsdimension, aus denen Worte entstanden sind.

Doch im Laufe der Menschheitsgeschichte haben sich Worte immer mehr verselbstständigt, abstrahiert und differenziert. Je mehr sich Sprache verselbstständigt und von der ursprünglichen Erfahrung entfernt, wird sie zu einer eigenen Wirklichkeit, die das Leben der Menschen nicht nur symbolisch beschreibt, sondern mindestens genauso auch prägt. Es ist sicherlich nicht übertrieben, wenn ich sage, dass der moderne Mensch oft mehr in der Welt von Gedanken und der dazugehörigen Sprache lebt als in unmittelbaren Empfindungen.

Dabei ist eine Sprache weit mehr als eine symbolhafte Beschreibung von erfahrbarer Wirklichkeit, denn je mehr sich eine Sprache differenziert, desto mehr kreiert sie eine eigene, vorgestellte Welt mit abstrakten Begriffen. Gibt es wirklich den Euro, gibt es Deutschland oder die EU? Gibt es das Amt einer Bundeskanzlerin und was sind Steuern? An diesen Beispielen sieht man sehr deutlich, dass Gedanken und Sprache mehr sind als nur symbolhafte Beschreibungen von Wirklichkeit. Sie erschaffen Wirklichkeit. Je mehr wir Gedankenwirklichkeiten erzeugen und daran glauben, entstehen dadurch neue Realitäten, die auf die Entwicklung der ganzen Gesellschaft und des einzelnen Menschen zurückwirken.

Selbst wenn eine Person dann beschließen sollte, nicht mehr an die Realität von Euros oder bestimmten Gesetzen zu glauben, wird sie sich nicht so leicht entziehen können, da die kollektive Überzeugung gesellschaftlich genauso real auf uns einwirkt wie unmittelbare Erfahrungen von zum Beispiel Hitze oder Kälte. Tatsächlich werden wir sogar sanktioniert oder zumindest nicht mehr unterstützt, wenn wir kollektiven Gedankenrealitäten nicht entsprechen. Wenn wir zum Beispiel Euros und den Staat als Gedankenkonstrukt entlarven, um dann zu beschließen, keine Steuern mehr zu zahlen, würden wir sehr wahrscheinlich Schwierigkeiten bekommen.

Noch eines sollten wir uns vergegenwärtigen: Viele Gedanken und Konzepte sind keineswegs neutral oder objektiv, genauso wenig wie die Sprache als symbolhafte Beschreibung der Wirklichkeit. Bereits am Beispiel einer Landkarte, die bei einer Wanderung sehr hilfreich sein kann, sehen wir, dass ihre bildhafte Ausformung eine Bewertung beinhaltet, ja sogar beinhalten muss. Je nachdem, ob es eine Landkarte für Wanderer, Radfahrerinnen oder Autofahrer ist, werden bestimmte Wege und Merkmale herausgestellt und andere bewusst vernachlässigt oder im Hintergrund dargestellt.

Es gibt keine neutrale Landkarte, sonst müssten wir auf jede Form der Abstraktion verzichten und die Landschaft eins zu eins abfotografieren. Doch selbst eine solche Landkarte wäre das Produkt einer festgelegten Vogelperspektive und damit keineswegs objektiv. Genauso gibt es keine neutrale Beschreibung der Wirklichkeit. Jedes Wort, jede Abstraktion beinhaltet immer auch Meinungen und Bewertungen, die implizit auf uns einwirken.

Wenn wir zum Beispiel Worte benutzen wie »Frau« oder »Mann«, um einen Menschen zu charakterisieren, dann scheint das eine objektive Beschreibung zu sein. In Wirklichkeit beinhalten diese Begriffe bereits ein Bündel an kollektiven Zuschreibungen und Wertungen, die selbstwirksam sind und auf jede Frau und jeden Mann einwirken. Wenn man sich zum Beispiel als »Frau« in Deutschland auf eine Stelle bewirbt, hat man in Summe weniger Chancen und wird schlechter bezahlt. Auch an diesem Beispiel kann man sehen, wie stark Gedankenrealitäten unser konkretes alltägliches Leben steuern und prägen.

Wie wir eine äußere Wirklichkeit erschaffen

Ist uns das bewusst? Meistens nicht. Wir beziehen uns im Alltag auf Beschreibungen wie »Mann« oder »Frau« und glauben, uns damit ganz nah an der »Wirklichkeit« zu bewegen, ohne dass wir uns darüber im Klaren sind, wie wir mit diesen Begriffen »Wirklichkeit« kreieren. Meistens sind wir davon überzeugt, dass wir die Dinge korrekt und neutral – also objektiv – sehen und merken nicht, dass wir uns in der Regel nur auf bestimmte Zuschreibungen beziehen. Die unmittelbare Erfahrung von Objekten wird dabei typischerweise ausgeblendet oder tritt in den Hintergrund.

Wenn wir zum Beispiel im Alltagsbewusstsein auf eine Vase schauen, erfahren wir sie normalerweise aus dem Blickwinkel ihrer Funktion oder ihrer Gefälligkeit. Beide Kategorien – die Funktionalität und die ästhetische Bewertung – sind gedankliche Zuschreibungen, die uns die unmittelbare Sicht verstellen. Daher sehen wir im Alltagsbewusstsein nicht die Dinge, so wie sie in unserer unmittelbaren Erfahrung auftauchen, sondern wir sehen die Dinge aus der Perspektive der Funktionalität und überlagern sie mit Zuschreibungen und Bedeutungen, die wir ihnen unbewusst geben.

Das macht für das alltägliche Leben einen großen Sinn, da die Dinge für uns dann handhabbar werden. Wir wissen um die Funktion einer Vase und können sie benützen. Wir erkennen in einem Menschen eine »Kollegin« und können uns entsprechend im Kontakt angemessen verhalten. So begegnen wir nicht den Dingen selbst, sondern betrachten jeden Gegenstand, jede Erfahrung und jedes lebendige Wesen in ihrem Kontext, ihrer Funktionalität und der Bedeutung, die sich daraus ergibt. Aus diesem Grund wird die Alltagsrealität auch als »äußere Wirklichkeit«

bezeichnet. Sie ist eine Perspektive, bei der wir von außen auf die Dinge schauen und diese Abstraktion eine gewisse Objektivierung erlaubt. Aus diesem Abstand heraus lassen sich die Dinge und Situationen handhaben und entsprechend ihrer Funktion sinnvoll gestalten.

Doch ist es wirklich objektiv, wenn wir eine Vase als Gefäß für Blumen erkennen? Ist es »real«, wenn wir einen Menschen als »von uns unabhängiges Wesen« behandeln? Oder sind dies nur geistige Reflexionen bestimmter Sichtweisen, die tief in uns verankert sind und uns helfen, uns in der Welt zurechtzufinden?

Dabei sind diese Zuschreibungen, die wir den Situationen und Objekten überstülpen, weit mehr als persönliche Wertungen und Vorstellungen. Tatsächlich sind viele davon kollektive Deutungsmuster, durch die wir die Welt wie durch eine generalisierte Brille sehen. Eine Vase wird in dieser Kultur von allen Menschen als Gefäß für Blumen erkannt und benützt, und die kollektive Vorstellung eines Menschen beruht immer auf der Idee eines unabhängigen Wesens. Auf diese Weise werden die Deutungsmuster der Alltagsrealität zu einer kollektiven Hypnose. In der Transpersonalen Psychologie spricht man daher von der Alltagsrealität als »Konsensustrance«.

Dadurch, dass die meisten Zuschreibungen der Alltagsrealität kollektive Deutungsmuster sind, werden sie durch jede normale Handlung und jede alltägliche Konversation bestätigt. Die Vielschichtigkeit der inneren unmittelbaren Erfahrungen weicht dem Diktat einer oberflächlichen allgemeingültigen Zuschreibung, die uns eine Wirklichkeit vermittelt, die für alle gleich erscheint, da sie von den meisten Menschen auf die gleiche Weise gedeutet wird. So entsteht das Gefühl einer verlässlichen, objektiven Welt, in der wir alle leben und welche wir kollektiv auf die gleiche Weise wahrnehmen.

Doch erfahren wir wirklich eine Vase oder einen Menschen auf die gleiche Weise wie andere Personen, die diese Vase anfassen oder diesem Menschen begegnen? Oder schauen wir in der Regel nur gemeinsam durch die kollektive Brille bestimmter Interpretationsmuster, die uns die Illusion einer beständigen, äußeren Welt mit eindeutig definierten Objekten vorgaukelt? Je genauer wir die Erfahrung von einzelnen Menschen betrachten, desto vielschichtiger und individueller wird sie. Doch solange wir uns auf der Oberfläche einer kollektiven Alltagsdeutung bewegen, scheinen wir alle in der gleichen Welt zu leben.

Die Fähigkeit der Zusammenarbeit

In der gleichen Welt zu leben – oder anders gesagt: eine gemeinsame Welt zu konstruieren –, hat immense Vorteile für das soziale Zusammenleben. Wir können »Vase« sagen und wissen, was mit Vase gemeint ist. Unabhängig von der tatsächlichen individuellen Empfindung, die beim Einzelnen im Kontakt mit der Vase auftaucht, entsteht durch die kollektive Zuschreibung ein gemeinsames und verlässliches Objekt, das keiner Diskussion oder individuellen Abstimmung bedarf. Wir müssen das Objekt nicht jedes Mal neu definieren und kennen seine Funktion. So kann ich einem anderen zurufen: »Bitte bring mir mal die Vase.« Ohne weitere Erklärung und Diskussion weiß die andere Person, was gemeint ist und wird der Aufforderung nachkommen. Es entsteht eine gemeinsame Welt, die Interaktionen relativ reibungslos ermöglicht.

Die erkenntnistheoretische Frage: »Was ist eine Vase?« oder der präzise Blick durch die Lupe der Achtsamkeit mit der Frage: »Wie erfahre ich gerade diese Vase?« wird dabei ausgeblendet. Und das mit gutem Grund. Denn diese Fragen würden eine oberflächliche Interaktion zwischen Menschen sofort ins Stocken bringen. Das zeigt, worauf die Alltagsrealität ausgerichtet ist, nämlich nicht auf Erkenntnis, genaue Wahrnehmung oder etwa die Frage nach dem Glück, sondern einzig und allein auf Funktionalität.

Die zentrale Motivation, die sich im Erschaffen einer gemeinsamen Alltagswelt verbirgt, ist die Frage, wie wir uns als Menschheit im Leben zurechtfinden und überleben können. Nur dazu erschaffen wir in unserem Geist eine kollektive oberflächliche Wirklichkeit mit abgegrenzten, handhabbaren Objekten und verlässlichen funktionalen Zuschreibungen. Dabei ist Funktionalität keinesfalls eine oberflächliche Motivation, sondern entspringt dem Basisbedürfnis nach Sicherheit und Überleben. Zuallererst müssen und wollen wir als menschliche Rasse überleben, dann erst, wenn das gesichert ist, können wir uns um Erkenntnis, um individuelle Erfüllung und Glück oder die Frage nach dem Sinn kümmern. So ist es nur natürlich, dass der menschliche Geist schon von frühester Kindheit an darauf geeicht ist, kollektive Zuschreibungen sich anzueignen und sich in einer einheitlichen »Deutungswelt« zurechtzufinden.

Es ist eine ungeheure Denkleistung, die sich hier vollzieht und deren Ergebnis uns Menschen ermöglicht, sehr differenziert Objekte zu handhaben und dabei verschiedenste Produkte gemeinsam zu erschaffen und effektiv zusammenzuarbeiten. Dies reicht von der simplen Fertigkeit, gemeinsam einen Tisch zu decken, über die komplexe Zusammenarbeit in einer Firma bis hin zu der Fähigkeit eines Orchesters, gemeinsam eine Symphonie erklingen zu lassen. Ohne die Fähigkeit zu einer gemeinsamen Beschreibung der Welt, die sich in Sprache und der Definition von Objekten ausdrückt, wäre ein solch differenziertes und kunstvolles Zusammenwirken nicht möglich.

Für den Vorgang einer sozialen Zusammenarbeit hat daher das Erschaffen einer äußeren Welt voller unabhängiger, verlässlicher Objekte einen besonderen Stellenwert. Haben wir jemals infrage gestellt, dass die Realität aus konkreten Elementen besteht, die getrennt von uns existieren? Wahrscheinlich nicht. Und doch ist diese Perspektive keineswegs selbstverständlich. Nach allem, was wir wissen, erfährt sich ein Baby noch nicht als getrennt vom Umfeld und kann noch keine Dinge »erkennen«. Erst durch eine komplexe gedankliche Differenzierungsleistung, die sich über viele Monate der kindlichen Entwicklung hinzieht, entsteht die Fähigkeit, etwas als ein unabhängiges Objekt wahrzunehmen, um es dann im wahrsten Sinne des Wortes auch »be-handeln« zu können (siehe Kapitel 5: Wie die Welt entsteht).

Und schon wieder klingen diese Sätze nach einer vermeintlichen Objektivität, bei der es Dinge als verlässliche und solide »Bausteine der äußeren Welt« gibt. Tatsächlich ist dies aber eine geistige Konstruktion, also eine bestimmte Sicht auf die sogenannte »äußere Wirklichkeit«. Wir erschaffen eine äußere Welt, die sich aus vielen klar unterscheidbaren Objekten zusammensetzt und können uns dadurch innerhalb dieser soliden Welt bewegen und uns auf die einzelnen Elemente darin beziehen. So entsteht ein hohes Maß an Kontrolle, die es uns erlaubt, eine enorme Effektivität zu entwickeln.

Solide Objekte können wir bearbeiten und wir können uns darin organisieren. Je verlässlicher etwas wird, desto kontrollierbarer wird es. Es entstehen wiedererkennbare Muster und klare Strukturen, und unsere Fähigkeit, damit umzugehen, wird immer ausgefeilter und schließlich automatisiert. Nicht umsonst hat der Mensch mit seiner geistigen Fähigkeit zur »Objekt-ivierung« Kulturgüter wie Autos oder Symphonien geschaffen, die es vorher auf dieser Welt nicht gab.

Das macht deutlich, dass Produktivität und Effektivität letztlich keine individuellen Fähigkeiten sind, sondern ihre eigentliche Kraft erst im Zusammenwirken mit anderen Menschen entfalten, die sich auf die gleichen Objekte beziehen. So ist die Alltagsrealität nicht nur eine Welt der Funktionalität und der Effektivität, sie ist auch eine Welt der Verständigung. Ist es nicht wunderbar, wie Menschen ihre Erfahrungen teilen können? Ob in einem komplexen Produktionsprozess beim Herstellen eines Autos, beim Lesen eines Buches oder in einer lockeren Alltagsunterhaltung, überall wo Menschen zusammenwirken, geht dies nur durch die verbindende Kraft der Kommunikation.

Die Sprache des Menschen nimmt hier sicherlich eine Schlüsselstellung ein. Doch es wäre viel zu kurz gegriffen, nur auf die sprachliche Kompetenz des Menschen zu schauen. Es gibt viele andere Ebenen der Verständigung, die mit der Sprache zusammen erst eine kohärente objekthafte Beschreibung der Wirklichkeit möglich machen, auf die wir uns dann gemeinsam beziehen können. Denken wir an die Mathematik, an

Körpersignale, an das Regelwerk im Straßenverkehr oder an ein Notenblatt. Der menschliche Geist hat eine ungeheure Fähigkeit, allgemeingültige vielschichtige Signale zu entwickeln und dadurch Verstehen und soziales Zusammenleben zu bewirken.

Dadurch, dass die menschliche Verständigung viel differenzierter und komplexer ist als bei Tieren oder Pflanzen, lässt dies eine enorme schöpferische Kreativität zu. Wenn sich zwei Wesen nur in immer gleichen Ritualen verständigen können, wie beim berühmten »Tanz der Bienen«, kann zwar Zusammenarbeit geschehen, aber kaum Entwicklung stattfinden. Erst in einer vielschichtigen, nicht festgelegten Kommunikation herrscht eine Freiheit, in der das soziale Miteinander weiterentwickelt werden kann und ganz neue, komplexere Arten des Zusammenwirkens entstehen können. In Hinblick auf die Fähigkeit der Kommunikation nimmt der Mensch sicherlich eine Ausnahmestellung in der Natur auf diesem Planeten ein.

Wie die Alltagsrealität uns begrenzt

So natürlich, notwendig und segensreich das Erschaffen einer gemeinsamen Alltagsrealität für das Überleben, für die Funktionalität, für die Verständigung und das Zusammenwirken ist, so bringt es gleichzeitig mehrere Schwierigkeiten mit sich, denn eine kollektive Deutung der Wirklichkeit birgt nicht nur Chancen, sondern beinhaltet auch Begrenzungen. Diese sind keineswegs individueller Natur, sondern betreffen jeden Menschen, da alle (gesunden) Menschen sich im Laufe ihres Lebens zunächst mit der Konsensustrance einer Alltagsrealität identifizieren.

Leider werden uns die Begrenzungen der Alltagsrealität und die damit einhergehenden Schwierigkeiten nicht vermittelt, sodass wir typischerweise zunächst denken, dass sie unser persönliches Problem sind, wenn wir darunter leiden. Hier könnte das Wissen um die verschiedenen Bewusstseinsebenen, so wie sie in diesem Buch dargestellt werden, sehr hilfreich sein. Wenn wir nämlich erkennen, dass eine Schwierigkeit nicht persönlicher Natur ist, sondern aus einer kollektiven Begrenzung entsteht, werden wir sie nicht mehr fälschlicherweise als persönliche Schwäche oder eigenes Versagen bewerten. So brauchen wir uns nicht mehr in Selbstzweifeln ergehen, sondern haben die Freiheit, uns auf eine kreative Weise mit der eigentlichen Begrenzung auseinanderzusetzen.

Selbstentfremdung

Was sind nun die wichtigsten Begrenzungen, die sich naturgemäß aus der Alltagsrealität ergeben? Erinnern wir uns noch mal an die Grundeigenschaften dieser gemeinsamen Wirklichkeit. Sie ist in erster Linie eine Welt der Abstraktion und der Beschreibung – also eine Gedankenwelt. Dadurch entstehen auf der einen Seite solide, »handhabbare«, von uns getrennte Objekte, aber gleichzeitig auch eine Welt der Trennung. Durch die Abstraktion, also das Heraustreten aus der unmittelbaren Erfahrung, erzeugen wir einen künstlichen Abstand zwischen uns als Subjekt und dem, was wir erfahren. Die Wirkung ist ganz automatisch ein Kontaktverlust. Die Unmittelbarkeit der Erfahrung geht verloren und die gedankliche Zuschreibung bestimmt unser Erleben.

Nur selten ist es uns als erwachsene Person vergönnt, dass das Wunder und die Schönheit eines Vogelgesangs oder die Kostbarkeit einer menschlichen Begegnung durch den Filter unserer Gedankenwelt dringt und uns zuinnerst ergreift. Dabei ist das Wunder und die Schönheit des Lebens in jedem Augenblick anwesend, aber das Gefangensein in der abstrakten Welt unserer Gedanken schottet uns davon ab. Ist es da ein Wunder, dass uns das Leben irgendwann flach und langweilig erscheint? Dass viele Menschen im Laufe ihres Lebens mit Selbstentfremdung und Sinnlosigkeit zu kämpfen haben?

All diese Gefühle sind ein folgerichtiger Ausdruck eines inneren Kontaktverlustes, der sich automatisch ergibt, wenn uns die Alltagsrealität bestimmt. Dabei können wir durchaus auf der Oberfläche unseres Lebens nach gängigen Maßstäben erfolgreich und »glücklich« sein. Trotzdem kann sich innerlich eine gähnende Leere breitmachen und sich zunehmend eine große Unzufriedenheit einstellen. Wenn uns eine solche Sinnkrise erfasst und längere Zeit in uns wirkt, wird dadurch viel Lebensenergie abgezogen und wir fühlen uns immer mehr beengt und erschöpft. Vielleicht versuchen wir zunächst, der Erschöpfung mit einem Urlaub oder mit einer Reise zu begegnen, oder wir suchen die Leere mit einem neuen Hobby zu füllen. Wenn das nichts hilft, kommt irgendwann der Moment, in dem wir unser ganzes Leben infrage stellen und nicht selten dabei bestehende Strukturen umwerfen und äußerlich völlig neue Weichen stellen.

Doch meist hilft auch diese Radikalkur nur kurzzeitig. Natürlich bewirkt eine Lebensveränderung wie eine neue Beziehung oder eine Berufsumstellung zunächst ein Aufbrechen der inneren Routine und damit wieder mehr Frische und unmittelbaren Kontakt. Aber die Wurzel der Problematik, aus der die Selbstentfremdung und die Sinnkrise entstanden sind, ist damit weder erkannt noch gelöst, sondern nur aufgeschoben.

Die eigentliche Ursache für unsere Sinnkrise liegt in einem zunehmenden Kontaktverlust, der sich aus unserem Verhaftetsein mit dem Reich der Gedanken ergibt. Solange wir nicht lernen, Gefühle wie Leere, Langeweile, Unzufriedenheit und Sinnlosigkeit als Symptome einer zu starken Dominanz der Alltagsrealität zu deuten und gleichzeitig das Wissen und die Fähigkeit haben, bewusst andere Realitätsebenen aufzusuchen, sind wir dieser Dynamik weiter ausgeliefert.

Gleichgültigkeit

Doch nicht nur eine schleichende Sinnkrise ist die Folge des inneren Kontaktverlustes und der damit einhergehenden Selbstentfremdung. Auch unsere natürliche Fähigkeit zu Empathie und Mitgefühl werden eingeschränkt. Je stärker wir in eine funktionale Welt eintauchen, desto weniger sind wir in Kontakt mit unseren Gefühlen und unserem Herzen. Wir spüren uns selbst nicht mehr richtig und genauso stumpfen wir auch gegen die Belange von anderen ab.

Die Folge ist eine innere Neutralität, in der wir bestens funktionieren und Ziele verfolgen können, bei der aber gleichzeitig unser Lebensgefühl abflacht und uns Situationen und Menschen nicht mehr tief berühren. Bei genauerer Betrachtung entpuppt sich diese scheinbare Neutralität als eine innere Gleichgültigkeit, die uns nach außen hin abschottet. Alles, was nicht unseren unmittelbaren Interessen dient, wird dabei aussortiert und geht uns folglich nichts mehr an.

Nur so lässt es sich erklären, wie es möglich ist, dass die Menschheit wider besseres Wissen weiterhin in unverantwortlicher Weise die Natur ausbeutet und damit viele Arten und sogar langfristig sich selbst bedroht. Oder wie lässt es sich sonst verstehen, dass unsere Gesellschaft oft so herzlos und gleichgültig mit der Not von Flüchtenden umgeht? Wie wenig sind wir doch bereit, unseren Reichtum zu teilen? Mit einem offenen Herzen, das interessiert am Schicksal anderer ist und empathisch mitschwingt, ist es nicht möglich, kühl und scheinbar sachlich kurzfristige Ziele und Eigeninteressen zu verfolgen, ohne dabei nach links und nach rechts zu schauen.

Wieder müssen wir uns vergegenwärtigen, dass diese Dynamik kein persönliches Problem Einzelner, sondern ein kollektives Geschehen ist. Der Kontaktverlust und die Funktionalität, die mit der Alltagsrealität einhergehen, entfremden uns grundsätzlich von einer fühlenden Aufmerksamkeit. Je stärker und je länger wir vom Funktionieren vereinnahmt sind, desto deutlicher machen sich Gefühle von Abflachung, Neutralität, Gleichgültigkeit, Desinteresse und innerer Verhärtung breit.

Natürlich hat der einzelne Mensch die Möglichkeit, aus dieser Dynamik auszusteigen und das Herz wieder über das Denken und Funktionieren zu stellen. Dies benötigt aber meist eine große Bewusstheit. Im Gegensatz dazu schleicht sich die kollektive Dynamik einer zunehmenden Identifizierung mit der Alltagsrealität und der damit einhergehenden Gleichgültigkeit von selbst immer wieder ein und legt fast unmerklich einen unsichtbaren Schleier der Fühllosigkeit und der Neutralität über unser Leben.

Kontrolle und Selbstüberschätzung

Eine weitere Schwierigkeit, die sich automatisch aus der Alltagsrealität ergibt, ist eine Ausrichtung auf Kontrolle. Wie bereits benannt, ist die

Grundmotivation der Konsensusrealität auf Funktionalität ausgerichtet. Aus diesem Grund erschafft sie eine objekthafte Wirklichkeit, die wir oberflächlich immer besser handhaben können. Das erzeugt aber gleichzeitig das Gefühl, dass wir die Dinge im Griff haben. Wir verfallen immer mehr der Illusion von Kontrolle und erheben dabei unsere Ideen und Vorstellungen über das tatsächliche lebendige Geschehen.

So wird irgendwann das Hilfskonstrukt einer Gedankenrealität, mit der wir ursprünglich die Gegebenheiten abbilden wollten, damit wir uns darin organisieren und zurechtfinden können, zu einem Diktat, dem der Lebensverlauf folgen soll. Das entspricht einer völligen Umkehrung der Verhältnisse. Das Denken und unsere Vorstellungen dienen uns dabei nicht mehr als Werkzeuge, um uns dem Leben anzunähern, sondern erheben sich zu einer herrischen Gottheit, die das Leben unterwerfen will. Das kann nicht gut gehen.

Bei dieser Haltung einer chronischen Selbstüberschätzung muss es nicht verwundern, dass sich daraus viele Schwierigkeiten ergeben und uns die Lebensumstände oft als feindlich erscheinen. Wir erfahren Enttäuschungen und Schicksalsschläge, und viele Pläne im Kleinen wie im Großen werden im Laufe unseres Lebens durchkreuzt. Aber anstatt unser gewohntes Festhalten an Kontrolle aufzugeben oder die Überzeugung, dass wir wüssten, wo es langgehen muss, zu überdenken, klammern wir uns an unsere Vorstellungen und fühlen uns als Opfer.

Bei genauer Betrachtung machen uns nicht die Umstände oder andere Menschen zum Opfer, sondern unsere Überzeugung, dass unsere Pläne und Vorstellungen richtig sind. Solange wir unserer Ideenwelt mehr Glauben schenken als dem tatsächlichen Leben, erzeugen wir unbewusst einen Leidenskreislauf, da wir uns über die Schöpfung erheben und dabei scheitern müssen. Selbst wenn wir unsere Konzepte und unsere Funktionalität immer mehr optimieren, werden wir über kurz oder lang an die Grenzen der Machbarkeit stoßen, denn das Leben ist ein schöpferisches und damit nicht lineares, also komplexes Geschehen, das sich nicht berechnen oder kontrollieren lässt.

Erst wenn wir das anerkennen und uns damit wieder in die Schöpfung einordnen und demütig werden, wenn das Denken vom Olymp der Götter herabsteigt und zum einfachen Werkzeug wird, das uns dient, werden wir uns wieder auf eine natürliche Weise einfügen und sind nicht mehr in ständiger Kampfbereitschaft. Dadurch können wir dem Lebensfluss wieder folgen und es entsteht eine Grundhaltung, die von Vertrauen geprägt ist.

Wir werden überrascht sein, wie viele unserer gefühlten Schwierigkeiten durch eine Veränderung unserer Lebenshaltung von Kampf in Richtung Vertrauen von selbst verschwinden, denn den meisten sogenannten Problemen liegen Vorstellungen und Überzeugungen zugrunde, an denen wir krampfhaft festhalten. Wir verhalten uns dabei wie jemand, der sich in einem reißenden Fluss an einem Ast, der ins Wasser ragt, anklammert. Die ganze Kraft der Strömung zieht und zerrt an uns und erscheint uns als feindlich und höchst bedrohlich. Doch kaum lassen wir los, fügen wir uns wieder in den Strom des Lebens ein und fühlen uns dadurch getragen. Das Einzige, was wir dabei opfern, sind ein paar lieb gewonnene Vorstellungen.

Ein kurzer Ausflug ins Gehirn

Bei all den Schwierigkeiten, die sich aus einer Identifizierung mit der Alltagsrealität ergeben, dürfen wir nicht vergessen, welch ungeheure Leistung das Erschaffen einer gemeinsamen Wirklichkeit ist und welches Wunderwerk dem zugrunde liegt. Das menschliche Gehirn, das den Verstand und damit die Bewusstseinsebene der Alltagsrealität erst möglich macht, ist so ungeheuer komplex und gleichzeitig kreativ, dass es alle Maßstäbe sprengt und wir nur staunen können, über welches Potenzial ein einziges menschliches Gehirn verfügt. Dabei sind zwei Dinge besonders erwähnenswert: seine Fähigkeit der Verknüpfung und der Neustrukturierung.

Die Komplexität, zu der ein Gehirn fähig ist, ergibt sich aus seinem Potenzial, mit dem sich die Gehirnzellen untereinander verbinden können und damit komplexe Verschaltungen möglich machen. Nach neuesten

Schätzungen hat das Gehirn etwa eine Billion Gehirnzellen (= Neurone), die sich mit ihren Nervenästen jeweils mit einer anderen oder mit mehreren Gehirnzellen vernetzen und über elektromagnetische Impulse Informationen in Sekundenbruchteilen austauschen. Wenn wir uns vergegenwärtigen, dass ein Brettspiel wie Schach mit 64 Feldern auskommt und dabei trotz eingeschränkter Spielregeln die Zahl der möglichen Stellungen auf 2,28 mal 10 hoch 46 geschätzt wird, dann ist die Vernetzungsmöglichkeit des Gehirns, bei dem eine Billion Gehirnzellen miteinander agieren, so ungeheuer groß, dass sie jede Vorstellungskraft sprengt.

Die zweite Besonderheit des Gehirns besteht darin, dass seine Verknüpfungen niemals endgültig festgelegt sind. Oder anders formuliert: Wir sind zeitlebens fähig, neue Verbindungen auszubilden und damit durch neue Erfahrungen zu lernen. Wissenschaftlerinnen, die das Gehirn erforschen, nennen diese grundlegende Eigenschaft des Gehirns die »Neuroplastizität«. Es bezeichnet die Fähigkeit des Gehirns, nicht nur unterschiedliche Netzwerke zu befeuern und diese damit zu stärken oder zu schwächen, sondern die grundsätzliche Möglichkeit, die Struktur des Gehirns mit ihren zahlreichen Nervenzellen und Verknüpfungen umzubauen. Die Nervenzellenäste können wachsen und neue Verbindungsstellen (Synapsen) entstehen lassen.

Um deutlich zu machen, wie einzigartig dieser Vorgang ist, können wir noch mal einen Blick auf das Schachspiel werfen. Auch Schach ermöglicht eine ungeheure Kreativität von Spielzügen, aber das Regelwerk, die Figuren und die Felder bleiben determiniert, also immer gleich. Das Gehirn dagegen ist ein Spiel, das in jedem Augenblick seine Regeln und Figuren wieder ändern kann. Es hat die grundsätzliche Fähigkeit, sich immer wieder kreativ umzustrukturieren und damit quasi ein völlig neues Spiel entstehen zu lassen. Können wir uns vorstellen, was es bedeutet, ein Spiel zu spielen, das sich während des Spielens fortwährend verändert?

Genau das aber beschreibt die menschliche Situation. Das Leben ist ein Spiel, das lebendig und kreativ sich jederzeit umstrukturieren und verändern kann – nicht nur im äußeren Ablauf, sondern auch in unserem Gehirn. Wir können nicht darauf hoffen, dass die Spielregeln gleich bleiben, und auch die Spielfiguren, also zum Beispiel für uns wichtige Menschen, können jederzeit eine neue Gestalt annehmen. Das menschliche Gehirn mit seiner Fähigkeit zu lebenslanger struktureller Veränderung kann auf diese Herausforderung optimal eingehen.

Wenn wir bis jetzt jedoch nur auf die Komplexität des Gehirns schauen und seine Flexibilität und Kreativität bewundern, ist das nur die eine Seite der Medaille. Flexibilität alleine genügt nämlich nicht. Das Gehirn braucht als Gegenpol die Fähigkeit, Muster und feste Strukturen auszubilden. Nur dadurch entsteht eine gewisse Ordnung im Dschungel des Lebens. Mit jeder Verknüpfung – oder besser mit jedem Netzwerk, das im Gehirn entsteht – bildet sich ein Muster aus, das innere körperliche Abläufe, aber auch Wahrnehmungen, Gedanken und Handlungen strukturiert. Ohne diese Muster könnten wir weder wahrnehmen noch denken oder absichtsvoll handeln.

Sogar unsere sinnliche Wahrnehmung entsteht erst durch komplexe Verschaltungen in unserem Gehirn, die zum Beispiel einen visuellen Eindruck entstehen lassen. Ohne dass unser Gehirn die sensorischen Reize aus dem Auge auf eine bestimmte Weise verarbeitet und zu einem Bild zusammenfügt, würden wir trotz Lichteinfall und den Rezeptoren im Augenhintergrund nichts sehen. Das, was wir also sehen, ist eine Bildkonstruktion des Gehirns und nicht eine unabhängige äußere Welt.

So wie wir Bilder konstruieren und uns damit in der Welt »sehend« zurechtfinden können, erzeugt das Gehirn auf allen Ebenen durch seine vielfältigen Muster das Erscheinen einer geordneten Welt. In jedem Augenblick unseres Lebens setzen wir die verschiedenen Wahrnehmungen zusammen, ergänzen sie mit gedanklichen Zuschreibungen aus alten Erfahrungen und kreieren damit eine einheitliche Welt, die geordnet und damit handhabbar ist. Genau diese Fähigkeit unseres Gehirns, Muster auszubilden und damit eine solide, objekthafte und zusammenhängende Welt zu konstruieren und sich darin zu bewegen, ist die Grundlage für die Bewusstseinsebene der Alltagsrealität.

Geistige Muster zu erschaffen ist daher ein wunderbarer Mechanismus des Lebens, der es uns als Menschen überhaupt erst ermöglicht, zu existieren und unser Leben zu gestalten. Diese Muster können jedoch gleichzeitig immer mehr einrasten und zu Gehirnautobahnen werden, die uns zunehmend auf eine bestimmte Weltsicht einengen. Auch dazu ist unser Gehirn fähig. Wir können beobachten, dass manche dieser automatisierten Muster und gedanklichen Zuschreibungen uns so stark besetzen können, dass sie neue Erfahrungen oder aktuelle Wahrnehmungen teilweise oder sogar komplett überlagern.

Das hört sich dramatisch an, ist aber ein vollkommen gewöhnlicher Vorgang. In aller Regel nehmen wir zum Beispiel unsere Wohnung nicht mit neuen, unvoreingenommenen Augen wahr. Das Gehirn vergleicht jedes Objekt mit alten ähnlichen Erfahrungen und lässt nur das bekannte Bild bzw. das alte, automatisierte Muster unserer Wohnung im Bewusstsein auftauchen. Die gegenwärtigen, neuen und vielfältigen Erfahrungen werden dabei weggefiltert. Für einen gewöhnlichen Alltagskontakt, bei dem eine oberflächliche Bezugnahme genügt, ist dies vollkommen ausreichend. Mehr noch: Für eine schnelle Bezugnahme oder Handlung sind zu viele Informationen kontraproduktiv.

Wenn wir zum Beispiel beim Autofahren die Details einer Landschaft und die Wolkenstimmung bewundern und zusätzlich dabei noch das Atmen und die subtilen körperlichen Empfindungen genießen würden – so, als würden wir sie zum ersten Mal spüren –, wäre unser Gehirn überlastet und die Funktionalität beim Fahren stark eingeschränkt. Erst wenn das Gehirn alle unwesentlichen Eindrücke für eine Aufgabe herausfiltert und unser Geist sich auf die bekannten und für das Autofahren relevanten Wahrnehmungs- und Handlungsmuster bezieht, sind wir effektiv.

Die Problematik dabei ist jedoch, dass diese Filterfunktion des Gehirns kaum mehr neue Erfahrungen zulässt. So kann es schleichend geschehen, dass die bekannten Muster und Bilder immer mehr unser Erleben bestimmen und wir uns dadurch nur noch scheinbar auf eine Außenwelt beziehen. In Wirklichkeit sind wir in einer Innenwelt von bekannten

Bildern, Zuschreibungen und Mustern – in einer Gedankenwelt – gefangen. Diese hausgemachte Isolation beschreibt Martin Buber anschaulich als eine »Ich-Es-Beziehung«, in der keine unmittelbare, echte Begegnung mehr stattfindet. Wir treffen hier nur noch auf eine geistige Reflexion, die wir auf das Gegenüber projizieren. Dadurch fühlt sich der Kontakt zwar vertraut und sicher an, gleichzeitig wird er aber auch ein wenig schal, wie abgestandenes Wasser.

Erst wenn ein Ereignis stark genug ist und uns emotional berührt, sodass es uns aus unserer Gedankenwelt wieder aufweckt oder vielleicht sogar aufrüttelt, wird das Ereignis im Gehirn als neu behandelt und die unmittelbaren Eindrücke dazu dringen wieder zu uns durch. Für einen Augenblick treten die geistigen Filter zurück und die Pforten der Wahrnehmung öffnen sich. Dabei können neue Verknüpfungen im Gehirn entstehen und das kreative Potenzial – seine Fähigkeit zur Umstrukturierung – tritt in Aktion. Erst hier können wir von einer echten Begegnung sprechen, oder wie Martin Buber es nennt: einer »Ich-Du-Begegnung«. Erst dann erreicht uns nämlich wieder die Einzigartigkeit des Augenblicks und wir erfahren den Kontakt als frisch und neu.

Müssen wir nun darauf warten, dass ein emotional aufwühlendes, dramatisches Ereignis uns aufweckt und die Filter im Gehirn zur Seite schiebt? Oder sollten wir die Dramatik lieber selbst erzeugen? Vielleicht durch eine abenteuerliche Fernreise in ein exotisches Land, einen bewegenden Film auf Großleinwand oder durch extreme Verausgabung im Sport? Oder gibt es noch andere Möglichkeiten, aus der Hypnose einer Alltagsrealität mit all ihren bekannten Mustern und gedanklichen Zuschreibungen auszusteigen?

Wenn wir uns der hypnotischen Dynamik der Alltagsrealität bewusst sind und ihre Symptome kennen, können wir mithilfe unserer Aufmerksamkeit die Bewusstseinsebene wechseln und in die kreative Innenwelt der Seelischen Realität oder in die Stille der Absoluten Realität eintauchen. Die Pforte der Gegenwart steht uns in jedem Augenblick zur Verfügung, und jedes Mal, wenn wir sie durchschreiten, um in die Tiefendimension unserer Seele oder in die Weite und Offenheit des absoluten Bewusstseins einzutauchen, lassen wir die Alltagsrealität mit all ihren schalen Zuschreibungen und funktionalen Mustern zurück. Wenn wir uns dann wieder dem alltäglichen Leben mit seinen Pflichten und Anforderungen zuwenden, fühlen wir uns im wahrsten Sinne des Wortes »beseelt« und innerlich erfüllt. In der Folge entsteht auch im gewohnten äußeren Umfeld wieder eine neue Wachheit.

Ich und die Ich-Identität

In der Alltagsrealität leben wir in einer äußeren einheitlichen Welt mit vielen konkreten, handhabbaren Objekten, in der wir uns orientieren und bewegen können. Diese Fähigkeit unseres Gehirns, eine strukturierte, geordnete Realität zu konstruieren, richtet sich aber nicht nur nach außen, sondern auch auf uns selbst. So wie wir eine handhabbare äußere Wirklichkeit erschaffen, konstruieren wir parallel dazu eine Ich-Identität, die unsere Innenwelt strukturiert. Sie ist genauso ein Teil der Bewusstseinsebene der Alltagsrealität und wird ebenso wenig hinterfragt wie die Muster und Zuschreibungen, die unsere Sinneswahrnehmungen überlagern und eine kohärente äußere Welt erzeugen.

In beiden Fällen ist die grundlegende Motivation die gleiche: Wir müssen den komplexen und chaotischen Dschungel aus Sinneswahrnehmungen, Gefühlen und Gedanken, dem wir ausgesetzt sind, bändigen und strukturieren. Erst dadurch kann eine Ordnung entstehen, die uns Halt und Sicherheit vermittelt und eine gewisse Orientierung und Kontrolle ermöglicht. Zu keinem anderen Zweck bilden wir in den ersten Jahren unseres Lebens ein Ich aus, das dann zeitlebens im Mittelpunkt unserer persönlichen Welt steht.

Wie bedeutsam die Ich-Identität ist, können wir nur ermessen, wenn wir uns bewusst machen, dass sie das Zentrum unserer Innenwelt darstellt. Solange wir uns auf der Bewusstseinsebene der Alltagsrealität bewegen, wird jede Erfahrung mit dem Ich in Beziehung gesetzt. Die Erfahrung zum Beispiel des Gehens oder des Hörens wird automatisch dem Ich zugeschrieben. Folglich denken wir »ich gehe« und »ich höre«. Obwohl normalerweise die Funktion des Gehens vollkommen automatisiert abläuft und das Hören ohnehin eine Fähigkeit des Körpers ist, die wir weder herstellen noch abschalten können, werden beide Erfahrungen mit dem Ich verknüpft. Mehr noch: Sie werden regelrecht von der Ich-Identität okkupiert.

Umgekehrt werden viele Sinneseindrücke, die im Grunde genauso Teil unserer Innenwelt sind wie die Erfahrung des Gehens, nach außen projiziert und bestärken auf diese Weise im negativen Sinne das Ich. Wir sehen einen Vogel und denken: »Dieser Vogel ist ein äußeres Objekt. Das bin ich nicht.« Jedes Element, das ich nicht bin, bestätigt indirekt den Bereich, der ich bin. Es entsteht eine Innenwelt, mit der ich mich identifiziere, und eine Außenwelt, die von mir getrennt ist. Dabei sind die Worte »Innenwelt« und »Außenwelt« keinesfalls so klar definiert, wie sie im ersten Moment erscheinen, denn, wie wir noch sehen werden, gibt es durchaus viele Dinge im Außen, wie zum Beispiel unser Besitz, mit dem wir genauso identifiziert sind wie mit unserem Körper.

Woraus besteht nun die Ich-Identität? Zunächst einmal bezieht sich das Wort »Ich« auf uns als erfahrendes Subjekt. Es weist damit auf die grundlegende Fähigkeit hin, sich jeder inneren und äußeren Erfahrung bewusst werden zu können. Doch meinen wir das Zeugen-Bewusstsein, wenn wir von »Ich« sprechen? In der Regel nicht. Meistens ist für uns das »Ich« vielmehr ein klar umrissenes Objekt mit einer menschlichen Gestalt, bestimmten Eigenschaften und jeder Menge Zuordnungen. Wir müssen also streng genommen unterscheiden zwischen dem Ich als reines Zeugen-Bewusstsein und der Ich-Identität, die ein Konglomerat an gedanklichen Zuschreibungen ist, die das Subjekt »Ich« als ein festumrissenes Objekt erscheinen lassen. Im Alltag unterscheidet kein Mensch zwischen Ich als Zeugen-Bewusstsein und der Ich-Identität. Wir sagen hier »Ich« und meinen damit die Konzepte, die unserem Ich eine konkrete Gestalt geben – also die Ich-Identität.

Wir werden damit genauso zu einem handhabbaren Objekt mit klaren Konturen wie die Objekte der äußeren Welt. Das aber ist die Voraussetzung für Funktionalität und für Zusammenarbeit mit anderen Menschen. Betrachten wir nur alleine einmal unseren Namen. Wie hilfreich ist er im sozialen Miteinander? Ohne einen Namen könnten wir nicht angesprochen und in unserer Individualität bestätigt werden. Verwechslungen wären gang und gäbe. Doch so praktisch ein Name für das Zusammenleben ist, ist er doch viel mehr für uns als ein Hilfskonstrukt. Tatsächlich identifizieren wir uns vollständig mit unserem Namen. Er wird zu einer wichtigen Facette unserer Ich-Identität.

Was wir am Beispiel des Namens sehen können (dass wir uns mit einem hilfreichen geistigen Konstrukt, das uns zunächst Orientierung gibt, identifizieren), gilt auch für alle anderen Zuschreibungen, mit denen wir das Ich aufladen. Mit der Zeit mutieren immer mehr Hilfsmuster zu scheinbaren Wahrheiten, die dann unser Ich-Erleben bestimmen. Genau diesen Vorgang der Identifizierung mit Hilfskonzepten nennt man das Ego. Geistige Muster, die uns zunächst helfen, die Welt zu strukturieren, rasten ein und wir fixieren uns auf eine Ich-Identität mit festgelegten Eigenschaften.

Um es noch mal ganz deutlich auszudrücken: Wir brauchen Muster der verschiedensten Art, um in der Welt zu überleben und zu funktionieren. Ebenso brauchen wir die Fähigkeit, uns als Objekt – also mit einer Ich-Identität – zu erschaffen, um als soziales Wesen agieren zu können. Diese Fähigkeit, durch geistige Muster eine Alltagsrealität mit einer Ich-Identität zu bilden, nennt man das »Funktionale Ich«. Diese Ich-Funktion ist natürlich und Voraussetzung für einen gesunden Geist.

Die Identifikation mit diesen Mustern brauchen wir jedoch nicht. Im Gegenteil führen geistige Muster, die wir immer mehr mit der Wirklichkeit verwechseln, zu verschiedenen Formen des Leidens. Wir müssen somit zwischen dem »Funktionalen Ich« und dem »Ego« – also dem Prozess der Identifizierung – unterscheiden. Das eine ist notwendig und natürlich, das andere nicht. Das wird sehr deutlich, wenn wir im Folgenden die wesentlichen Bereiche betrachten, aus denen sich die Ich-Identität zusammensetzt.

Der Körper

Da ist zunächst unser Körper, der dem Ich eine erfahrbare Gestalt gibt. Wenn wir auf das Ich mit dem Finger zeigen würden, würden wir auf unseren Körper zeigen. Tatsächlich ist die Identifizierung mit dem Körper so tief, dass wir sie niemals infrage stellen. Doch sind wir wirklich unser Körper? Wie stark verändert sich doch unser Körper im Laufe unseres Lebens? Manchmal verlieren wir sogar Teile des Körpers, wie die Haare, oder das Augenlicht, oder wir tauschen Organe aus, wie die Nieren oder das Herz. Trotzdem wird die Identifikation mit dem Körper beibehalten. Das lässt sich deutlich daran erkennen, dass wir darunter leiden, wenn wir unser jugendliches Aussehen oder unsere körperliche Vitalität verlieren.

Die Selbstbilder

So wie uns der Körper eine äußere Gestalt verleiht, geben uns Selbstbilder eine innere Gestalt. Es gibt viele grundlegende Eigenschaften und Selbstkonzepte, die wir mit uns verbinden. »Ich bin unscheinbar« oder das Gegenteil »Ich falle immer auf«, »Ich bin schön« oder »Ich bin unattraktiv,« »Ich bin wild« oder »Ich bin sanftmütig«. »Ich bin stark und durchsetzungsfähig« oder »Ich bin schwach und kann nicht ›Nein‹ sagen«. Jede Person bildet im Laufe ihres Lebens individuelle Selbstkonzepte aus, die eine innere Matrix darstellen, nach denen sie sich dann unbewusst verhält.

Doch wie entstehen diese Selbstbilder? Mit jeder Erfahrung, die wir im Laufe unseres Lebens machen, lernen wir etwas darüber, wie wir uns verhalten und welche grundlegenden Eigenschaften wir als Person haben. Dabei ist letztlich nicht die Erfahrung selbst das entscheidende Kriterium, sondern wie wir die Erfahrung verarbeiten und interpretieren. Das Selbstkonzept bildet sich immer aus der Interpretation zu einer bestimmten Erfahrung, niemals aus der Erfahrung selbst. Daher kann es sein, dass eine Person aus traumatischen Erfahrungen zutiefst verstört hervorgeht und das Selbstbild eines Opfers entwickelt, und eine andere Person eine ähnliche Erfahrung völlig anders interpretiert und in großer Dankbarkeit ihr Leben fortsetzen kann.

Die Geschichte

Da sich Selbstbilder aus der Verarbeitung unserer Erfahrungen zusammensetzen, stehen sie in engem Zusammenhang mit unserer Geschichte. Auch unsere Geschichte ist ein zentraler Bestandteil der Ich-Identität. So wie der Körper dem Ich eine konkrete Gestalt gibt, so verleiht die Geschichte unserem Ich das Gefühl von Kontinuität. Die Geschichte ist eine Art innere Erzählung, die wir uns und anderen immer wieder »vorbeten« und mit deren Hilfe wir unsere Selbstbilder erklären.

Doch stimmt diese Erzählung wirklich? Welche Aspekte früherer Erfahrungen greifen wir heraus und betonen sie immer und immer wieder, und wie viele Erfahrungen haben wir vergessen? Sind die Erfahrungen wirklich so geschehen, wie wir sie erzählen, oder ist unsere Erzählung nur ein Spiegel unserer persönlichen Verarbeitung und damit eine Interpretation? Gibt es nicht auch Aspekte unserer Geschichte, die gar nicht auf eigener Erfahrung beruhen, sondern uns von unseren Eltern erzählt wurden und daher lediglich ihre persönliche Perspektive auf frühere Ereignisse darstellen? Wenn wir uns mit diesen Fragen befassen, erscheint die Geschichte als ein sehr fragwürdiges Gedankenkonstrukt. Nichtsdestotrotz halten wir unsere Geschichte und die damit in Zusammenhang stehenden Selbstbilder für ebenso wirklich wie unseren Körper.

Die Rollen

Ein weiterer wesentlicher Bereich, der unsere Ich-Identität prägt, sind Rollen, die wir im Laufe des Lebens bekleiden. Da gibt es unsere Rolle im Beruf, in der Familie oder Partnerschaft, in der Gesellschaft oder im Verein. Obwohl wir jede Rolle immer nur phasenweise in der entsprechenden Umgebung einnehmen und sie dann wieder, manchmal mehrmals am Tag, wechseln und uns wieder ganz anders verhalten, vermitteln sie uns das Gefühl von Bedeutung. Durch die Rolle als Mutter oder Vater oder als Architektin oder Sozialpädagoge erhalten wir einen Platz im sozialen Gefüge und bekommen dadurch einen Stellenwert. Das Ich zieht daher einen erheblichen Teil seines Wertes aus den Funktionen und Aufgaben, die wir bekleiden und mit denen wir uns identifizieren.

Obwohl sich alle Rollen in unserem Leben verändern und keine von Dauer sein kann, verschmelzen wir oft so stark mit einzelnen Rollen, dass wir es als schmerzlich empfinden, wenn es an der Zeit ist, sie wie eine Schlangenhaut wieder abzustreifen. Da das Ich seine Bedeutung aus den Rollen zieht, ist es nicht verwunderlich, dass es häufig zu starken Schwankungen im Selbstwertgefühl und im Erleben von Sinnhaftigkeit kommt, wenn wir eine Rolle, die uns scheinbar ausmacht, aufgeben müssen.

Der Besitz

Die Ich-Identität definiert uns als konkrete Person, macht dabei aber keineswegs bei unserem Körper und unserer Innenwelt halt. Sie greift genauso nach außen und schließt viele äußere Objekte mit ein. Unser ganzer Besitz wird so zu einem »verlängerten Ich« und verleiht dem Ich-Gefühl Größe und Macht. Aus diesem Grund ist es wahrscheinlich für viele Menschen so attraktiv, den Besitz immer weiter auszudehnen, obwohl das bei Licht betrachtet viel Mühe kostet, die für ein glückliches Leben eher hinderlich ist.

Ein Besitz ist zunächst eine gedankliche Zuordnung, bei der wir zum Beispiel ein Kleidungsstück oder eine Wohnung, ein Kind oder ein Land uns selbst zuschreiben. Das ist im Zusammenleben äußerst hilfreich, da es Zuständigkeiten regelt. Problematisch wird es immer dort, wo sich das Ich mit einem Besitz identifiziert und entsprechend einen Anspruch entwickelt. Wenn wir dann eine Wohnung oder einen nahen Menschen loslassen müssen, reißt es regelrecht ein Loch in unsere Ich-Identität und wir spüren einen Verlustschmerz, als ob uns ein Körperteil entrissen würde.

Die Beziehungen

All die bisher genannten Aspekte sind wichtig für die Erschaffung einer Ich-Gestalt, aber unsere Ich-Identität könnte niemals eine solche Stabilität entwickeln, wenn sie nicht durch all unsere Beziehungen kontinuierlich bestätigt werden würde. Jede Begegnung – jede gute Unterhaltung und auch jeder Streit – stärkt unser Ich-Gefühl, da sie uns unabhängig vom Inhalt der Begegnung vermittelt, dass es uns als unabhängiges Individuum gibt.

Wie wesentlich Beziehungen für die Entwicklung einer gesunden Ich-Identität sind, wissen wir aus der Frühkind-Forschung. Ohne ein »Gesehen-Werden«, ohne eine körperliche und seelische Bezogenheit von Bezugspersonen, kann sich ein Baby weder körperlich noch seelisch gesund entwickeln. Und auch in Erwachsenen bleibt das Grundbedürfnis nach Bestätigt-Werden durch Beziehung erhalten. Doch wie abhängig und verletzlich werden wir, wenn wir dieses Grundbedürfnis mit einer bestimmten Person verbinden und das Bedürfnis mit der Zeit zu einem Anspruch wird, mit dem wir identifiziert sind?

Wo kommen unsere Ängste her?

Jeder dieser Bereiche, ob Körper, Selbstbilder, Geschichte, Rollen, Besitz oder Beziehungen, hat einen wesentlichen Anteil daran, dass sich das Ich als festes Objekt mit klaren Zuschreibungen kreiert. Das Erschaffen einer Ich-Identität ist ein natürlicher und gesunder Vorgang, der es uns ermöglicht, in der Alltagsrealität als individuelle »Person« in Erscheinung zu treten und zu interagieren. Sobald wir uns jedoch mit einer dieser Zuschreibungen zum Ich identifizieren, beginnen die Schwierigkeiten. Mit jeder Identifikation findet eine Verklebung statt, die uns mit dem jeweiligen Aspekt verschmelzen lässt.

Wir haben dann nicht mehr das Gefühl, den Körper zu bewohnen oder eine Rolle wie eine Schauspielerin zeitweise zu bespielen, sondern wir »sind« der Körper oder diese Rolle. Mit der Identifikation taucht unmittelbar ein Anspruch auf und entsprechend das Gefühl, ein Recht darauf zu haben. Wir haben keine Offenheit mehr dafür, mitzufließen und uns wieder zu verändern. Im Gegenteil macht uns jede Veränderung Angst. Je stärker wir uns mit Ich-Aspekten identifizieren, desto bedrohlicher erscheint uns der natürliche Wandel des Lebens.

Das Ego mit seinem Festhalten an der Ich-Identität ist damit die zentrale Ursache für viele unserer Ängste. Paradoxerweise gibt uns eine klar umrissene Ich-Gestalt zunächst Orientierung und Halt und vermittelt uns damit Sicherheit. Doch sobald wir uns damit tiefer verbinden und immer mehr identifizieren, nimmt das Gefühl von Sicherheit irgendwann nicht mehr zu, sondern ab. Ängste beginnen uns zu besetzen.

Nehmen wir zum Beispiel die Identifikation mit unserem Körper. Zunächst ist der Körper ein wunderbares Gefäß, das uns geschenkt wird und durch dessen Sinnestore wir die Welt auf eine bestimmte, nämlich menschliche Weise, erfahren können. Das schließt die Fähigkeit ein, erfüllende sinnliche Wahrnehmungen zu erzeugen wie Blütendüfte, sinnliche Berührungen und nährende Geschmackserlebnisse. Der Körper verleiht uns eine sichtbare Gestalt und vermittelt uns trotz seiner Flexibilität und Verletzlichkeit das Grundgefühl einer klaren Kontur und Festigkeit. Ist der Körper nicht ein wunderbares Werkzeug?

Obwohl wir die Lebendigkeit im Körper und auch sein natürliches Wachstum nicht »machen« können, sondern sie sich von selbst entfalten, obwohl wir selbst die Handlungen nicht im Griff haben, sondern der Fähigkeit des Körpers, sich koordiniert zu bewegen, vertrauen müssen, okkupiert im Laufe des Lebens das Ich den Körper immer mehr. Dabei verlassen wir innerlich eine spielerische, dankbare Haltung dem Körper gegenüber und nehmen ihn wie ein besetztes Gebiet ein. Wir schwingen uns zum Herrscher über den Körper auf und er wird zu unserem Staatsgebiet. Obwohl wir immer noch keine (oder nur eine sehr begrenzte) Kontrolle über den Körper und seine Prozesse haben, gebärden wir uns wie ein absolutistischer Herrscher. Wir bilden uns ein, dass er unserem Befehl folgen solle und vor allem, dass wir einen Anspruch auf das Staatsgebiet hätten. Tatsächlich schleicht sich immer mehr das Gefühl ein, dass ich, der Herrscher, das Staatsgebiet bin. Denn gibt es einen Herrscher ohne ein Staatsgebiet? Wohl kaum. Spätestens an diesem Punkt hängen wir unser Wohl und Wehe an die Gestalt des Körpers und jede Veränderung bedroht uns unmittelbar. Jetzt müssen wir das Staatsgebiet ängstlich beäugen, gegen Feinde verteidigen und immer mehr Kontrollmechanismen wie zum Beispiel Diäten oder körperliche Ertüchtigungen einführen.

Ganz dramatisch wird es, wenn uns zu Bewusstsein kommt, dass das Staatsgebiet irgendwann auf immer verloren gehen wird, nämlich dann, wenn wir sterben. Für die Herrscheridentität stellt der physische Tod nicht nur einen Generalverlust dar, sondern bedeutet die eigene Vernichtung. Kein Wunder also, dass der physische Tod für den Menschen oft die größte Herausforderung darstellt und dadurch tiefe Existenzängste auftauchen können. Allerdings löst der Tod nicht bei jedem Menschen Ängste aus. Personen zum Beispiel, die tief im Glauben verankert sind, also ihr Ich nicht so sehr mit dem Körper verknüpfen, sondern mit einer Dimension jenseits der physischen Gestalt, können sich oft erstaunlich vertrauensvoll dem Prozess des Sterbens anvertrauen.

Entscheidend ist also nicht, dass wir einen physischen Körper haben und dieser Teil unserer Ich-Identität ist, sondern wie tief wir mit diesem Aspekt unserer Ich-Gestalt identifiziert sind. Mit anderen Worten: Sind wir als Mensch in der Lage, eine normale Ich-Identität zu erschaffen und damit »in der Welt« als objekthafte Gestalt unseren Platz einzunehmen, und gleichzeitig innerlich mit dieser Gestalt nicht verklebt zu sein? Das gibt uns die Freiheit, uns einerseits in einer spielerischen und dankbaren Haltung in der äußeren Welt der Alltagsrealität zu bewegen und andererseits innerlich mit der Seelenrealität und der absoluten Wirklichkeit des Gewahrseins verbunden zu sein. Ein Mensch, der erkennt, dass das Ich zuinnerst dem offenen Raum des Gewahrseins entspringt und an keine Ich-Objekte gebunden ist, verliert jegliche Angst.

Zusammenfassung Alltagsrealität

SYNONYME

Konsensustrance; Ich-Es-Begegnung; Funktionales Ich; äußere, objekthafte Wirklichkeit

MOTTO

»Das Leben abstrahieren, strukturieren, differenzieren, verstehen, benennen und handhabbar machen.«

DEFINITION

Alltagsrealität ist die im Alltag dominierende Bewusstseinsebene, bestehend aus Zuordnungen, Vorstellungen, Übereinkünften, Mustern, Erinnerungen, Geschichten, Bildern und Selbstbildern, die die unmittelbare Erfahrung überlagern. So werden eine einheitliche, objekthafte und solide Wirklichkeit und eine Ich-Identität geistig konstruiert.

ZENTRALE MOTIVATION

Überleben, Halt, Struktur und Sicherheit
Funktionalität und soziales Zusammenwirken

ENTWICKLUNGSDYNAMIK

Lineares und schnelles Wachstum mit klaren Zielvorgaben. Oft wird dabei die Einbindung in den Kontext außer Acht gelassen.

FUNKTION

Sinneseindrücke werden geordnet und zu einer einheitlichen, äußeren Welt zusammengefügt. Es entstehen Vertrautheit, Sicherheit, Stabilität und klare Strukturen.

Dadurch können wir uns in der Welt zurechtfinden und die entstandenen Objekte »handhaben«, also ein gewisses Maß an Planung und Kontrolle entwickeln.

Durch kollektive Kommunikationsmuster werden Verständigung und kreative Zusammenarbeit ermöglicht.

ZUGÄNGE ZUR ALLTAGSREALITÄT

- Zuordnen, Abstrahieren, rationales Verstehen, Vernunft und Kontrolle
- Geistige und körperliche Muster nutzen und Rituale einhalten
- Sich auf die Form der Objekte, auf Wissen, Lernen, geistige Inhalte konzentrieren
- Sich aufs Handeln konzentrieren und Projekte vorantreiben
- Verantwortung als soziales Wesen übernehmen (z. B. durch familiäre, soziale oder berufliche Aufgaben)

BEGRENZUNGEN DER ALLTAGSREALITÄT

- Geistige Muster und Zuschreibungen rasten ein und bestimmen uns. Durch Identifikation mit Mustern entsteht das »Ego«.
- Die Objekte erscheinen als verlässlich, unabhängig voneinander und damit getrennt.
- Wir erfahren uns selbst in einer begrenzten Identität und fühlen uns einsam.
- Ängste vor Wandel, Verlust und Vergänglichkeit

SYMPTOME EINER FIXIERUNG

Das Leben wird schal, flach, funktional, bedeutungslos, sinnentleert. Das Gefühl von Starre, Stagnation, Gleichgültigkeit, Unberührtsein, Desinteresse und Unzufriedenheit. Einsamkeit. Die Unfähigkeit, zu vertrauen, sich hinzugeben und mitzufließen.

KAPITEL 3

Im Reich der Seele – die Seelische Realität

Wenn der Tod kommt und mir zuflüstert:
»Deine Zeit ist zu Ende«, dann will ich zu ihm sagen können:
»Ich habe in der Liebe gelebt, und nicht nur in der Zeit.«

Wenn er fragt: »Werden deine Lieder Bestand haben?«, werde ich antworten: »Das vermag ich nicht zu sagen, aber ich weiß, dass ich oft meine Ewigkeit fand, wenn ich gesungen habe.«

RABINDRANATH TAGORE

Der Anblick eines Flusses, wie er gemächlich durch die Landschaft mäandert und dabei als Lebensader eine ganze Region nährt und prägt, ist ein starkes Bild für die Vitalkraft des Lebens. Über Jahrhunderte hinweg, fast zeitlos, gestaltet ein Fluss die Natur der Umgebung, aber auch Orte und Städte. Fast jede bedeutende Stadt hat ihren Fluss, der ihr einen eigenen Charakter, der ihr Vitalität und Schönheit verleiht. Was wären London, Paris oder Köln ohne ihre Flüsse?

Stetig, ohne Eile und doch unaufhaltsam entfaltet sich hier eine Kraft, die der Mensch nutzen und kanalisieren, aber niemals stoppen kann. Selbst ein Staudamm kann einen Fluss nur scheinbar aufhalten, denn das Fließen geht weiter und nach einer gewissen Zeit läuft auch das größte Staubecken über.

Die Vitalität eines Flusses entfaltet sich aus seiner immerwährenden Bewegung. Er ist lebendig und damit immer stärker als alle statischen Versuche der Eindämmung. Über kurz oder lang wird er die (vorgegebene) Form aufbrechen und neue, kreative Wege beschreiten. Denn das Wesen des Flusses wird nicht durch das Flussbett definiert und begrenzt, sondern durch das immerwährende Fließen, welches unbegrenzt ist.

Überhaupt beginnt ein Fluss nicht an seiner Quelle und endet nicht am Meer. Kommen die Wassermassen eines Flusses alle aus seiner Quelle? Fließen sie alle in das Meer? Je mehr wir auf das Fließen des Wassers schauen und nicht auf die Form des Flussbettes, desto deutlicher sehen wir, wie er sich mit der ganzen Landschaft vernetzt. Unzählige Zuflüsse speisen die Wasser und aus der Vogelperspektive erscheint ein Fluss nicht als eine einzige Gestalt, sondern als komplexes Adernetz. Gibt es also nur eine Quelle?

Und wie steht es mit der Mündung? Das Wasser des Flusses nährt jeden Strauch und jeden Baum am Ufer. Es fließt ins Wachstum aller Pflanzen und Tiere und zeigt sich auf vielfältige Weise in der ganzen Landschaft wieder. Mündet das Wasser also immer ins Meer? Wo beginnt ein Fluss und wo endet er?

Das Wesen des Flusses – die Bewegung des Wassers – ist unbegrenzt und zeigt sich in unzähligen, kreativen Erscheinungsformen des Lebens – in Pflanzen, Tieren, Landschaften, Steinen und natürlich auch im Menschen. Gerade weil Wasser formlos, unbegrenzt und immerwährende Bewegung ist, hat es eine ungeheure schöpferische Gestaltkraft, die sich in immer neuen Lebensformen zeigt.

Der Fluss in uns

Auch in unserem menschlichen Leben fließt ein immerwährender Fluss. Es ist der Fluss der Seele, welcher uns als innere Lebensader Vitalität und schöpferische Freiheit schenkt. Die Seele ist das Lebendige in uns, das, was niemals stillsteht. Wie das Wasser des Flusses die ganze Landschaft nährt und gestaltet, so durchwirkt auch die Seele unser ganzes Menschsein von innen her.

Doch wie beim Fluss achten wir meist mehr auf die äußere Erscheinungsform – das Flussbett – als auf die Vitalität des Fließens. So schauen wir auch bei uns und bei anderen Menschen meist auf die äußere Gestalt des Körpers und auf die begrenzte Identität, und übersehen dabei die zugrunde liegende Vitalkraft, ohne die kein Leben und keine Form möglich wäre. Gibt es einen Körper ohne die Kraft, die unser Herz schlagen und uns atmen lässt? Gibt es einen Gedanken oder eine Handlung ohne die zugrunde liegende Lebendigkeit?

Dabei fließt die Vitalkraft der Seele genauso verlässlich und unaufhaltsam wie das Wasser eines Flusses. Sie verlässt uns in keinem Augenblick unseres Lebens und auch wenn sich im Sterben unsere individuelle Form auflöst, fließt sie im Netz des Lebens weiter. Denn der Fluss der Seele ist genauso wenig begrenzt wie ein äußerer Fluss. Das lebendige Wasser ist zutiefst mit seiner Umgebung verbunden und fließt in allem.

So ist die Seele keineswegs so abgegrenzt, wie unser Menschsein in der Alltagsrealität erscheint. Wie könnte sich auch ein lebendiges Fließen an eine begrenzte Form halten? Immerwährendes Fließen kann nicht begrenzt werden. Es kann vorübergehend kanalisiert und strukturiert werden, kann in individuellen Erscheinungsformen Gestalt annehmen, wird sich aber im Letzten an keine Form halten. Die Lebendigkeit selbst wirkt über die Form hinaus. So wie unsere Lebendigkeit über unsere Form des Körpers und unser individuelles Leben hinaus in das Leben unserer Mitmenschen hineinwirkt und so wie gleichzeitig diese Menschen auf unser persönliches Leben Einfluss haben, so verwebt sich die Seele fortwährend in einem komplexen Austausch ohne Anfang und ohne Ende.

Wenn es aber keinen Anfang und kein Ende gibt, sondern nur immerwährendes verwobenes Fließen, dann überschreiten wir auch die Grenzen der Zeit. Es gibt kein Vorher und kein Nachher mehr, kein Gestern und kein Morgen, dafür aber eine lebendige, sich entfaltende Bewegung in der Gegenwart. Gegenwart meint hier keinen Punkt zwischen Vergangenheit und Zukunft, sondern die schöpferische Vitalität des Augenblicks. Nur sie existiert. Sie ist die Schöpfungskraft, die alle Erscheinungsformen erschafft.

Wenn wir auf die Seele als immerwährende Schöpfungskraft schauen, verschiebt sich unsere gewohnte Vorstellung von Schöpfung. Normalerweise betrachten wir Entwicklung als einen Vorgang *in* der Zeit. Da gibt es den Urknall, an dem die Schöpfung begonnen hat. Da ist die Quelle der Ort, an dem ein Fluss entspringt und die Geburt der Beginn des menschlichen Lebens. Doch aus der Perspektive einer zeitlosen Bewegung, die wir Leben nennen, gibt es keinen Anfang, sondern nur eine schöpferische Bewegung, die sich fortwährend entfaltet. Die Schöpfung entfaltet sich so gesehen nicht aus dem Urknall heraus, sondern im zeitlosen Kontinuum des Jetzt. Aus dieser Perspektive wurden wir nicht bei unserer Geburt geboren, sondern wir werden in jedem Augenblick neu erschaffen.

Die Seele ist eine Gegenwartsperspektive und damit immer neu, einzigartig, unwiederbringlich. So wie wir nicht zweimal den gleichen Atemzug atmen können, können wir keinen Moment unseres Lebens zweimal auf die gleiche Weise erfahren. Der Inhalt und die Form einer Erfahrung können sich ähnlich anfühlen wie ein Atemzug, der sich genauso anfühlt wie viele Atemzüge, die wir zuvor geatmet haben. Trotzdem ist jeder Atemzug einzigartig. Das Lebendige jedes Augenblicks entfaltet sich immer weiter. Es wiederholt sich nie. Wie verändert sich unser Erleben, wenn wir uns auf eine Gegenwartsperspektive einstimmen? Wenn wir uns also bewusst machen, dass alles, was wir gerade erleben, einzigartig und unwiederbringlich ist?

Und was empfinden wir, wenn wir nicht mehr auf die scheinbar statische Form der Dinge schauen, also ihre äußere Erscheinungsform, sondern auf die lebendige, fließende Vitalkraft in allen Dingen? Eine Kraft, die sich fortwährend entfaltet und verändert und alles in Beziehung setzt. Gerät da nicht alles in Bewegung? Die scheinbar so feststehende Welt und ihre statischen Objekte beginnen zu flirren, zu atmen, und ein Baum oder ein Stein sind plötzlich genauso lebendige Wesen mit einer Seele wie ein Mensch. Die Existenz all dieser Geschöpfe wirkt in unser Leben hinein, und umgekehrt verwebt sich unsere Existenz mit deren Lebendigkeit.

Seele ist lebendiges Fließen, eine immerwährende, gegenwärtige Bewegung der Entfaltung, die in allen Geschöpfen wirkt, die alle Grenzen überschreitet und alles verbindet.

Eine innere Perspektive

Erfahren wir im Alltag das Leben als immerwährende schöpferische Bewegung? Wohl kaum. Der Tisch, an dem wir essen, erscheint uns als ein statisches, immer gleiches Objekt und selbst die Menschen in unserer Umgebung sind so vertraut, dass wir meistens nicht das Gefühl haben, dass sie jetzt in einer neuen, einzigartigen und unwiederbringlichen Weise in Erscheinung treten. Die Alltagsrealität mit ihren verlässlichen und statisch erscheinenden Objekten und ihrer Projektion von Zeit mit Vergangenheit und Zukunft kann die lebendige Dimension des Augenblicks vollkommen verschleiern.

Das ist nur möglich, da wir meist auf die Oberfläche, also auf die Erscheinungsformen der Dinge schauen, aber in der Regel uns nicht die Zeit nehmen, die gegenwärtige lebendige Erfahrung wahrzunehmen und damit tiefer in Kontakt zu treten. Um das zu tun, genügt ein kleiner, aber entscheidender Perspektivenwechsel: Wir dürfen uns nicht fragen, »*was* wir sehen«, sondern müssen uns fragen, »*wie* wir die Gegenwart erfahren«.

Wenn wir uns fragen, *was* wir gerade wahrnehmen, dann schauen wir automatisch auf die äußeren Erscheinungsformen der Objekte in unserer Umgebung. Wir sehen dann einen »Stuhl« oder ein »Buch« in unserer »Hand«. Bei dieser Frage entstehen in unserem Geist klare, abgegrenzte Objekte mit feststehenden Namen: der »Stuhl«, das »Buch«, die »Hand«.

Auf der Ebene der Erscheinungsformen mit klaren Begriffen können wir uns leicht auf eine gemeinsame und verlässliche Wirklichkeit mit anderen verständigen. Allerdings sind hier die Objekte statisch und unlebendig und eigentlich wissen wir auf dieser Ebene noch nichts über die tatsächliche Erfahrung, die ein Mensch innerlich bei der Bezeichnung »Stuhl«, »Buch« oder »Hand« erlebt.

Erst wenn wir uns fragen, *wie* wir das Sitzen oder Lesen erfahren oder *wie* sich das Buch in unserer Hand gerade anfühlt, verlassen wir die scheinbare Eindeutigkeit einer äußeren Welt von Objekten und betreten eine innere Welt, die lebendig und vielschichtig zugleich ist und uns tief in die Gegenwartsperspektive hineinführt. Wenn wir uns nämlich fragen, *wie* wir das Sitzen erfahren, gibt es keinen »Stuhl« und keinen davon abgegrenzten »Körper« mehr, sondern nur noch komplexe und fortwährend sich verändernde Empfindungen, die beide Objekte – Stuhl und Körper – umfassen. Vielleicht erfahren wir das Sitzen in einem Moment als eine tragende Festigkeit, der wir uns entspannt überlassen können, nur um sich im nächsten Moment in eine Erfahrung von unangenehmer Härte zu verwandeln, die den Impuls entstehen lässt, uns zu bewegen.

Erst hier, im *Wie*, öffnet sich uns die Seelenperspektive und wir erfahren das Leben als fließende Gegenwart, die immer in Bewegung ist. Empfindungen erscheinen, verändern sich und lösen sich wieder auf, visuelle Eindrücke und Geräusche bilden eine wabernde, sich ständig verändernde Hintergrundkulisse, in die wir eingebettet sind, und Gedanken und Gefühle durchziehen unsere Innenwelt und geben ihr fortwährend neue Farbschattierungen. Je unmittelbarer wir unseren Erfahrungen lauschen, desto lebendiger und vielschichtiger treten sie zutage.

Daher ist die Welt der Seele ein immerwährendes Abenteuer, die wir niemals in ihrer Vielfältigkeit vollständig erfassen oder begreifen können. Wir können uns nur einlassen darauf und uns bewusst als ein Teil dieser lebendigen Wirklichkeit erfahren. Genauso wie wir die Bewegung eines Flusses nicht mit unserer Hand festhalten und mit unserem Verstand »be-greifen« können, sondern ihr dadurch am nächsten kommen, dass wir uns auf das Fließen einlassen und zum Beispiel im Fluss schwimmen, so können wir auch die lebendige seelische Erfahrung nicht festhalten, konservieren oder gedanklich »dingfest« machen. Aber wir können eintauchen und mitfließen und dabei die Einzigartigkeit, die Vitalität und die schöpferische Qualität des gegenwärtigen Lebens erfahren.

Das Einzige und Entscheidende, was dazu notwendig ist, besteht darin, dass wir von einer äußeren zu einer inneren Perspektive hin wechseln. Mit dem Fokus auf die tatsächlich gefühlte, gegenwärtige Erfahrung, also *wie* wir die Dinge erleben, öffnet sich uns eine innere Welt – das Reich der Seele. Diese innere Welt ist genauso real im Sinne von wirklich und wirksam wie die äußere Alltagsrealität der Objekte und Begriffe. Können wir die Wirklichkeit unserer momentanen Empfindungen und Gefühle leugnen? Sind innere Bilder nicht genauso oft präsent und damit wirklich und wirkkräftig wie äußere?

Natürlich können wir unsere Seelische Realität ausblenden oder als subjektive, flüchtige Erfahrung kleinreden. Das ändert aber nichts daran, dass sie in jedem Augenblick, bewusst oder unbewusst, vorhanden ist und sogar die Grundlage für die Konstruktion einer äußeren, objekthaften Gedanken-Welt bildet. Denn wie kommen wir zu der Aussage: Das ist ein »Stuhl«, das ist ein »Buch« und das ist eine »Hand«? Wir nehmen aus dem Fluss der gegenwärtigen Wahrnehmungen bestimmte Oberflächenmerkmale der Erscheinungsformen heraus, isolieren sie geistig zu einem abgegrenzten, handhabbaren Objekt und schreiben ihnen dann einen allgemeingültigen Begriff zu wie »Stuhl« oder »Hand« und haben sie damit endgültig zu einem festen Objekt isoliert und festgeschrieben.

Dieser Vorgang geschieht natürlich nicht bewusst, sondern ist ein angelerntes, automatisiertes geistiges Muster. Die lebendige Erfahrung wird in diesem Prozess der geistigen Festschreibung zugunsten einer allgemeingültigen äußeren Welt zurückgedrängt und ausgeblendet, aber sie ist weiterhin in jedem Erfahrungsobjekt vorhanden und gibt sogar die entscheidenden Zutaten, nämlich Sinneswahrnehmungen, aus denen die Alltagsrealität geistig geformt wird.

Die innere Welt der Seelischen Realität ist daher in jeder Alltagserfahrung vorhanden und kann in jedem Augenblick abgerufen werden. Allerdings müssen wir dazu bereit sein, den Komfort und die Sicherheit einer oberflächlichen, allgemeingültigen Wirklichkeit zu verlassen und uns auf die Ungewissheit einer lebendigen, gegenwärtigen Erfahrungsdimension einzulassen. Abenteuer sind eben Abenteuer und beziehen ihre Vitalität und Intensität aus dem Ungewissen. Darin liegt ihr Reiz und gleichzeitig ihr Wagnis.

Das ist sicher ein wesentlicher Grund, warum viele Menschen ein sehr ambivalentes Verhältnis zu der inneren Welt der Seele haben: Sie reizt uns und wir suchen ihre Intensität und Kreativität, aber sie macht uns mit ihrer Unberechenbarkeit auch Angst. Manche Menschen ziehen es daher vor, in der Komfortzone einer Alltagsrealität zu bleiben und sich nur im Notfall, wenn es gar nicht mehr anders geht und die Seele um Zuwendung schreit, sich ihrer Innenwelt zuzuwenden.

Subjektivität und die Falle der Generalisierung

Ein wesentlicher Grund dafür, dass die seelische Realität oft so wenig ernst genommen wird, ist ihre Subjektivität. Wenn wir unseren Blick von der Oberfläche der Objekte abwenden und nach innen gehen mit der Frage, *wie* wir etwas erleben, tauchen gegenwärtige und sehr individuelle Erfahrungen auf. Diese sind in keiner Weise allgemeingültig und übertragbar.

Wenn zwei Menschen zum Beispiel in einem Park spazieren gehen und die Umgebung betrachten, können sie sich jederzeit über die äußere Wirklichkeit verständigen: »Das ist ein Landschaftspark mit weiten Rasenflächen. Dort steht eine alte, große Blutbuche und wir gehen darauf zu.« Wenn sie sich aber jetzt nach innen wenden und ihre unmittelbare seelische Erfahrung austauschen, hören die Gemeinsamkeiten schnell auf. Denn die eine Person empfindet die Buche vielleicht als riesig und fast bedrohlich und genießt mehr den Blick auf die Rasenfläche mit ihren kleinen farbigen Blümchen, während die andere Person von der Größe und der Kraft der Buche fasziniert ist und sich davon fast magisch angezogen fühlt.

Je genauer wir das innere Erleben betrachten und uns darauf einlassen, desto subjektiver und vielschichtiger werden die eigenen Erfahrungen zutage treten und umso mehr Unterschiede werden sich im Kontakt mit anderen Individuen zeigen. Auf der Ebene der seelischen Realität ist keine Verständigung im Sinne einer allgemeingültigen, objektiven Wahrheit mehr möglich. Wir können hier zwar unsere Erfahrungen miteinander teilen und sie dadurch wechselseitig mitempfinden, aber wir können uns nicht auf ein einziges Erleben einigen, das *richtig* ist und welches man empfinden muss, wenn man zum Beispiel einer alten mächtigen Blutbuche gegenübersteht.

Wir können daher nicht erwarten, dass wir von anderen eine Bestätigung für unser individuelles seelisches Erleben bekommen. Wenn wir ein reifes Gegenüber haben, dann wird sie unsere augenblickliche Erfahrung ernst nehmen, auch wenn die Person selbst anders empfindet. Häufig wird es aber geschehen, dass unser Gegenüber kein Verständnis für andere Erlebnisweisen hat. Vielleicht schüttelt sie den Kopf und sagt zu uns: »Wie kann man sich nur von so einem wunderbaren mächtigen Baum bedroht fühlen?« Natürlich ist dies keine echte Frage, sondern eine unterschwellige Botschaft, mit der uns vermittelt werden soll, dass unsere Erlebnisweise falsch ist.

Doch das innere Erleben ist niemals falsch, es ist nur individuell und entsprechend unterschiedlich. Nur wenn uns das bewusst ist, können wir den Mut aufbringen, zu unserer authentischen inneren Erfahrung, wie immer sie gerade ist, zu stehen und sie nach außen in aller Vielschichtigkeit zu zeigen. Wenn wir die Legitimität einer subjektiven Erlebnisweise jedoch noch nicht verinnerlicht haben, sind wir wie ein kleines Kind davon abhängig, dass unsere inneren Erfahrungen ernst genommen und verstanden werden.

Solange wir die Bestätigung für unser inneres Erleben brauchen, sehnen wir uns danach, dass nahestehende Menschen das »Gleiche« fühlen wie wir. Wir suchen unbewusst nach der symbiotischen Liebe, deren Ziel die Verschmelzung und nicht die reife Verbundenheit in aller Unterschiedlichkeit ist. Das Gegenüber soll das Gleiche fühlen, das Gleiche lieben und das Gleiche ablehnen. Nur in dieser Absolutheit glauben wir uns ganz verstanden und in unserer seelischen Wahrheit bestätigt. Entsprechend reagieren wir äußerst empfindlich darauf, wenn unsere Nächsten anders fühlen wie wir selbst, oder schlimmer noch, unser inneres Erleben nicht gelten lassen. Dann kippt die Suche nach Bestätigung und nach Verschmelzung schnell in ein Gefühl von Verletztsein und Wut auf die andere Person.

Die Folge ist ein tiefes Gefühl von Selbstunsicherheit, das dazu führt, dass wir es kaum noch wagen, vor anderen ungeschminkt und vertrauensvoll zu zeigen, was uns wirklich bewegt. Doch was vielleicht noch schlimmer ist, ist die Tatsache, dass wir selbst unseren Gefühlen immer weniger vertrauen und sie entsprechend immer weniger zulassen. Das bedeutet, dass der Kontakt zu unserer Seelischen Realität schwächer wird und entsprechend die innere Verbindung abnimmt oder sogar zeitweise verloren geht.

Eine spezielle Variante, die Verunsicherung in uns abzuwehren, ist, unser seelisches Empfinden zu verabsolutieren. Wir treten dann nach außen selbstbewusst auf und erheben für das, was uns innerlich bewegt, einen allgemeingültigen Wahrheitsanspruch. Wir tappen dabei in die Falle des Fundamentalismus, bei dem subjektive Perspektiven und Sichtweisen für allgemeingültig erklärt werden. Diese Haltung wirkt nach außen hin stark und ist somit gerade auch für verunsicherte Menschen manchmal anziehend. So ist es erklärbar, dass charismatische Persönlichkeiten in der Politik, in der Religion oder der Gesellschaft, welche persönliche Wahrheiten als absolut und allgemeingültig hinstellen, immer wieder großen Zulauf bekommen.

Ob wir uns aber selbstverunsichert ins eigene Schneckenhaus zurückziehen oder scheinbar selbstbewusst unser inneres Erleben verabsolutieren, beides hat die gleiche Ursache: Wir stemmen uns gegen eine Gesetzmäßigkeit menschlichen Lebens: nämlich, dass die innere Welt der lebendigen Erfahrung vielschichtig und subjektiv ist. In der äußeren Welt der Alltagsrealität mit klaren scheinbar feststehenden Objekten können wir allgemeingültige Positionen aufstellen und uns darauf verständigen, aber in der inneren Welt der Seele, in der es nur lebendige, fließende Erfahrungen gibt, herrscht eine andere Gesetzmäßigkeit: die der Vielfalt und des Wandels.

Wie sollen wir auch eine Gegenwartserfahrung, die sich bei genauerer Betrachtung wie ein Fluss, der immer in Bewegung ist und sich ständig wandelt, in eine allgemeingültige Form oder Formel bringen? Nicht mal für uns selbst gibt es irgendeine Erfahrung, die dauerhaft gilt. Wie tief ein Erleben auch ist und wie stark es uns auch immer berührt, es fließt weiter und nach kurzer Zeit ist es lediglich eine Erinnerung – ein Gedanke. Wie kann sie daher als dauerhafte Wahrheit und darüber hinaus sogar als dauerhafte allgemeingültige Wahrheit fungieren?

Wenn wir uns der Gesetzmäßigkeit der Seele von Wandel und Subjektivität bewusst sind und sie anerkennen, ja, sie verinnerlicht haben, entsteht eine vollkommen neue Freiheit: Wir *dürfen* das fühlen, was wir fühlen, unabhängig davon, ob andere Menschen andere Erfahrungen machen und uns verstehen können oder nicht. Und auch die anderen dürfen fühlen, was sie fühlen. Diese Erlaubnis – zu fühlen, was wir fühlen – eröffnet uns die Möglichkeit, unsere seelische Wahrheit ernst zu nehmen und eine unmittelbare Verbindung nach innen zu pflegen. Gleichzeitig können wir uns dann empathisch für andere Menschen und deren Innenwelt öffnen.

Mit der Zeit spüren wir immer mehr, dass es in der Welt der Seele kein »richtiges« oder »falsches« Erleben gibt, sondern nur die gegenwärtige, lebendige Bewegung, der wir vertrauen können. So führt uns die neu gewonnene Freiheit, »das zu fühlen, was wir fühlen«, letztlich in ein tiefes Vertrauen in die innere Welt der Seele.

Erfüllung und das Verstehen

Ein weiterer Aspekt der Seele, der es uns manchmal schwer macht, unseren Erfahrungen zu vertrauen, besteht darin, dass wir sie nicht begründen können. Wie sollen wir auch erklären, warum wir etwas oder jemanden lieben? Wie könnte man zum Beispiel begründen, warum uns eine bestimmte Musik zu Tränen rührt? Jeder Versuch des Verstehens und Erklärens muss Stückwerk bleiben. Oder wie häufig geschieht es, dass uns eine unerklärliche Stimmung befällt, ein Bedrücktsein oder ein Beschwingtsein? Kennen wir den Grund für diese Stimmungen?

Alles jedoch, was unerklärlich bleibt, entzieht sich unserer Kontrolle. Das ist für unseren Verstand, der die Dinge zuordnen und handhabbar machen will, ärgerlich. So redet uns der Verstand ein, »dass wir immer einen Grund brauchen, wenn wir etwas fühlen, und dass ein Gefühl, das unerklärlich ist, keine Berechtigung hat«. Das ist natürlich Unsinn. Wir dürfen fühlen, was wir fühlen, ob wir es gerade verstehen können oder nicht.

Dass seelische Empfindungen häufig unerklärlich sind und jeder Versuch einer Deutung zu kurz greift, liegt nicht an unserer mangelnden Bewusstheit für unsere Innenwelt, sondern daran, dass wir die Ebenen verwechseln und das falsche Instrument – nämlich unseren Verstand – dazu benützen, uns der Seelenebene anzunähern. Der Versuch, lebendige Erfahrungen einzuordnen und zu verstehen, ist genauso unerquicklich wie der Versuch, einem Menschen, der noch nie eine orientalische Speise zu sich genommen hat, zu erklären, wie diese schmeckt. Rein gedanklich können wir einem neuen exotischen Gericht nicht wirklich nahekommen. Wir können es nur sinnenhaft be-greifen und müssen es verkosten. Erst dadurch erfassen wir von innen her seinen Charakter und es braucht keine weitere Erklärung mehr.

Natürlich kann es Sinn machen, den Geschmack einer orientalischen Speise dann in bestimmte Kategorien einzuordnen, um in der Alltagsrealität dann wiederum Raster zu entwickeln, die Menschen für den Genuss und den Einkauf von Speisen Orientierung geben. Aber diese gedanklichen Kategorien erklären und begründen nicht die tatsächliche subjektive Empfindung, die beim Verkosten der Speise beim Einzelnen entsteht. Diese ist nämlich wiederum individuell und kann stark von den beschriebenen Geschmackskategorien abweichen.

Verstehen und unmittelbares Erleben sind zwei verschiedene Aspekte, die sich hilfreich ergänzen können, die jedoch zu zwei unterschiedlichen Bewusstseinsebenen gehören. Der Verstand mit seiner Fähigkeit zu gedanklicher Abstraktion und klarer Analyse ist das Hauptwerkzeug der Alltagsrealität. Hier hat das Denken seinen angestammten Platz und kann seine Stärken entfalten. Wenn wir aber versuchen, uns der Seelischen Realität mit dem Denken anzunähern oder vielleicht sogar es durch gedankliche Abstraktion zu fassen, verhalten wir uns wie ein Wissenschaftler, der aus der Vogelperspektive das Meer erforschen will. Wenn wir im Flugzeug sitzend aufs Meer schauen und uns Gedanken darüber machen, entsteht sicherlich keine unmittelbare Einsicht über das Wesen des Meeres. Dazu müssen wir schon die Vogelperspektive verlassen und uns in das Element Meer mit seinen Wassermassen und seinen unergründlichen Tiefen hineinbegeben.

Die Seele ist die Erfahrungsdimension unseres Menschseins und will gespürt werden. Erst dann gibt sie ihre Geheimnisse preis und wir spüren das Lebendige darin und eine unmittelbare Erfüllung, die sich daraus ergibt. Die zentrale Funktion der Seele besteht nämlich nicht darin, das Leben einzuordnen und zu verstehen, sondern darin, das lebendige Potenzial des Augenblicks und seine kreative Schöpfungskraft unmittelbar zugänglich zu machen. Wenn das geschieht, sind wir im wahrsten Sinne des Wortes »beseelt«. Auf eine Deutung des Erfahrenen können wir dabei gut verzichten, denn die (Be-)Deutung kann uns zwar helfen, eine Erfahrung einzuordnen, aber sie nährt uns nicht.

Erfüllung entsteht, wenn wir ins gegenwärtige Erleben eintauchen und uns davon berühren lassen. Wenn wir den Sommerwind auf der Haut spüren und uns diesen Empfindungen für einen Augenblick ganz überlassen und sie auskosten, fragen wir nicht mehr nach dem Sinn unseres

Lebens. Wir spüren ihn – unmittelbar. Plötzlich fühlen wir den Genuss des Lebendigseins und die Kostbarkeit dieses Augenblicks. Wir fühlen uns frei und erfüllt. Wenn wir jetzt aber erklären sollten, welche Bedeutung diese Erfahrung gerade für uns hat, wird mit Sicherheit das Erleben von Erfüllung sehr schnell verschwinden. Denn um diese Frage zu beantworten, müssen wir die Bewusstseinsebene wechseln und den Verstand aktivieren. Der Kontakt zur Seelenrealität wird dabei wieder flacher.

Es gibt daher eine weitere Gesetzmäßigkeit, die die seelische Ebene betrifft. Die Seele ist nicht nur die Vitalkraft schlechthin – Lebendigkeit pur –, sie ist nicht nur vielschichtig und subjektiv, sondern eine Erfahrungsdimension, die sich für uns nur dann vollständig in ihren Qualitäten entfaltet, wenn wir uns hineinbegeben und sie spürend erfahren. Jeder Versuch der Deutung und des gedanklichen Verstehens und Erklärens hebt uns wieder aus dem unmittelbaren Kontakt heraus und führt dazu, dass die eigentlichen Qualitäten der seelischen Ebene, wie die Intensität des Augenblicks, seine Kreativität und Lebendigkeit, nicht zugänglich sind.

Leider sind sich viele Menschen dieser Gesetzmäßigkeit nicht bewusst und begegnen der Seelischen Realität mit dem gleichen Instrument wie einer alltäglichen Herausforderung, nämlich mit dem Denken. Wenn sie eine unerklärliche Stimmung befällt, fragen sie sich sofort nach dem »Warum«, statt dem Gefühl Raum zu geben, damit sich das Erleben darin weiter entfalten kann. Durch die Frage nach dem Grund der augenblicklichen Stimmung kreisen wir gedanklich über dem Gefühl und um es herum – wie der erwähnte Wissenschaftler mit dem Flugzeug über dem Meer. Aus dieser distanzierten Perspektive heraus können wir das Augenblickliche nicht wirklich von innen her erfahren. Wie wollen wir etwas kennenlernen, wenn wir nicht damit in Kontakt gehen?

Obwohl alle Menschen immer wieder die Erfahrung machen, dass das gedankliche Kreisen um Probleme keine wirkliche Lösung und schon gar keine Erfüllung mit sich bringt, machen sie sich nicht bewusst, dass sie das falsche Instrument nutzen. Wir können einem unerklärlichen Gefühl nicht durch Deutung auf die Spur kommen. Nur wenn wir in das Erleben unmittelbar eintauchen, werden wir es in seinem Wesen tiefer erfassen und es wird sich in seiner natürlichen Bewegung weiter entfalten können. So kann sich ein Problem, um das wir bereits tagelang gedanklich gekreist sind, innerhalb weniger Minuten, in denen wir uns »fühlend« hineinbegeben, auflösen.

Doch was vielleicht noch viel wichtiger ist als der intelligente Umgang mit schwierigen Stimmungen und unangenehmen Gefühlen, ist, dass wir grundsätzlich begreifen, dass wir dem unmittelbaren Lebendigsein und der Erfüllung, die sich daraus ergibt, nur dann nahe sein können, wenn wir lernen, systematisch die innere Wirklichkeit der Seele »fühlend« zu besuchen. Denn wie soll uns etwas nähren oder erfüllen, wenn wir es nicht aufsuchen?

Das Wesen des Mangels

Die Suche nach Erfüllung ist eine zentrale Motivation des Menschen, die sich auf vielfältige Weise ausdrücken kann. Wir suchen Erfüllung in Beziehungen, in der Karriere, im Konsum, im Urlaub, in Hobbys und auf Events. Was machen Menschen nicht alles, um Erfüllung zu finden? Was nehmen sie nicht alles dafür in Kauf, nur um zu entdecken, dass der innere Mangel, der sie antreibt, nicht aufhört? Insofern macht es Sinn, den Mangel und seine Dynamik einmal genauer zu betrachten.

Wenn wir den Mangel nach innen hin verfolgen, entdecken wir eine sehr grundlegende, tiefsitzende Unzufriedenheit mit dem Leben. Immer scheint der Augenblick, so wie er gerade ist, nicht genug zu sein. Immer fehlt etwas, gibt es etwas zu verbessern. Im Buddhismus nennt man diese grundlegende Unzufriedenheit »dukkha«, was oft mit »Leiden« übersetzt wird. Aber eigentlich ist die Übersetzung nicht ganz korrekt, denn es geht hier nicht um ein natürliches, primäres Leiden, wie zum Beispiel durch Schmerzen, die bei einer Krankheit auftreten können. Vielmehr geht es um hausgemachtes, sekundäres Leiden, das uns genauso tief besetzen und bestimmen kann wie starke Schmerzen.

Insofern ist es viel präziser, bei »dukkha« nicht von »Leiden« zu sprechen, sondern von »Unzufriedenheit«. Eine Unzufriedenheit, die unser ganzes Leben durchziehen kann und sich in vielen Verhaltensweisen, Emotionen und Verstrickungen ausdrückt. Unzufriedenheit bedeutet, dass zuinnerst das Gefühl vorherrscht, dass der Augenblick, so wie er gerade ist, nicht in Ordnung, nicht liebenswert, einfach nicht genug ist. Und wenn wir auf uns selbst schauen, beschleicht uns auch hier das Gefühl, nicht in Ordnung und nicht liebenswert zu sein.

Die Folge ist eine Unruhe, die uns ergreift und es entsteht eine Aktivität – eine Suchbewegung –, ein Bemühen darum, den Augenblick besser und erfüllender zu machen. Wir schauen uns um: Wo könnte etwas sein, das uns mehr erfüllt und idealer ist als dieser Augenblick? Unser Geist geht dabei spazieren und schaut in die Vergangenheit: Wann haben wir schon Momente von Erfüllung erlebt? Dann wandert er in die Zukunft und malt sich Momente aus, wo und wie vielleicht mehr Erfüllung entstehen könnte: vielleicht durch eine Reise in ein fernes Land? Oder durch ein neues Kleidungsstück, durch ein Event oder eine neue Meditationsmethode?

Doch was passiert, wenn wir dem Suchen nachgeben und ein neues Kleidungsstück kaufen, ein Event besuchen oder eine neue Meditationsmethode ausprobieren? Hört dadurch diese grundlegende Unzufriedenheit und diese Suche nach Erfüllung auf? Wahrscheinlich nur für kurze Zeit, da der grundlegende Mangel, der in der Suche wirkt, nicht gestillt ist. Dieser Mangel besteht eben nicht darin, dass uns etwas von außen fehlt. Wir haben nicht zu wenig Anreize, zu wenig Konsumgüter oder zu wenig Liebe erfahren. Auf welches Objekt sich dieser Mangel auch immer im Einzelnen richten mag, das ersehnte Objekt ist nicht die Quelle der Unzufriedenheit und kann diese daher auch nicht stillen.

Nein, der eigentliche Mangel ist ein Mangel an tiefer Verbindung mit dem Augenblick. Was uns fehlt, ist der gefühlte Kontakt mit unserer Seele. Die Quelle unserer Unzufriedenheit ist also innerlich und besteht nicht darin, dass uns etwas von außen fehlt.

Wir alle kennen Momente, in denen wir uns mit der augenblicklichen Erfahrung verbinden und uns etwas tiefer berührt. Kaum sind wir wirklich in Kontakt, hört die Unzufriedenheit und das Suchen auf. Dabei muss es überhaupt nichts Besonderes sein, mit dem wir gerade in Verbindung sind. Es genügt, in die Atembewegung einzutauchen oder uns von einem kleinen zarten Blümchen, das am Wegrand steht, berühren zu lassen. Ist die innere Verbindung da, hört die Suchbewegung auf und das Objekt unserer Begierde, also worauf sich zuvor unser Mangel gerichtet hat, verliert seine Anziehungskraft. Lebensziele sind plötzlich nicht mehr so wichtig, Menschen, nach denen wir uns sehnen, verlieren ihre Sogwirkung und Konsumgüter, denen wir nachgejagt sind, werden zweitrangig.

Doch nicht nur das. Plötzlich verspüren wir auch einen inneren Frieden. Wenn wir innerlich verbunden sind, genügt uns das, was ist. Der Augenblick ist so, wie er ist, vollständig und in Ordnung. Nichts fehlt mehr. Ja, in diesem Moment spüren wir sogar seine Vollkommenheit. Was aber vollkommen ist, ist nicht das Gegenüber – das Objekt unserer Wahrnehmung, wie zum Beispiel der Atemzug oder das zarte Blümchen –, sondern unser Sich-Einlassen darauf und die dadurch entstandene innere Verbindung.

Die eigentliche Ursache für die grundlegende Unzufriedenheit in unserem Leben – das nagende Gefühl des Mangels – wurzelt in der inneren Getrenntheit. Kaum ist die innere Verbindung wiederhergestellt, hört die Unzufriedenheit und die Suche nach Erfüllung auf und wir spüren Frieden und Ganzheit. Wir brauchen nichts mehr zu unserem Glück und auch wir selbst fühlen uns dann in unserer Natürlichkeit als Mensch in Ordnung und liebenswert.

Doch wie kommt diese Getrenntheit in unser Leben? Sie ist die natürliche Folge einer zunehmenden Identifizierung mit dem Verstand und der Alltagsrealität. Je mehr wir im Laufe unserer kindlichen Entwicklung das Denken und die Konzepte über die tatsächliche innere Erfahrung stellen und uns diese Perspektive vereinnahmt, desto stärker entsteht ein distanzierter Kontakt zum unmittelbaren und authentischen Erleben. Wir verlieren den direkten Zugang und die gefühlte Verbindung nach innen zur Seelenrealität und es bleibt das Gefühl der Getrenntheit.

Nur die Wiederentdeckung unserer Seele und die innere Verbindung damit – das Eintauchen in das innere Erleben – kann uns aus der Isolation und dem hausgemachten Mangel durch Getrenntheit erlösen. Nur hier, im Kontakt mit unserer Seele, finden wir Frieden und Erfüllung.

Was wir suchen, ist in uns

Die Verbindung mit unserer Seele ist entscheidend für ein erfülltes Leben, denn alles, was wir normalerweise im Außen und in anderen suchen, ist in uns, in der Schatzkammer unserer Seele, verborgen. Wie ein versunkener Schatz, der am Grund des Meeres liegt und dort darauf wartet, entdeckt zu werden, liegen in der Tiefe unserer Seele alle Seinsqualitäten, nach denen wir uns sehnen, und warten darauf, dass wir sie an die Oberfläche des Bewusstseins heben.

Doch häufig tauchen wir nicht hinab in die Tiefen und Weiten unserer Seele, sondern bleiben an der Oberfläche des Lebens und suchen dort – oft in weiter Ferne – nach Erfüllung. Wir suchen sie in Beziehungen, durch berufliche Aufgaben, im Urlaub und im Sport. Die Objekte, auf die sich unsere Sehnsucht richtet, sind unzählig. Doch suchen wir wirklich die Beziehung, den Beruf, eine Fernreise oder den Sport? Oder suchen wir das, was wir mit der Beziehung, dem Beruf, der Reise oder dem Sport verbinden?

Vielleicht sehnen wir uns in der Tiefe nach Geborgenheit und Liebe und suchen es in der Partnerschaft. Oder wir haben einen tiefen Wunsch, uns wertvoll zu fühlen, und suchen es in einer beruflichen Aufgabe. Und was suchen wir in einem fernen Land oder im Sport? Die Intensität des Neuen? Unsere vitale Stärke? Eigentlich suchen wir immer etwas in uns, aber wir hängen unseren Wunsch an ein äußeres Objekt, das uns die ersehnte Qualität verspricht. Das Äußere, ob Beziehung, Beruf, Reise oder Sport ist jedoch nur der Mittler, der uns im Idealfall mit der inneren seelischen Qualität verbinden kann.

Doch obwohl wir schon oft erfahren haben, dass all diese Dinge uns nicht oder nur manchmal die seelische Qualität vermitteln können, nach der wir suchen, bleiben wir auf das äußere Objekt ausgerichtet und suchen die Erfüllung immer weiter dort. Mit der Zeit entsteht eine Fixierung darauf, bei der uns das äußere Objekt immer mehr als Ziel unserer Sehnsüchte erscheint und wir uns mehr und mehr anstrengen, die Erfüllung von dort zu bekommen.

Die Überzeugung, dass wir durch äußere Objekte die Erfüllung bekommen, ist tief in uns verankert und wir hinterfragen sie meistens nicht. Wir verhalten uns dabei wie ein kleines Kind, das alles bei der Mutter sucht. Was für ein kleines Kind natürlich ist, wird für einen Erwachsenen zur Sackgasse. Denn die eigentliche Mutter, bei der wir Geborgenheit, Liebe, Mitgefühl, Freude und Lebensintensität finden können, ist unsere Seele. Dort sind diese lebenspendenden Qualitäten jederzeit zugänglich und erfahrbar.

Solange wir aber im Außen und bei anderen nach diesen inneren Qualitäten suchen, suchen wir in der falschen Richtung und wir können die Schätze unserer Seele nur manchmal, in glücklichen Momenten und Begegnungen unseres Lebens, erfahren. Daher müssen wir zunächst begreifen, dass alles, was wir suchen, in uns – in der Tiefe unserer Seele – vorhanden ist und potenziell in jedem Augenblick unseres Lebens zur Verfügung steht. Erst wenn wir das verinnerlicht haben, werden wir unsere Aufmerksamkeit nicht mehr nach außen lenken und dort nach Erfüllung suchen, sondern nach innen.

Die Tiefendimension der Seele

Sobald wir unsere Aufmerksamkeit nach innen richten, haben wir die Möglichkeit, uns tiefer mit der Seelendimension in uns zu verbinden. Denn nur wenn wir uns nach innen hin verbinden und wie ein Tiefseetaucher in die Tiefenwasser unserer Seele hinabtauchen, werden sich auch die natürlichen Seinsqualitäten wie Lebensintensität, Vitalität, innere

Freude, Freiheit, Liebe und Mitgefühl, Vertrauen und Selbstwert offenbaren und uns von innen her erfüllen.

Wenn wir uns das Bild des Tiefseetauchers vergegenwärtigen, dann ist der erste Schritt die Bereitschaft, ins Wasser zu steigen. Solange wir noch vom Schiffsrumpf aus in sicherer Distanz aufs Wasser schauen, eröffnen sich uns die Geheimnisse des Meeres nicht. So ist es auch mit der Seele. Solange wir uns noch denkenderweise dem Erleben zuwenden und es aus sicherer Distanz heraus beobachten, bekommen wir keinen Zugang. Wir müssen also bereit sein, die Sicherheit des Denkens hinter uns zu lassen und in das Element der tatsächlichen Erfahrung des Augenblicks einzutauchen.

Ignatius von Loyola drückt dies so aus: »Nicht das Vielwissen sättigt die Seele und gibt ihr Befriedigung, sondern das innere Schauen und Verkosten der Dinge.« Wir müssen also den Augenblick verkosten –, ganz eintauchen ins Spüren, Hören, Sehen und Fühlen. Wir müssen uns fragen: Wie erfahren wir den Augenblick gerade wirklich? Welche Eindrücke, welche Empfindungen, welche Geräusche, welche Gefühle tauchen im Bewusstsein gerade jetzt auf? Und wir müssen uns erlauben, diese gegenwärtigen Eindrücke nicht nur zu spüren, zu hören, zu sehen oder zu fühlen, sondern sie zu verkosten, was nichts anderes bedeutet, als diese Empfindungen zu sein: ganz Atmen sein, ganz Spüren sein, ganz Hören sein, ganz Gefühl sein.

Wie nährend, wie erfüllend ist doch ein Augenblick, in dem wir eine Empfindung verkosten? Wir spüren und genießen die Wärme der Sonne auf der Haut und wenn wir nur für einen Augenblick lang ganz Spüren sind, ganz eintauchen in das Gefühl von Wärme und es genießen, gibt es keine Gedanken, kein Wollen und kein Suchen mehr. Wir alle kennen diese kleinen kostbaren Momente. Warum nutzen wir sie so selten? In jedem Augenblick gibt es Empfindungen im Körper, Geräusche und Stille, die uns umgeben, innere und äußere Bilder und Gefühle, die uns durchfluten. Die Tore zu wahrhaftigem Kontakt und dem Genuss, der hier verborgen ist, stehen uns jederzeit offen.

Doch so genussreich das Verkosten der Gegenwartserfahrung auch ist, es ist erst der Beginn unserer Verbindung mit der Seelenrealität. Das gegenwärtige Spüren, Hören, Sehen und Fühlen ist erst die Oberflächendimension der Seele. Es ist der erste Kontakt zum Element Wasser, wie ein Taucher, der sich vom Schiffsrumpf ins Wasser lässt und jetzt eine angenehme Kühle und Weichheit empfindet, die ihn hier umspült. Doch noch schwimmt er an der Oberfläche des Meeres und die Geheimnisse der Tiefe zeigen sich hier noch nicht. Dazu muss er hinabtauchen. Er muss sich dem Element Wasser vollständig anvertrauen und sich überlassen.

Auch seelisch können wir die Tiefendimension der Seele mit ihren erfüllenden Seinsqualitäten nur erfahren, wenn wir uns ihr anvertrauen und uns in die gegenwärtige Erfahrung hineinsinken lassen. Der Schlüssel zur Tiefendimension unserer Seele ist daher die Hingabe. Es ist die Kunst, uns wirklich zu überlassen, dabei ganz im gegenwärtigen Erleben zu bleiben und tiefer und tiefer in dieses Erleben hineinzutauchen. Die Gegenwart ist dabei unser Halteseil, wie bei einem Tiefseetaucher, der sich von einem Gewicht an einem Seil in die Tiefe ziehen lässt.

Je tiefer wir nach innen tauchen, desto mehr verändert sich unser Erleben: Im Vordergrund sind dann nicht mehr einzelne Empfindungen, Geräusche oder visuelle Eindrücke, sondern unser Erleben wird in seiner Ganzheit von einer Seinsqualität durchdrungen. Wo wir zunächst noch zum Beispiel die Wärme der Sonne auf der Haut genossen und sie als nährend empfunden haben, breitet sich jetzt eine tiefe Geborgenheit aus, die uns im Ganzen einhüllt und uns vermittelt, dass wir zutiefst gewollt, angenommen und geliebt sind.

Die Seinserfahrung von tiefem Angenommensein ist ein natürliches seelisches Grundpotenzial des Menschen. Jeder Mensch hat ein grundlegendes »Wissen« darüber, wie es sich anfühlt, wenn wir zutiefst angenommen sind. Schon in unserer ersten Zeit unseres Lebens – im Mutterbauch – war unsere Grunderfahrung diese tiefe Geborgenheit und dieses vollständige Angenommensein. Doch dann tauchen wir an die Oberfläche des Lebens. Das Denken gewinnt immer mehr an Bedeutung und schwächt die Verbindung zur Seele. Zusätzlich machen wir auch neue, manchmal schmerzliche Erfahrungen in Beziehungen, die die Grunderfahrung von Angenommensein überlagern.

Doch am Grund unserer Seele schlummert diese Seinserfahrung weiterhin. Wir müssen nur tief genug hinabtauchen, uns wieder nach innen hin verbinden, dann können uns die seelischen Qualitäten, die wir normalerweise in Beziehungen und äußeren Objekten unseres Lebens suchen, wieder durchfluten und von innen her erfüllen. Im Tiefenwasser unserer Seele finden wir nicht nur totale Geborgenheit und ein umfassendes Angenommensein, sondern alle seelischen menschlichen Grunderfahrungen, die wir als nährend, erfüllend und heilsam beschreiben würden. Freude, Klarheit, Freiheit, Liebe und viele andere Seinsqualitäten fließen uns hier ganz natürlich zu.

Natürlich müssen wir nach einer gewissen Zeit in der Tiefe auch wieder an die Oberfläche des Alltagsbewusstseins zurückkehren. Aber die Seinsqualitäten, die wir in der Tiefe unserer Seele erfahren haben, wirken in unseren Alltag und in unsere alltäglichen Beziehungen hinein. Wenn wir die Tiefendimension unserer Seele kennenlernen und immer wieder aufsuchen, damit die heilsamen Seinsqualitäten uns durchdringen können, werden wir auch mit den Herausforderungen an der Oberfläche unseres Lebens anders umgehen können, da wir eine nährende Quelle im Innern verspüren, die uns beständig von innen her nährt.

Die Tiefendimension unserer Seele mit ihren Seinsqualitäten ist eine Quelle, die uns nie verlässt, unabhängig von den realen Umständen unseres äußeren Lebens. Auf der Oberfläche unseres Lebens können Stürme wüten, sicher geglaubte Strukturen wie Kartenhäuser einstürzen, und manchmal müssen große Wüsten und Dürreperioden durchschritten werden. Wer sich hier nicht an der inneren Quelle laben kann, ist den äußeren Umständen seines Lebens vollkommen ausgeliefert.

Wie ein Baum, der nicht tief im Erdboden verwurzelt ist und von dort verlässlich seine Nahrung bezieht, extrem angreifbar von Stürmen und

Trockenzeiten ist, sind auch Menschen, die nicht in ihrer Seele gegründet sind, labil, abhängig und verletzlich. Die Fähigkeit der Resilienz, also Schicksalsschläge und schmerzhafte Erfahrungen seelisch gut zu verarbeiten und sogar gereift und gestärkt daraus hervorzugehen, ist dann stark eingeschränkt. Doch wenn es uns gelingt, bei äußeren Schicksalsschlägen uns nach innen hin zu verbinden, tauchen in der Tiefe unserer Seele die heilsamen Seinsqualitäten auf, die wir für die Bewältigung der Herausforderungen an der Oberfläche unseres Lebens benötigen.

Immer wieder habe ich in der seelischen Begleitung von Menschen, die sich in tiefen Nöten und Lebenskrisen befanden, erlebt, dass in der Seele eines Menschen genau die Seinsqualität auftaucht, die zu ihrer Heilung und Bewältigung der Situation vonnöten ist. Heute, nach vielen Jahren als seelischer Begleiter, weiß ich, dass die Weisheit der Seele absolut verlässlich ist und die zentralen Ressourcen unseres Lebens in der Tiefe unserer Seele immer vorhanden sind. Das Einzige, das dafür nötig ist, um aus dieser Quelle zu trinken, ist die Fähigkeit, uns nach innen hin verbinden zu können.

Motivation und Gestaltkraft

Die Tiefendimension unserer Seele mit ihren Seinsqualitäten zeigt sich jedoch nicht nur dort, wo wir tief in die gegenwärtige Erfahrung eintauchen und uns nach innen hin verbinden. Sie hat ihre Auswirkungen genauso an der Oberfläche unseres Lebens und bewegt uns, Entscheidungen zu treffen, Lebenswege zu beschreiten und unser Leben individuell zu gestalten.

Warum verlieben wir uns in einen Menschen? Wieso wollen wir unbedingt ein bestimmtes Instrument erlernen? Woher kommt das Gefühl, dass uns eine eigentlich unbekannte Landschaft ein tiefes Heimatgefühl vermittelt und wir dort leben wollen? Wieso setzen wir manchmal alles daran, einen bestimmten Beruf zu erlernen? Warum tanzen wir? Aus Vernunft? Sicherlich nicht.

In all den kleinen und großen Entscheidungen unseres Lebens ist die Seele ein entscheidender Faktor. Sie motiviert uns dazu, den Seinsqualitäten, die in uns oft unbewusst schlummern, auch äußerlich nahe zu kommen, und sie bewegt uns dazu, diesen in unserem Leben eine Gestalt zu geben. Das Bedürfnis, das, was uns bewegt, zu gestalten, ist tief im Menschen angelegt. Schon kleine Kinder haben eine überbordende Kreativität, die sie spielen, tanzen und basteln lässt.

Das starke Bedürfnis nach Selbstausdruck hat beim Menschen dazu geführt, dass er die Kunst als ureigene menschliche Gestaltsprache entwickelt hat. Kein anderes Lebewesen auf dieser Erde hat eigene Kunstformen entwickelt. Was hat die Bildhauerei, was hat die Musik, der Tanz oder das Verfassen von Gedichten für einen anderen Sinn, als dem Gestalt zu geben, was uns von innen her bewegt? Das Bedürfnis, sich in der Kunst auszudrücken, entsteht nicht aus der Notwendigkeit, für unser Überleben zu sorgen oder uns gesellschaftlich anzupassen. Es folgt einzig und allein einem inneren Ruf, dem Ruf unserer Seele, die frei von jeglicher Vernunft nach Selbstausdruck strebt.

Doch wir können den Ruf der Seele nicht nur in Formen der Kunst erkennen. Wenn wir unser Leben betrachten, werden wir ihn in allen Lebensentscheidungen und Handlungen entdecken. Da gibt es immer eine Stimme in uns, die neben äußeren Notwendigkeiten und unabhängig von vernünftigen Überlegungen uns dazu drängt, unserem ganz eigenen Gestaltausdruck zu folgen. Schon wenn wir eine Wohnung einrichten oder ein Haus bauen, was ja zunächst einem universalen Grundbedürfnis von Behausung entspricht und sehr vernünftig ist, folgen wir in der Ausführung nicht ausschließlich vernünftigen oder praktischen Erwägungen, sondern versuchen die Wohnung oder das Haus so zu gestalten, dass sich unsere Seele darin wiederfindet und wohlfühlt.

Tatsächlich verhalten wir uns oft zutiefst unvernünftig. Beim Kauf eines Autos lassen wir uns mehr von Gefühlen leiten als von finanziellen, technischen oder umweltpolitischen Erwägungen. Bei der Wahl einer Lebenspartnerschaft binden sich manche Paare, die es äußerst schwer miteinander haben und entsprechend häufig unter ihrer Beziehung leiden. Und wenn uns ein Beruf oder eine Lebensaufgabe zuinnerst anspricht, dann sind wir nicht selten dazu bereit, anstrengende Bedingungen auf uns zu nehmen, um diesem Lebensweg folgen zu können.

Je genauer wir hinschauen, desto mehr werden wir entdecken, dass die Seele auf der Oberfläche unseres alltäglichen Lebens allgegenwärtig ist. Immer lockt sie uns, ruft sie uns, motiviert sie uns und bewegt uns dazu, das äußere Leben mit unserem inneren Leben in Einklang zu bringen. Wenn wir wach sind, können wir den Lockruf der Seele in allen Situationen vernehmen und lernen, diesem Ruf zu vertrauen.

Natürlich gibt es nicht nur die Stimme der Seele in uns, sondern auch andere innere Stimmen, die häufig auf uns einreden. Bei einer wichtigen Entscheidung meldet sich vielleicht die Angst oder der Ehrgeiz. Vielleicht gibt es auch eine Stimme der Anpassung oder von uralten Überzeugungen oder hehren Idealen. All diese Stimmen können bei Entscheidungen auf uns einreden und uns überzeugen wollen, der Stimme unseres Herzens nicht zu vertrauen. Manchmal ist der Lärm dieser Stimmen so laut, dass wir die leise Stimme unserer Seele nicht mehr vernehmen können und wir verlieren vollends die Orientierung.

Das ist durchaus tragisch, denn ohne die Verbindung nach innen und ohne den Zugang zum Ruf unserer Seele sind wir wie ein Schiff, das ohne Steuermann, von Wind und Wellen hin und her geschleudert, orientierungslos auf dem Ozean treibt. Erst wenn wir den Ruf der Seele hören und ihm vertrauen, gibt es in unserem Leben eine innere Führung, die uns leitet und unserem Leben eine Richtung gibt. Das bedeutet nicht, dass wir nicht weiterhin mit den äußeren Bedingungen unseres Lebens und den Schwierigkeiten, die natürlicherweise dabei auftreten, konfrontiert sind und uns damit auseinandersetzen müssen, aber wir können uns jedes Mal neu ausrichten. Auch ein Schiff mit Steuermann ist Wind und Wellen ausgesetzt, aber es kann sich immer wieder neu auf Kurs bringen und den Umständen entsprechend, mal langsamer und mal schneller, seinen ureigensten Weg fortsetzen.

So ist der Ruf der Seele auch ein innerer Kompass, der uns jederzeit zur Verfügung steht und uns unterstützt, im Dschungel von äußeren Einflüssen und inneren Stimmen nicht verloren zu gehen, sondern immer wieder neu eine Richtung einzuschlagen, die unserem Wesen entspricht. So wie ein Apfelbaum unter widrigsten Umständen alles daransetzt, seiner Natur zu folgen und Äpfel zu bekommen, so drängt uns auch unsere Seele dazu, das Potenzial unseres individuellen Wesens zu entfalten und ihm in unserem äußeren Leben eine Gestalt zu geben. Je mehr uns dies gelingt, desto tiefer erfahren wir die Sinnhaftigkeit unseres Daseins. Denn was könnte mehr Sinn geben, als wenn ein Apfelbaum Äpfel bekommt und damit auf seine individuelle Weise der Ganzheit des Lebens dient?

Eine fließende Identität

Die seelische Dimension unseres Lebens ist eine innere Welt, wobei das Wort »innen« durchaus missverständlich ist. Innen bedeutet nicht, dass wir unsere Augen oder unsere Ohren verschließen und unsere Aufmerksamkeit nur nach innen, also auf Gefühle oder Körperempfindungen richten. Vielmehr bedeutet innen, dass wir die äußere Welt eines distanzierten Denkens und einer oberflächlichen funktionalen Wahrnehmung zurücklassen und in das gegenwärtige Erleben tiefer eintauchen.

Seele ist die Welt der Erfahrungen und der Gegenwärtigkeit. Dabei können wir in sogenannte »äußere« Sinneserfahrungen, wie das tausendfache Glitzern des Sonnenlichts auf der Oberfläche eines Sees, genauso eintauchen und davon innerlich angerührt sein wie in eine sogenannte »innere« Sinneserfahrung, wie beispielsweise subtile Körperempfindungen von strömender Lebendigkeit in Armen und Beinen. Jedes Mal, wenn wir aus dem Denken heraustreten und uns mit der gegenwärtigen Erfahrung verbinden, tauchen wir in eine lebendige Wirklichkeit ein, die bei genauerer Betrachtung immer in Bewegung ist.

In der äußeren Perspektive der Alltagsrealität ist unsere Wahrnehmung so funktional und flach, allein auf die äußeren objekthaften Merkmale einer Erscheinung gerichtet, dass wir den Eindruck einer statischen, verlässlichen Welt gewinnen. Sobald sich jedoch unsere Wahrnehmung vertieft und wir uns nicht mehr von den auf der Oberfläche objekthaften Erscheinungen blenden lassen, geraten die Dinge in Bewegung. Gibt es in der Unmittelbarkeit eine Körperempfindung, die stillsteht? Gibt es Gefühle, Geräusche oder Gedanken, die statisch bleiben?

Selbst das äußere Sehen von scheinbar statischen Objekten, wie die Oberfläche einer Wand, ändert sich unentwegt, wenn wir unmittelbar und ohne Gedankenkonstruktion diese Fläche betrachten. Wenn wir in die Betrachtung, in das Sehen der Wand, eintauchen und einfach nur schauen, tauchen ständig neue Details, neue Perspektiven und Eindrücke des scheinbar gleichen Objektes auf.

Die innere gegenwärtige Wirklichkeit ist eine Welt der Wandlung – ein immerwährendes Fließen. Alles ist hier in Bewegung. Und keine dieser Bewegungen existiert hier für sich alleine. Wir können zwar in unserem Geist Geräusche von visuellen Eindrücken und von Körperempfindungen differenzieren, aber wir können sie nicht voneinander trennen. Wenn wir einen Menschen betrachten und in diese Betrachtung eintauchen, bleibt das Erleben nicht auf das Sehen beschränkt. Wenn wir aufmerksam genug sind, werden wir bemerken, dass unmittelbar mit dem Sehen auch Körperempfindungen und Gefühle auftauchen. So führt uns die Seelenperspektive in eine komplexe und ganzheitliche Wirklichkeit, die sich fortwährend verändert. Auf dieser Ebene existiert nichts abgegrenzt, sondern alles ist mit allem in einer komplexen Bewegung verbunden.

Doch wo sind *wir* in dieser komplexen Bewegung? Was passiert mit unserer Identität, wenn sich auch *unsere* objekthafte Erscheinung plötzlich in eine komplexe, verbundene Bewegung hinein auflöst? Wo wir auf der Alltagsebene noch klare Grenzen unserer Identität kennen und uns durch verschiedene Rollen und unseren Körper definieren können, entpuppen sich diese Definitionen in der Unmittelbarkeit als gedankliche Konstrukte und es gibt nichts Verlässliches mehr, welches unser Dasein definiert.

Im ersten Moment kann uns die Auflösung einer eindeutigen äußeren Identität erschrecken und eine tiefe Unsicherheit bewirken: Wer sind wir noch, wenn es keine klare Definition von uns gibt? Doch mit der Zeit erkennen wir, dass unsere äußere Identität im Alltag weiterhin verlässlich bestehen bleibt, auch wenn wir auf der Seelenebene eine völlig andere Identität haben und hier als eine Art fließende Existenz bestehen.

Um sich den Wechsel der Realitätsebenen und der damit verbundenen verschiedenen Arten von Identität besser vorstellen zu können, ist es hilfreich, sich bildhaft ein Haus im Gegensatz zu einem Fluss zu vergegenwärtigen. Die Gestalt eines Hauses ist die klassische Metapher für die Ich-Identität. So tauchen in Träumen, die sich um unsere Ich-Identität drehen, immer wieder verschiedene Behausungen auf. Wenn wir zum Beispiel in einer Umbruchphase unseres Lebens sind und sich damit unsere äußere Identität verwandeln muss, kann es sein, dass in unseren Träumen ein Haus erscheint, das von äußeren Stürmen bedroht ist oder sogar einstürzt. Ein Haus ist ein statisches, abgegrenztes Objekt. Es gibt uns relative Sicherheit, ist aber auch unflexibel.

Ganz anders dagegen verhält sich ein Fluss, die zentrale Metapher für unsere Identität auf der Seelenebene. Ein Fluss hat keine klaren Konturen und kann durch seine Beweglichkeit und sein immerwährendes Fließen auf jede äußere Gegebenheit flexibel reagieren. Als Fluss können wir uns nicht in die Behaglichkeit der eigenen vier Wände zurückziehen und die Welt draußen halten, aber wir sind auch niemals bedroht. Wände können einstürzen, da sie unflexibel sind. Ein Fluss jedoch kann sich auf jede Situation neu einstellen und mitfließen, da er eben keine feste Form besitzt.

Die Sicherheit und Behaglichkeit, die ein Haus durch seine Festigkeit und seine klaren Konturen vermittelt, ist relativ und dadurch immer bedroht. Wenn wir uns daher vor allem mit unserer äußeren Identität als Person identifizieren und an starren Selbstbildern festhalten, gibt uns das zunächst einen gewissen Halt, erzeugt aber gleichzeitig eine Unflexibilität, die uns (auch zu Recht) Angst macht. Wenn wir uns jedoch in unserer

Identität als Fluss erfahren, macht sich in uns ein tiefes Vertrauen breit. Wir können dann zwar nicht mehr so genau sagen, wer wir sind und was wir nicht sind, wo wir anfangen und wo wir aufhören, aber wir fühlen uns als Teil einer großen Bewegung, die niemals endet. Diese Bewegung kann alles in sich aufnehmen und kann jeden Wandel mitvollziehen. Was sollte uns hier also bedrohen?

Tatsächlich sind wir Haus *und* Fluss. Wir haben eine äußere Identität, definierte Rollen, innere Selbstbilder und einen äußeren objekthaften Körper. Wir sind aber auch Seele und erfahren uns in der Unmittelbarkeit als immerwährende fließende Seelenbewegung voller Lebendigkeit und Intensität. Unsere äußere Identität ist so gesehen mehr ein Hausboot als ein Gebäude auf festem Grund.

Wenn wir das anerkennen, dass wir zwei verschiedene Identitäten haben, die ganz dicht beieinanderliegen, dann gewinnen wir immer mehr die spielerische Freiheit, die Ebenen zu wechseln. Wir können dann vom Hausboot aus nackt ins Wasser springen und dort wie ein Fisch schwimmen, um im nächsten Moment wieder ins Boot zu klettern und unsere Kleider anzuziehen. Schon können wir wieder mit klaren Konturen, die ein Haus ausstrahlt, im Alltag auftreten und agieren. Je öfter und spielerischer wir die Identität wechseln, desto freier und sicherer werden wir uns fühlen. Sogar in Umbruchphasen, in denen das Haus unserer äußeren Identität ins Wanken gerät oder sich wandeln muss, trägt uns das innere Vertrauen als Fluss. Wir wissen zuinnerst, dass wir wandelbar sind und uns in unserer seelischen Identität nichts geschehen kann.

Ein Land der unbegrenzten Möglichkeiten

Wenn wir entdecken, dass wir nicht nur eine äußere Identität als Haus, sondern auch eine innere Identität als Fluss besitzen, dann hat dies nicht nur eine Auswirkung auf unser Gefühl von Sicherheit, sondern bewirkt zudem eine innere Freiheit. Ein Haus hat klare Grenzen und ist damit in seinen Möglichkeiten definiert. Immerwährendes, sich veränderndes Fließen kennt jedoch keine Grenze. Die formlose Struktur des Wassers kann sich mit allem verbinden und jede Form annehmen. Das beinhaltet eine Freiheit, die ein feststehendes Gebäude nicht einmal im Ansatz kennt.

Was erleben wir zum Beispiel nicht alles nachts in unseren Träumen? Wir tauchen hier in Erfahrungswelten ein, die uns tagsüber in unserer normalen Identität verschlossen sind. Hier können wir wie ein Schmetterling fliegen, wie ein Fisch schwimmen oder in verschiedenste Szenen und Figuren schlüpfen. Die Gesetzmäßigkeiten der Alltagsrealität wie zum Beispiel Zeit oder Schwerkraft und auch körperliche Bedingtheiten und Bedürfnisse sind hier aufgehoben.

Die Fähigkeit, die Bedingtheit unserer Alltagsidentität und die Gesetze der Materie abzustreifen, haben wir natürlich nicht nur nachts in unseren Träumen. Diese Fähigkeit ist vielmehr ein grundlegendes Charakteristikum der Seele, denn auf der Ebene der Erfahrungen sind wir nicht an äußere Gesetzmäßigkeiten gebunden. Das mag zunächst überraschen, da Erfahrungen doch unmittelbar an den Körper und die Sinne gebunden sind und damit in gewisser Weise konkreter als Gedanken erscheinen. Doch das ist nur auf den ersten Blick so. Wenn wir in konkrete Erfahrungen, wie zum Beispiel den Anblick von tanzenden Blättern im Wind, hineintauchen, dann öffnen sich augenblicklich innere Welten, die nichts mehr mit der sogenannten äußeren Wirklichkeit und deren Gesetzmäßigkeiten gemein haben.

Der Anblick der sanften Bewegung von Blättern im Wind kann uns stark anrühren und zu einer Empfindung führen, selbst vom Wind bewegt uns dem Leben zu überlassen. Je tiefer wir in diese Hingabebewegung eintauchen, desto mehr verändert sich unser gesamtes Erleben und wir spüren vielleicht, wie sich in uns immer mehr ein Raum jenseits von Zeit und Aktivität ausbreitet. Längst haben wir die Gesetze der Alltagsrealität vergessen und obwohl wir äußerlich weiterhin als konkreter Mensch dastehen und die Blätter betrachten, sind wir innerlich in eine komplett andere Realität eingetaucht: Wir schweben in der Schwerelosigkeit.

Seelische Welten sind dabei eben nicht nur gedankliche fantasievolle Exkursionen oder Tagträumereien, bei denen wir uns gedanklich etwas ausmalen, sondern sie ergreifen uns ganzheitlich und führen uns tief in die Erfahrung hinein. Wir können ein Schweben in der Schwerelosigkeit so stark fühlen, dass es unser gesamtes Erleben durchdringt und wir es genauso real spüren wie kurz zuvor die Empfindung, aufrecht in der Schwerkraft dazustehen. Entscheidend ist dabei nur, wie tief wir uns auf das innere Erleben einlassen.

Das bedeutet, dass wir seelisch nicht festgelegt sind und uns auf die unterschiedlichsten Welten einlassen können. Oder anders gesagt: Wir können innerlich *alles* sein. Diese innere Freiheit zeigt sich besonders deutlich in der menschlichen Fähigkeit der Empathie. Da kann uns eine Verhaltensweise eines Menschen noch so fremd und unverständlich erscheinen, wenn wir jedoch dieser Person konkret gegenübersitzen und sie bereit ist, tiefer zu zeigen, woraus ihr Verhalten entspringt, dann öffnet sich unser Herz und diese innere Welt kommt uns sehr nah.

Leider haben wir nicht immer die Gelegenheit dazu, einer Person, die uns fremd ist und deren Verhalten wir verurteilen, von Mensch zu Mensch gegenüberzusitzen und ihr tiefer zuzuhören. Die Fähigkeit, die Gräben von Vorurteilen und kulturellen Schranken zu überwinden, haben wir alle. Wir müssen allerdings bereit sein, aus der Beschränktheit unserer Ich-Identität mit ihren Überzeugungen und Idealen herauszutreten und uns fühlend, also jenseits unserer engen Vorstellungen, auf die andere, uns fremde Welt einzulassen. Dann können wir einem Mörder oder einem Suchtkranken genauso nahekommen wie einem Menschen aus einer fremden Kultur.

Ich mache in meinen Gruppen immer wieder die Erfahrung, dass die Verbundenheit zwischen zunächst wildfremden und sehr unterschiedlichen Menschen sofort entsteht, wenn ein Raum geschaffen wird, in dem die Einzelnen sich auf der Seelenebene begegnen. Im Feld einer solchen Gruppe geht es eben nicht um die äußere Identität, also den Beruf, das Alter, die Rollen und Zugehörigkeiten, sondern um die wahrhaftigen

Erfahrungen der Menschen. Wenn das, was sie innerlich bewegt, gezeigt und gehört wird, spielt es plötzlich keine Rolle mehr, ob die Menschen die gleiche soziale Schicht, das gleiche Geschlecht, die gleiche sexuelle Orientierung, das gleiche Alter oder die gleiche Religion haben. Sie sind sich nah und können sich tief, weil fühlend, verstehen.

Kaum wechseln wir die Ebene, vom Denken zum Fühlen, verlassen wir die engen Grenzen unserer Identität und Vorstellungen. Hier, auf der Seelenebene, können wir uns empathisch verbinden und alle Schranken überwinden, da wir selbst seelisch potenziell *alles* sein können. Stellen wir uns doch einmal vor, was geschehen würde, wenn immer mehr Menschen bereit wären, sich nicht vorwiegend in ihrer oberflächlichen Identität zu begegnen und sich dahinter zu verschanzen, sondern wahrhaftig und empathisch von Seele zu Seele. Ich bin sicher, dass dann die trennenden Aspekte der Alltags-Identität an Macht verlieren würden und wir als Menschheit im Kleinen wie im Großen friedlicher zusammenleben könnten.

Das kann allerdings nur geschehen, wenn wir uns einerseits nicht mehr so stark mit der äußeren Identität identifizieren und andererseits die innere Identität der Seele in ihrer fließenden, nicht festgelegten Art anerkennen. Dann können wir in einem Land leben und auf der Oberfläche eine Nationalität besitzen, innerlich aber spüren, dass wir dadurch nicht festgelegt sind und uns mit den verschiedensten kulturellen Ausprägungen dieser Erde verbinden. Wir können einem Geschlecht zugehören und doch spüren, dass wir uns innerlich ins andere Geschlecht einfühlen können. Wer und was auch immer wir an der Oberfläche unseres Lebens sind, es legt uns nicht fest und wir sind innerlich mehr als das.

Wenn uns das bewusst ist, fühlen wir einen enormen Zuwachs an innerer Freiheit. Wir bekommen immer mehr Lust, in verschiedenste Welten einzutauchen und unsere äußeren Grenzen dadurch systematisch auszuweiten. Macht das nicht auch der Schauspielende, der seine Fähigkeit zu seelischer Empathie nutzt, um in verschiedenste Rollen zu schlüpfen und den Mörder genauso glaubhaft spielt wie die Liebende? Doch wir können uns nicht nur mit unterschiedlichsten menschlichen Wirklichkeiten verbinden. Die seelische Freiheit und ihre Einfühlungsfähigkeit ist noch größer. Wir können innerlich ein tanzendes Blatt im Wind werden oder eine schwebende Wolke am Himmel. Dem Einfühlungsvermögen und der Wandelbarkeit der Seele sind keine Grenzen gesetzt.

Das Mysterium des Lebens

Es gibt Augenblicke, in denen sich unsere Seele besonders bemerkbar macht. Die Alltagsrealität mit ihrer Funktionalität und Oberflächlichkeit wird hier jäh unterbrochen wie eine graue Wolkendecke, die unvermittelt aufreißt und den Blick auf den Himmel freigibt. Die Welt des Denkens wird angehalten und wir sind ergriffen. Diese seelische Ergriffenheit mag unterschiedliche äußere Auslöser haben, aber bei genauerer Betrachtung kommt sie immer von innen. Nicht *wir* greifen nach den Dingen, wie wir das in der Alltagsrealität tun, sondern die Dinge ergreifen uns.

Vielleicht rührt uns ein kleines Kind, das uns verschmitzt anlächelt und uns spontan verzaubert. Vielleicht lauschen wir einer Musik, die uns plötzlich innerlich tanzen lässt, oder die Worte eines Flüchtlings rühren uns zu Tränen. Vielleicht weckt die Anmut einer Blüte unsere Liebe oder wir sitzen einfach nur auf einer Bank und lauschen in den Abendhimmel und spüren die Größe und das Mysterium des Lebens.

In all diesen Fällen ergreift uns etwas, das das Denken und alle Erklärungen übersteigt und sich doch tiefer und wahrer anfühlt als alles, was wir auf der Oberfläche unseres Lebens wissen oder machen können. In diesen Augenblicken von echter Resonanz öffnet sich unsere Seele und wir kommen dem Geheimnis des Lebens ganz nahe. Hier spüren wir deutlich, dass wir das Wesentliche des Lebens nicht machen oder kontrollieren können. Ja, wir können es nicht einmal erklären oder begreifen. Das Wesentliche geschieht aus Gnade. Und immer, wenn uns etwas tief anrührt, teilt sich uns das Leben mit.

Daher können wir nur auf der Seelenebene dem Wunder des Lebens nahekommen. Unser Verstand und die Kontrolle sind dazu die falschen Instrumente. Erst wenn wir aus dem Denken aussteigen und die Kontrolle aufgeben, uns ergreifen und bewegen und vielleicht sogar überwältigen lassen, erkennen wir die Schönheit und Größe des Lebens. Daher ist die Grundhaltung der Seele nicht wie in der Alltagsrealität auf Aktivität und Machbarkeit ausgerichtet, sondern auf das Empfangen.

Die Haltung des Empfangens öffnet uns für die Wunder, die uns jeden Augenblick umgeben. Nur im Empfangen spüren wir, wie uns das Leben mit jedem Atemzug, mit jedem Herzschlag und jeder Sinnesempfindung zufließt und nährt. All diese selbstverständlichen und alltäglichen Geschehnisse offenbaren im Empfangen das Geheimnis des Lebens, in das wir zutiefst eingebettet sind. Können wir mit unserem Verstand begreifen, wie uns das Leben im Atmen, im Schlagen des Herzens und im Sehen oder Hören zufließt?

Immer wenn wir uns empfangend öffnen und uns das Leben ergreift, fühlen wir, dass jenseits aller Beschreibbarkeit eine geheimnisvolle Kraft im Zentrum unseres Lebens wirkt und uns leben und atmen und fühlen und denken lässt. Diese Kraft ist genauso unfassbar und unermesslich wie die Größe des Sternenhimmels und doch ist sie spürbar da. Daher ist die vielleicht einzig angemessene Art, dieser Kraft zu begegnen, die des Staunens und der Dankbarkeit.

Staunen bedeutet, die Unfassbarkeit und Größe eines Geschehens anzuerkennen und sich davon ergreifen zu lassen. Wir fügen uns im Staunen in unsere eigene Kleinheit ein und lassen uns von der Größe des Geschehens überwältigen. Je tiefer wir spüren, dass eine geheimnisvolle Kraft im Zentrum unseres Lebens steht, alles durchdringt und geschehen lässt, desto mehr wird uns eine große Dankbarkeit erfassen. Eine Dankbarkeit, die uns fühlen lässt, wie wir als Mensch in die Ganzheit der Schöpfung eingebunden sind.

Wie sehr leiden wir doch oft an der Getrenntheit? Wie oft haben wir im Alltag das Gefühl, »dass *wir* so viele Dinge tun müssen«, und spüren die Anstrengung, die dieses Lebenskonzept bewirkt? Erst wenn wir staunend das Wunder des Lebens berühren und erkennen, wie wir zutiefst damit eins sind und es in allem wirkt, fließt unser Herz vor Dankbarkeit über und wir werden aus dem Leiden der Getrenntheit und der Anstrengung erlöst.

Freilich dauert der Moment der Ergriffenheit nicht ewig, obwohl er sich vielleicht zeitlos anfühlt. Das Denken, das Tun und die Zeit kehren zurück und überlagern das Geheimnis. Unser Erleben der Dinge wird wieder flach und selbstverständlich. Doch in der Tiefe unserer Seele ist das Geheimnis weiterhin vorhanden und wartet auf die nächste Gelegenheit, sich zu offenbaren.

Obwohl diese Momente der Offenbarung nicht machbar sind und aus Gnade geschehen, sind wir nicht dazu verdammt, zu warten und darauf zu hoffen, denn Offenbarungen sind viel häufiger, als wir zunächst glauben. Jeder Augenblick einer seelischen Resonanz kann uns die Augen dafür öffnen. Wir brauchen nur dafür empfänglich sein und uns auf diese Momente einlassen. Besonders Momente von empfundener Schönheit können uns die Heiligkeit des Lebens lehren.

Warum gerade die Schönheit? Schönheit, die uns anrührt, kann nur empfunden werden, wenn unsere Seele ins Schwingen gerät. Sie ist kein Ausdruck des Denkens und von oberflächlichen Urteilen, sondern entspringt der Seele und der Liebe. Etwas oder jemanden zu lieben können wir nicht mit unserem Verstand, sondern nur, indem wir uns innerlich – also seelisch – damit verbinden und uns für die Kostbarkeit des Augenblicks öffnen. Daher steht in einem Moment, in dem wir Schönheit empfinden, das Tor zur Seele weit offen und die Liebe, die Kostbarkeit und Heiligkeit des Lebens können sich hier offenbaren. Wir brauchen uns nur ergreifen lassen.

Zusammenfassung: Seelische Realität

SYNONYME

Gegenwartserleben, Innere Wirklichkeit, Ich-Du-Begegnung, schöpferische Lebenskraft

MOTTO

»Das Leben in seiner vitalen, schöpferischen Kraft erfahren«

DEFINITION

Die Seelische Realität ist die innere Wirklichkeit unseres Lebens. Diese Perspektive führt uns tief in die subjektiven Erfahrungen des Augenblicks hinein und kann damit nicht verallgemeinert werden. Das Eintauchen in die gegenwärtige Erfahrung macht die Tiefendimension der Seele zugänglich, welche erfüllend und sinnstiftend ist. In dieser Tiefe werden die Getrenntheit und Begrenztheit einer oberflächlichen Ich-Identität überwunden und eine innere Verbundenheit mit dem Leben und eine offene fließende Identität erfahren. Im Zentrum des Erlebens steht jetzt eine immerwährende, gegenwärtige Bewegung der Entfaltung – eine schöpferische Kraft, die dem Menschen zufließt und alle Dinge geschehen lässt.

ZENTRALE MOTIVATION

Unmittelbare Lebendigkeit und Lebensintensität, schöpferische Kreativität und innere Freiheit, innere Erfüllung und Vertrauen ins Leben, Verbundenheit mit der Ganzheit des Lebens, Ort der Wandlung und Reifung (Verdauung, Differenzierung und Entfaltung)

ENTWICKLUNGSDYNAMIK

Zyklisches und organisches Wachstum, das sich langsam und ohne Zielvorgabe, im Einklang mit dem eigenen Wesen und der komplexen Ganzheit, Schritt für Schritt entfaltet

FUNKTION

- Die Distanz und die Oberflächlichkeit der Alltagsrealität werden durch echten Kontakt mit der gegenwärtigen Erfahrung überwunden und die innere Verbindung wird wiederhergestellt.
- Entdeckung der Tiefendimension der Seele mit ihrem Potenzial zu innerer Erfüllung und Heilung, unabhängig von den äußeren Lebensumständen
- Zugang zu einer inneren Weisheit und einer kreativen Lebenskraft, die uns von innen her leiten kann
- Die Freiheit, innerlich alles sein zu können, und die Fähigkeit zu umfassender Empathie

ZUGÄNGE ZUR SEELISCHEN REALITÄT

- Heraustreten aus dem Denken und Hineintauchen in das Erleben, also wie wir die Dinge erfahren
- Die Hingabe an die gegenwärtige Erfahrung
- Die Grundhaltung der Empfänglichkeit und das Achten auf die Resonanz der Seele
- Momente von Schönheit und tiefer Berührung

BEGRENZUNGEN DER SEELISCHEN REALITÄT

Wenn etwas innerlich für uns stimmt, muss es noch lange nicht der Wahrheit von anderen entsprechen. Wenn wir das vergessen und unsere Wahrheit verallgemeinern, werden wir zu Fundamentalisten.

Obwohl wir innerlich alles sein können, sind wir äußerlich weiterhin an die Gesetzmäßigkeiten der Alltagsrealität und der Materie gebunden. Daher brauchen wir Zeit und ein geduldiges Ringen, um innere Visionen und Wahrheiten auch im äußeren Leben zu realisieren.

Auch wenn wir innerlich in der Tiefendimension unserer Seele Erfüllung erfahren können, sind wir weiterhin äußeren Bedingtheiten, wie Krankheiten, Schicksalsschlägen und Konflikten ausgesetzt.

SYMPTOME EINER FIXIERUNG

- Die Leugnung äußerer Gesetzmäßigkeiten und Begrenzungen
- Ein fehlendes Bewusstsein für die Notwendigkeit und den Wert, für die Alltagsrealität Sorge zu tragen und dabei für uns und andere Verantwortung zu übernehmen
- Eine große Kreativität und ein Leben im Moment, gleichzeitig aber unstrukturiert und undiszipliniert: Langfristige Projekte oder eine langfristige Vorsorge können nicht betrieben werden
- Fundamentalismus und die daraus resultierende Entrüstung und Hartherzigkeit

KAPITEL 4

Am Grund aller Dinge – die Absolute Realität

Jenseits aller Gedanken, Gefühle und Vorstellungen gibt es ein Inneres Heiligtum, das wir nur selten betreten. Es ist der Wesensgrund der Seele, wo alle Anlagen und Fähigkeiten ihre Wurzeln haben und welches das wahre Zentrum unseres Seins ist.

BEDE GRIFFITHS

Menschen aller Kulturen errichten seit Jahrtausenden sakrale Orte und Gebäude, deren einziger Zweck darin besteht, sich auf das Unermessliche, das allem Leben zugrunde liegt, zu besinnen. Natürlich wird in Kirchen und Tempeln auch gebetet, gefeiert und getrauert, aber all die verschiedenen Rituale geschehen vor dem Hintergrund des Unermesslichen.

Wenn wir einen Kirchenraum betreten, ergreift uns sofort eine veränderte Atmosphäre. Wir alle kennen die Erfahrung, aus einer aufgeheizten, geschäftigen und lärmigen Großstadtstraße in den kühlen, dämmrigen Raum einer Kirche zu treten, in der uns plötzlich Stille umfängt. Alle Geräusche von außerhalb sind hier eigenartig gedämpft.

Wir setzen uns vielleicht auf eine Bank und betrachten still die Fresken und sakralen Kunstwerke. Doch unabhängig davon, welche Zeitepoche sich in der Gestalt der Kirche und ihrer Kunstwerke ausdrückt, wirkt in der Atmosphäre jeder Kirche etwas anderes – etwas Größeres. Dieses lässt sich schwer fassen. Wir finden es nicht in den Bildern und Fresken. Wir finden es nicht in den Säulengängen und Gewölben der Kirche und wären sie noch so erhaben gebaut. Wir finden es nicht in den lichtdurchfluteten Mosaiken der Kirchenfenster und auch nicht in den Gesängen, Gebeten und Ritualen der Gläubigen. Und doch ist die Existenz einer größeren Kraft, die in allem Leben wirkt, spürbar da.

Sobald uns das bewusst wird, kann es sein, dass uns eine Ergriffenheit befällt, in der wir dem Unermesslichen des Lebens ganz nahekommen. Unsere eigene menschliche Existenz und unsere Ängste und Hoffnungen erscheinen uns hier als winzig klein und vergleichsweise unbedeutend. Obwohl wir es nicht greifen und begreifen können, spüren wir zweifellos, wie eine größere unfassbare Anwesenheit wie eine Kraft mitten im Raum steht.

Was ist das für eine Anwesenheit? Woher kommt sie? Und ist sie immer da, auch wenn wir sie meistens nicht spüren? Vielleicht schließen wir zu diesem Zeitpunkt die Augen und stellen verblüfft fest, dass das Unermessliche, das wir hier spüren, kein Innen und kein Außen kennt. Es ist nicht in der Kirche zu finden. Es ist auch nicht in uns. Die Existenz des Unermesslichen übersteigt alle äußeren und inneren Daseinsformen.

Es ist der heilige Raum am Grund aller Dinge, der sich hier offenbart. Diesen heiligen Raum können wir niemals betreten, denn er ist nicht von dieser Welt. Er ist jenseitig. Und doch ist alles Leben darin enthalten. Dieser heilige Raum ist das Herz aller Dinge. Es schlägt in allem.

Wenn wir dann nach einer gewissen Zeit die Augen wieder öffnen und die Kirche verlassen, in das geschäftige, lärmige Großstadtleben wieder eintauchen, erscheint uns die äußere Welt verändert. Sie ist uns plötzlich kostbar und liebenswert geworden. Oder sind es vielleicht wir, die verändert sind?

Das Unermessliche

Es gibt unzählige Zeugnisse von Mystikerinnen aus allen Religionen und Kulturkreisen, die authentische Erfahrungen des Unermesslichen gemacht haben. Diese Menschen begegneten dem Ursprung der Schöpfung und des eigenen Lebens in einer Tiefe, die ihr ganzes bisheriges Selbstverständnis und ihre Perspektive aufs Leben verwandelt hat. Letztlich ist aus diesen mystischen Erfahrungen das Bedürfnis erwachsen, das Unermessliche in Gottesvorstellungen zu fassen und mit Ritualen und Gebeten zu verehren. Mystische Erfahrungen sind der Ursprung und die erneuernde Kraft der Religionen.

Doch wie kann man etwas beschreiben, das keine Gestalt hat? Wie kann man etwas erfahren, das unsere Sinneswahrnehmung übersteigt? Und wie soll man etwas benennen, das vor allen Worten und jenseits davon liegt?

Alle Mystiker ringen von jeher mit dieser Schwierigkeit, wenn es gilt, das Unaussprechliche und Unfassbare am Grunde aller Existenz in Metaphern, Gedichten und Liedern zu fassen. Sie suchen einen stimmigen Ausdruck für das, was sie zuinnerst erfahren haben. Oder besser: für das, was sie zuinnerst sind. Sie versuchen damit, anderen Menschen dieses Unfassbare und Unermessliche nahezubringen, denn wenn wir diese Dimension unseres Menschseins erfassen, verändert das unsere Sichtweise aufs Leben auf eine sehr grundlegende Weise.

Doch beginnen wir noch einmal von vorne: Wie kann man etwas beschreiben, das keine Gestalt hat? Und wie kann man dazu einen Zugang bekommen? Das Unermessliche des Lebens, das allem zugrunde liegt, ist eben kein Objekt, kein wie auch immer geartetes Ding. Wir können es somit nicht sehen, nicht anfassen, nicht riechen und nicht hören.

Unsere Sinne sind nämlich auf eine Weise gebaut, dass sie nur Objekte erfassen können. Oder noch genauer formuliert: dass sie nur Objekte konstruieren können. Wir sehen, spüren und hören nur etwas, das als erkennbares Objekt da ist. Dadurch ist unser Verständnis von der Welt und von uns selbst zunächst vollkommen durch eine »dingliche« Weltsicht geprägt.

Das ist durchaus sinnvoll. Wir lernen, die äußeren Dinge zu handhaben und zu benennen, und wir lernen, die seelische Welt mit ihren Empfindungen und Gefühlen wahr- und ernst zu nehmen. Dabei entwickeln wir ein Identitätsgefühl, das vollständig auf wahrnehmbare Objekte aufbaut. Der anfassbare und sichtbare Körper gibt unserem Ich eine Gestalt, unser Name macht uns identifizierbar, unser Besitz und unsere Beziehungsobjekte verankern und vergrößern das Ich in der äußeren Welt und unsere Gefühle und Gedanken geben unserer Ich-Identität eine innere erfahrbare Dimension.

Doch so klar, wie unser menschliches Leben aus den Objekten der äußeren und der inneren Welt zu bestehen scheint, ist es nicht. Immer wieder gibt es Momente, in denen etwas Unfassbares in unsere festgefügte, dingliche Weltsicht einbricht, zum Beispiel bei der Geburt eines Menschen. Die Geburt eines neuen Menschen ist so eindrücklich und bewegend, dass wir zwangsläufig dem Geheimnis der Existenz ganz nahe sind. Bei aller medizinischen Erklärbarkeit, wie menschliches Leben entsteht, fühlen wir, dass sich in diesem Vorgang ein Mysterium vollzieht. Etwas, das uns zutiefst ergreift und jenseits aller Beschreibbarkeit bleibt: Ein neuer Mensch, eine neue lebendige Existenz und damit ein ganz neuer Kosmos ist geboren und schaut uns in aller Zartheit und Verletzlichkeit an.

Wo kommt dieses neue, einzigartige Wesen her? Wir spüren, wie ungeheuerlich es eigentlich ist, dass ein neues Geschöpf auf die Welt kommt, und in dieser Ergriffenheit sind wir dem Geheimnis des Lebens ganz nah. Da gibt es etwas, das offensichtlich jenseits aller Beschreibbarkeit und jenseits aller Erscheinungen wirkt – etwas Unfassbares und gleichzeitig Großes, ja Machtvolles, das in der Tiefe aller Existenz wirkt und aus dessen Grund die ganze Welt und alle Wesen entstehen.

Ist nicht genau diese tiefe Ergriffenheit von der Größe und dem Geheimnis der Existenz der Kern der Weihnachtsgeschichte? Ist vielleicht dies der Grund dafür, dass die Geschichte von der Geburt Jesu über die Jahrhunderte hinweg eine solche Kraft entfalten konnte, weil sie die

Geschichte eines jeden Menschen ist? Und weil sie die Erfahrung wiedergibt, die Menschen aller Kulturen bei der Geburt ihrer Kinder machen? Unsere gewohnte Weltsicht wird aufgebrochen. Wir spüren dabei nicht nur das Wunder in dem neuen Wesen, das hier in Erscheinung tritt, sondern sind für einen Augenblick empfänglich für die Dimension, die sich in allem Sichtbaren verbirgt.

Das gleiche Geheimnis begegnet uns beim Tod eines Menschen. Der Tod ist wie die Geburt ein machtvolles Geschehen, aber nicht nur für den Sterbenden selbst, sondern für alle Anwesenden. Auch hier ergreift die Menschen das Unfassbare dieses Geschehens und für einen Augenblick lang öffnet sich das Unermessliche von Existenz. Hier sind wir dem geheimnisvollen Grund allen Lebens ganz nah.

In allen Momenten, in denen eine tiefe Ergriffenheit oder ein großes Staunen unser normales Lebensgefühl, das sich in großer Selbstverständlichkeit auf das sichtbare Leben bezieht, aufbricht, ereignet sich eine innere Öffnung, die uns auf eine besondere Weise wach macht. Wir spüren die Bedeutsamkeit des Augenblicks und fühlen uns in einer Ganzheitlichkeit angesprochen, wie wir es nur selten erfahren.

Obwohl wir nicht benennen und nicht greifen können, *was* uns anspricht, steht es machtvoll im Raum und durchwirkt uns durch und durch. Da ist eine unbedingte, geheimnisvolle Präsenz – eine Kraft –, die im Zentrum dieser kostbaren Augenblicke steht: unermesslich und ungreifbar, und doch so wirklich. Dieses unbedingte SEIN am Grund aller Dinge ist die Dimension, aus der die ganze Welt, alle Formen und alle Erfahrungen entstehen. Sie wird die Absolute Realität genannt.

Phasen der Offenbarung

Was liegt der Schöpfung zugrunde? Was liegt unserem Menschsein zugrunde? Was ist das für eine immerwährende Grundrealität, in der die sichtbare Welt und unsere Gestalt als Mensch eingebettet sind? Und kann diese Realität für uns eine erfahrbare Wirklichkeit werden?

Betrachten wir noch einmal den Moment einer Geburt, in der wir von der Macht des Geschehens so tief ergriffen sind, dass wir deutlich spüren, dass hier etwas Ungeheures und Unsagbares geschieht. Ein Vorgang, der den Mantel der Selbstverständlichkeit, der normalerweise alle Erfahrungen überzieht, aufsprengt und in uns eine Offenheit bewirkt, in der uns etwas anderes – etwas Größeres – ergreifen kann.

Diese Abfolge von drei aufeinanderfolgenden Phasen – nämlich: Überwältigt-Werden, Öffnung und die Erfahrung des Unermesslichen – ist keineswegs zufällig. In den meisten Situationen, in denen Menschen mystische Erfahrungen machen, kann man diese Abfolge beobachten. Je genauer wir den Vorgang studieren, erkennen wir, dass diese Phasen sogar zwingend notwendig sind, um in der Tiefe dem Seinsgrund zu begegnen.

Phase 1: Überwältigt-Werden und Kapitulation

Die erste Phase ist gekennzeichnet dadurch, dass wir überwältigt werden. Normalerweise lieben wir das Gefühl von Überwältigt-Werden nicht besonders. Im Gegenteil. Typischerweise denken wir zunächst, dass die Konfrontation mit Ohnmacht, Ausgeliefertsein, Kontrollverlust und das damit verbundene Fallen grundsätzlich falsch und damit zu vermeiden sind. Wer will schon gerne ausgeliefert sein? Wer will schon gerne ins Ungewisse fallen?

Dabei vergessen wir, dass Ohnmacht keineswegs immer unser Feind ist. Ohnmacht ist vielmehr der Ausdruck davon, dass unser kleines Ich an die Grenzen seiner Beherrschbarkeit stößt, also ohne Macht ist. Unsere Gedankenwelt und unser Wissen sind begrenzt und die Fähigkeit, innere und äußere Vorgänge zu kontrollieren, ebenso. Der Moment der Ohnmacht und des Überwältigt-Werdens signalisiert daher nur, dass wir an die Grenze unserer kleinen Welt von Machbarkeit gestoßen sind und es um nichts anderes geht, als zu kapitulieren.

Auch der Vorgang der Kapitulation ist in unserer Kultur negativ besetzt. Helden scheinen immer Figuren zu sein, die Grenzen überwinden und nicht anerkennen. Kapitulation wird als Zeichen von Schwäche ausgelegt. Kapitulation bedeutet jedoch lediglich die Anerkennung unserer Begrenztheit und unserer Kleinheit. Was gibt es Intelligenteres (und vielleicht auch Mutigeres), als das anzuerkennen, was wir sind? Und doch braucht es oft erst Situationen, in denen etwas massiv in unsere kleine Welt einbricht, in denen wir also überwältigt werden, bis wir uns in die Machtlosigkeit ergeben – also kapitulieren.

Ohne aber eine echte Kapitulation und ohne Kontrollverlust – also die Erfahrung, die Dinge nicht mehr im Griff zu haben – bleiben wir in der kleinen Welt unseres Ichs gefangen und haben keine Möglichkeit, einer größeren Dimension zu begegnen. Daher bieten grundsätzlich alle Situationen, in denen wir überwältigt werden, in sich die Möglichkeit, den Seinsgrund zu erfahren. Allerdings ist es viel einfacher, bei einer Situation wie einer Geburt, die wir positiv besetzen, uns von diesem Ereignis überwältigen zu lassen, als in einer unerwünschten, traumatischen Situation, die wir innerlich mit allem, was uns zur Verfügung steht, ablehnen.

Und dennoch birgt jede auch noch so traumatische Situation das Potenzial zu einer tiefen mystischen Erfahrung. Ich habe Menschen kennengelernt, die mit einem plötzlichen schweren Verlust oder mit einer traumatischen Gewalterfahrung konfrontiert wurden, und deren Trauma des Überwältigt-Werdens sich im Laufe der Zeit in eine Kapitulation gewandelt hat, die sie für die unermessliche spirituelle Dimension am Grund aller Dinge geöffnet hat.

Denken wir an die zweite bedeutsame Geschichte aus dem Christentum: die Kreuzigung Jesu. Auch diese Geschichte hat sich ebenso wie die Weihnachtsgeschichte tief ins kollektive Gedächtnis eingebrannt. Eine Kreuzigung ist der Akt einer kompletten traumatischen – also unerwünschten – Überwältigung, wie wir sie alle immer wieder in unserem Leben durch Verlust, Krankheit und Schicksalsschläge erleiden. Jesus reagiert zunächst zutiefst menschlich mit Abwehr und großen Ängsten: Er schwitzt Blut und Wasser und bittet darum, dass dieser Kelch an ihm vorübergehen möge. Dann aber ergibt er sich in sein Schicksal und wird gekreuzigt, bis er schließlich die Worte spricht: »Dein Wille möge geschehen.« Kann es ein bewegenderes Gleichnis für die Notwendigkeit und die Kraft einer totalen Kapitulation geben?

Phase 2: Öffnung und Stille

Kaum haben wir uns wirklich ergeben, findet eine Öffnung in unserem Geist statt. Die Phase der Öffnung ist viel undramatischer als die erste Phase des Überwältigt-Werdens. Solange wir uns noch nicht ganz ergeben haben und uns noch der Kontrollverlust und die innere Abwehr bestimmen, haben wir oft mit heftigen Gefühlsausschlägen zu kämpfen. Wut, starke Ängste, Schmerz, aber auch Empfindungen von Aufgebrochen-Werden wechseln mit Gefühlen von Kontrollverlust ab, in denen wir ins Ungewisse stürzen oder auseinanderfallen.

Wenn jedoch der Punkt der totalen Kapitulation erreicht ist, beruhigt sich der innere Sturm, der die Oberfläche unserer Gefühle zu hohen, dramatischen Wellenbergen auftürmt, und die See wird ruhig. Oft sind wir noch so betäubt von der Heftigkeit der Gefühle im Überwältigt-Werden, dass wir die Ruhe und die Öffnung, die sich jetzt ausbreiten, zunächst nicht wirklich bemerken. Doch wenn wir wach genug sind, können wir spüren, dass durch die Kapitulation eine tiefe Wandlung in unserem Geist und in unserem Erleben geschehen ist.

Die Ruhe, die sich jetzt ausbreitet, ist nicht oberflächlich. Es ist nicht die Ruhe, die wir erfahren, wenn die Dinge gerade gut laufen und wir uns in unserer kleinen Welt entspannen. Diese Ruhe ist anders, tiefer, grundlegender. In dieser Ruhe tritt alles zurück, was unsere kleine Welt normalerweise ausmacht. Die Gedanken schweigen und wir haben keinerlei Orientierung. Wir sind offen. Und was vielleicht noch bemerkenswerter ist: Der grundlegende Mechanismus einer subtilen Kontrolle und Manipulation, dieser permanente unterschwellige Versuch, an den Dingen herumzuschrauben, fehlt. Wir sind zutiefst empfänglich.

In dieser Ruhe sind die Grundmechanismen des Ichs wie ausgelöscht und wir befinden uns dadurch in einem Zustand der totalen Offenheit.

Wir wissen nicht, was geschehen wird und wir erfahren uns jenseits aller Machbarkeit. Sogar unsere Sinne sind in diesem Zustand offener als gewöhnlich. Wo wir normalerweise auf Sinnesobjekte fokussieren und der Kegel unserer Aufmerksamkeit dabei ganz eng wird, lassen wir jetzt in dieser Offenheit unseren Fokus weit. Dadurch entsteht das Erleben, dass wir nicht wie üblich mit unseren Sinnen nach den Dingen greifen, sondern dass wir ein empfängliches Gefäß sind, in das die Wahrnehmungen wie Tropfen einfallen. Es kann aber auch sein, dass alle Sinneswahrnehmungen immer weiter zurücktreten und nur noch am Rande unserer Aufmerksamkeit vorhanden sind.

Das, was normalerweise unsere Welt bestimmt, die konkreten Erfahrungsobjekte der inneren und äußeren Welt und das Beschäftigtsein damit, tritt jetzt vollkommen in den Hintergrund und die Offenheit selbst – ein lauschendes, empfangendes Dasein – steht im Zentrum unseres Erlebens. Je tiefer wir in diese Offenheit eintauchen, desto stiller wird es.

Offenheit ist Stille. Das Denken, die Vorstellungen, die Kontrolle und die Sinne – die ganze innere und äußere Welt tritt zurück und schweigt. Die Stille kann so tief werden, dass sie uns in unserer Ganzheit erfasst und eine Offenheit entsteht, in der nichts mehr greifbar ist und keinerlei Bewegung mehr stattfindet. Es bleibt Offenheit pur, Lauschen pur, Aufmerksamsein pur.

In dieser Art von Offenheit berühren wir das natürliche Gewahrsein. Mit Gewahrsein wird der weite und offene Raum des Bewusstseins, in dem alle Erfahrungen erscheinen und vergehen, bezeichnet. Dieser leere und empfängliche Bewusstseinsraum bildet die Grundlage unserer Möglichkeit als Mensch, bewusste Erfahrungen zu machen. Er ist das Potenzial zu Bewusstheit schlechthin. Und doch sind wir normalerweise so sehr mit den Erfahrungsobjekten beschäftigt, dass wir den Raum des Gewahrseins, in dem alle Erfahrungen stattfinden, ausblenden.

Erst in Momenten von totaler Offenheit, wo eine tiefe Stille in uns einkehrt und alles zurücktritt, wird uns die Weite und Offenheit des Gewahrseins bewusst. Wir können das vergleichen mit unserem Wohnzimmer, das wir tagtäglich bewohnen. Normalerweise ist es angefüllt mit vielen Möbeln und persönlichen Dingen, die es behaglich machen und die wir ständig benützen. Den Raum selbst, der das möglich macht, blenden wir aus. Wenn wir jetzt den Raum von allen Gegenständen und Möbeln freiräumen, kommt der ursprüngliche Raum in seiner Offenheit und Unschuld wieder zur Geltung.

Ähnliches geschieht im Bewusstsein. Das Bewusstsein hat das Potenzial, alle inneren und äußeren Vorgänge als bewusste Erfahrungen zu umfassen und als Gestalt hervortreten zu lassen. Die inneren Vorgänge, wie Gefühle, Gedanken, Erinnerungen und Körperempfindungen und die vertrauten Selbstbilder, sind die inneren Möbel, die uns im Raum des Bewusstseins das Gefühl von Vertrautheit und Behaglichkeit vermitteln. Die äußeren Vorgänge, wie Geräusche oder Begegnungen, werden in gleicher Weise vom Bewusstsein erfasst und als Gestalt vermittelt wie die sogenannten inneren Vorgänge. Das Bewusstsein macht also keinen Unterschied zwischen innen und außen.

Unser Denken jedoch schon. Es identifiziert sich mit den vertrauten inneren Möbeln und richtet sich dort behaglich ein. Normalerweise sind wir damit beschäftigt, es uns im Vertrauten gemütlich zu machen und das Unvertraute und Unerwünschte draußen zu halten. Über dieser Aktivität verlieren wir den Bewusstseinsraum selbst, der viel größer und unbedingter als all unsere Vorstellungen ist, vollkommen aus dem Blick.

Erst wenn durch dramatische, unerwünschte Ereignisse, mit denen wir konfrontiert werden, alle Möbel wie durch einen Sturm umgeworfen werden und der innere Raum des Bewusstseins leer gefegt zurückbleibt, kann es geschehen, dass wir uns in dieses Geschehen ergeben, sodass die ursprüngliche Weite und Unbegrenztheit des Bewusstseins – der offene Raum des Gewahrseins – sichtbar und selbstwirksam werden. Eine ungewohnte Stille und Weite breiten sich aus.

Phase 3: Das allesdurchdringende SEIN

Die Stille, die sich jetzt in unserem Geist in den Vordergrund schiebt, kann sehr intensiv und erfüllend erfahren werden, sodass sie für viele Menschen eine große Anziehungskraft hat. Wie ein innerer Sog ruft die Stille nach uns, und wer sie einmal erfahren hat, entwickelt häufig eine Sehnsucht, immer tiefer in diese Offenheit einzutauchen.

Doch dabei übersehen wir manchmal, dass die Stille in unserem Geist nur das Zeichen dafür ist, dass die Tore zum Unermesslichen hier weit offen stehen. Wenn es in uns still wird, dann schweigt das Persönliche in uns. Die Gedanken, die Vorlieben, jegliche Art von Aktivität und auch das Gefühl eines abgetrennten Selbst sind nicht mehr vorhanden und es breitet sich eine ungewohnte Leere in uns aus.

Doch diese Leere in unserem Geist, so angenehm still und weit sie auch ist, ist nur die Eintrittspforte ins Absolute. Wenn wir das Absolute mit einer riesigen, geheimnisvollen Kathedrale gleichsetzen – einem heiligen Raum, den niemand betreten kann –, dann ist es nur folgerichtig, dass wir beim Eintritt in diesen Raum alles Persönliche ablegen und zurücklassen müssen. Die Pforte zu diesem heiligen Raum ist ein Reinigungsprozess – ein Vorgang der völligen Reduktion –, bei dem wir alles, was uns innerlich und äußerlich persönlich ausmacht, zurücklassen müssen.

Erst wenn wir von uns selbst vollkommen gereinigt sind, erst wenn wir Offenheit pur sind, werden wir eingelassen. Natürlich sind es nicht mehr »wir«, die eingelassen werden, denn auch das Ich-Gefühl muss am Eingang zurückgelassen werden. Niemand kann den heiligen Raum am Grund aller Dinge betreten. Er ist jenseitig. Und doch kann er sich auf eine Weise offenbaren, die uns in unserer Ganzheit ergreift und uns verwandelt. Wir spüren, dass hier in der Tiefe eine vollkommen andere Realität mit anderen Gesetzmäßigkeiten existiert. Und wir spüren, dass diese Wirklichkeit allem anderen, was existiert, zugrunde liegt.

In diesem heiligen Raum offenbart sich das SEIN als eine Kraft, die alles, was existiert, die ganze innere und äußere Welt, durchdringt. Diese

Kraft ist nicht nur jenseitig, sondern durchwirkt die ganze Schöpfung. Das SEIN ist die zugrunde liegende Macht, die alles, was existiert, erst ermöglicht und in jegliche Existenz hineinstrahlt.

Diese Kraft verhält sich wie das Licht, das durch das Mosaik eines Kirchenfensters scheint und die leuchtenden Farbspiele erst sichtbar macht. Das Licht können wir nicht sehen und nicht greifen, aber ohne das Licht sehen wir nichts. Die Sonne als Lichtquelle können wir zwar sehen, aber das Licht selbst wirkt als eine geheimnisvolle Kraft im Unsichtbaren. Es durchwirkt alles Sehen und alle Farben, ohne dabei selbst direkt in Erscheinung zu treten.

Genauso offenbart sich die geheimnisvolle Kraft des SEINS im Innersten unserer Seele. Wo wir eben noch an der Eintrittspforte zu diesem heiligen Raum das offene Gewahrsein mit seiner Stille und Freiheit genossen haben, steht jetzt im Zentrum diese machtvolle, alles durchdringende, unermessliche Kraft – vollkommen jenseitig und gleichzeitig in jeder Form von Existenz anwesend.

An der Eintrittspforte zur Kathedrale, im offenen Gewahrsein, fühlen wir deutlich, wie das Ich-Gefühl – das Erleben einer objekthaften, getrennten Identität – keinen Bestand hat und wie eine Fata Morgana, die man durchschaut hat, sich auflöst. Wenn wir diese neu entstandene Freiheit vom Ich in Worte kleiden würden, könnten wir es ein »Nicht-Sein« nennen. Denken wir an den berühmt gewordenen Ausspruch des Mystikers Johannes vom Kreuz: »Nada, nada, nada«, also »nichts, nichts, nichts«.

Doch kaum haben wir die Pforte des offenen Gewahrseins durchschritten, verändert sich das Erleben komplett. Im Zentrum steht jetzt das allesdurchdringende SEIN und wenn wir jetzt etwas ausrufen würden, dann wäre es nicht mehr »nichts, nichts, nichts«, sondern »alles, alles, alles«. Hier offenbart sich in einer überwältigenden Weise das Unermessliche in allem.

Plötzlich können wir das SEIN in jeglicher Existenz fühlen, auch in den ganz kleinen Dingen des Lebens. Plötzlich spüren wir, dass jeder Atemzug, jede Empfindung, jedes Blatt, jeder Stein und jedes noch so unscheinbare Ding durchwirkt ist von SEIN und damit selbst heilig. Spätestens hier öffnet sich in uns eine tiefe Liebe und Zärtlichkeit für das Leben im Ganzen. Alles, was wir berühren und sehen und hören können, wird für uns zu einer Kostbarkeit, da es das SEIN bezeugt.

In dieser Liebe gibt es keinen Platz für »richtig« oder »falsch«, für »besser« oder »schlechter«, für »erwünscht« oder »unerwünscht«, für »heilig« oder »profan«, für »mein« oder »dein«. Diese Liebe kennt nur die Zärtlichkeit für alles, was existiert. Alles wird uns hier in seiner Kostbarkeit und seinem Geheimnis zuteil. Plötzlich spüren wir, dass das Wunder des Lebens sich nicht nur bei der Geburt eines neuen Menschen vollzieht, sondern in jedem Augenblick. Jeder Herzschlag, jeder Atemzug, jede Empfindung und jeder Gedanke – jeder Augenblick unseres Lebens – ist eine Geburt und schöpft sich aus dem Geheimnis des Lebens. Jeder Augenblick ist durchdrungen von SEIN.

Sobald wir das spüren, ist das Mysterium ohne Anfang und ohne Ende – eine zeitlose Offenbarung, die alles Leben durchwirkt und einschließt. Kein Wunder also, dass Menschen immer wieder davon berichten, dass sie hier, wenn sie den heiligen Raum betreten und dem SEIN in der Tiefe begegnen, spüren, dass alles, was geschieht, zutiefst in Ordnung ist. Alles, auch das Schwere und Schmerzhafte unseres Lebens, ist ein Ausdruck von SEIN und in diese Liebe eingeschlossen. Wie könnte auch etwas außerhalb des SEINS existieren?

Unser Grundgefühl wird hier von einer umfassenden Liebe und Zärtlichkeit geprägt und wir fühlen gleichzeitig ein tiefes Einverständnis mit dem Leben in seiner Ganzheit. Dieses grundlegende »Ja« bewirkt, dass sich in unserer Seele ein tiefer Friede ausbreitet und wie das SEIN selbst alle Zellen unseres Körpers und jede Faser unseres Menschseins durchdringt.

Diese Liebe, die die Kostbarkeit und das SEIN in allem fühlt, ist alles andere als abgehoben. Sie ist in einer großen Zartheit und Sensitivität mit den Dingen in Verbindung und daher auch berührt davon, wenn Menschen leiden oder sich gegenseitig Leiden zufügen. Hier, in der Offenbarung des allumfassenden SEINS, ist der Ursprung eines Mitgefühls, welches alle Grenzen überwindet und alles Leiden transformiert. Dieses Mitgefühl ist nicht auf bestimmte Lebensbereiche, die uns selbst betreffen, begrenzt, sondern umfasst, genauso wie die zärtliche Liebe, in einer großen Sanftheit alles Leiden, was existiert, und alle Wesen.

Liebe und Mitgefühl sind Kräfte, welche aus der Offenbarung des allesdurchdringenden SEINS entstehen und wie das SEIN selbst alle Grenzen überschreiten können. Diese Art von Liebe macht nicht an den Türen unserer kleinen persönlichen Welt Halt. Sie richtet sich nicht nur auf die Menschen, die uns nah und vertraut sind. Sie ist umfassend. Und das Mitgefühl, das dieser Liebe entspringt, öffnet sich für Opfer und Täter gleichermaßen. Auch hier können wir wiederum nur ausrufen: »Alles, alles, alles!«

Die Ohnmacht im gegenwärtigen Moment

Die drei Phasen der Offenbarung des SEINSgrundes können sich in sehr unterschiedlichen Situationen unseres Lebens vollziehen. Mächtige existenzielle Grenzerfahrungen wie Verlust, Krankheit oder der Zusammenbruch einer nahen Beziehung können den Prozess in Gang setzen. Wenn das der Fall ist, werden die drei Phasen von heftigen Gefühlen begleitet. Sie offenbaren sich dann meist auf eine sehr dramatische Weise.

Das muss aber keineswegs immer so geschehen. Die Konfrontation mit unserer grundlegenden Ohnmacht als Mensch kann sich auch auf eine sehr unspektakuläre Weise vollziehen. Wenn wir den Weg der Meditation beschreiten und in der unmittelbaren Betrachtung unsere grundlegende Machtlosigkeit erkennen, können wir diese drei Phasen sehr still und ohne große Emotionen durchschreiten. Dabei entsteht ein subtiles Erkennen, bei dem es manchmal lange braucht, bis wir es in seiner Bedeutung tiefer erfassen und dann in stimmige Worte kleiden können.

Was ist die Ohnmachtserfahrung in der Meditation? Sie liegt im gegenwärtigen Moment begründet und über kurz oder lang werden wir das in einer Achtsamkeitspraxis realisieren.

Die meisten Menschen sind sich zunächst nicht bewusst, wenn sie sich zur Meditation hinsetzen, dass die Hinwendung zur Gegenwart und die unmittelbare Betrachtung des gegenwärtigen Geschehens sie zwangsläufig in eine Ohnmacht führt. Genauer: Sie führt uns nicht in eine Ohnmacht, sondern sie macht uns unsere grundlegende Ohnmacht bewusst. Haben wir den gegenwärtigen Augenblick im Griff? Können wir die Empfindungen, die im Körper auftauchen, oder die Gedanken kontrollieren? Wissen wir, welche Empfindungen, Gefühle, Geräusche und Gedanken als Nächstes in der Aufmerksamkeit auftauchen werden?

Im gegenwärtigen Moment zu sein und darin achtsam anwesend zu sein, führt nicht dazu, dass wir das Leben besser im Griff haben, wie manche Menschen denken. Das ist auch nicht der Sinn von Achtsamkeit. Die Praxis der Meditation dient nicht der Selbstoptimierung, auch wenn das viele Menschen zunächst unbewusst annehmen. Achtsamkeit ist nicht der Versuch, über unseren Geist Kontrolle zu bekommen, sondern das unmittelbare Erkennen, dass wir im Grunde keine Kontrolle haben.

Im Alltag scheinen wir eine gewisse Kontrolle über unser Leben zu haben, und es erscheint durchaus erstrebenswert zu sein, unser Leben immer besser in den Griff zu bekommen, um unsere Ziele zu erreichen. Diese Sichtweise, die stark aus unserem Verstand kommt und für die Alltagsrealität eine Berechtigung hat, nehmen wir nun auf das Meditationskissen mit. Wir denken zunächst, dass wir auch hier durch die Achtsamkeit unseren Geist disziplinieren können und dadurch in einen angenehmen Zustand des Friedens eintauchen können.

Wie überrascht sind wir doch, wenn das dann nicht gelingt? Immer wieder kommen Menschen in Meditationskursen zu mir ins Einzelgespräch und berichten, dass sie es einfach nicht schaffen, im Augenblick anwesend zu sein und dadurch Ruhe zu erfahren. Manche sind so verzweifelt, dass sie das Gefühl haben, selbst nach langem Bemühen nicht meditieren zu können und die Praxis der Meditation aufgeben wollen.

Dabei ist ihnen nicht bewusst, dass das eigentliche Problem nicht darin besteht, dass sie keine Kontrolle über ihren Geist bekommen, sondern dass sie denken, dass Kontrolle das Ziel der Meditation ist und dass dieses Ziel durch stetiges Bemühen erreichbar sein müsste. Aber es ist nicht erreichbar und es ist auch nicht das Ziel der Meditation. Im Gegenteil. Achtsamkeit bedeutet, in der Unmittelbarkeit zu betrachten, dass wir keine Kontrolle haben. Wenn wir das sehen und die grundlegende Ohnmacht, die in dieser Erkenntnis liegt, anerkennen, dann geht es nicht darum, die Meditation aufzugeben, wie manche Meditierende in ihrer Verzweiflung denken, sondern es geht vielmehr darum, uns in den Augenblick hinein zu ergeben.

Diese Kapitulation in den Augenblick hinein ist eine tiefe Hingabebewegung und zum ersten Mal realisieren wir dabei vielleicht, dass wir auch die Meditation nicht »machen« können und sie keine Übung im Sinne von »Tun« ist. Sie ist vielmehr das Gegenteil von Tun. Meditation ist Hingabe ans Jetzt. Eine Hingabe, die so vollständig ist, dass sie von uns fordert, uns in unserer Ganzheit zu ergeben.

»Sich dem Augenblick überlassen« ist der Schlüsselsatz, der den Vorgang der Achtsamkeit am besten abbildet. Wenn wir in der Tiefe sehen, wie das Leben im Augenblick von selbst geschieht – wie es atmet und Empfindungen auftauchen und wie Gefühle und Gedanken und Sinneseindrücke von selbst entstehen –, und es dazu überhaupt kein »Tun« von unserer Seite her braucht, dann dämmert uns langsam, dass das Gefühl eines Ichs, das die Dinge hervorbringt und im Griff hat, nichts weiter als ein illusionäres Konstrukt – eine Anmaßung – ist.

Diese Erkenntnis kann uns leise und schleichend immer mehr zu Bewusstsein kommen, sie kann uns aber auch plötzlich wie ein Blitz treffen. Wenn wir in der Tiefe nichts im Griff haben und plötzlich realisieren, dass wir immer nur so tun, als würden »wir« die Dinge in unserem Geist hervorbringen, dann gerät die grundlegende Sichtweise, auf der unser Leben aufgebaut ist, ins Wanken und wir spüren, dass wir keine andere Wahl haben, als uns der Gegenwart zu überlassen.

Es ist wie ein Fallen nach innen. Wir haben nichts im Griff und können uns nirgends festhalten. »Dein Wille geschehe« beten die Christen im Vaterunser. In der Erkenntnis der fundamentalen Ohnmacht in jedem Augenblick und im Sich-fallen-Lassen findet der Vollzug dieses Gebets statt.

Wer wir sind

Wenn wir uns nach innen fallen lassen und dabei alle Absicht, alles Machen, jegliche Art von Kontrolle und letztlich damit unser sogenanntes Ich loslassen – also alles, was uns normalerweise an der Oberfläche unseres Menschseins definiert –, dann öffnet sich eine andere Welt: die Realität des Gewahrseins. Hier lebt eine unbedingte Stille – eine Weite und Offenheit.

Das Gewahrsein ist der SEINSgrund, der allen Erfahrungen zugrunde liegt, wie die leere Leinwand im Kino, auf der die Filme erscheinen. Dabei müssen wir uns bewusst machen, dass dieser Vergleich hinkt, denn das Gewahrsein hat im Vergleich zur Leinwand nichts Objekthaftes an sich. Es ist eben kein Ding, das wir wie andere innere oder äußere Objekte wahrnehmen können. Das Gewahrsein ist vielmehr das Subjekt selbst – das ewige Subjekt. Es ist das, was wir zuinnerst sind.

Da das Gewahrsein nichts Objekthaftes an sich hat, ist es auch zunächst so schwer, sich dieser Dimension bewusst zu werden. Obwohl es uns näher ist als der Körper, näher als unsere Gefühle und näher als alles, was wir lieben, sehen wir es nicht. Wie der Spiegel, der alles widerspiegeln kann, aber sich selbst nicht erkennt, so ist unser Bewusstsein nach außen auf Erfahrungsobjekte ausgerichtet. Es kann sich nicht selbst als Objekt betrachten, da es kein Objekt ist. Das Subjekt kann nicht das Subjekt anschauen.

Genau darin liegt die ganze Tragik unseres Lebens begründet. Eine Tragik, bei der wir oft lange Zeit nicht erkennen, wer wir zuinnerst sind. Wir sind eben nicht der Körper und nicht diese äußere Gestalt, die wir als Menschen haben. Wir sind Gewahrsein – SEIN pur.

Wir kommen aus dem absoluten SEIN – ja, wir sind es zuinnerst –, bekommen eine menschliche Gestalt und leben hier in dieser Welt.

Schließlich kehren wir wieder ins Absolute zurück. Aber auch in der ganzen Zeit, in der wir eine menschliche Gestalt haben, sind wir zuinnerst SEIN pur. Wir *sind* das Absolute und *haben* eine menschliche Gestalt und eine menschliche Identität.

Die Schwierigkeit besteht darin, dass wir uns Stück für Stück mit unserer äußeren Identität als Mensch – mit unserem Körper, mit den Rollen, die wir bekleiden, und mit den Beziehungen – identifizieren und dabei unser innerstes Sein aus dem Blick verlieren. Nach einer gewissen Zeit denken wir, dass wir diese menschliche Gestalt und diese Ich-Identität sind.

Einerseits ist es natürlich und hilfreich, uns mit unserer oberflächlichen Identität als Person zu identifizieren, denn nur so können wir uns in der äußeren Welt zurechtfinden und immer mehr darin unseren Platz einnehmen. Andererseits wachsen ein Fremdheitsgefühl und eine innere Heimatlosigkeit, denn wir sind nicht das, womit wir uns identifizieren. Wir sind nicht Körper, nicht Rolle und keines unserer Selbstbilder. Wir sind nicht die Maske der Persona, die uns nach außen ein Gesicht und eine Gestalt verleiht. Alles, zu dem wir normalerweise »Ich« sagen, sind wir nicht.

Wir sind frei. Wir sind das Ungeformte, das sich in die Gestalt des Körpers und in eine Persönlichkeit hineinformt. Wir sind das SEIN, das sich im Menschsein und im Körper erfährt. Wir sind das Subjekt selbst, das sich in den verschiedenen Ich-Objekten spiegelt.

Wenn ich sage: »Ich bin dieser Körper. Ich heiße Richard. Ich bin Gruppenleiter, Vater und Ehemann«, dann sage ich nichts darüber aus, wer ich bin. Und selbst wenn ich darüber spreche, welche Selbstbilder, welche Gefühle und Gedanken mich zuinnerst bewegen, sagt dies nichts über mein innerstes SEIN aus. Alles, was wir auf der Ebene der Alltagsrealität und der seelischen Realität »Ich« nennen, ist nicht das, was wir sind. Es ist nicht das Subjekt, sondern es sind Objekte, mit denen wir uns im Laufe unseres Lebens identifizieren und die damit zu Ich-Objekten werden. Das Subjekt selbst, das, was sich in all diesen Ich-Objekten erfährt, ist frei, ist offen, ist ungeformt. Das Subjekt selbst ist offenes Gewahrsein.

Nach innen fallen

Wie können wir etwas erfahren, das kein Erfahrungsobjekt ist? Wie können wir etwas erfassen, das jenseits unseres Verstandes, jenseits unserer Gefühle und jenseits unserer sinnlichen Wahrnehmung existiert? Immer wieder, wenn wir uns mit der Dimension des Absoluten beschäftigen, stoßen wir an diese Grenze. Wir versuchen uns der absoluten Realität auf dieselbe Weise anzunähern, wie wir es mit anderen Erfahrungen machen. Wir machen sie zum Objekt unserer Untersuchung und müssen scheitern. Wir können sie weder gedanklich noch sinnlich erfassen. Die Tibeter sagen: »Es ist nichts, wo man den Finger drauflegen könnte«, und doch ist es in der Tiefe das Zentrum unseres Seins, das »in uns« zeitlos existiert.

Dabei ist wichtig, sich bewusst zu machen, dass mit dem Ausdruck »in uns« nicht unser Körper gemeint ist. »In uns« ist keine topographische Richtungsangabe. Es meint vielmehr, dass unsere Aufmerksamkeit nach innen gewendet sein muss, damit das Zentrum unseres Seins bewusst werden kann.

Normalerweise ist unsere Aufmerksamkeit immer nach außen gerichtet, da all unsere Sinne auf eine Weise konstruiert sind, dass wir nur Objekte wie Empfindungen, Klänge und visuelle Eindrücke wahrnehmen können. Um jetzt das SEIN selbst zu erfassen, muss die Aufmerksamkeit nach innen gerichtet sein. Wir schauen dabei nicht auf das, was in unserer Aufmerksamkeit erscheint, sondern auf das, was erfährt – auf das Gewahrsein selbst.

Von Plato stammt der Ausspruch: »Die Innenseite des Augenblicks ist die Ewigkeit.« Um die Innenseite des Augenblicks zu erfassen, ist der Schlüssel die Umkehrung der Aufmerksamkeit. Wir lassen dabei alles los, worauf wir üblicherweise schauen. Alles, was unser normales Erleben ausmacht – unsere Empfindungen, unsere Gefühle, unsere Sinne und unsere Gedanken –, überlassen wir einfach sich selbst und lassen uns nach »innen« fallen.

Dieser Fall nach innen ist wie ein Fallen ins Nichts – in eine Dimension jenseits aller objekthaften Erscheinungen. Es ist daher kein Wunder, dass in vielen Menschen bei einem solchen Fall, bei dem sie alles zurücklassen, was ihnen normalerweise Halt und Sicherheit gibt, Ängste auftauchen und sie dann instinktiv versuchen, sich doch wieder am Konkreten festzuhalten. Doch solange wir uns festhalten und uns nicht vollständig überlassen – nach innen ins Nichts fallen lassen –, bleibt das Bewusstsein nach außen gerichtet und kann sich selbst als Subjekt nicht erfassen.

Dabei ist der Fall ins Leere keinesfalls vernichtend, auch wenn das der Verstand vielleicht befürchtet. Dieser Fall muss auch nicht immer dramatisch wie ein Sturz ins Bodenlose erlebt werden. Wenn er sich dramatisch zeigt, ist es meist nur ein Hinweis darauf, dass wir noch viele Ängste vor Kontrollverlust haben. Wenn wir jedoch der Bewegung nach innen vertrauensvoll folgen, kann es wie ein sanftes Gleiten oder ein Sinken nach innen sein.

Wie auch immer, erst durch die vollständige Hingabe, bei der wir alle Objekte und alles, was uns ausmacht, hingeben, öffnet sich eine tiefe »Innerlichkeit«, wie Rainer Maria Rilke es bezeichnet. Innerlichkeit bedeutet, dass wir mit unserer Aufmerksamkeit im Zentrum des SEINS gegründet sind und das SEIN selbst, das der Urgrund aller Dinge ist, im Bewusstsein auftaucht.

Das Erleben dabei ist, dass es inwendig einen »Ort« gibt, der vollkommen frei und ungeformt ist. Hier existiere ich als Person nicht, sondern ein unbedingtes SEIN, eine Offenheit pur, die sich zeitlos ausbreitet. An diesem Ort kann unsere Seele zur Ruhe kommen, da sie zu ihrem Ursprung – zu sich selbst – zurückfindet. Es ist wie ein inneres Heimkommen nach einer langen ausgedehnten Wanderung in der Fremde.

Das Gewahrsein – eine eigene Welt

Je öfter wir uns nach innen fallen lassen und die Dimension des Gewahrseins im Bewusstsein auftaucht, desto deutlicher tritt das Gewahrsein als eine eigene Welt mit grundlegenden Eigenschaften und Gesetzmäßigkeiten hervor. Was zunächst nebulös und ungreifbar erscheint, da es eben kein normales Objekt unserer Erfahrung ist, wird mit der Zeit zu einer klaren inneren Dimension unseres Daseins, in die wir jederzeit eintauchen können.

Tatsächlich steht uns das Gewahrsein im Gegensatz zu allen anderen Erfahrungen unseres Lebens jederzeit zur Verfügung, da es in allen Erfahrungen zuinnerst enthalten ist. Die Erscheinungen der Alltagsrealität kommen und gehen und auch die innere Realität unserer seelischen Erfahrungen ist immer im Fluss, nur das Gewahrsein selbst – das, was wir zuinnerst sind und diese Erfahrungen macht – bleibt bestehen. Es ist einfach da und inwendig in jeder anderen Erfahrung enthalten.

In jedem Augenblick – wo immer wir sind und was immer gerade mit uns geschieht – haben wir die Möglichkeit, uns nach innen zu wenden und uns an das zu erinnern, was wir sind – offenes und freies Gewahrsein. Das Einzige, was dazu notwendig ist, ist die Bereitschaft, für den Moment alles, was uns äußerlich oder innerlich beschäftigt, sich selbst zu überlassen und uns nach innen fallen zu lassen.

Sogleich rückt das SEIN selbst, das in allem enthalten ist, in den Vordergrund unserer Aufmerksamkeit und färbt unser gesamtes Dasein auf eine charakteristische Weise ein. Immer noch gibt es kein Objekt, nichts, wo wir den Finger drauflegen könnten. Immer noch zeigt sich das SEIN nicht als ein erfahrbares Etwas, denn das Subjekt – die Quelle von allem – können wir nicht erfahren, sondern nur SEIN – allerdings dies in einer bewussten, wachen Weise.

Obwohl wir also das SEIN nicht als ein Objekt erfahren können, obwohl hier nur eine reine Präsenz lebt – vor und jenseits aller konkreten Erfahrungen und Erscheinungen –, tauchen wir in eine eigene Realität ein, die unser gesamtes Dasein und unser gesamtes Erleben verändert und durchwirkt. In diesem »Zustand« können wir immer noch nicht das SEIN selbst erfassen – es bleibt Subjekt –, aber wir können spüren und genauer untersuchen, was in unserem Geist geschieht und welche charakteristischen Auswirkungen es auf unser Erleben hat.

Wenn uns zu Bewusstsein kommt, wie der Kontakt zum SEIN unser Erleben und unser Dasein charakteristisch verändert und wenn wir die typischen Aspekte der SEINSerfahrung kennen – also, *wie* sich das SEIN in unserer Seele und unserem Geist spiegelt –, dann tritt diese Dimension unseres Lebens als eine sehr klare eigene Wirklichkeit hervor. Sie *wirkt* tatsächlich und wir können ihre Wirkung deutlich spüren. Allerdings nur dann, wenn wir mit dem SEIN in Kontakt sind.

Das ist nicht anders als bei den beiden anderen Realitätsebenen. Auch die äußere Realität der Alltagserfahrungen hat nur dann eine Auswirkung auf uns, wenn unsere Aufmerksamkeit nach außen gerichtet ist. Im Schlaf zum Beispiel vergessen wir das äußere Leben und es hat keinen Einfluss auf uns. Genauso vergessen wir oft die seelische Dimension unseres Lebens. Unsere Aufmerksamkeit kann durch funktionale Tätigkeiten so absorbiert sein, dass die innere Welt der Seele ausgeblendet wird und entsprechend in diesem Moment keine Wirklichkeit für uns besitzt.

Doch auch wenn wir die Alltagsrealität oder die Seelische Realität ausblenden, bleiben beide potenziell als eigene Realitäten mit eigenen Gesetzmäßigkeiten bestehen. Sie können uns jederzeit einholen und auch wir haben die Möglichkeit, diese Welten aufzusuchen und ihr Potenzial zu nutzen. So ist es auch mit der Realität des Gewahrseins.

Kaum richten wir unsere Aufmerksamkeit nach innen – auf das SEIN selbst –, entfaltet sich diese Wirklichkeit und kann unser Dasein genauso mächtig erfassen wie die beiden anderen Wirklichkeitsebenen. In diesem Moment ist unsere Aufmerksamkeit so stark im SEIN gegründet, dass die anderen Ebenen unseres Menschseins und ihre Gesetzmäßigkeiten außer Kraft gesetzt sind. Sie erscheinen uns weit, weit weg zu sein und nicht selten kommen sie uns dann sogar irreal vor. Doch sie sind genauso wenig irreal wie die SEINSdimension in uns. Auch diese erscheint uns doch zunächst lange Zeit als nicht vorhanden oder nebulös.

Sie ist aber immer vorhanden und kann genauso zu einer tiefen Realität unseres menschlichen Lebens werden wie die beiden anderen Ebenen. In den folgenden Abschnitten möchte ich daher zentrale Aspekte beschreiben, die sich in unserer Ganzheit entfalten, wenn das SEIN selbst im Zentrum unserer Aufmerksamkeit steht.

Losgelöst und frei

Das erste Phänomen, das sich typischerweise in uns ausbreitet, wenn wir in die Dimension des Gewahrseins eintauchen, ist eine innere Freiheit. Es gibt immer wieder Momente in unserem Leben, wo uns ein Freiheitsgefühl wie eine Glückswelle durchflutet und wir kurzzeitig voller Leichtigkeit durchs Leben gehen. Vielleicht sind wir gerade im Urlaub und können für eine gewisse Zeit unsere Verpflichtungen und unser tägliches Zeitkorsett abstreifen und uns durch den Tag treiben lassen. Die Freiheit aber, die wir im Gewahrsein erfahren, ist viel grundlegender und umfassender. Sie ist unbedingt und betrifft alle Bereiche unseres Daseins.

Was ist eigentlich Freiheit? Wie entsteht sie? Betrachten wir noch einmal die Situation im Urlaub. Wir streifen das übliche Pflichtgefühl und das Diktat von Zeit ab, und schon breitet sich eine Leichtigkeit aus, die uns das Gefühl von Selbstbestimmtheit vermittelt. Wir können ein wenig mehr wir selbst sein. Der entscheidende Mechanismus, der zu einem Gefühl von Freiheit führt, ist also, dass wir etwas, was uns normalerweise einschränkt oder besetzt, abstreifen können.

Es gibt viele Dinge, die uns bewusst oder unbewusst besetzen und entsprechend unser Lebensgefühl bestimmen oder beeinträchtigen. Da sind zunächst die Notwendigkeiten des Alltags: Pflichten, berufliche Gegebenheiten, notwendige Erledigungen und Zeitstrukturen können unser Leben so stark bestimmen, dass wir das Gefühl haben, kaum Luft zum Atmen zu bekommen. Doch mindestens genauso können uns seelische Aspekte im Griff haben. Sorgen, Ängste, Wünsche, Unzufriedenheit, Ärger und Trauer können uns von innen her besetzen und unseren inneren Raum beengen.

Doch schränken uns äußere Pflichten tatsächlich ein? Und können uns seelische Aspekte Raum nehmen? Was ist es wirklich, das uns die Freiheit nimmt? Es ist der Mechanismus der Identifikation, der den einzelnen Bereichen Macht über uns gibt. Eine äußere Notwendigkeit, wie zum Beispiel ein Zeitdruck, führt nur dann zu einem inneren Druck, wenn wir mit diesem Zeitdruck identifiziert sind. Wenn wir dagegen die knappe Zeitvorgabe wahrnehmen, sie aber nicht als Anspruch übernehmen, sondern in dem Gefühl verweilen, »alle Zeit der Welt zu haben«, sind wir innerlich frei.

Genauso ist es mit Emotionen und seelischen Aspekten. In jeder Emotion wirkt eine Identifikation mit einer Vorstellung, einer Vorliebe oder einem Selbstbild. Solange wir mit einer Vorstellung verklebt sind, wird sie Macht über uns haben und auf der seelischen Ebene Emotionen auslösen. Doch kaum treten wir von dieser Vorstellung zurück, verschwindet die Emotion. Wir sind wieder offen.

Der Moment, in dem sich ein Freiheitsgefühl einstellt, bedeutet daher immer, dass sich eine Form der Verklebung – eine Identifikation – in unserem Geist und unserer Seele auflöst. Die Freiheit des Gewahrseins betrifft nun nicht nur einen Teilbereich unseres Menschseins, sondern unsere Ganzheit, da wir im Gewahrsein von allem, was unser Menschsein auf der Oberfläche ausmacht, zurücktreten. Aus diesem Grund ist die Freiheit des Gewahrseins Freiheit pur – vollkommen unbedingt und alles umfassend.

Wenn wir uns nach innen fallen lassen, lassen wir alles, woran wir normalerweise bewusst oder unbewusst festhalten, los: die äußeren Aspekte unseres Lebens genauso wie die inneren, seelischen Aspekte. Wir lassen dabei sogar unser Selbstbild und unser Ich-Gefühl mit all seinen Ich-Objekten zurück. Dabei öffnet sich ein innerer Raum, der frei ist – ein totales Losgelöstsein. Das pure SEIN haftet an nichts und dehnt sich zeitlos aus. Was könnte es für eine größere Freiheit geben, als losgelöst von allem zu sein?

Innerlich spüren wir dabei ein spezifisches Erleben von totaler Transparenz. Wir spüren, dass wir zuinnerst im Gewahrsein totale Offenheit und Freiheit sind – Losgelöstsein pur. Dieser offene, vollkommen transparente und bewusste Raum dehnt sich zuinnerst zeitlos aus und umfasst in vollkommener Freiheit alles, was existiert.

Das Erleben im Gewahrsein kann man am ehesten mit der Situation veranschaulichen, wenn der erste Schnee fällt und wir voller Muße am Fenster sitzen und dabei die tanzenden Schneeflocken betrachten. In dieser kontemplativen Stimmung treten wir aus der Zeit heraus und lassen uns von der Schönheit und Sanftheit der flauschig-weißen Pracht verzaubern. Doch wir sehen nicht nur die tanzenden Schneeflocken. Wir sehen auch den Raum, der die Flocken umgibt. Um jede Schneeflocke herum ist eine Weite, ist Offenheit. Ein Raum, durch den die vielen einzelnen Schneeflocken völlig frei und natürlich in ihrer Sanftheit schweben und wirbeln.

Manchmal fokussieren wir auf eine einzelne Schneeflocke und verfolgen ihren Flug mit unserem Blick. Dann weiten wir wieder unseren Blick und sehen ganz plastisch den Raum, durch den die vielen Flocken völlig losgelöst und frei tanzen. Ist das nicht das große Spiel des Bewusstseins? Wie oft fokussieren wir auf ein einzelnes Ereignis und wie klein wird unsere Welt dabei? Und wie leicht wäre es, wieder die Aufmerksamkeit zu weiten, in ein offenes Gewahrsein einzutauchen, in dem wir die Weite und den Raum spüren, in dem alle Ereignisse stattfinden? Sofort löst sich die Verklebung mit dem einzelnen Ereignis wieder auf und wir spüren den Duft von Freiheit, der in allem weht.

Das Erleben, das auftritt, wenn wir kontemplativ tanzende Schneeflocken betrachten, lässt sich direkt übertragen auf das Erleben im Gewahrsein. Im Gewahrsein spüren wir zuvorderst diesen weiten, offenen Raum, durch den alle konkreten Erfahrungen wie flauschige Schneeflocken in völliger Freiheit und Natürlichkeit kommen und gehen. Da ist dieses offene SEIN und darin atmet es, tauchen Geräusche und Gedanken auf und all diese konkreten Erfahrungen ziehen durch diese Weite, völlig frei und losgelöst, hindurch.

In dieser Offenheit gibt es kein Greifen nach den Dingen und auch kein Innen und kein Außen. Der Raum, der sich hier ausbreitet, ist nicht auf den Körper oder auf die Grenzen unserer Person beschränkt. Er ist grenzenlos. Da wir im Gewahrsein auch die Person und damit alle Selbstgrenzen zurücklassen, gibt es keinen Zeugen und kein Ich mehr. Daher lösen sich hier alle Formen von Trennung auf. Es bleibt Bewusstsein pur – grenzenlose Offenheit, in der alle Erfahrungen in gleicher Weise als »innen« erlebt werden und in vollkommener Freiheit hindurchziehen.

Ein Geräusch taucht genauso in dieser Weite auf wie die Empfindungen des Atmens, ein visueller Eindruck genauso wie ein Gedanke. Alles ist »innen« und um jedes konkrete Erfahrungsobjekt herum – um jedes Geräusch, um jede Empfindung und um jeden Gedanken – ist unendlicher Raum. So, wie uns normalerweise nur Erfahrungsobjekte als »real« und wichtig erscheinen, so spüren wir jetzt diese offene Weite, die jede Erfahrung umgibt und die wir zuinnerst sind.

Unberührt und zeitlos

Je mehr wir uns dieser Offenheit am Grunde unseres Menschseins bewusst werden, desto deutlicher spüren wir, dass es hier, in dieser Freiheit nichts gibt, was uns bedrohen könnte. Wenn wir nicht Person und Körper sind, sondern Offenheit pur, was kann uns dann noch angreifen? Wenn wir uns mit nichts mehr identifizieren, was uns normalerweise an der Oberfläche unseres Lebens ausmacht und beschäftigt, was kann uns dann noch genommen werden?

Im Gewahrsein lösen sich alle Ängste, alle Befürchtungen und alle Sorgen wie Nebelschwaden im Sonnenlicht auf, denn jede Art von Angst benötigt die Identifikation mit einem Objekt. Nur wenn wir mit einem äußeren oder inneren Objekt verklebt sind, kann uns die Vorstellung, dass sich dieses Objekt verändert, verletzt wird oder sich auflöst, ängstigen. Wenn wir jedoch zuinnerst Freiheit pur sind – ein offener Raum, in dem die Verwandlung des Lebens geschehen kann –, dann brauchen wir an nichts mehr festhalten und können den Wandel sorglos betrachten.

Bereitet uns das Fallen der Schneeflocken Angst? Sorgen wir uns um die einzelne Schneeflocke? Ob sie weich landen wird oder ob sie gleich wieder vergehen wird? Da wir uns in der kontemplativen Betrachtung nicht mit den einzelnen Flocken identifizieren, sondern den Raum um jede Flocke herum spüren, können wir den Lauf der Dinge sorglos geschehen lassen und ihn sogar genießen.

Die Schneeflocken fallen in einem wirbelnden Tanz und führen uns vor Augen, wie das Leben zutiefst lebendig und veränderlich ist – auftauchen, sich verändern und vergehen. Und doch spüren wir mitten in diesem höchst lebendigen und sinnbildlichen Geschehen des Wandels eine tiefe Stille und einen Frieden. In der Freiheit und Offenheit des Gewahrseins bleibt etwas zutiefst unberührt vom Tanz der Schneeflocken.

Was ist es, das vom ewigen Auf und Ab des Lebens, vom Kommen und Gehen aller Erscheinungen, unberührt bleibt? Was ist dieser Raum der Stille – der Freiheit von jeglicher inneren oder äußeren Bewegung? Was gibt uns diese Gelassenheit, dem Wandel des Lebens zuzustimmen und ohne Sorge geschehen zu lassen? Es ist das SEIN selbst – das SEIN vor und jenseits aller Erscheinungen.

Je mehr wir in die Offenheit des Gewahrseins eintauchen und diesen Raum spüren, der allen Erscheinungen zugrunde liegt, desto mehr spüren wir hier eine unbedingte Präsenz – eine gestaltlose Anwesenheit. Auch wenn wir uns, um ins Gewahrsein einzutauchen, zunächst ins Nichts fallen lassen, spüren wir jetzt, dass die offene Weite im Gewahrsein zwar kein konkretes Objekt ist und keine Gestalt hat, aber trotzdem angefüllt ist von einer intensiven, lebendigen Präsenz. Diese Präsenz – dieses SEIN – kann als offenes, weites Feld erfahren werden, es kann sich aber genauso manchmal als eine dichte, immaterielle Substanz offenbaren.

SEIN ist nicht nichts. Es ist das Losgelöstsein von allem und damit Offenheit pur – ein Leersein von allen Objekten –, aber es ist gleichzeitig voll purer, unbedingter Lebendigkeit. Am leichtesten erfassen wir dieses unbedingte SEIN, wenn wir uns intensiv mit den Ur-Worten »Ich bin« beschäftigen. Wir lassen diese zwei Worte in uns klingen und legen die Betonung dabei nicht auf das »Ich«, sondern auf das »bin«.

Während wir achtsam normale Verrichtungen tun, führen wir jedes Geschehen auf das »ich bin« zurück. In jeder Handlung, in jedem Gedanken, in jeder sinnlichen Wahrnehmung und in jedem Gefühl ist das »ich bin« vorhanden. Wir gehen ein paar Schritte und sagen: »Ich bin.« Wir hören Geräusche und sagen: »Ich bin.« Jedes Mal, wenn wir eine

Handlung oder eine Wahrnehmung auf das »ich bin« zurückführen, lauschen wir auf den Klang der Ur-Worte »ich bin« und auf das SEIN, das sich darin offenbart.

Wenn wir diese Praxis längere Zeit ausführen, spüren wir unweigerlich ein SEINSgefühl – eine unbedingte Präsenz –, die im Zentrum unseres Erlebens steht. Dieses SEIN hat keine Form. Wir können es nicht greifen und nicht definieren. Und doch ist es spürbar da. Es ist das unbedingte SEIN, das die Grundlage für unsere Gestalt als Mensch, für unser Handeln und unsere Wahrnehmung bildet. Es ist das »ich bin«, bevor ich dies oder jenes bin.

Obwohl das SEIN selbst keine Gestalt hat, hat es Wirkung. Wenn es im Zentrum allen Geschehens auftaucht und spürbar wird, weichen alle konkreten und vergänglichen Erfahrungen zurück. Wir spüren deutlich, dass hier – zuinnerst – ein SEIN existiert, das keiner Veränderung unterliegt. Das »ich bin« ist bereits vor jedem konkreten Geschehen, wie zum Beispiel einer Handlung, da und verschwindet nicht, wenn ein Geschehen endet. Es ist auch da, bevor ich mich mit diesem Körper und dieser menschlichen Gestalt identifiziere, und es wird da sein, wenn sich dieser Körper auflöst.

Das formlose SEIN ist unbedingt und zeitlos anwesend. Oder anders gesagt: Das, was wir zuinnerst sind, existiert außerhalb der Zeit und damit jenseits aller Veränderlichkeit. Wenn uns das mehr und mehr zu Bewusstsein kommt, breitet sich eine tiefe Gelassenheit aus, die unser ganzes menschliches Leben als Grundgefühl durchziehen kann. Es ist eine Gelassenheit, deren Basis ein unbedingtes Vertrauen ist, das in der Gewissheit eines zeitlosen, unberührten SEINS wurzelt.

Einverstanden und heil

Einer der bemerkenswertesten Aspekte, die sich im Gewahrsein verändern, ist unsere innere Beziehung zu den Geschehnissen der Welt. Plötzlich sind wir einverstanden mit unserem Leben und mit dem Leben als

Ganzes. Womit wir vorher noch gehadert haben oder wo wir vielleicht lange Zeit in der Kontraktion einer alten Wunde, eines Mangels oder einer Verbitterung verharrt haben, sind wir jetzt in einem Zustand, in dem wir innerlich mit den schwierigen Momenten des Lebens vollkommen versöhnt sind. All der Groll, alle Verbitterung, alle Ablehnung und alles Festhalten an alten Wunden sind wie weggeblasen.

Vielleicht haben wir bereits lange Zeit darum gerungen, schmerzhafte Situationen unseres Lebens anzunehmen oder Menschen, die uns Leid zugefügt haben, zu vergeben, jetzt – im Gewahrsein – spüren wir, dass es überhaupt keine Versöhnung oder Vergebung mehr benötigt. Wie durch ein Wunder ist sie einfach da. Und zwar alleine dadurch, dass wir die Bewusstseinsebene gewechselt haben und jetzt die Geschehnisse nicht mehr aus dem Ego, sondern aus dem SEIN heraus betrachten.

Wenn wir uns nach innen fallen lassen in die Bewusstseinsebene des offenen Gewahrseins, lassen wir das Persönliche und damit auch alle Identifizierungen los. Wir streifen förmlich unsere Haut mit ihren Vernarbungen und Verkrustungen ab und lassen sie wie eine Schlange, die sich gehäutet hat, zurück. Urteile wie ideale und negative Bewertungen werden einfach abgestreift. Ängste und Mangelzustände fallen von uns ab. Verletzungen und Verluste und der daraus resultierende Zorn oder der trotzige Rückzug in die Einsamkeit lösen sich in Luft auf. Das ganze Ego mit seinen vielfältigen Identifizierungen wird im Fallen zurückgelassen.

Es ist wie ein seelischer Reinigungsprozess, bei dem alle Verunreinigungen und der ganze Schmutz, der sich im Laufe unseres Lebens angesammelt hat und unsere Poren verschließt, abgewaschen wird. Was bleibt, ist ein Zustand der Reinheit und Offenheit, der keine Vergangenheit und keine Geschichte kennt. In dieser Offenheit gibt es keine Vorlieben und keine Wertungen, die unseren Blick verzerren könnten, und es gibt keine alten Erfahrungen, die unsere Wahrnehmung verschleiern könnten.

Wie betrachten wir eine duftende Blüte, wenn wir noch nie eine Blüte gesehen haben? Wie lauschen wir dem Klang des Windes in den Bäumen, wenn wir dies zum ersten Mal hören? Wie horchen wir auf die lebendigen Vorgänge in unserem Körper, wenn wir noch nie einen Herzschlag und einen Atemzug gespürt haben? Wie schauen wir in das Antlitz eines Menschen, wenn uns zum ersten Mal ein Mensch gegenübertritt?

Immer wieder kommen Teilnehmende in Schweigeretreats zu mir ins Einzelgespräch, sehen mich mit einem verklärten Blick an und flüstern Sätze wie: »Ich habe den Gesang einer Amsel gehört.« Sie teilen mir das auf eine Weise mit, als würden sie ein großes Geheimnis offenbaren. Und tatsächlich ist es ein großes Geheimnis, dem sie begegnet sind.

Jenseits unserer Geschichte, unserer alten Erfahrungen und Zuordnungen öffnet sich ein Raum der wahrhaftigen Begegnung. Hier erleben wir unmittelbar – in einer völlig neuen Weise –, was es heißt, zu atmen, zu spüren, zu hören und zu sehen. In dieser Reinheit erfahren wir alles als vollkommen neu und einzigartig und spüren das Geheimnis und die Schönheit, die sich darin entfalten. Diese Momente sind zutiefst berührend und bewegend. Wir sehen hier die Dinge, wie sie sind – völlig unverschleiert und unverzerrt. Wir begegnen dem »Sosein der Dinge«, wie es im Buddhismus genannt wird.

Wenn wir von hier aus – in dieser Reinheit und Offenheit – nun auf die schwierigen Erfahrungen in unserem Leben schauen oder auf die Menschen, denen wir noch nicht vergeben haben, dann sehen wir auch diese Situationen und Menschen ohne den Schleier der Vergangenheit. Wir sehen sie mit neuen Augen und können allem Gewesenen, so schmerzhaft es auch immer war, zustimmen. Im offenen Gewahrsein fühlen wir ein grenzenloses Einverständnis.

Diese Zustimmung zu schmerzhaften Situationen des Lebens hat auch damit zu tun, dass wir in diesen Momenten spüren, dass wir im Innersten unverletzt sind. Das SEIN selbst, das wir sind, ist immer heil und vollkommen. Es kann nicht verletzt oder entwürdigt werden, da es nicht mit unserer Person und unserem Körper identifiziert ist. Der Körper kann verletzt und gedemütigt werden und unsere Seele ebenso, aber das Gewahrsein ist frei und in sich vollkommen und heil.

Wenn wir diese Vollkommenheit und diesen »Ort« der Ganzheit spüren, dann gibt es nichts mehr, das vergeben oder verändert werden müsste. Wir sind bereits heil, bereits vollständig und fühlen, dass wir es immer waren. Von hier aus fühlen wir uns im Frieden mit den Dingen, wie sie sind – ein totales Einverständnis mit dem Leben als Ganzes. Plötzlich sagen wir Sätze wie: »Alles ist zutiefst in Ordnung.«

Jeder Mensch, der sich gerade nicht auf der Bewusstseinsebene des Gewahrseins befindet, würde sich bei solch einem Satz wahrscheinlich an die Stirn tippen und denken: »Von wegen in Ordnung. Schau doch in die Zeitung: eine Katastrophe nach der nächsten.« Und natürlich stimmt das ebenso.

An diesem Beispiel können wir deutlich erkennen, dass die Bewusstseinsebene des offenen Gewahrseins eben eine eigene Welt mit eigenen Gesetzmäßigkeiten ist. Hier ist das Leben heil und vollkommen, und der Friede, der sich daraus ergibt, umfasst das Leben im Ganzen. Wir spüren, wie alles in eine große grundlegende Ordnung eingebettet ist, wie chaotisch und komplex sich das Leben auch immer äußerlich zeigt. Wie anders sind doch die Gesetze der Alltagsrealität? Und wie anders empfinden wir dort?

Empfangend und schöpferisch

Eine der traditionellen Metaphern für das offene Gewahrsein ist ein stiller, klarer Bergsee, auf dessen Oberfläche sich die ganze Welt in ihrer Bewegtheit spiegelt. Wir erkennen auf der glatten Oberfläche des Sees die ziehenden Wolken am Himmel und die windbewegten Bäume am Ufer, und doch strahlt diese Szenerie eine tiefe Stille aus. Die Oberfläche des Bergsees nimmt alle Bewegungen des Lebens in sich auf und bleibt doch in sich vollkommen still.

Genauso verhält sich unser Geist im Gewahrsein. In seiner Offenheit und Transparenz ist das Gewahrsein total empfangend und hat in sich keinerlei Aktivität – kein Tun. Das bedeutet nicht, dass das Leben aufhört, zu fließen, und hier keine Bewegungen mehr stattfinden, auch wenn dies zeitweise so erscheinen mag. Die ganze Bewegung des inneren und äußeren Lebens findet weiterhin in ihrer Natürlichkeit statt. Der Körper atmet und als Person haben wir Empfindungen, Sinneseindrücke, Gefühle und Gedanken, doch in all dieser natürlichen Bewegung herrscht gleichzeitig eine tiefe Stille.

Es ist, als ob etwas in uns schweigt, das normalerweise auf einer subtilen Ebene immer aktiv ist. Wenn wir dieses Phänomen genauer betrachten, stellen wir fest, dass es in unserem Geist keinerlei Eingreifen mehr gibt. Die ganze subtile Aktivität von Wollen und Widerstreben, von Festhalten und Wegschieben, ist wie weggeblasen. Wie oft sind wir damit unterschwellig beschäftigt, ja, geradezu besessen davon, den Augenblick irgendwie verbessern zu wollen? Wie viel Zeit und Lebensenergie investieren wir unbewusst in diese Aktivität? Und geht es uns dadurch wirklich besser?

Wenn wir ins Gewahrsein fallen und uns dadurch vollkommen dem Augenblick überlassen, erlischt die Aktivität des Eingreifens. Wir spüren, dass hier, in der totalen Offenheit und Empfänglichkeit für den Augenblick, überhaupt keine Notwendigkeit besteht, den Augenblick verbessern zu wollen. Im Gegenteil. Erst durch die Empfänglichkeit entsteht ein tiefer Kontakt mit dem gegenwärtigen Erleben und wir können das, was gerade da ist, in seiner Kostbarkeit empfinden.

Empfänglichkeit macht Kontakt erst möglich. Das ist auf der Oberfläche unseres Lebens genauso wie in der Tiefendimension des Gewahrseins. Wenn wir uns in einem Gespräch zum Beispiel nicht wirklich empathisch und zuhörend für das Gegenüber öffnen, findet vielleicht eine Diskussion statt, aber es entsteht kein wirklicher Kontakt und damit keine wahrhaftige Begegnung.

Gerade in unserer Kultur, in der die Leistung und das Tun eine hohe Wertschätzung genießen, wird oft übersehen, dass die Haltung der Empfänglichkeit viel grundlegender ist als alles Tun. Tatsächlich können wir nur sinnvoll handeln, wenn es auf der Basis echter Empfänglichkeit und damit echter Bezogenheit geschieht. Denken wir noch einmal an ein

Gespräch. Wenn wir nicht zuhören und damit nicht wirklich einfühlend im Kontakt mit unserem Gegenüber sind, was haben wir dann zu geben und zu sagen?

Empfänglichkeit ist die Grundlage für echte Bezogenheit. In der Offenheit des Gewahrseins bekommt diese Empfänglichkeit eine solche Absolutheit und Feinheit, dass der Augenblick – in seiner Schlichtheit – uns tief berühren und erfüllen kann. Es entsteht eine tiefe Verbindung, die durch kein noch so subtiles Eingreifen unterbrochen wird. Wir sind wie die stille Oberfläche des Bergsees: offen, total aufnehmend und gleichzeitig in sich still und unberührt.

Von hier aus spüren wir, wie sich das Leben in seiner Natürlichkeit entfaltet. Und obwohl es auf dieser Bewusstseinsebene keinerlei Aktivität gibt – Gewahrsein ist Empfänglichkeit pur –, formen sich hier immer wieder aus dem SEIN Antworten, wie Luftblasen, die aus der dunklen Tiefe des Bergsees an seine Oberfläche steigen. Diese Antworten können sich in Form von Impulsen, Erkenntnissen und Eingebungen zeigen. Es sind Antworten auf Eindrücke, auf aktuelle Geschehnisse und Herausforderungen. Sie steigen aus dem SEINSgrund auf und entstehen aus echter Bezogenheit.

Es ist immer wieder überraschend, welch tiefe Weisheit und welcher Einklang mit den Geschehnissen des Lebens diese Antworten enthalten und wir können oft nur staunen, welche Wirkungen sich daraus ergeben. Offensichtlich kann sich aus der Empfänglichkeit des Gewahrseins – aus einem Raum, der frei von jeglichem Eingreifen und frei von jeglicher Absicht ist – eine schöpferische Intelligenz entfalten, die uns durch bloßes Nachdenken über die Dinge oft verschlossen bleibt.

Doch auch wenn wir diesen Antworten vertrauen und entsprechend als Person dann handeln, bleibt die Ebene des Gewahrseins weiterhin in sich still und empfangend. An der Oberfläche unseres Menschseins findet eine Aktivität wie beispielsweise eine Handlung statt, obwohl es zuinnerst im Gewahrsein gleichzeitig kein Tun gibt. Hier haben wir sogar die Gewissheit, dass wir noch nie etwas getan haben. Ist das nicht erstaunlich?

Verbunden und allesdurchdringend

Die Absolute Realität ist eine Welt jenseits aller Erscheinungen. Sie ist der SEINSgrund, in dem alle Erfahrungen und alle Formen der Welt wurzeln. Wie die Lotusblüte, die in der Tiefe und Dunkelheit am Grund des Teiches verankert ist und von dort an die Oberfläche wächst, so erhebt sich die ganze sichtbare Welt der Formen und Farben aus dem Urgrund des SEINS. Die Lotusblüte erstrahlt in ihrer Schönheit, aber der Grund des Sees, in dem sie wurzelt, ist dunkel und undurchdringlich. Er bleibt für unser Auge unsichtbar.

So ist es auch mit dem Absoluten. Es ist die Quelle von allem, was existiert – der Urgrund, aus dem sich die Welt erhebt –, und doch bleibt es für unsere Wahrnehmung unsichtbar. Wie könnte es auch anders sein, wenn das SEIN selbst noch ungeformt und gestaltlos ist? Es ist pure Präsenz – eine zeitlose Existenz vor und jenseits aller Form.

Um in die Absolute Realität – in diesen zeitlosen Urgrund – einzutauchen, müssen wir alles, was Form ist, zunächst zurücklassen. Wie könnten wir auch mit unserer Gestalt als Mensch und als Person einen Bereich erkunden, der formlos ist? Das käme dem Versuch gleich, mit einer Kneifzange das Element Luft fassen zu wollen. Nur wenn wir alles, was uns innerlich und äußerlich eine Gestalt gibt und uns zu einer Person macht, sich selbst überlassen und uns vollkommen von uns selbst entblößt nach innen auf den Grund sinken lassen, taucht der Urgrund des SEINS im Zentrum unseres Erlebens als ein dichtes Feld von Präsenz auf. Hier offenbart sich eine Realität, die jenseitig ist. Eine Existenz, die vollkommen unberührt von allen Geschehnissen sich zeitlos ausbreitet und der Grund aller Dinge ist.

Doch das SEIN ist nicht nur jenseitig. Je vertrauter uns diese Dimension wird, desto mehr spüren wir unweigerlich, dass das SEIN auch *in* allem lebt. Es ist allesdurchdringend. Wie könnte auch die sichtbare Welt getrennt vom Urgrund existieren? Kann denn eine Lotusblüte gedeihen, ohne mit dem dunklen Grund des Teiches verbunden zu sein? Oder gibt es einen Fluss ohne seine Quelle?

In jeder sichtbaren Gestalt und in jeder Erfahrung offenbart sich das Absolute, ohne selbst dabei sichtbar zu werden. Wenn wir jedoch in die Bewusstseinsebene des Gewahrseins eingetaucht sind und die pure Präsenz im Zentrum unserer Aufmerksamkeit spüren, dann realisieren wir auch mit der Zeit, wie das SEIN alle Erfahrungen umfasst und durchdringt. Das SEIN lebt in allem und kann in allem gespürt werden. Wir empfinden es im Atmen und in den Geräuschen, wir sehen es in den Möbeln und in den Wolken. Alles ist SEIN und alles atmet diese grundlegende Existenz.

Und da wir auf dieser Bewusstseinsebene unsere Person in ihrer kleinen, abgegrenzten Ich-Identität zurückgelassen haben und uns als das ungeformte SEIN erfahren, das in allem lebt, spüren wir uns selbst jetzt nicht mehr nur an die kleine Welt des Körpers gebunden, sondern fühlen unser Dasein ebenso in allem, was uns umgibt. Wir spüren uns im Körper *und* in allen Wesen. Wir spüren uns im Raum genauso wie in den Objekten, die im Raum erscheinen. Wir existieren in allem – ein Einssein ohne Trennung.

In solchen Momenten ändert sich unsere Beziehung zur Welt auf eine sehr grundlegende Weise: Die Welt ist jetzt nicht mehr außerhalb von uns, sondern *in* uns. Oder anders formuliert: Wir *sind* die Welt. Wir erfahren uns selbst in einer Ganzheit und in einer Verbundenheit, in der der Körper und die kleine Welt der Person zutiefst eingebettet sind. Hier wissen wir, dass jede noch so kleine Existenz mit dem großen Ganzen verbunden und darin gehalten ist.

Die Empfindungen des Atmens sind nicht *mehr* Ich als der Klang der Regentropfen. Ein Baum, den wir sehen, ist nicht weniger Ich als ein Gedanke. Alles taucht gleichermaßen im Feld des Gewahrseins auf und es gibt nichts, was außerhalb von »uns« existieren würde. Das Gewahrsein wird hier nicht nur als offen, durchlässig und frei erfahren, sondern wie allesdurchdringend. Es enthält alles und *ist* in allem.

Ist es da ein Wunder, dass wir an diesem »Ort« eine große Zärtlichkeit für alles Leben empfinden? Dass wir der kleinsten Existenz – jedem Kieselstein, jeder Ameise und jedem unscheinbaren Blatt – mit einer zarten Liebe begegnen?

Demütig und dankbar

Wenn wir in die Absolute Realität eintauchen und dabei immer wieder innere Freiheit, totales Unberührtsein und einen unbedingten Frieden erfahren, kann es natürlich geschehen, dass wir mit der Zeit eine gewisse Bodenhaftung verlieren. Die Dimension des SEINS tritt immer plastischer hervor und zieht uns mehr und mehr an. Das Absolute rückt ins Zentrum unseres Erlebens und unser Interesse für die äußeren Belange des alltäglichen Lebens und die seelische Dimension nimmt zunehmend ab.

Diese Entwicklung kann so weit führen, dass wir das äußere Leben oder seelische Vorgänge als Illusion abtun und verleugnen. Spätestens hier wird die Entdeckung der Absoluten Realität zu einer Falle. Wir beginnen uns mehr und mehr mit dieser Realität zu identifizieren und leugnen entsprechend alles, was nicht der Gesetzmäßigkeit des SEINS entspricht. Ohne es zu merken, findet allmählich eine Verwandlung unserer Ich-Identität statt, bei der wir nicht mehr mit unserer Gestalt als Person identifiziert sind, sondern mit dem Absoluten.

Das ist eigentlich paradox, denn die Erfahrung des Absoluten setzt zunächst voraus, dass wir die Ich-Identität zurücklassen und uns jenseits unseres begrenzten und individuellen Menschseins in die Offenheit hineinfallen lassen. Doch obwohl wir hier einen Raum jenseits unseres Ichs betreten, ist die grundlegende Tendenz unseres Verstandes, sich mit bestimmten Aspekten unseres Erlebens zu identifizieren, damit nicht aufgehoben.

Wenn wir uns dieser Gefahr nicht bewusst sind, dann kann es sehr schnell dazu kommen, dass wir zwar unsere alte Ich-Identität als Person abstreifen, uns stattdessen aber jetzt mit bestimmten Aspekten der Absoluten Realität gleichsetzen. Dadurch entsteht keine wirkliche Freiheit vom Ich, sondern nur eine Verschiebung: Das Ich bemächtigt sich unser erneut und vereinnahmt die transzendenten Erfahrungen.

Zum Beispiel kommt es vor, dass manche Menschen mit der Freiheit des Gewahrseins in Kontakt kommen und hier ein tiefes Glücklichsein erfahren, sich dann aber zunehmend mit diesem Glückszustand identifizieren. Dabei idealisieren sie immer mehr das Glücklichsein und leugnen andere seelische Zustände, was dazu führt, dass sie nach außen behaupten, in jedem Augenblick ihres Lebens glücklich zu sein.

Doch niemand ist immer glücklich. Solange wir Mensch sind, sind wir seelischen und körperlichen Veränderungsprozessen unterworfen, was zu unterschiedlichsten Empfindungen und Gefühlen führen muss. Wer das leugnet und sich nur auf die tiefere Dimension der inneren Freiheit bezieht und diese nach außen zur Schau stellt, hat in Wahrheit nicht die Freiheit, sich authentisch für alle Facetten seines Erlebens zu öffnen und nach außen hin zu zeigen. Dass ein solches Verhalten diese Menschen für andere unglaubwürdig und abgehoben erscheinen lässt, liegt auf der Hand.

Wenn wir diese Identifizierung genauer betrachten, sehen wir, dass sich dabei in der Person meist innerlich ein Image mit einer »spirituellen Identität« ausbildet. So wie sich unsere Ich-Identität auf einer oberflächlichen Alltagsebene mit bestimmten Rollen identifiziert und entsprechend ein Image nach außen pflegt, so geschieht dies jetzt mit den spirituellen Erfahrungen. Vielleicht bezeichnen wir uns als »erleuchtet« und geben uns einen neuen »spirituellen« Namen. Wir kleiden uns in einer besonderen »spirituellen« Weise oder wir idealisieren eben bestimmte innere Aspekte der SEINSdimension und identifizieren uns damit.

Eine besondere Variante davon ist das Empfinden einer Grandiosität, die uns immer mehr besetzen kann. In tiefen SEINSmomenten erfahren wir uns ohne Trennung – ein SEIN in allem. Eigentlich ist diese Erfahrung eine vollkommene Abwesenheit aller trennenden Aspekte unseres Ichs. Aber wenn sich unser Verstand damit identifiziert und wir vielleicht einen unterschwelligen Hang zum Narzissmus haben, dann entsteht dabei das Gefühl der eigenen Größe und Mächtigkeit. In extremen Fällen fühlen sich die Personen sogar allwissend oder allmächtig. Sie fühlen sich als »Gott«.

Das Gefühl der eigenen Größe ist jedoch eine Verwechslung der Ebenen und entspringt einer heimlichen Sehnsucht nach Selbstwert. Es gibt viele Strategien, wie wir versuchen, unseren Selbstwert zu erlangen, jedoch scheint das »spirituelle« Image besonders geeignet zu sein, ein inneres Selbstwertloch zu füllen. Da die Verwirklichung der spirituellen Dimension als die Vervollkommnung eines Menschen hochstilisiert wird, wird sie für unser Ich zu einem hohen Ideal mit höchster Attraktivität. Unser Ich denkt sich: »Wenn wir dieses Ideal verwirklichen, dann sind wir bedeutsam, vollkommen und werden geliebt.«

Doch das ist ein grobes Missverständnis. Nicht *wir* sind bedeutsam, wenn wir innere Freiheit oder allesdurchdringendes SEIN erfahren, sondern das SEIN selbst ist es. An unserem Wert und unserer Bedeutung als Mensch ändert sich gar nichts. Im Gegenteil. Wenn wir realisieren, wie das SEIN in allem wirkt und wir mit unserem persönlichen Leben als Mensch darin eingebettet sind, erfahren wir uns im positiven Sinne in unserer Kleinheit. Oder anders gesagt: Wir fügen uns wieder als Mensch in die Schöpfung ein und fühlen uns als Teil dieser einen großen Ganzheit.

Das führt jedoch nicht zur Grandiosität – wie das Ich sich heimlich erhofft –, sondern im Gegenteil zur Demut und zur Bescheidenheit. Wir spüren das Leben in seiner Größe und wie es auf eine geheimnisvolle Weise alles durchdringt und alles hervorbringt. Wie klein sind wir doch als Mensch in diesem großen Geschehen?

Ist es nicht wunderbar eingerichtet, dass sich der Mensch kraft seines Bewusstseins der Dimension des SEINS bewusst werden kann und dieses als innerste Dimension seines Lebens erfahren kann, aus der alles Leben und auch das eigene Leben entspringt? Demut bedeutet, zu sehen, dass wir aus uns heraus nichts vermögen, sondern dass jeder Atemzug und jeder Gedanke aus dem Urgrund heraus auftaucht und uns zufließt. Alles wird uns gegeben, alles wird uns geschenkt.

So führt uns die Demut zwangsläufig zu dem Grundgefühl einer tiefen Dankbarkeit. Demut, Einfachheit und Dankbarkeit sind die reifen Früchte von tiefer spiritueller Erkenntnis. Wir spüren dann, wie klein wir sind und wir haben die Freiheit, uns in unserer Natürlichkeit mit allen Facetten zu zeigen. Wir brauchen keine Erfahrung »besonders« machen oder irgendein Image um unser Menschsein herum aufbauen. Wir können so sein, wie wir sind. Das bedeutet Einfachheit.

Nur dann, wenn sich diese Früchte in unserem Menschsein widerspiegeln, können wir sicher sein, dass der Zugang zur SEINSdimension zu echter menschlicher Reife geführt hat. Die Ich-Identität wird dabei zu dem, was sie eigentlich ist: ein Hilfskonstrukt, das uns unterstützt, Erfahrungen zu organisieren, aber darüber hinaus keinerlei Bedeutung hat. Es wird weiterhin in unserem Leben anwesend sein, aber gleichzeitig seinen natürlichen Platz einnehmen und sich nicht mehr als Herrscher aufspielen.

Zusammenfassung: Absolute Realität

SYNONYME

Offenes Gewahrsein, SEINSgrund, ewiges Subjekt; das Feld des Bewusstseins, in dem jede Erfahrung erscheint

MOTTO

»Den Urgrund, aus dem alles Leben entsteht, erfahren«

DEFINITION

Die Absolute Realität ist die innerste Wirklichkeit unseres Lebens. Sie ist das, was wir zuinnerst sind – das ewige Subjekt. Diese Perspektive führt uns über alle Erfahrungsobjekte und über das Ich mit seinen Ich-Objekten und seiner menschlichen Gestalt hinaus auf den Grund des SEINS.

Hier herrschen eine unbedingte Stille, eine totale Freiheit und Offenheit. Hier sind wir nicht und doch lebt hier eine pure zeitlose Präsenz – vor den Erscheinungen des Lebens und jenseits davon. Das Bewusstsein offenbart sich hier in seiner grundlegenden

Natur – als offenes Gewahrsein, das vollkommen frei und losgelöst von allem existiert und die Grundlage jeglicher Erfahrung ist und gleichzeitig alles umfasst und in allem lebt.

ZENTRALE MOTIVATION

Basis und zeitlose Quelle allen Lebens, Befreiung von der Begrenztheit der Ich-Identität, Ort von totaler Freiheit und Sicherheit

ENTWICKLUNGSDYNAMIK

Kein Werden und Vergehen; zeitloses, unberührtes SEIN

FUNKTION

Der Mensch entdeckt im SEIN eine unbegrenzte Identität hinter der Identifikation mit begrenzten und wechselnden Ich-Objekten. Das vergängliche Leben mit seinen oft schmerzhaften Prozessen wird um die Dimension der Zeitlosigkeit erweitert und verliert dadurch seine Bedrohlichkeit.

ZUGÄNGE ZUR ABSOLUTEN REALITÄT

- Das Anerkennen der grundlegenden Ohnmacht in der gegenwärtigen Erfahrung und die totale Kapitulation
- Alle Erfahrungen, alle Objekte und alles, was uns ausmacht, sich selbst überlassen und sich nach innen fallen lassen

BEGRENZUNGEN DER ABSOLUTEN REALITÄT

Der Versuch, uns auf die Freiheit der SEINSebene zurückzuziehen, um die Alltagsrealität mit ihren Schwierigkeiten zu vermeiden, muss scheitern, da wir als Mensch immer in der äußeren Welt leben und weiterhin Konflikten, Verlust und Krankheiten ausgesetzt sind.

Obwohl im offenen Gewahrsein alle Gefühle und Emotionen zeitweise so stark zurücktreten, dass sie keine Rolle mehr spielen, ist die seelische Ebene weiterhin präsent. Wir müssen ihr immer wieder unsere Aufmerksamkeit schenken, damit seelische Verdauungs- und Entfaltungsprozesse auf eine natürliche Weise stattfinden können.

Auch wenn wir in der Unmittelbarkeit erkennen, dass die »Dinge einfach geschehen« und es kein Ich gibt, das handelt oder etwas unter Kontrolle hat, müssen wir weiterhin in der Alltagsrealität Verantwortung für unser Handeln übernehmen.

SYMPTOME EINER FIXIERUNG

- Ein Desinteresse für die äußere Welt mit ihren Verantwortlichkeiten und Beziehungen. Ein Rückzug in die Praxis der Meditation
- Die Leugnung davon, dass uns seelisch etwas bewegt. Die Behauptung, »immer glückselig zu sein«. Der Verlust der Bodenhaftung und die Vermeidung von Konflikten und ihrer Klärung
- Die Zur-Schau-Stellung der Erfahrung der Ich-Losigkeit: »Ich bin erwacht.«
- Spiritueller Narzissmus: Die Verwechslung der Erfahrung der Einheit (»Ich bin alles«) mit der eigenen Grandiosität. Die Einheitserfahrung führt zu einem Eingebettetsein in die Ganzheit und damit zu der Erfahrung der Demut. Die Grandiosität dagegen hält sich für besonders wertvoll und allwissend.

KAPITEL 5

Vom Entstehen der Bewusstseinswelten

Jeder Mensch hat in seinem Inneren einen »Ort«, an dem er frei ist: frei von Erwartungen und Reue, frei von Ehrgeiz und Verwirrung, frei von Furcht und Sorge. Dieser Ort ist der Ursprung der Gnade, der Ort, an dem wir zuerst von Gott berührt wurden und aus dem Friede entspringt. Die Psychologen nennen ihn Psyche, die Theologen Seele, C.G. Jung nennt (ihn) Sitz des Unbewussten, Hindu-Meister nennen ihn Atman, Buddhisten Dharma, Rilke nennt ihn Innerlichkeit, Sufis nennen ihn Qualb und Jesus bezeichnet ihn als Zentrum der Liebe.

Wenn wir dieses Zentrum erkennen, erkennen wir auch uns selbst. Diese schwierige Aufgabe beansprucht uns ein Leben lang, denn im Werden trübt sich unser Ursprung, und im Sein verschleißt sich das Unwesentliche. Jeder von uns lebt inmitten dieser Spannung, jeder von uns wächst und wird dabei von einem Schleier überzogen, nur um erneut zum Ursprung der Gnade zurückzukehren.

MARK NEPO

Leben ist eine endlose Geschichte der Entwicklung. Jedes Geschöpf entfaltet sich aus kleinsten Bausteinen des Lebens. Ist es nicht faszinierend, wie aus einem winzigen Apfelkern ein vollständiger Apfelbaum mit Blüten, Früchten und Samen entsteht? Wie aus einer befruchteten Eizelle ein individueller Mensch mit all seinen körperlichen, seelischen, geistigen und sozialen Fähigkeiten erwächst? Wenn man heute den eigenen Körper betrachtet, ist es kaum vorstellbar, dass er einmal aus einer einzigen Zelle bestand.

Jedes einzelne Geschöpf, ob Pflanze, Tier oder Mensch durchläuft in seinem Leben eine lange Phase der Entwicklung, bis es voll ausgewachsen ist. Doch selbst dann endet das Wachstum nicht, denn alles Lebendige muss sich ständig erneuern, um sich zu erhalten. So werden auch alle Zellen eines erwachsenen Organismus permanent nachgebildet und erneuert. Wenn diese Zellerneuerung nicht mehr stattfindet, stirbt der Organismus. Und auch die innere Entwicklung, also die Möglichkeiten, seine vielfältigen Potenziale immer besser auszuschöpfen, endet zumindest bei Tier und Mensch erst mit dem Tod.

Wir wissen heute, dass die Natur grundlegende Baupläne für dieses Wachstum über die Gene an die nächste Generation weitergibt und diese in den kleinsten Bestandteilen des Lebens, in den Zellen, vorhanden sind. Jedoch muss jedes Geschöpf mithilfe dieser genetischen Baupläne die gesamte körperliche und geistige Entwicklung selbst vollkommen neu vollziehen. Der Organismus kann auf nichts zurückgreifen oder aufbauen. Er muss alle Stadien der Metamorphose zu einem erwachsenen, reifen Organismus selbst durchlaufen.

Als Mensch zum Beispiel können wir uns nicht darauf berufen, dass frühere Generationen eine Sprache entwickelt haben. Wenn wir auf die

Welt kommen, haben wir zwar das Potenzial, Sprachen zu erlernen, aber die Fähigkeit, in der Muttersprache zu sprechen, muss jedes kleine Kind wieder neu erlernen. Genauso gilt dies für die Fähigkeit, selbst zu gehen oder gezielt nach etwas zu greifen.

Was für die körperliche und geistige Entwicklung gilt, gilt genauso für die seelische. Die Menschheit als Ganzes hat längst die Periode der »Jäger und Sammler« hinter sich gelassen, aber in der kindlichen Entwicklung sehen wir, dass jedes einzelne Kind diese Phase wieder durchschreitet. Kleinkinder gehen regelrecht auf die Jagd nach allem Neuen und »erobern« sich auf diese Weise ihre Umwelt. Lebendigsein bedeutet für sie in dieser Phase ein einziges Abenteuer, vergleichbar mit den Zeiten, als noch wenige Menschen die Urwälder dieser Erde durchstreiften.

Wenn wir uns bewusst machen, dass jedes einzelne Kind alle Phasen vom Beginn der Menschheit an in sich trägt und wieder neu durchschreiten muss, bekommen wir eine Ahnung davon, welch ungeheuer komplexen Vorgang das Heranwachsen eines Menschen darstellt und wie sensibel und störanfällig es damit auch ist. Tatsächlich wohnen wir einem großen alltäglichen Wunder bei, das sich vor unseren Augen vollzieht, wenn wir als Eltern unsere Kinder in diesem höchst komplexen Wachstumsprozess begleiten dürfen.

Die Verzahnung von individueller und kollektiver Entwicklung

Je klarer wir sehen, wie umfassend und überaus komplex bereits die Entwicklung eines einzelnen Lebewesens ist, desto mehr wird unsere Achtung vor dem Leben insgesamt zunehmen. Plötzlich bekommen wir eine Ahnung davon, warum die Reife einer ganzen Gesellschaft keineswegs ein verlässliches Gut ist, das sich kontinuierlich fortentwickelt. Schließlich besteht eine Gesellschaft aus vielen Individuen, die sich alle von Generation zu Generation vollkommen neu zu dieser Reife entwickeln müssen. Daher ist es keinesfalls gesichert, dass zum Beispiel eine demokratische Gesellschaft mit einer rechtsstaatlichen Grundordnung, in der die Rechte von Einzelnen und von Minderheiten geschützt werden, diese Errungenschaften behalten und immer weiter ausbauen kann.

Inneres und äußeres Wachstum, das zu einer hohen Reife führt, muss viele Entwicklungsschritte und Lernstadien durchlaufen, die alle auch gestört werden können. So kann ein bestimmter Wachstumsschritt nur unvollständig stattfinden und ein Mensch niemals sein volles Potenzial der Reife entfalten. Daher sollten Eltern, aber auch die Gesellschaft als Ganzes, sich der Kostbarkeit und Verletzlichkeit von kindlicher Entwicklung bewusst sein und diese mit größter Sorgfalt begleiten, fördern und beschützen. Die Liebe, Zuwendung und Achtung, die wir heute den heranwachsenden Kindern und Jugendlichen zukommen lassen, ist das Potenzial für eine reife Gesellschaft von morgen, in der Humanität, Achtung vor allen Geschöpfen und Frieden zu Hause sind.

Wenn wir die innere Entwicklung des Menschen betrachten, dann trägt jeder einzelne Mensch das Potenzial in sich, auf der Alltagsrealitätsebene voll funktions- und leistungsfähig zu sein, gleichzeitig einen tiefen Zugang zur Seelischen Realität mit all ihrer Kreativität und Fülle zu haben, und darüber hinaus sich der spirituellen Dimension der Absoluten Realität in ihrer Unbegrenztheit und Zeitlosigkeit bewusst zu sein. Alle drei Realitätsebenen sind im Menschen angelegt und das Potenzial in diesen Ebenen kann bis zu einem hohen Grad entfaltet werden. Das ist jedoch keinesfalls selbstverständlich. Die meisten Menschen entwickeln ihre Fähigkeiten in den Realitätsebenen nur teilweise und lassen viele ihrer Möglichkeiten brachliegen.

Das liegt auch daran, dass es kein breites gesellschaftliches Wissen über die Realitätsebenen mit ihren Möglichkeiten und Zugängen gibt. Wie sollen wir etwas fördern, das uns gar nicht oder nur verschwommen klar ist? So findet in unseren Schulen vorwiegend eine kognitive Förderung von Kindern und damit eine systematische Entwicklung der Alltagsrealität statt, aber die Seelische Realität wird nur in ein paar Nebenfächern wie Kunst und Musik gefördert und damit stark vernachlässigt. Allein der Begriff »Nebenfächer« zeigt, wie wenig Bedeutung wir diesem

Bereich in unserer Gesellschaft beimessen. Der Zugang zur Absoluten Realität schließlich wird überhaupt nicht gefördert und damit ins Reich der Sagen, Mythen und Glaubensvorstellungen verbannt. Selbst im Fach »Religion« oder in den traditionellen Riten der christlichen Tradition spielt ein direkter Zugang zum Absoluten keine Rolle.

Um zu verdeutlichen, wie die natürliche Ausformung der drei Realitätsebenen stattfindet, möchte ich in diesem Kapitel einige wesentliche Aspekte der Entwicklung des Menschen in den ersten Jahren seines Lebens nachzeichnen. Ich werde mich dabei vorwiegend auf die geistigen und damit inneren Prozesse konzentrieren und die Beziehungsdynamiken, in denen dieses innere Wachstum eingebettet ist, nur ansatzweise darstellen. Ich bin nicht der Meinung, dass diese nicht für die menschliche Entwicklung wesentlich sind, aber da es mir hier vorwiegend um die Bewusstseinsebenen im Menschen geht, ist mein Blickwinkel in der folgenden Abhandlung vorwiegend intrapsychisch. Natürlich kann diese Beschreibung nur einen Geschmack von dem ungeheuer komplexen Vorgang menschlichen Reifens vermitteln, aber sie kann vielleicht deutlich machen, wie sehr die Realitätsebenen unser menschliches Leben durchwirken und was eine gesunde Entwicklung der drei Bewusstseinsrealitäten in der Frühphase unseres Lebens benötigt.

Leben in der Einheit

Was ist der Beginn des menschlichen Lebens? Neun lange Monate wachsen wir behütet im Bauch unserer Mutter heran, bevor wir das Licht der Welt erblicken. Diese Phase steht am Anfang unseres Lebens und vermittelt uns damit die ersten grundlegenden Eindrücke und Gefühle. Diese Urgefühle dringen tief ins Unbewusste ein und begleiten uns als ein Urwissen über einen paradiesischen Zustand ein Leben lang. Für einen Erwachsenen mag ein Zeitraum von neun Monaten Schwangerschaft überschaubar und begrenzt sein. Für einen Embryo dagegen, der noch keine Vorstellung von Zeit und keine Vergleichswerte kennt, sind neun Monate eine Ewigkeit – die Erfahrung eines zeitlosen Seinszustandes in totaler Geborgenheit.

Natürlich hat auch diese Zeit im Mutterbauch verschiedene Phasen und es findet hier eine enorme Aktivität von Zellteilung und Ausdifferenzierung der Organe statt, aber diese ganze Aktivität des Wachstums findet autonom, also ohne bewusstes Zutun und jenseits der Bewusstseinsgrenze des Embryos statt. Wir können dies vergleichen mit der ganzen Aktivität, die fortwährend in unserem Körper abläuft. Der Atem versorgt uns mit Sauerstoff und scheidet Kohlendioxid aus, Stoffwechselprozesse finden millionenfach in jedem Augenblick und in jeder Zelle statt, Hormone werden ausgeschüttet, der Herzschlag und der Blutzucker reguliert, Zellen sterben ab und werden neu gebildet. Bekommen wir von dieser unablässigen Aktivität in unserem Organismus etwas mit, wenn wir entspannt in der Hängematte liegen?

Obwohl also in der vorgeburtlichen Entwicklung ein enormes Zellwachstum vonstattengeht, ist das grundlegende Erleben eines Embryos davon unberührt. Er lebt in einem Zustand des totalen Versorgtseins. Alles, was ein Organismus benötigt, wird im Mutterleib zur Verfügung gestellt: Es ist hier sicher und geborgen, es ist warm und alle Nährstoffe werden über die Nabelschnur zugeführt. Dadurch lebt der Embryo in einem Zustand der totalen Bedürfnislosigkeit und damit in dem paradiesischen Zustand der Sorglosigkeit. Es gibt im vorgeburtlichen Leben noch keine Erfahrung von Mangel. Allein aus diesem Grund ist es gerechtfertigt, diese Phase unseres Lebens »paradiesisch« zu nennen.

Doch damit nicht genug. Wir sind im Mutterleib nicht nur vollkommen versorgt und aufgehoben, sondern auch frei. Der Embryo schwimmt im »Ozean« der Fruchtblase und kann sich schwerelos in jede Richtung bewegen oder sich treiben lassen wie Seegras im Meer. Hier gibt es kein oben und kein unten, kein links und kein rechts und erst in der letzten Phase der Schwangerschaft wird der zunächst riesige Ozean der Fruchtblase merklich kleiner. Und selbst wenn der Embryo mal an die Wand der Fruchtblase stoßen sollte, ist diese weich und nachgiebig. Wie fühlt sich wohl ein Wesen, das vollkommen frei und schwerelos in den Weiten eines warmen Ozeans treibt?

Da es in diesem Zustand keine Grenzen gibt, weder äußere (Schwerkraft oder harte Grenzen der Fruchtblase) noch innere (Mangelzustände), befindet sich das Kind vor der Geburt in einem Grundgefühl von Aufgelöstsein – ein ozeanisches Gefühl von Fließen in der Zeitlosigkeit. Dabei müssen wir uns bewusst machen, dass es »das Kind« als abgetrenntes Objekt noch gar nicht gibt. Es ist noch vollkommen eingebunden – ja, verschmolzen – mit dem umgebenden Organismus. Daher erfährt sich das heranwachsende Wesen im Mutterbauch als ein fließendes Verschmolzensein in allem.

Wo kommen wir also her? Aus dem Zustand der vollkommenen Einheit und des Eingebettetseins. Das ist der Urzustand, unsere ursprüngliche Heimat. Ein Paradies, das wir alle zu Beginn unseres Lebens erfahren haben und das unsere Seele als Urwissen in sich trägt.

Freilich kann auch diese Zeit der Sorglosigkeit bereits getrübt sein. Wir wissen heute aus der Embryonenforschung, dass auch in dieser Phase unseres Lebens bereits physischer Schmerz empfunden werden kann und auch, dass sich traumatische Seelenzustände der Mutter auf das Kind übertragen können. Genauso können krankhafte Prozesse wie zum Beispiel eine Stoffwechselerkrankung der Mutter sehr wohl Mangelgefühle im Embryo bewirken und dadurch bereits im Mutterbauch Bedrohungsgefühle entstehen lassen. Diese oder ähnliche erste Erfahrungen von Begrenztheit können die Urerfahrung von Einheit und Sorglosigkeit zeitweise überlagern und werden wie alle tiefgreifenden Erfahrungen im Leben abgespeichert.

Doch auch wenn diese ersten Schmerzerfahrungen manchmal bereits im Mutterbauch erlebt werden, ändert dies nichts daran, dass die zugrunde liegende Urerfahrung, aus der wir alle kommen, ein ozeanisches Erleben von Einheit ist. Außerdem beweisen diese Schmerzerfahrungen, dass das vorgeburtliche Wesen bereits hochgradig sensitiv und damit auf eine Weise bereits »bewusst« ist. Der Embryo hat sicherlich noch kein Verstehen darüber, was eine Erfahrung bedeutet – er kann sie weder zuordnen noch differenzieren –, und doch nimmt er sie ganzheitlich auf. Er ist bereits wahrnehmend und damit als Seele anwesend.

Von Seele können wir immer dann sprechen, wenn es ein fühlendes Wesen mit subjektiven Erfahrungen gibt. Das ist offensichtlich bereits im vorgeburtlichen Zustand der Einheit gegeben, sonst könnten wir auch keinen Schmerz empfinden. Tatsächlich wissen wir heute aus der Biologie, dass bereits eine einzelne lebende Zelle ein fühlendes Wesen ist, das zum Beispiel alle Anzeichen einer Reaktion auf eine Bedrohung zeigt. Man kann beobachten, wie sie sich bei einer Verletzung zusammenzieht und sich damit genauso verhält wie ein ausgewachsener Organismus, der sich in ähnlichen Situationen reflexhaft anspannt und kontrahiert.

Wenn wir Seele als die Fähigkeit, fühlend die Welt zu erfahren und darauf entsprechend zu reagieren, definieren, dann ist dies eindeutig bereits im Embryo gegeben. Die Sinne des Embryos – das Spüren, Hören und Sehen – sind in dieser Phase erst teilweise ausgebildet, und genauso rudimentär ist noch die Fähigkeit, die sinnlichen Reize in unserem Gehirn zu verarbeiten. Aber unabhängig davon ist der Embryo bereits ein lebendiges, fühlendes Wesen, das auf Reize reagiert. Das bedeutet, dass die Seelische Realität von Anfang an unser Leben durchzieht, noch lange bevor die bewusste Verarbeitung von Erfahrungen in unserem Gehirn stattfindet und damit der Verstand und die Alltagsrealität mit ihren Möglichkeiten der Differenzierung für uns entstehen.

Von was jedoch ist die Seelische Realität – das fühlende Wesen – in dieser Phase geprägt? Was sind die Urerfahrungen in dieser Zeit? Ein ozeanisches Einheitsgefühl – ein Einssein in allem, ein Aufgehobensein in einer totalen Geborgenheit, eine grenzenlose Freiheit und Zeitlosigkeit und eine vollkommene Bedürfnislosigkeit. Sind das nicht die zentralen Qualitäten der Absoluten Realität? Die zeitlose Präsenz am Grund unseres Seins – frei von jeglicher Begrenzung und doch in allem anwesend und damit eins mit allem – spiegelt sich also in den embryonalen Urerfahrungen wider und prägt sich tief in unsere Seele ein.

Nicht umsonst sehnen sich viele Menschen als Erwachsene nach diesen Urerfahrungen zurück und suchen auf verschiedene Weise nach der verloren gegangenen paradiesischen Heimat. Wir fühlen und wissen zutiefst, dass es diesen Urzustand gibt, da wir ihn zu Beginn unseres Lebens alle erfahren haben. Da diese Zeit eine nonverbale Zeit jenseits des Verstandes war, wissen wir oft nicht, was das Paradies ist und wo und wie wir nach ihm suchen sollen, aber unsere Seele fühlt eine untrügliche Sehnsucht und wird nicht aufhören, uns zu rufen, bis wir den »Ort« wiederentdecken, der unsere innere Heimat ist. Nur dort kommt die Seele zur Ruhe.

Die Vertreibung aus dem Paradies

Wenn die vorgeburtliche Phase unter normalen Umständen verläuft und keine ungewöhnlichen Ereignisse das Wachstum des Embryos stören, erlebt das heranreifende Kind eine lange Phase, in der es vollkommen im Sein eingebettet ist. Diese wird jetzt jäh durch die Geburt unterbrochen. Die Austreibung aus dem vorgeburtlichen Ozean der Fruchtblase ist gleichbedeutend mit dem Beginn einer neuen Phase, in der wir Stück für Stück aus dem Paradies vertrieben werden.

Wer bereits eine Geburt miterlebt hat, weiß, dass sie immer – auch unter optimalen Bedingungen – eine dramatische, oft sogar existenzielle Herausforderung für Mutter und Kind bedeutet. So frei und weit, wie der Ozean der Fruchtblase lange Zeit für das Kind war, jetzt wird das Kind im engen Geburtskanal mit großer Wucht komprimiert und regelrecht durch eine Engstelle gequetscht. Zum ersten Mal sind wir mit einer bedrohlichen Ohnmacht konfrontiert. Dieses Ereignis ist vielleicht die grundlegendste Erfahrung von Begrenzung in unserem Leben und markiert den Übergang zu einer neuen Daseinsform: Wir haben den Zustand der absoluten Einheit und der Bedürfnislosigkeit verlassen und kommen in eine Welt, in der es plötzlich Grenzen und Bedürfnisse gibt.

Das ist ein ungeheurer Einschnitt. Ab dem ersten eigenen Atemzug und mit der Abnabelung von der Mutter muss der Organismus des neugeborenen Kindes nun selbstständig atmen und es spürt unmittelbar die Einschränkung, wenn die Atmung zum Beispiel durch eine verstopfte Nase nicht richtig funktioniert. Genauso muss das Kind jetzt selbst die Nahrung aufnehmen und ist dadurch plötzlich dem Gefühl von Hunger ausgesetzt. Hunger ist ein bohrendes, nagendes und manchmal auch brüllendes Gefühl, das sich periodisch immer wieder einstellt und den ganzen Organismus massiv beeinträchtigen und besetzen kann. Wer ein Baby beobachtet, das vom Gefühl des Hungers überwältigt und zu einem einzigen brüllenden Bündel wird, kann nachfühlen, wie massiv und existenziell bedrohlich Hunger für ein Baby sein kann.

Doch das Baby hat jetzt nicht nur plötzlich Bedürfnisse und erfährt entsprechend Mangelzustände wie Hunger und Atemnot, sondern wird auch mit seiner Verletzlichkeit konfrontiert. Lange Zeit war der Körper des kleinen Wesens durch den warmen Ozean der Fruchtblase oder ihrer weichen Außenwand geschützt. Doch nun erfährt es unterschiedlichste sensorische Reize von weich bis hart und von heiß bis eiskalt. In dieser neuen Welt kann man sich verletzen und wir erleben jetzt unangenehme und manchmal sogar heftige schmerzhafte Empfindungen. Die Erfahrung von Mangel und Begrenztsein ist hier eine sehr reale, neue Dimension des Lebens.

Dieses Begrenztsein betrifft jedoch nicht nur den eigenen Organismus, sondern auch das Eingebettetsein in Beziehungen. In der vorgeburtlichen Welt existiert nur das Erleben von Einheit, vor und jenseits aller Bezogenheit. Ab der Geburt jedoch ist das Baby entscheidend von Beziehungen abhängig. Die Erfahrung von Einheit ist nicht mehr selbstverständlich vorhanden, sondern muss über Menschen, die sich um das Baby kümmern – also über nahe Beziehungen –, hergestellt werden. Entsprechend macht das Baby jetzt unterschiedlichste Erfahrungen von Zuwendung und Nähe bis hin zu kleinen oder großen Momenten von Verlassenheit.

Alles, was im Mutterbauch selbstverständlich war – Wärme, Geborgenheit, versorgt und genährt sein, Einheit –, muss jetzt in dieser neuen Welt immer wieder hergestellt werden. Nichts ist selbstverständlich oder verlässlich und so wird das Kind auf allen Ebenen immer wieder kleine und große Erfahrungen von Begrenztheit und damit Frustration oder Schmerz erleben. Wie stark und wie schmerzhaft wir die Begrenztheit des Lebens in dieser Phase erfahren, und in welchen Bereichen wir mit Begrenztheit konfrontiert werden, hängt natürlich sehr stark vom Beziehungsumfeld ab. Wie einfühlsam, wie zugewandt und verlässlich sind unsere Mutter oder andere uns versorgende Menschen da und wie kümmern sie sich um unsere Bedürfnisse? Wie werden wir unterstützt und gehalten, wenn wir mit dem Schmerz einer Begrenztheit konfrontiert sind?

Keine noch so liebevolle und fürsorgliche Mutter kann uns vor der Grunderfahrung des Mangels und der Begrenztheit bewahren. Wir werden uns als Kind verletzen, Kälte erfahren, immer wieder Hunger haben, krank werden, Ängste und Einsamkeit erleiden. Entscheidend ist jedoch, ob wir uns in diesen schmerzhaften Momenten begleitet und gehalten fühlen. Entsprechend wird sich eine schmerzhafte Erfahrung als grundlegend bedrohlich in unser Nervensystem einbrennen oder auch nicht. Wenn wir kontinuierlich die Erfahrung machen, dass wir in schwierigen Momenten Zuwendung erfahren – also begleitet, gehalten und getröstet werden –, entwickelt sich, trotz aller Begrenztheit, ein grundlegendes Vertrauen ins Leben und wir lernen bereits in dieser frühen Phase, mit den Begrenzungen des Lebens umzugehen.

Um wirklich ermessen zu können, was den Unterschied zwischen der vorgeburtlichen und der nachgeburtlichen Phase ausmacht, müssen wir betrachten, dass das Neugeborene genauso grundlegend ausgeliefert ist wie in der Zeit vor der Geburt im Mutterbauch. Es ist zunächst weiterhin absolut hilflos, kann sich weder selbst versorgen noch selbst schützen. Es kann seinen Körper noch nicht koordiniert bewegen und sogar die Sinneswahrnehmung ist teilweise noch nicht entwickelt. So kann ein Neugeborenes zwar Helligkeit wahrnehmen, aber noch keine klaren Konturen erkennen und damit noch nicht im eigentlichen Sinne sehen.

Vollkommen ausgeliefert zu sein vor der Geburt – in einer Welt der Einheit, der Geborgenheit und der Bedürfnislosigkeit – ist jedoch eine grundlegend andere Erfahrung als vollkommen ausgeliefert zu sein in einer Welt nach der Geburt, in der es Mangel, Unsicherheit und Getrenntsein gibt. In der einen Welt können wir tief entspannen und uns vollkommen sorglos überlassen – wir können uns im SEIN treiben lassen –, in der anderen Welt gibt es dagegen immer wieder Bedrohung und Anspannung. Das macht einen erheblichen Unterschied, zumal das Baby noch überhaupt kein Verstehen dieser Zustände hat und sie weder einordnen kann noch einen Begriff von Zeit hat. Jeder Moment von Anspannung oder Hunger wird dadurch als absolut erlebt und scheint gefühlt ewig anzudauern.

Sowohl im Mutterleib als auch unmittelbar nach der Geburt ist die Seelische Realität die bestimmende Wirklichkeitsebene. Der Verstand und die Alltagsrealität sind noch nicht ausgebildet. Wir leben in dieser Zeit noch ganz in einer Erfahrungswelt jenseits des Denkens, ohne die Möglichkeit zur Differenzierung oder der Zuordnung. Jedoch ist unser Erleben nicht mehr wie beim Embryo durch Grunderfahrungen der Absoluten Realität geprägt – wie ein unbegrenztes, fließendes Einssein –, sondern wir sind mit den unterschiedlichsten angenehmen und unangenehmen Reizen konfrontiert und bewegen uns daher ständig zwischen Entspannung und Kontraktion. Die Seele wird regelrecht immer wieder durch Mangelzustände und schmerzhafte Momente aufgewirbelt und der embryonale paradiesische Urzustand, in dem die Seele wie in einer Urheimat zeitlos und sorglos ruhen konnte, taucht jetzt nur noch partiell in Momenten von tiefer Entspannung auf. Wir sind mit der Geburt aus dem Paradies vertrieben worden und leben jetzt in einer Welt, in der unsere innere Heimat nur noch momenthaft aufscheint.

Wie die Welt entsteht

Menschenkinder kommen vollkommen hilflos auf die Welt. Das unterscheidet uns von anderen Tieren und Primaten. Wir können uns nicht koordiniert bewegen, nicht verständigen, uns nicht selbst warm halten und schützen und uns in keiner Weise versorgen. Diese Hilflosigkeit ist jedoch nicht nur eine Schwierigkeit, die uns zutiefst abhängig macht, sondern auch ein spezielles menschliches Potenzial, das uns eine Offenheit und kreative Intelligenz ermöglicht, zu der keine andere Spezies fähig ist.

Gerade dadurch, dass wir nur rudimentäre Instinkte mitbringen und unser Verstand noch nicht ausgebildet ist, sind wir total flexibel, uns auf verschiedenste familiäre und kulturelle Gegebenheiten einzulassen. Wenn wir auf die Welt kommen, dann suchen wir uns unsere Familie, unsere Mutter, unsere Kultur und unsere Religion nicht aus, sondern wir haben durch unsere Offenheit das Potenzial, uns auf jedes familiäre und kulturelle Umfeld einzustellen und dort hineinzuwachsen.

Nehmen wir zum Beispiel die Sprache. Babys können nicht sprechen, aber sie haben das Potenzial, Laute von sich zu geben und sprechen zu lernen. Dadurch, dass sie ohne Sprache auf die Welt kommen, sind sie fähig, mit der Zeit jede Muttersprache und alle Dialekte dieser Welt zu erlernen. Würden sie dagegen bereits mit einer instinkthaften Form der Sprache auf die Welt kommen und wie kleine Amseln sofort typische Amsellaute von sich geben, wäre diese Fähigkeit stark eingeschränkt.

Oder betrachten wir unser Bindungspotenzial. Obwohl wir von unserer leiblichen Mutter neun Monate ausgetragen und von ihr unter Schmerzen geboren wurden, sind wir in unserem Bindungsverhalten als Mensch die ersten sechs bis acht Wochen nach unserer Geburt nicht festgelegt. Wenn uns zum Beispiel in dieser Zeit der Vater oder unsere Großmutter versorgt, dann wird diese Person zu unserer »seelischen Mutter« und wir entwickeln zu ihr mit der Zeit eine starke innere Bindung. Dieses Potenzial zu einer Bindung mit einer »seelischen Mutter«, die nicht unsere leibliche Mutter sein muss, gibt uns die Möglichkeit, uns auch in Situationen seelisch gesund zu entwickeln, in denen unsere leibliche Mutter nicht anwesend ist oder nicht für uns sorgen kann.

Die Hilflosigkeit des Neugeborenen – oder besser: das vollkommene Fehlen jeglicher Art von Konditionierung – lässt also ein ungeheures Potenzial für Intelligenz und vielfältige Entwicklung zu. Wir sind dadurch vollkommen offen und aufnahmefähig. Die Kehrseite dieser Offenheit ist aber, dass wir gleichzeitig total ausgeliefert sind, was uns enorm abhängig macht. Im Mutterbauch war für uns so umfänglich gesorgt, dass wir in einer Welt der Bedürfnislosigkeit und der Sorglosigkeit lebten, doch jetzt, in dieser neuen Welt, in der es Bedürfnisse und damit auch Mangel gibt, in der wir nicht mehr selbstverständlich sicher und geborgen sind und in der wir als eigenständiges und damit getrenntes Wesen existieren, muss alles, was vorher selbstverständlich war, mühsam über versorgende Beziehungen ausbalanciert werden.

Da wir aus eigener Kraft noch nichts können, brauchen wir Menschen, die uns körperlich und seelisch versorgen und sich über eine lange Zeit um unser Wohl kümmern. In uns gibt es noch keine Instanz, die versteht und koordiniert, deshalb benötigen wir ein äußeres Hilfs-Ich, das an unserer Stelle unsere körperlichen und seelischen Bedürfnisse »lesen« kann und darauf eingeht. Aber nicht nur das. Auch unsere Beziehung zu den uns umgebenden Umständen der äußeren Welt wollen koordiniert werden, denn auch diesbezüglich können wir in keiner Weise verstehen, wo wir sind und was mit uns geschieht, geschweige denn adäquat darauf reagieren. Wenn wir zum Beispiel als Baby im Kinderwagen liegen und es plötzlich regnet und kalt wird, sind wir total abhängig von jemandem, der diesen äußeren Einfluss versteht und uns davor schützen kann.

In den ersten Wochen nach der Geburt ist diese Abhängigkeit von einer äußeren Person (oder Personen), die zu unserem Hilfs-Ich wird, absolut und betrifft alle Lebensbereiche. Obwohl wir als eigenständiges Wesen existieren und durchaus als fühlendes Wesen lebendig sind und viele innere und äußere Eindrücke haben, sind wir unfähig, mit diesen Erfahrungen umzugehen oder sie einzuordnen. Wir sind noch nicht einmal zu einer differenzierten Wahrnehmung fähig, bei der wir zum Beispiel innere und äußere sinnliche Erfahrungen unterscheiden könnten. Am ehesten kann man sich das Erleben als Baby wie eine wabernde Gefühlswolke vorstellen, in der immer wieder einzelne Sinneseindrücke stärker in den Vordergrund rücken, ohne dass sie klar unterscheidbar sind.

Eine Ahnung von diesem Zustand können wir erhalten, wenn wir die Augen schließen und uns ganz auf die unmittelbaren Empfindungen des Körpers konzentrieren. Wenn wir nur innerlich spüren und unser Wissen um den Körper und unsere verinnerlichten Körperbilder – das ganze visuelle System – bewusst zur Seite stellen, dann tauchen wir in eine lebendige, fließende, wabernde Welt ohne Konturen ein. An manchen Stellen spüren wir eine Verdichtung, die sich wieder verändert und auflöst, an anderen Stellen fühlt es sich wie Watte, fließend oder kribbelnd an, aber alles ist irgendwie in Bewegung und ergibt ein diffuses, bewegtes Ganzes. Wir können nichts klar fassen und haben darin keine Orientierung – eine Gefühlswolke eben. Dabei ist der Begriff »Wolke« nicht zufällig gewählt. Wenn wir uns vorstellen, eine Wolke am Himmel zu sein, eine diffuse, lebendige Gestalt, die nicht klar zu fassen ist und sich ständig wabernd verändert, dann kommen wir wahrscheinlich dem Erleben als Baby sehr nah.

Dieser Zustand ist an sich nicht schlecht. Im Gegenteil. Wir leben hier noch in einer Welt der Unmittelbarkeit und der Hingabe – Qualitäten, die wir später als Erwachsene oft vermissen –, aber wir können auf diese Weise selbstständig nicht überleben oder unsere Anlagen als individueller Mensch entfalten. Erst wenn wir lernen, unsere diffusen Wahrnehmungen auszudifferenzieren und uns in allen Bereichen zu koordinieren – also Muster ausbilden –, werden wir zu einem reifen Menschen heranwachsen, der sich eigenständig in der Welt bewegen und verhalten kann. Dieser Vorgang ist ein langer und mühsamer Weg und wird uns viele Jahre lang alles abverlangen.

Es ist ein Prozess, bei dem wir in allen Bereichen unseres Menschseins Muster ausbilden und diese Muster uns dabei helfen werden, uns selbst und die umgebende Welt immer differenzierter wahrzunehmen und immer besser zu verstehen, um uns darin absichtsvoll bewegen und verhalten zu können. Wie umfassend und anspruchsvoll dieser Vorgang des Lernens ist, können wir nur ansatzweise ermessen. Jeder Sinneseindruck, der zunächst nur als ein diffuses, verschwommenes Aufscheinen einer Ganzheitserfahrung ohne eigene Bedeutung wahrgenommen wird, muss durch den Prozess des Lernens mit der Zeit in uns als eine klar unterscheidbare Gestalt mit eindeutigen Konturen und einer speziellen Bedeutung konstruiert werden. Nur so kann sie erkannt und von anderen Erfahrungen abgegrenzt werden.

Das ist ein bisschen vergleichbar mit der Situation, wenn wir eine für uns neuartige, komplexe Klangerfahrung erleben. Vielleicht hören wir zum ersten Mal in einer Spelunke Free-Jazz oder wir sitzen ganz unbedarft in einem Konzert, in dem ein Orchester ein Stück aus der modernen Klassik des 20. Jahrhunderts spielt. Eine Musik, die für uns ungewöhnlich, komplex und unfassbar ist, kann uns komplett überwältigen und gleichzeitig so öffnen, dass wir auf eine neue Weise hören – ganz unmittelbar und gleichzeitig, ohne das Klangerlebnis irgendwie fassen oder einordnen zu können. Der Klang ergreift uns wie ein Dschungel, in den wir eintauchen und der uns mit seinem wuchernden üppigen Grün verschluckt.

Erst wenn wir uns eine längere Zeit in diesem neuartigen Klangdschungel befinden, werden wir auch hier einzelne Stimmen, Klangfarben, Instrumente, Tonfolgen differenzieren und heraushören können. Die zunächst unfassbare ganzheitliche Klangwelt, die vielleicht unsere Vorstellung von Musik – von Melodie, Harmonie und Rhythmik sprengt –, enthält bei längerem Zuhören plötzlich durchaus Melodien, Harmonien und bestimmte Rhythmen, also musikalische Muster, die wir nach einer gewissen Zeit differenzieren, hören und benennen können. Wenn wir Musikerin sind, dann können wir vielleicht sogar irgendwann diese Musik auf dem Notenblatt darstellen. Wir benützen dabei eine abstrakte, symbolische Zeichensprache, um Klangerlebnisse zu versinnbildlichen und vermitteln zu können. Freilich funktioniert dies nur, wenn eine andere musizierende Person die gleiche Notensprache »spricht«.

Wie wir wissen, ist der Weg vom ersten Hören einer Musik zum wirklichen Erfassen oder zum Spielen oder sogar Notieren dieser Musik ein langer. Doch nur wenn wir diesen Aufwand nicht scheuen und uns über

Jahre auf diesen Lernprozess einlassen, werden wir irgendwann in der Lage sein, mit anderen aktiv musikalisch zu kommunizieren oder anhand von abstrakten Noten diese Musik in uns zu hören. Ist es nicht eine erstaunliche Fähigkeit, wenn manche Komponisten oder Dirigenten eine Symphonie, die sie nur auf dem Notenblatt sehen, innerlich hören können?

Doch in Wirklichkeit ist diese Fähigkeit gar nicht so erstaunlich. Findet nicht beim Lesen dieses Buches genau dieser Vorgang statt? Abstrakte geschriebene Symbole – sogenannte Buchstaben – lassen beim Lesen innerlich ganze Erfahrungsräume mit Bildern, Gefühlen und Gedanken entstehen, die für uns Sinn ergeben und Bedeutung haben. Geschriebene Sprache ist die höchste Form der Abstraktion, wie Noten auf einem Notenblatt. Und doch können die Symbole der Buchstaben, wenn wir lesen können, in uns regelrecht lebendig werden. Wir sehen dann nichts Abstraktes vor uns – sonst würden wir ein Buch schnell wieder weglegen –, vielmehr fühlen wir den Inhalt eines Textes als unmittelbare Erfahrung, die uns innerlich bewegt oder Gedanken anregt.

Bis jedoch ein Kind auf eine Weise lesen kann, dass es die Geschichte in sich fühlt, ist ein langer Weg mit vielen kleinen Teilschritten erforderlich, die alle Stück für Stück erobert werden wollen. Zunächst einmal muss es lernen, undifferenzierte Wahrnehmungsfragmente einer diffusen Ganzheitserfahrung mehr und mehr als eine klar erkennbare und unterscheidbare Gestalt zu konstruieren und damit auch die Fähigkeit entwickeln, diese wiederzuerkennen. Erst mit dieser geistigen Leistung der Differenzierung entsteht für das Kind eine Welt mit konkreten erfahrbaren inneren und äußeren Objekten, so wie wir sie als Erwachsene kennen. Es ist ein Prozess, bei dem aus einer diffusen Gefühlswolke ganz langsam immer deutlicher einzelne erkennbare Erfahrungsobjekte hervortreten.

Das ist vergleichbar mit der Situation, im dichten Nebel spazieren zu gehen. Hier gibt es keine Konturen und keine Orientierung. Dann aber zeigen sich diffus schemenhafte Schatten, die sich schwach vom Hintergrund abheben und wenn wir noch näher kommen, schälen sich diese als konkrete Bäume mit klaren Konturen heraus. Wenn dann noch irgendwann die Sonne herauskommt und Wiese, Blumen, Bäume und der Himmel in allen Farben erstrahlen, ist es geradezu überwältigend. Was muss es für eine ungeheuer aufregende Erfahrung sein, wenn sich ganz allmählich aus einem großen diffusen Hintergrundrauschen eine Welt mit konkreten Gestalten abhebt, in der jedes Objekt eigene Empfindungen, Klänge, Gerüche und Farben hat?

Ist diese Beschreibung zu romantisch? Bestimmt nicht. Wenn wir uns zum Beispiel bewusst machen, dass ein Baby erst nach ca. drei Monaten die Fähigkeit hat, visuell den Vordergrund vom Hintergrund zu differenzieren, also ein Gesicht zu erkennen, das sich deutlich vom Hintergrund einer Landschaft abhebt, und wenn wir uns vergegenwärtigen, dass die Sehschärfe im ersten Lebensjahr ständig zunimmt, bis sie etwa nach einem Jahr 200 Prozent beträgt, um dann langsam wieder abzunehmen, dann können wir erahnen, welch ungeheures Abenteuer es für Kinder im ersten Lebensjahr bedeuten mag, wenn sie spürend, riechend, schmeckend und krabbelnd die Welt entdecken und wie einen neuen Kontinent erobern. Ich kann mich sehr gut erinnern, wie mein Jüngster mit einem dreiviertel Jahr auf Entdeckungsreise durch die Wohnung robbte und dabei immer wieder einen Laut des tiefen Erstaunens ausstieß: »Boah«. Es war sein erstes Wort, lange bevor er »Mama« sagen konnte.

Sich in der Welt zurechtfinden

Erst durch die grundlegende Fähigkeit, aus Erfahrungsfragmenten klare und konkrete Gestalten zu konstruieren, erscheint für uns eine erkennbare, dreidimensionale Welt in all ihrer Vielfalt. Doch das ist nur der erste Schritt, wenn wir uns die Welt erschließen wollen. Im zweiten Schritt wird jedes Erfahrungsobjekt mit einer Bedeutung versehen. Ein Tisch ist nicht nur ein sichtbares und spürbares Objekt ohne Bedeutung. Er hat vielmehr eine bestimmte Funktion und steht damit in einem Sinnzusammenhang, der ihm erst seine Bedeutung verleiht. Wenn wir innerlich an einen »Tisch« denken, spüren wir typischerweise nicht unmittelbar, wie er sich anfühlt, aber wir haben sofort ein Wissen über seine Funktion und damit seine Bedeutung im Kontext des alltäglichen Lebens.

Für ein Baby jedoch gibt es keinen Tisch. Es gibt zunächst nur das unmittelbare Spüren einer glatten Oberfläche, aber keinen Tisch. Mit der Zeit entsteht aus den einzelnen Empfindungen und der visuellen Gestalt, die immer klarer als eigenständig erkannt wird, ein konkretes Objekt, das sich schließlich immer mehr mit einer alltäglichen Funktion und damit einer bestimmten Bedeutung verknüpft. Erst jetzt »erkennt« das Kind einen Tisch, so wie wir ihn als Erwachsene begreifen.

Dieser Vorgang geht Hand in Hand mit der Zuordnung zu einem sprachlichen Laut, der mit dem Objekt Tisch und seiner Bedeutung verknüpft wird. Das Kind hört immer wieder das Wort für Tisch in seiner Muttersprache, und nach einer gewissen Zeit wird dieser Laut die konkrete Erfahrung des heimatlichen Küchentischs aufrufen, sodass das Kind diesen innerlich – also geistig – sehen und fühlen kann. Dadurch hat es die Möglichkeit, zum Tisch zu krabbeln, wenn die Mutter vom Tisch spricht. Das bedeutet, erst mit der geistigen Zuordnung entsteht die Fähigkeit zur Orientierung innerhalb der neu entstandenen Welt. Diese Fähigkeit, sich zu orientieren, ist ein großer Schritt, wenn wir uns selbstständig in und durch die Welt bewegen und die inneren und äußeren Erfahrungsobjekte nicht nur erkennen, sondern auch handhaben wollen. Ohne Orientierung und ohne Verständnis für die Funktion eines Objekts bleibt die Welt für uns ein unüberschaubarer und unverständlicher Dschungel, dem wir ausgeliefert sind.

Besonders die Bedeutung eines Objekts gibt uns mit der Zeit die Möglichkeit, dieses in seinem größeren Sinnzusammenhang zu begreifen. Ein Tisch ist dann für das kleine Kind nicht mehr nur der eigene Küchentisch, sondern eine Funktionseinheit, welche viele unterschiedliche konkrete Formen annehmen kann. Der Funktionszusammenhang und die allgemeine Bedeutung eines Tisches werden dabei immer wichtiger und die unmittelbare Erfahrung – also *wie* ein konkreter Tisch aussieht und sich anfühlt – wird immer nebensächlicher. Dieser schleichende

Vorgang, der sich über viele Jahre hinweg vollzieht, führt uns von einer Welt voller unmittelbarer, geheimnisvoller Erfahrungen in eine immer mehr geistige und damit abstrakte Welt hinein, in der jedes Objekt eine bestimmte Bedeutung hat, welche es uns ermöglicht, uns zu orientieren und die Dinge zu benutzen.

Mit diesem schleichenden Prozess von den unmittelbaren, geheimnisvollen Sinneseindrücken zu einer funktionalen Wahrnehmung, in der jedes Objekt abstrahiert und vorwiegend in seiner Funktion erfasst wird, entsteht mehr und mehr die Bewusstseinsebene der Alltagsrealität mit ihren geistigen Zuordnungen und allgemeingültigen Bedeutungen. Dadurch wird es uns möglich, die Welt als konkrete Objekte zu konstruieren, sie in ihrer Funktionalität geistig abzubilden und damit auch wiedererkennen zu können. Das gibt uns mehr und mehr die Möglichkeit, diese Objekte zu handhaben.

Das sprachliche Etikettieren der Objekte verstärkt dabei den Vorgang der Abstraktion. Wenn wir vom »Tisch« oder vom »Fluss« sprechen, sagt dies überhaupt nichts über die unmittelbare Erfahrung des Einzelnen aus, sondern stellt die funktionale Bedeutung eines »Objekts« ins Zentrum. Durch diese Form der Abstraktion und der Verallgemeinerung können wir uns sehr leicht in der Welt orientieren und uns darüber hinaus mit anderen Menschen verständigen und mit ihnen zusammenarbeiten. Das ist ein ungeheurer Gewinn, der differenzierte Kommunikation und komplexe soziale Gemeinschaftsstrukturen erst möglich macht.

Allerdings hat dieser schleichende Vorgang, in welchem die funktionale Wahrnehmung und der Verstand immer mehr Oberhand gewinnen, auch seinen Preis. Bei der Geburt sind wir förmlich aus dem paradiesischen Urzustand des Seins gepurzelt, aber durch die geistige Konstruktion der Alltagsrealität mit ihrer Funktionalität und ihren Verallgemeinerungen vertreiben wir uns Stück für Stück selbst. Die absichtslose, unmittelbare, sinnliche Wahrnehmung und die individuelle, Seelische Realität mit ihren lebendigen und überaus kreativen Aspekten verlieren mehr und mehr an Bedeutung und werden mit der Zeit zu großen Teilen einfach vom Fokus unserer Aufmerksamkeit übergangen und damit ins Unbewusste verdrängt. Vom Urzustand der Absoluten Realität mit seiner unbedingten Freiheit und seiner vollständigen Verbundenheit brauchen wir erst gar nicht zu reden: Das unbedingte, absichtslose SEIN verschwindet völlig unter der Oberfläche der Alltagsrealität, die bestimmt ist von absichtsvollem Tun.

Wie leicht fällt es uns Erwachsenen doch, etwas darüber zu sagen, was wir gerade tun, und wie schwer fällt es uns dagegen, differenziert zu spüren und zu beschreiben, was wir dabei fühlen? Wie einfach ist es doch, *über* unseren Körper zu sprechen und wie wenig selbstverständlich ist es für uns, eine unmittelbare Verbindung mit den feinen energetischen Empfindungen im Körper zu haben? Was sind das doch für kostbare Momente, wenn sich für kurze Augenblicke die Pforten unserer funktionalen Wahrnehmung öffnen und uns die Schönheit des Lebens – ein Sonnenuntergang, eine leuchtende Blüte am Wegrand oder die Augen eines anderen Menschen – ergreifen kann?

Wie wir zwei Welten erschaffen

So, wie wir langsam aus Wahrnehmungsfragmenten eine äußere Welt mit konkreten unterscheidbaren Objekten und ihren Bedeutungen konstruieren, so erschaffen wir auch uns selbst als eine eigenständige, handelnde Gestalt, die im Zentrum der Welt steht. Dieser Vorgang ist höchst bedeutsam und strukturiert unser gesamtes Erleben auf eine besondere und neue Weise. Plötzlich gibt es ein agierendes Subjekt und eine äußere Welt mit unzähligen von uns getrennten Objekten. Spätestens jetzt, durch die Konstruktion eines eigenständigen Subjekts, haben wir endgültig den paradiesischen Einheitszustand des absoluten Seins verlassen und bewegen uns in einer Welt der Dualität und der Getrenntheit.

Doch betrachten wir diesen Vorgang genauer. In den ersten Wochen nach unserer Geburt, solange wir in einer diffusen, wabernden Gefühlswolke leben, gibt es nur *eine* Welt – kein Innen und kein Außen. Mit der Zeit formen sich jetzt immer konkretere Erfahrungen heraus, die als klar erkennbare eigene Gestalten konstruiert werden. Da hören wir zum Beispiel die Stimme der Mutter und können sie von anderen Geräuschen und Stimmen unterscheiden. Genauso spüren wir die rhythmische Bewegung des Atems und können sie mit der Zeit von den Empfindungen, welche die Bewegungen unserer Arme und Finger machen, differenzieren. Immer deutlicher treten einzelne, wiedererkennbare klare Sinnesgestalten hervor und verdichten sich zu verschiedensten eigenständigen Erfahrungsobjekten.

In dieser Phase gibt es noch kein Innen und kein Außen. Alle Gestalten – ob es das Geräusch einer Stimme ist, eine Körperempfindung von Hunger oder der helle Schein einer Lampe – werden noch unmittelbar und damit innerlich erfahren. Mit anderen Worten, in dieser Phase ist die ganze Welt innen. Obwohl es bereits erste differenzierbare Erfahrungsobjekte gibt, lebt das Baby weiterhin über Wochen und Monate im Zustand der Einheit.

Erst wenn das Baby lernt, im Dschungel der vielfältigen Wahrnehmungen erste aktive Impulse setzen zu können, bekommt die Welt ganz allmählich eine andere – nämlich dualistische – Gestalt. Zunächst macht das Baby nur unwillkürliche, absichtslose Bewegungen, die es nicht steuern kann. Doch mit der Zeit entwickeln sich nicht nur Wahrnehmungsmuster, mit deren Hilfe wir sinnliche Wahrnehmungsfragmente deutlicher konstruieren können, sondern auch einfache Handlungsmuster, mit denen wir erste Bewegungen koordinieren und steuern können.

Aus ungesteuerten, unwillkürlichen Bewegungen entsteht nach vielen Versuchen ein zielgerichtetes Greifen nach Objekten, die unsere Aufmerksamkeit anziehen. Vielleicht baumelt vor unserer Nase eine rote Rassel, die vom Dach unseres Kinderwagens hängt, und irgendwann gelingt es uns nach vielen Fehlschlägen – fast beiläufig –, danach zu greifen. Je öfter dieser Vorgang stattfindet, desto stärker prägt sich dieses Bewegungsmuster ein, bis es zu einer zielgerichteten Handlung führt, die wir absichtsvoll durchführen und jederzeit abrufen können. Genauso entdecken wir mit der Zeit, dass wir nicht nur unwillkürlich vor uns hinbrabbeln und lallen können, sondern auch einzelne wiedererkennbare Laute erzeugen können, die wiederum eine Resonanz im Gegenüber hervorrufen. Irgendwann können wir zielgerichtet »Mama« sagen und damit nach äußerer Zuwendung rufen.

Durch die aktive Einflussnahme entsteht eine besondere Beziehung zum Körper, bei der der Körper mit der Zeit zum Mittelpunkt unserer Welt wird und damit zur Basis unserer menschlichen Identität. Wir erfahren immer deutlicher, dass wir nur den Körper direkt steuern können und alle anderen Objekte – wie zum Beispiel ein Spielzeug – nur indirekt, also über den Körper bewegen und erfahren können. Auf diese Weise entstehen zwei Welten: der Körper, den wir direkt mithilfe unserer Absicht bewegen können, und eine Außenwelt, welche gar nicht oder nur sehr bedingt – über die Handlungen des Körpers – unserer Einflussnahme unterliegt.

Die gleiche Erfahrung machen wir mit Geräuschen. Da gibt es Laute, die wir selbst mit unserem Körper erzeugen können und irgendwann sogar absichtsvoll nutzen können, wie zum Beispiel das Zauberwort »Mama«, und es gibt viele Geräusche wie zum Beispiel die Stimme der Mutter oder das Geräusch des Staubsaugers, die wir zwar hören, aber nicht direkt beeinflussen können.

Auf diese Weise beginnt sich die Welt in eine Innen- und eine Außenwelt aufzuspalten. Die Innenwelt wird immer stärker mit dem eigenen Körper assoziiert. Sie wird direkt erfahren und kann absichtsvoll bewegt und koordiniert werden. Die Außenwelt dagegen kann nur über den Körper erfahren werden, außerdem haben wir auf sie keinen oder nur einen sehr begrenzten indirekten Einfluss. Lange bevor wir die Fähigkeit haben, »ich« zu sagen, bildet sich so allmählich ein eigenes Identitätsgefühl heraus, das unmittelbar mit dem Körper verknüpft ist und zum Zentrum unserer Welt wird.

Wahrscheinlich würde sich dieses Körper-Ich nicht so zementieren, wenn es nicht permanent über Beziehungserfahrungen bestätigt werden würde. Jeder Mensch, der uns anspricht, bezieht sich dabei auf unsere körperliche

Gestalt. Wenn uns unsere Mutter versorgt und sich uns liebevoll zuwendet, wendet sie sich unserem Körper zu. Und wenn eine Person unseren Namen ruft, wird damit das Körper-Ich assoziiert und damit bestätigt.

Diese Körper-Identität – also ein Körper zu sein in einer von uns getrennten Außenwelt – wird zu einem bestimmenden Grundgefühl unseres Lebens, das meistens nie mehr hinterfragt wird. Wie sehr diese Sichtweise unser Lebensgefühl prägt, können wir ermessen, wenn wir betrachten, welche vielfältigen Auswirkungen die Identifizierung mit dem Körper hat. Wenn wir nämlich unser Körper sind, dann sind wir automatisch bedürftig, verletzlich und getrennt. Außerdem werden wir sterben. All diese grundlegenden Aspekte des Körpers bestimmen wie selbstverständlich unser Lebensgefühl, solange das Körper-Ich das Zentrum unserer Identität bleibt.

Vom Funktionalen Ich zur Ich-Identität

All diese Lernprozesse, die ich bis jetzt beschrieben habe, sind nicht voneinander getrennt, sondern wirken ineinander und bestätigen sich gegenseitig. Allmählich bilden sich unzählige geistige und körperliche Muster aus, die uns ermöglichen, uns selbst und die Welt um uns herum als konkrete Objekte wahrzunehmen, uns zu orientieren und uns absichtsvoll zu beziehen. Mit den Jahren entsteht eine Funktionseinheit aus unendlich vielen und komplexen Vernetzungen: das Funktionale Ich.

Ohne die vielfältigen Muster des Funktionalen Ichs könnten wir nichts erkennen, nichts benennen, uns nicht absichtsvoll bewegen, nicht handeln und nicht kommunizieren. Wir würden in einem infantilen Zustand verharren, in dem wir nicht die Möglichkeit hätten, mehr und mehr Verantwortung für uns selbst und für andere zu übernehmen. Erst das geistige Netzwerk des Funktionalen Ichs gibt uns die Freiheit, unsere Potenziale als Mensch auf allen Ebenen zu entfalten.

Dabei dürfen wir das Funktionale Ich nicht mit der Ich-Identität verwechseln. Diese ist nämlich nur ein kleiner, wenn auch von seinen

Auswirkungen her bedeutender Bereich in der Gesamtheit des Netzwerkes, das man das Funktionale Ich nennt. Aus diesem Grund ist es keinesfalls so, dass wir all unsere Fähigkeiten verlieren, wenn wir im Prozess des Erwachens die Identifikation mit der Ich-Identität überschreiten und erkennen, dass es auf einer tieferen – auf der seelischen und absoluten – Ebene kein abgegrenztes, feststehendes Ich gibt.

Doch betrachten wir den Bereich der Ich-Identität etwas genauer. Schließlich ist er nicht irgendein geistiges Muster, sondern das Muster, das im Zentrum unserer Welt steht, und solange es besteht, schwerwiegende Auswirkungen auf unser Leben hat. Wenn wir dem Buddhismus Glauben schenken, dann ist die Ich-Identität die zentrale Verblendung, die den Leidenskreislauf des Menschen in Gang hält.

Im vorigen Kapitel haben wir bereits betrachtet, wie allmählich durch die Möglichkeit der aktiven Einflussnahme eine Innen- und eine Außenwelt entsteht: eine innere Welt, die wir direkt beeinflussen können und die mit der Gestalt des Körpers in Verbindung steht, und eine äußere Welt, auf die wir nur indirekt Einfluss haben oder die vollkommen außerhalb unserer Einflussmöglichkeiten liegt. Durch diese Zweiteilung der Welt tritt immer deutlicher der Körper als Sitz der Wahrnehmungsorgane und als Instrument der aktiven Einflussnahme hervor. Nur über den Körper sehen, hören und spüren wir die Dinge und können sie anfassen und handhaben.

Außerdem gibt uns der Körper eine konkrete, spürbare und sichtbare Gestalt, mit deren Hilfe wir uns durch die äußere Welt bewegen und uns absichtsvoll verhalten können. Dadurch wird die körperliche Gestalt schon ganz früh zur Basis unserer Ich-Identität. Doch die Herausbildung der Ich-Identität ist damit noch lange nicht abgeschlossen. Im Gegenteil. Es ist erst der Beginn eines langen und komplexen geistigen Vorganges, an dessen Ende die feste Überzeugung steht, eine eigenständige, von der äußeren Welt getrennte Person zu sein.

Dass dieser Vorgang der Herausbildung einer Ich-Identität vor allen Dingen geistiger Natur ist – also eine Gedankenrealität – und keine

Objektivität besitzt, ist wohl der Schlüssel zum Verständnis dieser mysteriösen und gleichzeitig so bedeutsamen Überzeugung und auch der Schlüssel dafür, zu begreifen, wie sich die Ich-Identität ausbildet. Von der unmittelbaren Erfahrung eines Körpers, also einer Innenwelt, die direkt gespürt wird und durch die wir aktiv Einfluss nehmen können, zu der Identifizierung mit dieser körperlichen Gestalt ist es nämlich ein langer Weg, der viele geistige Prozesse erfordert.

Erinnern wir uns noch mal an die geistige Leistung, einen Tisch innerlich – also geistig – als abstraktes Objekt in seiner Funktion zu konstruieren. So wie es zunächst für das Baby keinen Tisch gibt, sondern nur unmittelbare Erfahrungen einer glatten Oberfläche ohne jegliche Bedeutung, so gibt es auch zunächst keinen Körper, sondern nur vielfältige und unmittelbare Empfindungen. Erst mit der Zeit kann das Kind den Körper immer mehr als eigenständige und zusammenhängende Gestalt konstruieren, die sich aus Empfindungen, aus visuellen Eindrücken und Beziehungserfahrungen – wie zum Beispiel das Berührt-Werden durch die Mutter – zusammensetzt.

Doch wie entsteht nun aus der neu entstandenen Gestalt des Körpers ein Körper-Ich? Dazu muss das Kind den Körper, genauso wie den Tisch, in seinem Sinnzusammenhang erfassen und ihm eine abstrakte Bedeutung zuordnen. Das Körper-Ich ist nämlich mehr als die körperliche Gestalt, die aus vielen unmittelbaren Wahrnehmungsfragmenten zusammengesetzt wird. Es ist vor allen Dingen die Funktion und die Bedeutung, die dieser körperlichen Gestalt geistig zugeordnet wird.

Was ist der Sinnzusammenhang des Körpers in einer äußeren Welt? Der Körper ist zuallererst die Gestalt, die zeitlebens in jedem Augenblick unseres Lebens anwesend ist. Alle anderen Objekte kommen und gehen. Ob es die Mutter ist, der Tisch oder die Sonne, alle Objekte, die als Gestalt konstruiert werden können und die sogenannte äußere Welt ausmachen, sind manchmal da und manchmal nicht. Die Gestalt des Körpers jedoch verschwindet nie. Er ist verlässlich da und ist immer im Zentrum der Wahrnehmung konstruierbar.

Außerdem ist der Körper die Gestalt, durch die wir handeln können. Nur durch die Gestalt des Körpers kann eine aktive Einflussnahme erfolgen. Nur mit einem Körper können wir uns aktiv durch die Welt bewegen und mit vielen anderen Objekten in Beziehung treten. Wenn wir nur diese beiden grundlegenden Erfahrungen betrachten, die das Kind kontinuierlich mit der Gestalt des Körpers macht, dann ist es fast zwingend, dass es mit der Zeit den Körper als *die* Gestalt abstrahiert, deren Funktion die persönliche Existenz und die persönliche Handlungsfähigkeit sicherstellt. Einfach formuliert, vermittelt der Körper dem Kind, dass es nicht nur lebendig ist, sondern als konkrete Gestalt präsent ist und dass es durch diese Gestalt handeln kann.

Die Funktion, die dem Körper zugesprochen wird, wird dabei immer mehr zu einer geistigen, abstrakten Gestalt, die sich immer mehr von den realen, unmittelbaren Empfindungen des Körpers abkoppelt. Selbst wenn unsere Aufmerksamkeit gerade intensiv durch das Hören einer Musik oder das Sehen einer Landschaft absorbiert ist und wir den Körper und die unmittelbaren Empfindungen ausblenden, »wissen« wir, dass wir als konkrete, handelnde Gestalt weiterhin existent sind.

Diese Dynamik, die Gestalt des Körpers als abstrakte, geistige Figur mit einer bestimmten Funktion gedanklich zu konstruieren, wird durch die Zuordnung zu einem persönlichen Namen verstärkt und gefestigt. Unser Eigenname, mit dem wir immer gerufen werden, verknüpft sich mit dem inneren Bild der eigenen Gestalt und wird zum Kristallisationspunkt der Ich-Identität. Wenn jemand unseren Namen ruft, spüren wir nicht unseren Körper, sondern wir fühlen uns als konkrete, handelnde Gestalt angesprochen und das abstrakte, geistige Bild, das wir mit uns als Person verknüpfen, wird aufgerufen.

Dass die Ich-Identität ein abstraktes Bild von uns selbst ist und wenig mit dem tatsächlichen konkreten Erleben zu tun hat, können wir auch daran erkennen, dass die konkreten Erfahrungen des Körpers und der Seele genauso kommen und gehen wie äußere Objekte. Sogar unsere äußere Erscheinung ändert sich im Laufe unseres Lebens stark. Trotzdem wird das Konzept einer konkret existierenden und handelnden Gestalt, die wir sind, niemals infrage gestellt.

Die Ich-Identität, das abstrakte Bild von uns selbst, wird natürlich nicht nur mit der Gestalt des Körpers und dem Namen verknüpft, sondern im Laufe der Zeit auch mit bestimmten Eigenschaften. Vielleicht singe ich gern oder bin ein sehr empfindsames Kind, das viel weint. Vielleicht bin ich introvertiert und gerne still, vielleicht das Gegenteil. Konkrete Eigenschaften, die ich selbst an mir erfahre oder die mir von außen gespiegelt werden, verdichten sich zu inneren Selbstbildern, die mit der Zeit einen erheblichen Anteil der Ich-Identität ausmachen. Selbstbilder beinhalten sowohl Grundüberzeugungen, die das körperliche Äußere betreffen, wie zum Beispiel die geschlechtliche Identität, als auch die Art und Weise, *wie* ich in der Welt bin. Auch manche seelischen Aspekte, wie zum Beispiel ein Grundgefühl von Einsamkeit, fließen in das Selbstbild mit ein.

Dabei müssen wir uns bewusst machen, dass Selbstbilder keineswegs objektiv sind. Sie sind immer das Ergebnis einer Interpretation, also der Bedeutung, die wir einem Ereignis zuschreiben. Das Selbstbild zum Beispiel, männlich oder weiblich zu sein, ist mit unterschiedlichsten individuellen oder auch kollektiven Zuschreibungen und damit einer bestimmten Bedeutung verknüpft. Dadurch kann die geschlechtliche Identität für einen Menschen eine positive oder eine negative Konnotation haben. Diese Interpretationen sind ein wesentlicher Anteil der Selbstbilder und lassen uns nicht selten an uns selbst leiden.

So bildet sich aus dem Körper-Ich allmählich eine geistige Gestalt mit vielen Selbstbildern, die jedes Mal aufgerufen wird, wenn jemand unseren Namen ruft. Wie viel Bedeutung wir innerlich dieser persönlichen, abstrakten Gestalt geben, kann man daran ermessen, dass Neurologen beobachtet haben, was im Gehirn geschieht, wenn jemand unseren Namen ruft. Egal mit was oder wie tief wir gerade beschäftigt sind, werden sofort im Gehirn die neuronalen Netzwerke aktiviert, die mit der Ich-Identität in Verbindung stehen. Die Wirkung ist frappierend: Wir wenden uns sofort dem Rufenden zu. Mit anderen Worten, dass wir gerufen werden, ist für unser Gehirn wichtiger als alles, was uns sonst beschäftigen könnte. Die Nennung unseres Namens geht durch sämtliche Wahrnehmungsfilter, die es in unserem Gehirn gibt und die uns vor der Überflutung von Reizen abschirmen, hindurch. Offensichtlich hat die Ich-Identität in unserem geistigen System höchste Priorität.

Das Ich – ein Chamäleon

Wer jetzt denkt, die Ich-Identität besteht im Wesentlichen aus dem geistigen Konstrukt, das sich aus unserer körperlichen Gestalt und bestimmten Selbstbildern zusammensetzt, der irrt gewaltig. Es ist noch viel komplexer. In der Ich-Identität finden sich nämlich zusätzlich eine Menge an Zugehörigkeiten, die das Körper-Ich bei Weitem übersteigen. Schon das Kleinkind identifiziert sich mit »seinem« Spielzeug und kämpft im Sandkasten manchmal mit dem Nachbarskind um den eigenen Bagger, als würde es um ein eigenes Körperteil gehen.

Die Anlage dazu, sich mit Teilen der äußeren Welt zu identifizieren, findet sich bereits im Babyalter. Schon nach wenigen Wochen, lange also bevor ein Kind Worte wie »mein« oder »dein« sagen kann, entwickelt sich eine tiefe Bindung zur zentralen Beziehungsperson, bei der diese als Teil der eigenen, vertrauten Welt erlebt wird und andere Personen immer mehr als fremd und bedrohlich behandelt werden. Bereits nach acht Wochen kann man beobachten, wie sich das Baby in der Nähe der zentralen Bindungsperson, zum Beispiel der Mutter, entspannt, wohingegen es sich von anderen Personen nicht mehr beruhigen lässt.

Dieser Vorgang, sich mit der Bindungsperson zu identifizieren, geschieht in diesem Alter nicht auf einer gedanklichen Ebene, sondern ist ein rein seelisch-körperlicher Prozess. Die Bindungsperson wird dabei regelrecht internalisiert und damit zu einem verlängerten Körper-Ich. Wenn wir ein Baby beobachten, das an der Mutterbrust trinkt, können wir das Verschmelzen der beiden Körper, die das Baby in diesem Augenblick empfindet, förmlich sehen. In der Vertrautheit, die der Körper der

Mutter mit seinem Geruch und seinen Empfindungen verströmt, gibt es keinen Unterschied zur Vertrautheit des eigenen Körpers. Beide Körper werden bei einer gelungenen Bindung als Teil der eigenen Welt erfahren.

Dass die Bindungsperson ein verlängerter Teil der eigenen Welt ist, kann man auch an den heftigen Reaktionen ablesen, wenn sich die Mutter nicht an den Bedürfnissen des Babys orientiert. Ab einem bestimmten Alter verhält sich das Baby nämlich nicht nur quengelig und frustriert, sondern wird regelrecht zornig, als habe es einen Anspruch darauf, dass die Bindungsperson sich so verhält, wie es das Kind möchte. Den gleichen Anspruch und die gleiche zornige Reaktion können wir dann auch später im Leben eines erwachsenen Menschen beobachten, wenn eine Identifikation mit einem äußeren Objekt stattgefunden hat und der Anspruch, der damit einhergeht, sich nicht erfüllt. Werden wir nicht genauso zornig wie ein Baby auf seine Mutter, wenn uns zum Beispiel etwas genommen wird, das »uns« gehört?

Schon im Babyalter entsteht also rudimentär auf einer seelisch-körperlichen Ebene eine Ich-Identität, die über den eigenen Körper hinausgeht. Mit der Zeit weitet sich nun die vertraute Welt aus und immer mehr Objekte werden Teil der eigenen Welt. Da sind zunächst die Familienmitglieder, das Haustier, der vertraute Wohnraum und natürlich auch persönliche Gegenstände wie das eigene Spielzeug oder die Kuscheldecke, die beim Einschlafen immer dabei ist.

Ganz allmählich kristallisieren sich aus der vertrauten Umgebung bestimmte Objekte heraus, die eine besondere Bedeutung für das Kind haben, da sie mit dem Körper-Ich in Verbindung gebracht werden. Zum Beispiel eben die Babydecke, der eigene Kinderlöffel oder der Kinderstuhl am Esstisch. Diese Objekte werden wie alle Objekte mit der Zeit, nach vielen konkreten unmittelbaren Erfahrungen damit, als innere, geistige Objekte konstruiert und mit einer Bedeutung versehen. In diesem Fall betrifft die Bedeutung jedoch nicht nur die Funktion, sondern auch eine Zuordnung: »meine« Babydecke, »mein« Löffel, »mein« Platz. Tatsächlich beginnt diese Konstruktion der inneren Zugehörigkeit bereits mit einem halben Jahr, also noch lange bevor das Kind dann mit etwa drei Jahren sprachlich »ich« oder »mein« denken oder sagen kann. Das ändert aber nichts daran, dass ein zweijähriges Kind bereits ein ausgeprägtes Empfinden dafür hat, welche Objekte die »eigenen« sind und welche nicht.

Dinge, die als zu uns gehörig empfunden werden, werden als selbstverständlicher Teil der Ich-Identität gesehen und entsprechend vehement verteidigt – genauso wie unser Körper-Ich. Im Extremfall kann es sogar sein, dass ein Mensch den eigenen Körper und damit sein Leben dafür opfert, um ein Objekt, das als zugehörig erlebt wird und damit Teil der eigenen Ich-Identität geworden ist, zu verteidigen. Manche Menschen sind bereit, für Haus und Hof oder für die eigene Nation zu kämpfen und zu sterben. Und es gab schon viele Menschen, die für eine religiöse oder politische Überzeugung, welche zu einem zentralen Selbstbild geronnen ist, in den Tod gegangen sind.

An diesen Extrembeispielen können wir ermessen, welche ungeheure Macht die Ich-Identität über unser Leben hat und wie viel Leiden davon ausgeht. Obwohl sie ein rein geistiges Konstrukt ist, werden alle Aspekte der Ich-Identität mit unserer Existenz verknüpft und erlangen dadurch in unserer Innenwelt höchste Priorität. Natürlich verschwinden oder sterben wir nicht, wenn wir Haus und Hof verlieren oder ein Selbstbild zusammenbricht, aber innerlich fühlt es sich wie eine Vernichtung an, da das zentrale geistige Konstrukt, das unsere Existenz auszumachen scheint, kollabiert.

Erstaunlich an der Ich-Identität ist, dass sie uns einerseits ein kontinuierliches Gefühl von Existenz vermittelt – also, dass es uns als eigenständiges Wesen gibt –, andererseits aber die Objekte der Ich-Identität – also, wer wir sind – sich kontinuierlich im Laufe unserer Kindheit und unseres Lebens verändern. Schon allein die körperliche Gestalt – also das Körper-Ich – ändert sich bereits in den ersten Jahren dramatisch und die Erfahrungen, die damit verknüpft sind, entsprechend auch. Ist die körperliche Realität eines Babys dieselbe wie die eines dreijährigen Kindes, das sich bereits selbstständig durch die Welt bewegen kann und schon begonnen hat, die Sprache als Kommunikationsmittel zu erobern? Oder betrachten wir die Welt eines zehnjährigen Kindes, das bereits lesen und schreiben kann. Hat es nicht einen völlig anderen Horizont als ein dreijähriges Kind?

Doch nicht nur das Körper-Ich, auch die Selbstbilder und vor allen Dingen die Zugehörigkeiten wandeln sich im Laufe unseres Lebens immer wieder aufs Neue. Für das Kleinkind sind andere Dinge verinnerlicht und Teil der Ich-Identität als für das Schulkind. Die Babydecke, der Löffel und der Kinderstuhl, der einmal so sehr zur eigenen Welt gehört haben, werden aussortiert und unbedeutend, und neue Objekte werden internalisiert und bilden jetzt die Elemente der Ich-Identität. Die Beziehungspersonen der Kindheit verlieren irgendwann an Bedeutung und neue Bindungen an Menschen außerhalb unserer Familie entstehen und können den ersten Platz und damit den höchsten Stellenwert in unserer Ich-Identität einnehmen. Vielleicht heiraten wir oder wir bekommen selbst Kinder, welche so tief als zu uns gehörig erlebt werden wie der eigene Körper.

Die Ich-Identität ist also höchst wandlungsfähig. Wie ein Chamäleon kann sie sich an die neue Lebenssituation anpassen und dabei neue Aspekte, neue Selbstbilder und neue äußere Objekte, sei es Dinge oder Menschen, verinnerlichen und in das Selbstgefühl einverleiben. Natürlich geht das nicht so schnell wie bei einem Chamäleon, da das alte geistige Konstrukt von sich selbst zu einem starken inneren Muster geronnen ist, das zunächst neue Strömungen nicht zulässt. Aber nach einer gewissen Zeit, in der die alte Identifizierung nicht mehr greift und das Neue immer stärker in unser Leben tritt, wird die Ich-Identität umgebaut und ein neues Selbstverständnis ist geboren. Wir sind ein anderer Mensch geworden.

Diese Umbauprozesse finden im Kleinen und auch im Größeren immer wieder in unserem Leben statt und machen einen erheblichen Anteil dessen aus, was wir eine innere Krise nennen. Jedes Mal nämlich, wenn sich das Ich in einem größeren Ausmaß wandeln muss, wird die innere Stabilität, die durch die Ich-Identität hergestellt wird, aufgebrochen und erschüttert. Unsere Welt und damit unsere Existenz geraten im wahrsten Sinne des Wortes ins Wanken und wir durchlaufen oft eine längere Zeit der Fragilität, bis sich das Selbstgefühl neu konsolidiert hat und uns wieder ein Gefühl von Sicherheit und Stabilität vermitteln kann.

An dieser Stelle wird vielleicht deutlich, welche zentrale Funktion die Ich-Identität für unser Leben hat. In einer Welt, in der sich alles wandelt und in der nichts auf Dauer beständig und damit verlässlich ist, bildet die geistige Konstruktion einer Ich-Identität mit klaren Selbstbildern und Zugehörigkeiten einen Hort der Stabilität, der im Zentrum unseres Erlebens eine sichere Basis darstellt. Solange nämlich die Ich-Identität stabil ist und sich nicht gerade neu erfinden muss, fühlen wir in uns eine erstaunliche Sicherheit, die es uns ermöglicht, den komplexen Anforderungen des äußeren Lebens und den Schwankungen unserer Gefühlswelt standzuhalten. Die Ich-Identität ist daher beileibe nicht nur ein Problem, das uns viel Leiden und manche Krise beschert, sie ist vor allen Dingen der Garant für innere Stabilität und das Gefühl von Sicherheit in einer Welt, die alles andere als sicher ist. Einfach formuliert, könnte man sagen, dass sie unsere Welt zusammenhält.

Gibt es einen Moment, in dem die geistige Strukturierung der Ich-Identität abgeschlossen ist? Niemals. Natürlich gibt es stabile Phasen in unserem Leben – man könnte sie Latenzphasen nennen –, in denen grundlegende Identifizierungen, aus denen das Ich-Gefühl besteht, nicht oder kaum infrage gestellt werden. Aber über kurz oder lang wird sich das Leben wieder innerlich oder äußerlich auf eine Weise ändern, die nach einer neuen inneren Umstrukturierung verlangt. Vielleicht gehen wir in Rente, vielleicht erfahren wir eine Trennung oder einen Verlust oder wir sind mit einer Krankheit konfrontiert, die unser Leben einschränkt und verändert. Die Anlässe sind vielfältig und es scheinen ganz unterschiedliche Lebenskrisen zu sein, die uns herausfordern. Bei genauerer Betrachtung ist es jedoch immer die gleiche: ein erneuter Umbau unserer Ich-Identität.

Innere Stabilität und Ich-Struktur

Wenn das heranwachsende Kleinkind mit ca. drei Jahren die Ich-Identität so weit ausgebildet hat, dass es auch »ich« sagen kann, dann ist ein vorläufiger Höhepunkt in der Entwicklung des Funktionalen Ich erreicht. Es kann sich jetzt selbstständig durch die Welt bewegen, Objekte in ihrer Funktion erkennen, diese spielerisch in ihrer Handhabung immer besser kennenlernen und es kann sich sogar sprachlich so weit ausdrücken, dass es sich selbst als klares Gegenüber mit eigenen Zugehörigkeiten definieren und positionieren kann. Mit diesen geistigen Fähigkeiten hat sich das Kind die Alltagsrealität Stück für Stück erobert.

Natürlich ist diese Entwicklung längst nicht abgeschlossen, sondern es wurde nur die Basis dafür gelegt, dass die Alltagsrealität mit ihren Zuordnungen, Funktionen, Bedeutungen und Konventionen in den nächsten Jahren immer differenzierter wahrgenommen, verinnerlicht und damit aktiv genutzt werden kann. Die Basis aber – die Entwicklung von geistigen Grundstrukturen – ist entscheidend dafür, dass sich in den folgenden Jahren in Kindergarten und Schule die Alltagsrealität mit ihren vielfältigen Möglichkeiten und Fertigkeiten geistig weiter ausdifferenzieren kann.

Durch die Muster und die Abstraktionsfähigkeit, die sich das Kind in den ersten drei Jahren ganz allmählich erworben hat, ist aus einer verschwommenen Gefühlswolke eine klar erkennbare Welt mit eindeutigen Objekten und Funktionen entstanden und mitten darin ein Agens – ein handelndes Subjekt –, das die Fähigkeit hat, sich eigenständig und aktiv zu beziehen. Das ist die Basis dafür, dass das Individuum in seiner weiteren Entwicklung als Kind, Jugendlicher und Erwachsener die Fähigkeit gewinnt, als soziales Wesen in seinem Umfeld seinen Platz einzunehmen und mehr und mehr selbstständig und verantwortlich zu agieren.

Vielleicht wird an dieser Stelle deutlich, wie bedeutsam die ersten drei Jahre des Lebens sind und welch ungeheure Entwicklung sich hier vollzieht. Diese Jahre sind die Basis dafür, dass wir uns in unserem Potenzial als Mensch entfalten können. Wir können das vergleichen mit einer Pflanze, deren Potenzial für ein gesundes Wachstum immer im Boden fußt. Wenn der Boden nährstoffreich ist und sich die Wurzeln gut und stark verankern können, kann sich die Pflanze dann auch im sichtbaren Teil an der Oberfläche entsprechend entfalten.

So ist es auch mit uns Menschen. Das geistige Potenzial, das wir irgendwann in unserem Leben in Schule und Universität ausbilden, hat seine Wurzeln bereits in der frühen Kindheit. Wenn es hier einen sicheren, verlässlichen und liebevoll-aufmerksamen Beziehungsrahmen gibt, können sich die grundlegenden geistigen Strukturen wie starke Wurzeln ausbilden und eine stabile und gesunde Basis für die weitere Entwicklung darstellen. In der Psychologie nennt man die geistigen Grundstrukturen, die allen seelischen und geistigen Prozessen zugrunde liegen und die dafür verantwortlich sind, wie stabil wir in unserem Leben sind, die Ich-Struktur des Menschen.

Eine stabile, tragfähige Ich-Struktur besteht in erster Linie aus einem funktionsfähigen Funktionalen Ich und einer stabilen Ich-Identität. Dabei bedeutet eine stabile Ich-Identität nicht, dass sie sich nicht weiterentwickeln und keine Krisen im Leben durchlaufen wird, sondern dass die Grundkonstruktion als handelndes Agens so verlässlich ist, dass Weiterentwicklungen und Umbauphasen geschehen können, ohne dass die Grundstruktur als Subjekt grundsätzlich infrage gestellt und fragmentiert wird. Entsprechend kann ein Mensch mit der inneren Basis einer starken Ich-Struktur geistige, seelische und spirituelle Reifungsprozesse viel leichter bewältigen als ein Mensch, dessen Ich-Struktur nicht gefestigt ist.

Es wäre also vollkommen falsch, zu denken, dass eine starke Ich-Identität ein Hindernis für die spirituelle Entwicklung ist, in der ja unter anderem das Ich als handelndes Subjekt als Illusion erkannt und überschritten wird. Im Gegenteil. Nur ein Mensch mit einer gesunden Ich-Struktur kann diese, das eigene Grundverständnis erschütternde, spirituelle Erfahrung, vollständig zulassen und auf eine gesunde Weise integrieren. Die Ich-Identität und damit das Selbstverständnis löst sich durch diesen Erkenntnisprozess bei genauerer Betrachtung nicht auf, sondern erweitert sich in eine neue Sicht auf das eigene Selbst: Wir sind dann nicht mehr (nur) dieses eigenständig handelnde Subjekt, sondern erfahren uns zunächst als grenzenlose Offenheit und schließlich als die Ganzheit des Lebens.

Wenn ein Mensch keine starke Ich-Identität hat, ist ein so umfassender Umbau des Selbstverständnisses zu bedrohlich und wird dadurch entweder massiv abgewehrt oder durch existenzielle Ängste begleitet. Im ungünstigsten Fall kann es dann zu einem Zusammenbruch der Ich-Struktur kommen, der keine spirituelle Reife zur Folge hat, sondern einen Rückfall in einen infantilen Zustand. Hier wird die Person von starken seelischen Prozessen überflutet und landet in einer geistigen Verwirrung, sodass sie die Fähigkeit zur Selbstverantwortung verliert und auf äußere Hilfe zum Beispiel durch Psychiater angewiesen ist. Das ist natürlich nicht das Ziel eines spirituellen Weges, sondern eine Komplikation, die letztlich in einer schwachen Ich-Struktur begründet ist.

Primärerfahrungen der seelischen Entwicklung

Bisher habe ich vor allem die Entwicklung des Funktionalen Ich und seine Bedeutung für unser weiteres Leben geschildert. Es ist die Basis für die Alltagsrealität und unsere Fähigkeit, als eigenständiger und sozialer Mensch Verantwortung zu übernehmen. Doch was ist mit der seelischen Entwicklung? Und wie hängt diese mit dem Funktionalen Ich zusammen?

In den ersten Lebensjahren ist die Seele mit ihren Gefühlen und intensiven Erfahrungen die dominierende Ebene. Wie bereits ausgeführt, leben wir als Baby in einer Gefühlswolke, in der geheimnisvolle, intensive Erfahrungen uns durchfluten, ohne eine Möglichkeit der Zuordnung oder der Bezugnahme. Anders gesagt, wir sind den inneren Erfahrungen ausgeliefert. Das ist aber bei Weitem nicht so schlimm, wie es sich im ersten Moment anhört, da wir in dieser Phase noch frei von Vorstellungen und von Kontrolle sind. Daher haben wir noch eine uneingeschränkte Hingabefähigkeit, die es uns ermöglicht, immer wieder aufs Neue uns von den unterschiedlichsten Gefühlen durchfluten zu lassen, ohne Abwehr oder ohne daran festzuhängen.

Doch auch wenn die Erfahrungsebene in dieser Zeit die dominierende Ebene ist, ist sie in keiner Weise bereits ausgereift. Genauso wie die Alltagsrealität mit ihren geistigen Zuordnungen über viele Jahre hinweg differenziert und konstruiert werden muss, damit wir irgendwann als erwachsener Mensch ein Buch lesen oder einem Beruf nachgehen können, muss sich auch die Seelische Realität differenzieren und entfalten. Erst dann steht uns das innere Potenzial der Seele und die Kreativität, die darin verborgen liegt, bewusst zur Verfügung. Erst dann können wir irgendwann intuitiv Kunstwerke verfassen oder bewusst die Tiefendimension der Seele aufsuchen. Daher hat es eine große Bedeutung, dass die innere Welt des Kindes beantwortet und gefördert wird. Doch wie fördern wir die seelische Entwicklung?

Erinnern wir uns: Woraus besteht im Wesentlichen die seelische Dimension im Gegensatz zur Alltagsrealität? Sie ist eine Erfahrungswelt, die sich aus vielfältigen, unmittelbaren Sinneswahrnehmungen zusammensetzt und jedes Objekt in ein subjektives Licht taucht. Einfach gesagt: Wenn wir eine Blume anschauen und die Alltagsrealität in uns aufrufen wollen, dann fragen wir: »Welche Pflanze sehen wir vor uns? Wie heißt sie und in welche Gattung gehört sie?« Wenn wir jedoch die Seelische Realität wachrufen möchten, müssen wir die Frage ganz anders stellen, nämlich: »Wie erfahre ich diese Pflanze? Welche Gefühle, Empfindungen und Assoziationen löst sie in mir aus?« Dadurch tauchen wir in eine subjektive und schillernde Welt von einer Unmittelbarkeit ein, die die Alltagsrealität mit ihren Beschreibungen und Konzepten nicht kennt.

Die Tore zur Seelischen Realität sind damit unsere Sinne, welche die Grundlage für die Erfahrungsdimension darstellen. Um daher die Reifung der Seelischen Realität mit ihren Möglichkeiten zu fördern, ist es entscheidend, dass bereits das Baby auf der Sinnesebene beantwortet wird. Das geschieht zuallererst in der Nähe und Interaktion mit den zentralen Bindungspersonen. Dort werden die Sinne in einer besonderen Weise angeregt und ganz natürlich beantwortet. Aus neurologischen Forschungen wissen wir, dass das Gehirn auf Beziehungsreize viel stärker reagiert als auf Reize, die aus der Umwelt kommen und nicht an eine Beziehung gekoppelt sind. Beim Baby können wir beobachten, dass es auf die Zuwendung durch die Mutter sofort anspricht, im Gegensatz zu sonstigen Geräuschen und Reizen. Entscheidend für die Entfaltung der Seelischen Realität ist also eine gesunde Bindungserfahrung, in der die Sinne ganz natürlich und vielfältig beantwortet werden.

Das erste und wichtigste Sinnesorgan

Wenn wir nun etwas genauer die einzelnen Wahrnehmungskanäle betrachten, in denen sich die seelische Dimension erfahren und ausdrücken kann, dann kommt dem Spüren sicherlich eine grundlegende Bedeutung zu. Vorgeburtlich lebt das Baby in einer kinästhetischen Welt des Spürens. Neuere Forschungen zeigen, dass der erste Wahrnehmungskanal, den der Embryo ausbildet, das Spüren ist. Ab der 15. Schwangerschaftswoche wachsen ihm am ganzen Körper feine Härchen auf der Haut (Lanugohärchen), die auf kleinste Bewegungen im Fruchtwasser reagieren und so das Wachstum von sensorischen Nervenzellen fördern.

Eigentlich ist das Leben im Uterus reizarm, aber durch die Lanugohärchen entstehen permanent sanfte Stimulationen, die dazu beitragen, dass der Parasympathikus des Embryos aktiviert wird und das Wachstumshormon Oxytocin ausgeschüttet wird. Oxytocin gibt aber nicht nur die entscheidenden Impulse für das Zellwachstum des Embryos, sondern wird auch das Glückshormon genannt, da es im Organismus ein starkes Wohlgefühl auslöst. Wir können zweifellos sagen, dass der Wahrnehmungskanal des Spürens die Basis dafür ist, dass wir uns seelisch wie körperlich wohlfühlen und natürlich entwickeln.

Obwohl das Baby also bereits vorgeburtlich im Mutterbauch in einer Welt des Spürens lebt, in der die vordergründige Erfahrung fließend-weiche Empfindungen sind und das rhythmische Pulsieren des Herzschlags, ist die sinnliche Fähigkeit, zu spüren, noch sehr rudimentär ausgebildet, wenn es auf die Welt kommt. Erst durch die vielfältigen Erfahrungen des

Angefasst-Werdens durch die Bindungsperson, wenn sie das Baby hält, streichelt, massiert, liebkost und stillt, bildet das Baby eine Sensorik aus, die die Grundlage dafür bildet, sich später selbst innerlich intensiv und differenziert spüren zu können. Zu diesen Primärerfahrungen gehören übrigens genauso das Schmecken und das Riechen. Spürend, schmeckend und riechend wird die Nähe zur Bindungsperson hergestellt und beim Stillen regelrecht einverleibt.

Neuere Forschungen gehen davon aus, dass das Kind das Defizit einer mangelnden körperlichen Nähe und Fürsorge im späteren Leben nur schwer aufholen kann. Eine mangelnde körperliche Zuwendung führt nämlich dazu, dass weniger sensorische Nervenzellen ausgebildet werden und der Mensch sich nur mangelhaft innerlich empfinden kann. Das ist aber ein schwerwiegender Verlust, denn wodurch entsteht zum Beispiel ein tiefes Wohlgefühl? Es kommt aus der sensorischen Fähigkeit, uns körperlich entspannen und innerlich ganzkörperlich spüren zu können. Und was gibt uns das Gefühl, mit uns selbst und mit anderen tiefer in Kontakt zu sein? Wenn wir uns und andere spüren können.

Die differenzierte Ausbildung der Sensitivität im Spüren ist auch eine wesentliche Grundlage dafür, dass wir einen guten Zugang zu unserer Gefühlswelt bekommen, schließlich sind Körperempfindungen unmittelbar mit den Gefühlen gekoppelt. Jedes Gefühl, ob Freude oder Ärger, erzeugt unmittelbar Empfindungen im Körper. Ohne einen sensitiven Zugang zu den Körperempfindungen werden wir daher auch auf der Gefühlsebene undifferenzierter und in gewissem Sinne stumpfer.

Doch die Entwicklung der Gefühlsebene hängt nicht nur vom feinen Zugang zum Spüren ab, sondern auch davon, ob die Gefühle selbst in den zentralen Beziehungserfahrungen beantwortet wurden. Hatte die Bindungsperson die Fähigkeit, sich empathisch in das Erleben des Kindes einzuschwingen? Konnte sie innerlich fühlen, wie es dem Kind geht und entsprechend darauf eingehen? War die Bindungsperson seelisch wirklich anwesend? Hatte sie einen Zugang zu ihren eigenen Gefühlen? All diese Aspekte sind entscheidend dafür, dass sich das Kind innerlich erkannt und beantwortet fühlt und entsprechend als fühlendes Wesen entfalten kann.

Körperempfindungen und Gefühle sind zwei grundlegende Sinneskanäle, die die Basis für das Gefühl von uns selbst darstellen. Erst durch diese beiden Kanäle kann das Gefühl von Nähe entstehen. Um uns verbunden zu fühlen – nicht nur als Idee, sondern als reale, gefühlte Erfahrung –, brauchen wir einen Zugang zu den Empfindungen des Körpers und zu unseren Gefühlen. Um die Bedeutung dieser beiden Kanäle bewusst zu machen, kann man sich vorstellen, wie es sich wohl anfühlen würde, wenn wir nichts empfinden und nichts fühlen könnten. Wir würden wie hinter einer Glasscheibe sitzen. Wir könnten alles sehen und hören, aber ohne Empfindungen und Gefühle wären wir wie lebende Zombies in einer kalten, getrennten Welt.

Spüren und Fühlen sind die Basiskanäle der Seele. Wer das begriffen hat, wird Kinder auch nach dem Babyalter darin unterstützen, möglichst viele haptische Primärerfahrungen zu machen. Nicht nur der Körperkontakt ist hier entscheidend, sondern jegliche Art von Kontakt zu konkreten Materialien, die man anfassen und »be-greifen« kann. Je natürlicher das Material ist, desto mehr Möglichkeiten der haptischen Erkundung bietet es. Daher bietet das Spiel in der freien Natur eine ungezählte Vielfalt an Oberflächen und haptischen Erfahrungen. Hier kann das Kind die Welt spürend, riechend und schmeckend erkunden und seine Sinne ausbilden. Wie flach und eingeschränkt ist hingegen doch die Erfahrungsmöglichkeit eines Plastikspielzeugs?

Es ist fast selbstredend, dass auch moderne digitale Spielzeuge und Medien unter diesem Gesichtspunkt alles andere als förderlich sind, um langfristig eine Seelentiefe zu fördern. Sie sollten in den ersten Lebensjahren nur am Rande eine Rolle spielen, denn alle digitalen Geräte und Spiele fördern vor allem das visuelle System und nicht die Primärerfahrungen des Spürens und Fühlens.

Das Hören als Tor zur Seele

Werfen wir jetzt einen Blick auf die anderen Wahrnehmungskanäle. Da ist zunächst das Hören. Hören begleitet uns wie das Spüren von Anfang an. Bereits nach wenigen Wochen hat der Embryo die Fähigkeit, Klänge und Geräusche zu hören. So hört das Baby die Stimme der Mutter schon viele Monate, bevor es die Mutter konkret körperlich spüren oder sehen kann. Natürlich sind im Mutterbauch noch alle Geräusche der Welt sehr stark gedämpft und damit weit weg. Insofern ist die Geburt auch ein Moment, in dem das Hören eine völlig neue Dimension bekommt. Plötzlich sind alle Geräusche ganz hell, ganz deutlich und laut vernehmbar und die Stimme der Mutter ist nur ein Klang neben vielen anderen Geräuschen, welche jetzt klar und direkt auf das kindliche Gehör einwirken.

Im Grunde findet durch die Geburt eine Art Klangexplosion statt, in der das Kind aus einer gedämpften und dadurch geborgenen Hörwelt kommt und jetzt einer komplexen und vielfältigen Klangwelt ausgesetzt ist. Das kann auch überfordernd sein und daher ist es wichtig, dass das Baby zunächst nicht mit zu vielen und zu scharfen Klangreizen konfrontiert wird. Doch auch wenn das Gehör des Neugeborenen noch sehr empfindlich ist und sich noch nicht an die Deutlichkeit der Geräusche gewöhnt hat, ist es von Anfang an für die Welt der Klänge empfänglich. Babys entspannen sich zum Beispiel beim Hören einer bestimmten Musik. Offensichtlich scheinen sie diese zu genießen. Außerdem kann man beobachten, wie sie bereits auf akustische Reize reagieren und manche Klänge ihre Neugierde wecken.

Auch für die Kontaktaufnahme und gefühlte Nähe zur Bindungsperson ist nicht nur die Elementarerfahrung des Spürens bedeutsam, sondern ebenso die Stimme und der Tonfall der Bindungsperson. Wenn eine Mutter zu ihrem Baby spricht, dann kann es natürlich nicht den Inhalt des Gesprochenen verstehen, aber über die Melodie vermitteln sich ganz direkt die Gefühle der Mutter. Diese emotionale Ansprache ist entscheidend dafür, dass sich das Kind beantwortet fühlt und die Bindung zwischen Mutter und Kind mit ihrem subtilen Netz an Kommunikation entsteht. So ist das Hören letztlich eine wesentliche Grundlage dafür, selbst irgendwann aktiv über Laute und Sprache kommunizieren zu können.

Aber nicht nur das. Über den Klang der Stimme kann die Mutter direkt die Gefühle des Kindes ansprechen und auf diese Weise eine differenzierte Fähigkeit des Fühlens im Kind fördern. Daher ist es ungeheuer wertvoll für die Entwicklung der Gefühlsebene, wenn viel mit dem Kind gesprochen, gesummt und gesungen wird. Je emotionaler dies geschieht – also je mehr die Mutter an ihre Gefühlswelt dabei angeschlossen ist –, desto stärker ist die Wirkung. Dies gilt nicht nur für die Babyzeit, sondern genauso für spätere Entwicklungsphasen. Kinder lieben es zum Beispiel, wenn ihre Eltern ihnen vorlesen. Dabei hat offensichtlich die Stimme der eigenen Eltern eine viel tiefere förderliche Wirkung für die sprachliche und seelische Entwicklung des Kindes als die professionelle Vorlesestimme, die von einer CD kommt. Wie unmittelbar die Wirkung von Klängen auf unsere Gefühlswelt ist, kennen wir auch als Erwachsene. Wenn wir zum Beispiel eine Musik hören, die uns gefällt, erzeugt diese eine direkte, gefühlte Resonanz.

Das Hören stellt jedoch nicht nur ein unmittelbares Tor zu unseren Gefühlen dar, sondern vermittelt uns unterschwellig das Eingebettetsein in eine größere Welt. Zu jeder Zeit unseres Lebens umfangen uns vielfältige Geräusche und Klänge. Diese Geräuschkulisse begleitet uns so selbstverständlich wie die Empfindungen des Körpers und ist elementar dafür, dass wir uns nicht isoliert fühlen, sondern eine grundlegende Art von Geborgenheit in etwas Größerem empfinden können. Denken wir an kleine Kinder, die nur einschlafen können, wenn sie im Hintergrund die Geräuschkulisse der Familie hören. Oder denken wir an die Gewohnheit vieler Menschen heutzutage, ständig das Radio oder Fernsehen im Hintergrund laufen zu lassen, ohne dass sie aktiv zuhören oder zuschauen. Wird hier nicht unbewusst die gleiche Geborgenheit gesucht, wie sie das Kind beim Hören der vertrauten Stimmen und Geräusche empfindet?

Bewegung und Selbstausdruck

Zu den Primärerfahrungen des Kindes, die später einen differenzierten Zugang zur Seele und zum Selbstausdruck möglich machen, gehören nicht nur das Spüren, Fühlen und Hören, sondern auch das Bewegungspotenzial des Körpers. Über die Körperhaltung und die Art und Weise unserer Bewegungen drücken wir unmittelbar unsere seelische Verfassung aus. Bei Kindern ist dies besonders ungeschminkt sichtbar. Sie hüpfen vor Freude, stampfen vor Wut, schmelzen vor Zärtlichkeit und rennen und schreien aus Begeisterung am Leben.

An diesen Beispielen sieht man, dass das Bewegungspotenzial weit mehr beinhaltet als die Fähigkeit, von einem Ort zum anderen zu gehen oder Dinge handhaben zu können. Bewegung ist zunächst ein unmittelbarer Ausdruck von Lebendigkeit. Wie können wir direkter unsere Lebendigkeit spüren und ausdrücken als über körperliche Bewegungen? Wieso hat der Sport eine so große Bedeutung im modernen Leben? Ist er nicht eine ritualisierte Form, unsere Lebendigkeit unmittelbar zu spüren? Und wieso hat der Mensch das Tanzen erfunden? Eine im Grunde völlig zweckfreie Bewegung, in der nichts anderes als Gefühle und Lebendigkeit zum Ausdruck kommen?

Bewegung ist zuinnerst Lebendigkeit und Selbstausdruck. Das können wir noch viel stärker im Tanz spüren als im Sport. Tanzen verbindet die Lust an der Lebendigkeit mit dem Reichtum, der in einem fühlenden Selbstausdruck liegt. Der freie und kreative Tanz zeigt damit wohl am deutlichsten die Primärerfahrung des Selbstausdruckes der Seele über den Körper. Auch Kinder lieben es bereits, zu tanzen.

Wenn wir Babys und Kinder in ihrer seelischen Entwicklung unterstützen wollen, ist daher die Förderung der körperlichen Bewegung ein zentrales Element. Beweglichkeit, Koordination, Geschicklichkeit, Gleichgewicht, Kraft, Schnelligkeit und viele andere Aspekte des Bewegens können direkt oder indirekt spielerisch eingeladen und eingeübt werden. Wenn wir die Bewegung als Vehikel der Vitalität und des seelischen Selbstausdruckes erkennen und dies fördern wollen, dann geht es nicht primär um die Leistungsfähigkeit des Kindes und um sportliche Rekorde, sondern um die Lust an der Bewegung und am Entdecken des natürlichen und spezifisch eigenen Gestaltausdrucks. Jeder Mensch geht anders, läuft und tanzt in seiner eigenen Art und Weise. Wie und wo können wir dies unmittelbarer erkunden und erfahren als über den Gestaltausdruck unseres Körpers und unserer Bewegungen?

An dieser Stelle ist es wahrscheinlich hilfreich, sich noch einmal zu vergegenwärtigen, dass die Seele nicht nur ein Raum ist, der uns die Welt als direkt gefühlte Erfahrung zugänglich macht, sondern auch die Ebene ist, in der ein starker Drang nach Selbstentfaltung und Selbstausdruck lebt. Die Seele will nicht nur überleben, sondern sucht danach, das, was sie innerlich bewegt – also das, was sie fühlt –, in einen kreativen Selbstausdruck zu bringen. Nur dann, wenn es uns gelingt, mit der eigenen Gefühlswelt in Verbindung zu sein und daraus zu leben und entsprechend diese Gefühle in eine Gestalt zu bringen, erfahren wir das Leben als unmittelbar sinnhaft.

Auf welche Weise wir das, was uns seelisch bewegt, zum Ausdruck bringen, ist dabei nebensächlich. Ob wir tanzen, uns über Sprache mitteilen, ein Herzensprojekt verfolgen oder ein Bild malen, jeder beseelte Selbstausdruck stellt eine Nähe zu unserem Inneren her und verbindet uns mit dem Reichtum, der in uns selbst liegt. Gleichzeitig spüren wir, dass wir etwas Wesentliches im Leben beizutragen haben. Wenn wir als Kind auf vielfältige Weise in unserem Selbstausdruck unterstützt werden, entwickelt sich dadurch ein direkter Zugang zu der Kreativität und Schöpfungskraft unserer Seele und ein Gefühl für die individuelle Eigenart, die sich durch uns ausdrücken will.

Bewegung, Tanz, Singen, Musizieren, Sprache, Zeichnen, Malen und Gestalten sind typische Medien, in denen spielerisch die eigene Gestaltkraft erkundet werden kann. Doch vielleicht die wichtigste Zutat, die die seelische Ausdrucksfähigkeit des Kindes fördert, ist nicht etwa die musische, tänzerische oder gestalterische Förderung eines Kindes durch seine Eltern und die Schule, sondern das echte Interesse der Bezugspersonen für die Gefühle und den individuellen Gestaltausdruck des Kindes. Nur durch die positive Resonanz und Spiegelung durch Bezugspersonen wird das Kind immer mehr Vertrauen fassen in die eigene Gefühlswelt und freudig seinen natürlichen Selbstausdruck entfalten lernen.

Natur als Seelenraum

Der vielleicht natürlichste Erfahrungsraum für die Seele, der unzählige Anregungen und Inspirationen bietet, ist die Natur, wie eine natürliche Wiese oder ein Wald. Hier findet die Seele für alle Wahrnehmungskanäle vielfältige Reize und alle Arten von Formen, Farben und Gerüchen. Hier findet sie einen natürlichen Lebensraum, in dem es kein Richtig oder Falsch gibt und jeder individuelle Gestaltausdruck seinen Platz findet. Da wachsen Bäume schief, sind Äste abgerissen, sind Pflanzen ineinander verschlungen und Ameisen bahnen sich ihre eigenen Straßen. Können wir uns einen Raum vorstellen, der kreativer ist als die Natur in ihrer Vielfalt? Und wo werden wir mehr ermutigt, zu uns selbst – zu unserer Eigenart und unseren Verschrobenheiten – zu stehen als in der Natur?

Heutzutage denken Eltern oft, dass die seelische Förderung der Kinder damit beginnt, dass sie ein Instrument spielen, zur Tanzstunde gehen, Reitunterricht nehmen oder regelmäßig Sport im Verein machen. Diese und ähnliche Angebote sind sicherlich grundsätzlich förderlich, aber sie führen schnell dazu, dass das Kind schon früh ein durchgetaktetes Leben mit wenig Freiräumen hat. Doch je verplanter und strukturierter die Zeit ist, desto weniger Muße entsteht, den eigenen Träumen und Fantasien zu folgen und von innen heraus das Leben zu gestalten.

Die Seele braucht Zeit, sich zu fühlen und sich von innen zu formen. Daher sind strukturierte Angebote für Kinder zwar verführerisch, da von außen klare Impulse gesetzt werden und das Kind oft in einem bestimmten Bereich, zum Beispiel beim Musizieren, schnelle Fortschritte macht, aber sie bergen auch die Gefahr, dass der eigene Gestaltausdruck des Kindes unter den vielen Angeboten und dem strukturierten Lernen verschwindet.

Ganz anders ist dagegen die Erfahrung in der Natur. Hier finden wir einen Lebensraum vor, in den wir zeitlos und ohne Anspruch eintauchen können. Die Natur in ihrer Vielfalt ist einfach da. Sie regt uns an, aber sie will nichts von uns. Wir können ihr begegnen und sie entdecken, aber sie lässt uns auch in Frieden, wenn wir einfach nur vor uns hinträumen oder nach innen lauschen wollen. Sie offenbart uns in ihrer Vielfalt alle grundlegenden Lebensgesetze und kann uns große Tiefe und Ernsthaftigkeit vermitteln, sie lädt uns aber genauso dazu ein, spielerisch und leicht über die Wiese zu schlendern und das Leben nicht so ernst zu nehmen. Gibt es einen Lebensraum, in dem wir unserer eigenen Natur näherkommen können und uns gleichzeitig freier fühlen als in Wald, Berg und Wiese?

Dass die Natur der große Seelenraum schlechthin ist, sehen wir an den unzähligen Gedichten, Liedern, Geschichten, Fabelwesen und Märchen, die hier entstanden sind. Die Seele findet hier ihren natürlichen Resonanzraum, in dem dann die eigenen Bilder, die eigenen Fantasien und Intuitionen lebendig werden können. Wenn wir daher Kinder in ihrer seelischen Entfaltung anregen und unterstützen wollen, gibt es nichts Grundlegenderes und Wirkungsvolleres, was wir tun können, als sie in der Natur dem freien Spiel zu überlassen.

So einfach das klingt, so ist dies heutzutage leider oft doch nicht möglich. Über die Hälfte der Menschheit lebt in Städten. Kinder haben daher oft keinen Wald vor der Haustür. Außerdem sind nicht nur vielfältige musische und sportliche Förderangebote für Kinder entstanden, sondern unzählige Unterhaltungsangebote in digitaler Form, die Kinder beschäftigt halten und letztlich von der Entwicklung der eigenen Fantasiewelten abhalten. In unserer gesamten Gesellschaft kann man eine Entfremdung von der Natur beobachten, die sich leider auf die Kinder überträgt. Doch machen wir uns bewusst: Eine Entfremdung von der Natur bedeutet immer auch eine Entfremdung von der Seele.

Magische Phase und emotionale Kompetenz

All die Primärerfahrungen der Seele – das Spüren, Hören, Sich-Bewegen und die elementare Begegnung mit der Natur – sind die Basis dafür, dass im Kind allmählich eine innere Welt entsteht, die genauso vielfältig wie die äußere Welt ist. Empfindungen und Gefühle, Träume und Ideen, Fantasiegestalten und Geschichten durchziehen das Innenleben und werden mit den Eindrücken aus der Außenwelt durchmischt. Tatsächlich fließen die sinnlichen Eindrücke von außen und von innen in den ersten Lebensjahren ineinander und können nicht differenziert werden. Genauso wie das Baby die äußere Gestalt eines Tisches nicht erkennen kann, kann es auch die innere Gestalt einer Atembewegung oder eines Gefühls nicht als eigenständigen inneren Vorgang konstruieren. Es wird schlicht von allen Erfahrungen durchflutet.

Obwohl also der Mensch zu Beginn seines Lebens noch vollkommen Seele ist – also ganz in der Erfahrungswelt lebt –, ist er sich der vielfältigen inneren Erfahrungen nicht bewusst und kann sie entsprechend auch nicht handhaben. Erst ganz allmählich, durch die Entwicklung des Funktionalen Ich, lernt das Kind zwischen inneren und äußeren Erfahrungen zu differenzieren und die einzelnen Sinnesfragmente zu konkreten eigenen Erfahrungsgestalten zu formen. So wie das Kind lernen muss, einen Tisch als Funktionseinheit zu begreifen und zu verinnerlichen, so muss es auch mit der Zeit innere Vorgänge, wie das Atmen oder ein bestimmtes Gefühl, als innere Funktionseinheiten in ihrer jeweiligen Bedeutung erkennen und abstrahieren lernen.

Das Funktionale Ich mit seinen geistigen Mustern, mit denen wir die äußere Welt und uns selbst als Körper-Ich konstruieren können und damit auch immer mehr handhaben lernen, ist also keineswegs nur nach außen gerichtet, sondern genauso nach innen. Ohne das Funktionale Ich sind wir zwar Seele pur, haben aber keine Möglichkeit, die wabernden Erfahrungen unserer Innenwelt zu erkennen, zu differenzieren und uns aktiv darauf zu beziehen. Mit anderen Worten: Die Fähigkeit zur Achtsamkeit – also innere Erfahrungen zu bezeugen und zu benennen –

entsteht erst durch die geistige Abstraktionsfähigkeit unserer Gefühle und inneren Erlebniswelten.

Aus diesem Grund ist das Funktionale Ich gleichermaßen die Grundlage für die Entwicklung der Alltagsrealität wie auch der Seelischen Realität. Nur wenn wir mit den Jahren eine hohe Form der Achtsamkeit gegenüber seelischen Vorgängen entwickeln, können wir uns aktiv nach innen hin mit unserer Seele verbinden und daraus bewusst unseren persönlichen Gestaltausdruck im Leben entwickeln. Und nur wenn wir die Fähigkeit haben, innere Vorgänge und Gefühle zu betrachten, können wir auf eine reife und konstruktive Weise damit umgehen lernen. Seelische Reife ist damit ebenso anspruchsvoll wie das Erlernen von Kulturgütern oder das Entwickeln von äußerer Verantwortung in Beruf und Familie.

Wie lange es braucht, bis ein Kind lernt, klar zwischen innerer und äußerer Welt zu unterscheiden, sehen wir daran, dass noch in der magischen Phase – also bis zum zehnten Lebensjahr – sich innere und äußere Bilder überlappen. In dieser Zeit tauchen Kinder noch so intensiv in Geschichten ein, dass oft innere Figuren, die der Ausdruck von seelischen Prozessen sind, genauso real erfahren werden wie äußere, was dazu führen kann, dass zum Beispiel eine diffuse Angst regelrecht leibhaftig wird. Manchmal sind Kinder dann überzeugt davon, dass unter dem Bett ein Krokodil sein Unwesen treibt und nur darauf wartet, sie zu beißen, oder dass Räuber in einer dunklen Ecke des Zimmers auf der Lauer liegen.

Wer Kinder hat, weiß, dass diesen inneren Figuren nicht mit Vernunft beizukommen ist und sie sich nicht dadurch beruhigen lassen, dass man die Existenz dieser Figuren als Eltern leugnet oder sie belächelt. Im Gegenteil kann es dazu führen, dass das Kind sich in seiner Gefühlswelt nicht verstanden und angenommen fühlt und dadurch noch ängstlicher wird. Nur wenn wir das Kind in seiner Angst anerkennen und uns auf die magische Welt des Kindes kreativ beziehen, lernt das Kind mit der Zeit, wie es selbst mit diesen inneren Vorgängen umgehen kann. Damit verlieren die Figuren an Bedrohlichkeit und überlappen immer weniger die äußere Wahrnehmung.

Wie bedeutsam die innere Reifung in der magischen Phase ist, können wir daran ermessen, wie viele Mythen, Geschichten und Märchen seelische Vorgänge mithilfe von Fantasiefiguren aufgreifen und damit helfen, die seelischen Aspekte, die sich in diesen Figuren spiegeln, zu verarbeiten. Unzählige Feen und Kobolde, Hexen und Zauberer, Engel und Teufel, Geister und Gespenster, Zwerge und Riesen durchziehen diese Geschichten und werden genauso plastisch und real dargestellt wie die Menschen, die von diesen Wesen bedroht oder unterstützt werden. Tatsächlich entspricht diese Darstellung dem inneren Erleben in der magischen Phase. Hier wird eben noch nicht klar unterschieden zwischen einem inneren Fabelwesen und einem Menschen, sondern sie erscheinen alle als reale Figuren der gleichen Welt, die miteinander interagieren.

Die Seele als innere Welt mit ihrem kreativen Gefühls- und Bilderreichtum ist damit in dieser Phase noch gleichwertig präsent wie die äußere, sogenannte reale Welt. Wenn das Kind in dieser Zeit durch Spiele, Geschichten und Gestaltungsräume unterstützt wird, die inneren Bilder ernst zu nehmen, sie auszudrücken und zu verarbeiten, lernt es mit der Zeit, wie man mit der Innenwelt umgehen kann. Dadurch kann es besonders in dieser Phase seelisch reifen und eine emotionale Kompetenz entwickeln, die ihm dann ein Leben lang zur Verfügung steht und die Grundlage dafür ist, im späteren Leben eine hohe Achtsamkeit und Reife für seelische Prozesse zu entwickeln.

Zusammenfassung und wie es weitergeht

Wenn wir betrachten, wie sich die drei Realitätsebenen – Alltagsrealität, Seelische Realität und Absolute Realität – in den ersten Jahren unseres Lebens entwickeln, dann kann man zusammenfassend feststellen, dass unser Leben mit den Urerfahrungen der Absoluten Realität beginnt. Im Mutterbauch leben wir noch in einem ozeanischen Einheitsgefühl – ein Aufgehobensein in totaler Geborgenheit, in einer grenzenlosen Freiheit und Zeitlosigkeit. Diese Urerfahrungen einer inneren Heimat im

Absoluten prägen sich tief in unsere Seele ein und begleiten uns zeitlebens als ein inneres Wissen über die zeitlose Dimension des Absoluten.

Erst mit der Geburt betreten wir eine völlig neue Welt, in der es vielfältige Reize und Möglichkeiten, aber auch Begrenztheit, Schmerz und Mangel gibt. Diese neue Situation macht es geradezu notwendig, dass wir allmählich geistige Muster aufbauen, um uns in dieser neuen Welt zurechtzufinden und darin eigenständig und selbstverantwortlich agieren zu können. Dies ist ein langer und komplexer Lernprozess, der sich über viele kleine Teilschritte vollzieht und dazu führt, dass wir sowohl eine seelische Entwicklung und Differenzierung durchlaufen als auch eine geistige, die die Grundlage dafür ist, dass wir im Laufe der Jahre die Alltagsrealität konstruieren und uns darin absichtsvoll bewegen können.

Beide Entwicklungen, die seelische und die geistige, laufen in den ersten Jahren nach der Geburt parallel ab und ergänzen sich unmittelbar, denn sowohl die Erfahrungen der äußeren Welt als auch die der inneren Welt müssen zunächst als konkrete Objekte konstruiert und differenziert werden. Das setzt zum einen viele Primärerfahrungen von Spüren, Hören und Sich-Bewegen im Kontext einer sicheren Bindungserfahrung voraus. Zum anderen müssen geistige Strukturen geschaffen werden, mit deren Hilfe die inneren und äußeren Wahrnehmungsfragmente als erkennbare Gestalt mit einer klaren Bedeutung verinnerlicht werden. Erst durch diesen Prozess der Abstraktion kann ein äußeres Objekt wie ein Tisch oder eine innere Erfahrung wie ein bestimmtes Gefühl wiedererkannt werden. Erst dann kann ein Mensch sich auf die Anforderungen der äußeren Welt aktiv beziehen und mit der Zeit lernen, absichtsvoll in der Alltagsrealität zu handeln. Das Gleiche geschieht in der Innenwelt. Erst durch die Fähigkeit, seelische Vorgänge als innere Gestalt zu erkennen, wird die Basis für einen achtsamen und bewussten Umgang mit der Innenwelt geschaffen.

Die geistige Struktur, die es ermöglicht, sowohl eine differenzierte Seelische Realität als auch eine Alltagsrealität mit ihren äußeren Objekten zu erschaffen, nennt man das Funktionale Ich. Sie steht im Zentrum der inneren Entwicklung eines Kindes. Mit ihr entfaltet sich in einem komplexen Differenzierungsprozess die Seelische und die Alltagsrealität.

Eine besonders bedeutsame geistige Struktur, die sich aus dem Funktionalen Ich heraus ergibt, ist die Ich-Identität, die sich aus einer Identifizierung mit der körperlichen Gestalt, Selbstbildern und Zugehörigkeiten zusammensetzt. Durch die Ich-Identität schafft der Geist eine Konstante in den vielfältigen und sich wandelnden Erfahrungen der äußeren und der inneren Welt. So entsteht ein Gefühl von Stabilität – als beständiges und handelndes Subjekt im Zentrum aller Erfahrungen zu bestehen.

So wesentlich diese Lernprozesse in den ersten Jahren unseres Lebens sind, um irgendwann als Erwachsener kompetent in der Alltagsrealität zu funktionieren und gleichzeitig eine seelische Reife zu erlangen, die es uns ermöglicht, aus unserer Seelentiefe heraus zu leben, so beinhalten sie doch auch eine Schattenseite. Je mehr sich die geistigen Strukturen des Funktionalen Ich und der Ich-Identität ausbilden und wir damit grundlegende Kompetenzen als Mensch entwickeln, desto mehr treten die Urerfahrungen des Absoluten zurück und verschwinden aus dem Bewusstsein. Unser Geist ist so beschäftigt mit den konkreten Objekten der äußeren und der inneren Welt, dass er das Unbegrenzte und Zeitlose, das jeder Erfahrung zugrunde liegt, ausblendet. Auf diese Weise erschaffen wir immer mehr eine dualistische und scheinbar getrennte Wirklichkeit und vergessen dabei die Einheit, in der alles, was existiert, zuinnerst wurzelt.

Schon nach wenigen Jahren existiert die Dimension des Absoluten nur noch als vage Ahnung. Unser Leben ist bestimmt von den Herausforderungen der Seelischen und der Alltagsrealität, wobei sich auch in der Gewichtung dieser beiden Realitätsebenen ganz allmählich eine Verschiebung vollzieht. In den ersten Monaten nach unserer Geburt ist die Seelische Realität dominierend. Wir sind Seele pur. Aber dann entstehen die geistigen Strukturen des Funktionalen Ich, die eine Differenzierung und damit Bewusstheit in beiden Ebenen erst möglich machen. Mit dieser Entwicklung setzt ein Prozess ein, bei dem die Alltagsrealität ganz allmählich immer mehr Bedeutung gewinnt und die Seelische Realität an Dominanz verliert und irgendwann als untergeordnet und subjektiv entwertet wird. Im ersten Lebensjahrzehnt – in der präpersonalen und in der magischen Phase – ist die seelische Ebene noch sehr stark präsent und überlappt immer wieder partiell die Alltagsrealität. Doch im weiteren Leben geben wir der äußeren Wirklichkeit immer mehr Bedeutung. Sie wird für die meisten Erwachsenen zur bestimmenden Bewusstseinsebene – zu dem, was man gemeinhin Realität nennt.

Oft erst nach einschneidenden schmerzhaften Erfahrungen oder nach einer längeren Zeit der Sinnentleertheit, die durch die Fixierung auf die Funktionalität einer Alltagsrealität entsteht, macht sich eine tiefe Sehnsucht bemerkbar nach dem inneren Reichtum der Seele und der verlorengegangenen Heimat im Absoluten. Wir wenden uns wieder mehr unseren Innenwelten zu und erkennen sie als gleichwertige und bedeutsame Realitäten an. So schließt sich irgendwann der Kreis und wir entwickeln vielleicht nach langer Suche die menschliche Reife, dass uns alle drei Ebenen mit ihren Potenzialen zugänglich sind. Dann fühlen wir uns im Absoluten gegründet, können den Reichtum und die Kreativität unserer Seele ausschöpfen und im Alltag als verantwortungsvolles Individuum unseren Platz im sozialen Kontext einnehmen.

KAPITEL 6

Das Zusammenspiel der Ebenen

Solange man gezwungen ist, das Andere jedes Mal für das Falsche, Arge, Feindliche zu halten, statt eben schlechthin für – das Andere, solange bekommt man keine gelassene und gerechte Beziehung zur Welt, in der jedes Raum haben soll, Teil und Gegenteil, ich und der von mir Allverschiedenste. Und nur unter Voraussetzung und Zugebung einer solchen, vollzähligen Welt wird man auch das eigene Innere, mit seinen internen Kontrasten und Widersprüchen, weit und geräumig und luftig einrichten.

RAINER MARIA RILKE

Ist es nicht faszinierend, zu betrachten, wie unendlich viele Elemente und Kräfte in der Natur ineinanderwirken? Wie erst aus dem Zusammenklang vieler einzelner Stimmen die große Symphonie des Lebens entsteht? Kein Geschöpf, keine Pflanze, kein Stein und keine Wolke kann aus sich heraus existieren und unabhängig bestehen. Betrachten wir nur ein einziges junges Buchenblatt, das im Frühling an einem Baum im Wind schaukelt, dann können wir den ganzen Kosmos entdecken, der sich in der Existenz dieses Blattes spiegelt. Kann es ohne den Zweig, den Stamm oder die Wurzeln wachsen? Kann es ohne das Erdreich und ohne die Mineralien der Erde leben? Kann es ohne das Wasser und den ewigen Kreislauf des Wassers mit den Wolken, die am Himmel ziehen, existieren? Gibt es dieses Blatt ohne diesen Planeten Erde und seine Atmosphäre? Und wie steht es mit der Schwerkraft und dem grenzenlosen Raum, dem Kosmos? Kann dieses Blatt ohne all diese Elemente existieren?

Und doch sehen wir vor unseren Augen nur dieses eine Blatt im Wind schaukeln, als sei es komplett eigenständig. Wir sehen all die Elemente nicht, die in der Existenz dieses Blattes enthalten sind. Wie leicht kann man da auf die Idee kommen, dieses grüne Buchenblatt in die Hand zu nehmen und es von allen anderen Elementen isoliert zu betrachten. Wir könnten dabei viele Dinge entdecken: die frische Farbe des Grün, die geschwungene anmutige Form, die Adern, die das Blatt durchziehen, die Poren, die es atmen lassen, das federleichte Gewicht und seine Weichheit. Je mehr wir in die Erforschung der kleinen Welt eintauchen würden, desto faszinierender und bedeutsamer würde sie uns vermutlich erscheinen. Vielleicht eröffnet sich uns dabei ein eigener kleiner Kosmos, der uns so stark einnimmt, dass wir die Welt rundherum vergessen.

Doch gibt es diesen kleinen Kosmos eines grünen Buchenblattes ohne die Welt darum herum und ohne das Weltall? Und welche dieser Welten ist bedeutsamer? Die konkrete kleine Welt des Blattes oder der Planet Erde, auf dem dieses Buchenblatt wächst? Oder vielleicht der kosmische Raum, in dem das Blatt und die Erde existieren? Wenn wir uns solchen grundlegenden Fragen stellen, wird sich unsere Perspektive ständig verändern. Mal erscheint uns ein einzelnes Element bedeutsam und dann wieder die Erde, die alles hervorbringt oder die Weite des kosmischen Raumes, die alles umfasst.

Schließlich wird uns bei dieser Betrachtung vermutlich bewusst, wie diese Elemente und Ebenen ineinanderwirken und nichts davon bedeutsamer oder weniger bedeutsam ist. Alle zusammen greifen sie wie ein unüberschaubares großes und komplexes Räderwerk ineinander und bringen diese Welt in ihrer Vielfalt hervor. Ist also das Zusammenspiel dieser Kräfte und Ebenen das eigentlich Bedeutsame? Ist dieses Leben ein einziger großer Beziehungstanz und haben die einzelnen Elemente und Geschöpfe für sich wiederum keine Bedeutung? Wie leicht könnten wir bei diesem Gedanken das kleine grüne Blatt in unserer Hand vergessen? Und doch spüren wir seine Weichheit. Es ist da. Zweifellos. Schön und geheimnisvoll.

Das individuelle Bewusstsein

Eine der größten Stärken und gleichzeitig eine große Falle unseres Geistes ist, dass er unterschiedlichste Perspektiven einnehmen und sich darauf fokussieren kann. Das Bewusstsein hat die Fähigkeit, den Kegel der Aufmerksamkeit auf etwas Bestimmtes zu richten und alles andere dabei auszublenden. Diese Fähigkeit der Fokussierung ist unglaublich hilfreich. Wir können an einer bestimmten Stelle scharf stellen und uns dann damit befassen. Erst dadurch gewinnen wir die Möglichkeit, konzentriert zu arbeiten, zu lernen oder aufmerksam zu kommunizieren. Auch können wir ein inneres oder äußeres Erleben mit Bewusstheit betrachten und untersuchen.

Im Grunde wählt unser Bewusstsein ständig aus einer Vielzahl an Wahrnehmungsmöglichkeiten ein kleines Spektrum aus und verdichtet dort die Aufmerksamkeit. Diese Dynamik können wir vergleichen mit einer Bühne, auf der das zentrale Geschehen durch Scheinwerfer hell erleuchtet stattfindet und die Ränder in Dunkelheit getaucht sind. Würde dagegen der ganze Saal ausgeleuchtet sein und könnten wir die Dynamik am Rande der Bühne und im Zuschauerraum genauso intensiv sehen wie das Theaterstück, könnte uns das Geschehen auf der Bühne wohl lange nicht so tief berühren. Und würden wir dabei noch bewusst alle inneren Erfahrungen, Gedanken, Gefühle und Körperempfindungen mitbekommen, wären wir vollkommen überfordert von der Flut der Eindrücke.

Tatsächlich muss der menschliche Geist ununterbrochen eine Bewertung vornehmen, worauf er im Dschungel der Wahrnehmungen den Fokus seiner Aufmerksamkeit legen will. Ansonsten würde uns die Kakophonie der Eindrücke regelrecht erschlagen und lebensunfähig machen. Erst dadurch, dass die Wahrnehmungseindrücke hierarchisch bewertet und im Vordergrund verdichtet bzw. in den Hintergrund geschoben werden, entsteht ein erfahrbares Ereignis, mit dem wir uns dann befassen können. Dabei spielt es überhaupt keine Rolle, ob es sich um ein Gedankenereignis handelt, weil wir gerade über etwas nachdenken, oder um ein sinnliches Ereignis, weil wir gerade unseren Körper spüren oder aus dem Fenster schauen. Erst durch die Fokussierung tritt etwas so klar hervor, dass es bewusst erfasst werden kann und wir uns darauf aktiv beziehen können.

Doch nach welchen Kriterien wird ausgewählt, was gerade im Zentrum der Aufmerksamkeit stehen soll und was nicht? Wie entsteht überhaupt eine Hierarchie in unserem Geist, welche die Eindrücke nach ihrer Bedeutsamkeit bewertet? Diese Fragen entscheiden letztlich darüber, mit was wir uns innerlich oder äußerlich beschäftigen und wie unsere individuelle Wirklichkeit beschaffen ist. Diese Fragen stellen aber auch unsere übliche Sichtweise auf den Kopf, dass nämlich die individuelle Realität primär von den Ereignissen bestimmt wird – also von dem, *was* wir gerade erfahren. Viel bedeutsamer für das individuelle Erleben von Wirklichkeit ist nämlich der Fokus der Aufmerksamkeit und die Bewertung, die in der Auswahl liegt.

Die implizite Hierarchie, nach der unser Geist auswählt, was im Zentrum unserer Aufmerksamkeit stehen soll und was nicht, ist uns aber in der Regel nicht bewusst. Wir haben zwar das Gefühl, dass wir oft bewusst und absichtsvoll unsere Aufmerksamkeit auf etwas richten können, aber wissen wir wirklich, warum wir aus der Vielzahl von Möglichkeiten, die uns in jedem Augenblick zur Verfügung stehen, diesen Fokus gerade auswählen? Wie kommt es, dass wir uns im Alltag meist nur auf Gedanken und Handlungen konzentrieren (und auch darauf konzentriert sein wollen) und Gefühle und das Körperbewusstsein schlicht ausblenden? Ist das wirklich notwendig? Ist es wirklich sinnvoll? Oder schlicht eine tief sitzende Gewohnheit, die unhinterfragt abläuft und unser Erleben in diesen Momenten bestimmt?

Machen wir uns bewusst: Jeder Augenblick birgt eine unendliche Palette an Möglichkeiten. Wir können uns in Tagträumen verlieren oder sehr wach und kreativ über etwas nachdenken. Wir könnten aber auch ohne Gedanken wach und lauschend anwesend sein. Genauso haben wir die Wahl, uns auf eine äußere Handlung zu konzentrieren oder auf innere seelische Prozesse. Oder wir können auf die Körperhaltung fokussieren und damit spielen oder auf die Empfindungen im Innenraum des Körpers. Und dann gibt es ja noch unzählige Möglichkeiten der Begegnung in jedem Augenblick, mit der Umgebung oder einem Element daraus, mit dem Raum, in dem wir gerade sitzen, mit der Nachbarin, mit der Natur oder mit uns selbst.

Meist ist uns nicht bewusst, welch unendliche Vielfalt und wie viel Fülle jeder gegenwärtige Moment für uns bereithält, denn unser Geist wählt sofort aus der Fülle an Möglichkeiten ein kleines Spektrum aus und fokussiert darauf. Je länger wir nun das Leben aus einer bestimmten Perspektive betrachten und dabei entsprechend den Fokus unserer Aufmerksamkeit fixieren, desto bedeutsamer wird das Ereignis in der Hierarchie möglicher Erfahrungen. Ohne dass wir es merken, kann eine Fokussierung zu einer Fixierung und damit lebensbestimmend werden. Der Kriterienkatalog des Geistes, nach dem er den Fokus der Aufmerksamkeit festlegt, rastet immer mehr ein und lässt dabei nur noch bestimmte Eindrücke zu, die sich immer mehr zu unserer individuellen Erfahrungswelt und Lebensweise verdichten.

So ist die Fähigkeit des Geistes zur Fokussierung der Aufmerksamkeit einerseits eine Notwendigkeit, um nicht überflutet zu werden, und gleichzeitig ein ungeheuer kraftvolles Instrument, um Leben zu gestalten. Andererseits aber ist sie eine große Falle, die uns – ohne es zu merken – in eine Eingrenzung führt, die unser Leben bestimmt und aus der wir oft lange Zeit nicht mehr herausfinden. Wir vergessen schlicht, dass es noch ganz andere Perspektiven und damit Lebenswirklichkeiten gibt als die, die im Augenblick gerade erscheinen. Auf diese Weise bildet sich eine gewohnte, übliche Erfahrungswelt, in der wir uns meistens aufhalten.

Das individuelle Bewusstsein – also die Fokussierung der Aufmerksamkeit auf bestimmte Aspekte – ist damit die entscheidende Kraft im Hintergrund unseres Erlebens, die unser individuelles Leben hervorbringt und strukturiert. Sie entscheidet in der Regel, was für uns wirklich (im Sinne von wirksam) wird und was nicht und welches Lebensspektrum wir leben. Solange wir diese Auswahl des Geistes nicht infrage stellen, wird sie unser Leben bestimmen und immer enger werden lassen. Wenn wir daher eine größere Freiheit und mehr Lebendigkeit im Leben suchen, müssen wir betrachten, nach welchen Kriterien unser individuelles Bewusstsein auswählt und welche Fixierungen dabei entstanden sind.

Eine dialogische Grundhaltung einnehmen

Stellen wir uns vor, wir gehen durch die Stadt. Wie bewegen wir uns üblicherweise dabei? Wahrscheinlich haben wir eine für uns typische und unauffällige Gangart. Vielleicht schlendern wir an den Schaufenstern vorüber oder wir gehen zielgerichtet zu einem Café. Wie eingeschränkt ist dabei doch unser Bewegungsmuster und wie wenig neue Perspektiven öffnen sich dabei? Würden wir uns dagegen wie ein Clown verhalten, dann könnten wir durch die Stadt tanzen und uns lustvoll um die eigene Achse drehen. Vielleicht würden wir uns sogar zeitweise rückwärtsbewegen. Sicher würde ein Clown sich die Freiheit nehmen, andere Menschen anzusprechen, sie in spielerische Aktivitäten verwickeln oder sie imitieren. Vielleicht würde er auf einen Laternenpfahl klettern und die Geschäftigkeit der Stadt von oben betrachten oder sich auf den Bürgersteig legen und die Wolkenbewegungen und die Passanten von unten beäugen. Wie viele Möglichkeiten und Perspektiven eröffnen sich nur alleine dadurch, dass wir damit spielen, uns als Clown zu bewegen und damit die Konvention der üblichen »erwachsenen« Gangart aufbrechen?

Fixierungen und geistige Hierarchien entstehen in allen Bereichen unseres Lebens und wir hinterfragen sie in der Regel nicht mehr. Zum Beispiel die Konvention einer erwachsenen, vernünftigen Gangart wird zu einem Muster, das uns vorgibt, welche Art von Bewegung die richtige und welche inakzeptabel ist. Die Welt spaltet sich auf, in das Richtige und das Falsche, das Gute und das Schlechte, das Wahre und das, was nicht wahr sein darf. Mit dieser Aufspaltung finden wir uns immer mehr in einer Welt von »entweder – oder« wieder. Entweder das eine stimmt oder das andere. Entweder es ist richtig, sich erwachsen zu bewegen, oder es ist richtig, clownesk zu sein. Diese geistige Bewertung führt dazu, dass uns nur noch ein ganz kleines Spektrum von Bewegungsarten zur Verfügung steht und blendet die ungeheure Vielfalt an kreativen Bewegungsmöglichkeiten aus.

Ohne es zu merken, leben wir in vielen Bereichen unseres Lebens in der Aufspaltung von »entweder – oder« und wagen es nicht mehr, die Vielfalt zuzulassen, die im »sowohl – als auch« liegt. Könnte es nicht sein, dass die Meinung, die ich in einem Gespräch vertrete und die mir als die einzig legitime Möglichkeit erscheint, nur *eine* legitime Perspektive von vielen ist? Und was würde geschehen, wenn sogar die gegenteilige Sichtweise genauso legitim wäre und ich sie neugierig zulassen und erforschen würde, wie ein Clown, der ein fremdes Bewegungsmuster imitiert und studiert?

Sicherlich würde sich dabei zunächst eine Verunsicherung einstellen. Was stimmt dann noch? Worauf können wir uns dann noch verlassen und woran sollen wir uns orientieren, wenn plötzlich viele Perspektiven legitim sind? Aber wenn wir diese Phase der Verunsicherung mutig zulassen und sie durchschreiten, wird sich unser innerer Horizont mit der Zeit bedeutend erweitern. Wir gewinnen eine dialogische Fähigkeit, die mit den Jahren zu einer Grundhaltung unseres Lebens werden kann.

Ein echter Dialog besteht darin, dass sich die Beteiligten der Vielfalt an Perspektiven aussetzen und sie gemeinsam erkunden. Die Absicht dabei liegt nicht darin, wie in einer Diskussion, das Gegenüber vom eigenen Standpunkt zu überzeugen, sondern sich auf eine gemeinsame wahrhaftige Suche nach einer größeren und komplexeren Wirklichkeit zu machen, als der oder die Einzelne sie vertritt. Es genügt dabei nicht, dass sich die Beteiligten in eine schwebende Offenheit begeben, nach dem Motto: »Alle Sichtweisen sind legitim.« Das ist zwar der Ausgangspunkt und in gewissem Sinne die Grundvoraussetzung für den Beginn eines dialogischen Prozesses, aber dann müssen die verschiedenen Perspektiven konkret ausgelotet werden, sonst eröffnen sich uns keine neuen Welten.

Wie gestaltet sich die mir fremde Sichtweise genau? Wie kommt die andere Person dazu, auf diese Weise die Welt zu sehen? Wie fühlt es sich an, wenn ich diese Perspektive einnehme und welche neuen Möglichkeiten eröffnen sich mir dann? Wie erweitert sie meine bisherige Sicht- und Lebensweise? Diese und ähnliche Fragen stehen im Mittelpunkt eines echten Dialogs und fordern von uns die Bereitschaft, die Welt unserer individuellen Annahmen und Bewertungen zu verlassen und ernsthaft und spielerisch zugleich in die »Haut« von anderen zu schlüpfen.

Der dialogische Vorgang ist durchaus unbequem, da die Bewertungskategorien unseres Geistes und die inneren Fixierungen unseres Lebens dabei infrage gestellt oder sogar aufgebrochen werden. Aber er ist gleichzeitig auch immer wieder beglückend. Wir können dabei erfahren, welche Vielfalt das Leben eigentlich bietet und wie viel Lebendigkeit dadurch möglich wird, wenn sich unser Horizont weitet.

Wie wir uns auf Realitätsebenen fixieren

Das individuelle Bewusstsein bildet nicht nur Fixierungen innerhalb einer Bewusstseinsebene aus – zum Beispiel in der Art und Weise, wie wir uns üblicherweise durch die Stadt bewegen –, sondern genauso zwischen den Realitätsebenen. Bei den meisten Menschen dominiert üblicherweise im alltäglichen Leben eine einzige Realitätsebene. Obwohl uns in jedem Augenblick alle drei Bewusstseinsebenen – die Alltagsrealität, die Seelische und die Absolute Realität – zur Verfügung stehen, fokussieren wir unbewusst immer wieder auf diese eine Bewusstseinsebene und lassen sie durch den Kegel unserer Aufmerksamkeit im Vordergrund des Bewusstseins entstehen. Dadurch kommt es zu einer Fixierung, bei der diese Ebene unsere Erfahrungswelt und unsere Lebensweise mehr und mehr bestimmt, die anderen Realitätsebenen aber mit ihren Möglichkeiten über weite Strecken ausgeblendet oder sogar entwertet werden.

So dominiert in unserer Kultur die Alltagsrealität mit ihrer flachen, funktionalen Wahrnehmung das Leben vieler Menschen. In einer leistungsbezogenen Gesellschaft wie der unseren, in der bereits in der Schule das kognitive Wissen an oberster Stelle steht und in der alle Prozesse immer mehr optimiert werden bis hinein ins Freizeitverhalten der Menschen, wird der Verstand zur wichtigsten Instanz erklärt. Der Verstand jedoch mit seinen grundlegenden Eigenschaften des linearen Denkens und seiner Zielstrebigkeit ist die Domäne der Alltagsrealität. Wen wundert es da, dass wir zwar eine höchst effektive Gesellschaft sind, deren wirtschaftliche Produktivität von Jahr zu Jahr zunimmt, gleichzeitig aber Depressionen und andere psychische Störungen immer mehr überhandnehmen. In einer Kultur der Effektivität wirkt die Seele eher als Störenfried.

Tatsächlich werden seelische Belange oft als nebensächlich behandelt, als Gefühlsduselei belächelt oder schlicht übergangen. Damit wird die Seele mit ihren Bedürfnissen ins Private verbannt und selbst dort finden Menschen oft aus der Oberflächlichkeit des Funktionierens oder Konsumierens nicht heraus. Schließlich wurde ihnen auch nie beigebracht, wie sie sich kreativ mit ihrer Innenwelt verbinden können. Doch Erfolg und Produktivität ergeben keinen Sinn und Konsum schafft keinen inneren Reichtum. Daher sind die Folgen, die das moderne Leben mit seiner Fixierung auf die Alltagsrealität mit sich bringt, eine innere Leere und Selbstentfremdung, die dann häufig durch Konsum von äußeren Reizen wie durch Unterhaltungsangebote und Medien übertüncht wird.

Selbstentfremdung ist eine Form der inneren Kontaktlosigkeit, die sich nach außen in mangelnder Empathie und Herzlosigkeit äußert.

Wie kann es sein, dass wir in den westlichen Industrieländern seit Jahrhunderten unseren Reichtum auf dem Rücken von armen Ländern der sogenannten Dritten Welt aufbauen? Wie viele Menschen werden durch Hungerlöhne und schlechte Arbeitsbedingungen ausgebeutet? Wie herzlos behandeln wir doch Flüchtlinge, die aufgrund von katastrophalen Verhältnissen ihre Heimatländer verlassen müssen? Und mit welcher Selbstverständlichkeit beuten wir die Natur und unsere Mitgeschöpfe – die Tiere – aus, als wären sie Industrieprodukte?

Diese Formen der Kontakt- und Herzlosigkeit sind typische Ausdrucksweisen einer Überbetonung des Verstandes und der Fokussierung auf die äußere Welt. Tatsächlich wird hier die äußere Realität mit ihren Anforderungen und Möglichkeiten als die einzig existierende Realität betrachtet. Wen wundert es da, dass der Gott der modernen Welt der Mammon ist? Wo es keinen inneren Reichtum gibt, wird der äußere angebetet. Wo der Zugang zum Transzendenten verschüttet ist und geleugnet wird, wird der Traumurlaub im Fünfsternehotel zum höchsten Ziel erklärt. Und wo wir nicht mehr die Verbundenheit in uns und mit allem spüren, regiert das persönliche Bedürfnis. Wir schauen nur noch auf unser kleines Glück.

Auch wenn die dominierende Bewusstseinsebene in der westlichen Gesellschaft derzeit die Alltagsrealität ist, bedeutet das nicht, dass es nicht auch Menschen gibt, deren Leben sich vorwiegend in der Seelischen Realität abspielt. Es kann durchaus sein, dass es bei Einzelnen zu einer Fixierung auf die Innenwelt kommt und diese dann zur dominierenden Wirklichkeit dieses Menschen wird. Je nachdem, wie stark die Fixierung auf die Gefühlswelt ist, kann dabei eine deutliche Schwächung der Funktionalität auftreten. Anders gesagt: Wenn die seelische Ebene dominiert, kommt es nicht selten vor, dass ein Mensch seinen Alltag nicht mehr geregelt bekommt.

Wir sehen dieses Phänomen bei manchen künstlerisch veranlagten Menschen. Sie leben in und für ihre Kunst, sind vielleicht streckenweise hoch inspiriert und von einer großen Schaffenskraft beseelt, haben aber oft nicht die Disziplin, ihre Werke systematisch anzugehen und sie zu vervollständigen. Auch haben sie oft große Schwierigkeiten, sie dann zu vertreiben oder zu verkaufen. Dazu bräuchte es nämlich nicht nur den Zugang zur schöpferischen Innenwelt, sondern auch ein Anerkennen der Alltagsrealität mit ihren Gesetzmäßigkeiten. Wenn hochbegabte Kunstschaffende nicht erfolgreich sind, liegt es nicht selten daran, dass sie die äußere Welt mit ihren Möglichkeiten von Werbung und Vertrieb ablehnen.

Eine andere Form der Fixierung auf die Seelenebene können wir bei traumatisierten Menschen beobachten. Auch bei ihnen kreist alles um die Innenwelt, allerdings in einem schmerzhaften Sinne. Je stärker die Traumatisierung ist, desto unfähiger fühlt sich die Person, auf der Alltagsebene zu funktionieren. Auf der anderen Seite haben gerade diese Menschen einen ungeheuren Sensor für die Ungerechtigkeit und den Schmerz, den es in der Welt gibt. Sie halten es förmlich nicht aus, die Abendnachrichten im Fernsehen anzusehen, ohne dabei selbst einen tiefen Schmerz zu empfinden. Die Empathie ist bei diesen Menschen so stark ausgeprägt, dass sie innerlich keine Distanz zu schlimmen Nachrichten halten können. Sie sind das gegenteilige Extrem zu einem Menschen, der in der Gefühllosigkeit der Alltagsrealität erkaltet ist und entsprechend sogar bei schlimmsten Nachrichten ungerührt bleibt.

Werfen wir zuletzt noch einen Blick auf die dritte Möglichkeit der Fixierung auf einzelne Realitätsebenen: einen Menschen, der vorwiegend auf die Absolute Realität fokussiert und die anderen Realitätsebenen leugnet oder sie als irreal entwertet. Denn auch diese Konstellation kommt immer wieder vor und wird durch manche spirituelle Tradition unterstützt. Denken wir an die indische Philosophie, in der das normale Leben und die subjektiven Gefühle als Maya – als traumgleich und leidhaft – betrachtet werden und einzig die Absolute Realität des Seins als die wahre Realität gesehen wird. Fördert diese Sichtweise nicht eine Idealisierung und Dominanz der transzendenten Wirklichkeit? Auch im Buddhismus spricht man von der Absoluten Realität als der »wahren Natur« oder als »Wahrheitskörper«. Impliziert diese Redewendung nicht, dass die anderen Ebenen der menschlichen Natur falsch oder unwesentlich sind?

So kommt es nicht selten vor, dass Menschen durch ihre spirituelle Praxis in den heiligen Raum des Bewusstseins einbrechen und ihnen von hier aus zunächst das normale Alltagsleben und die seelischen Belange als illusionär und bedeutungslos erscheinen. Die Stille und Weite in diesem Zustand kann so intensiv erfahren werden, dass das Interesse an Gefühlen und Bedürfnissen, aber auch an Beziehungen und Alltagsbelangen dramatisch abnimmt. Wenn diese Haltung dann auch noch durch eine entsprechende Philosophie unterstützt wird, kann es in der Folge dazu kommen, dass einerseits seelische Bereiche abgespalten und verdrängt werden und andererseits dieser Mensch sich von der äußeren Welt und von nahen Beziehungen zurückzieht.

Hat man nicht manchmal den Eindruck, als ob einige Menschen, die sich spirituell nennen, sich mehr um sich selbst drehen als um das Wohl ihres Umfeldes? Ihre spirituelle Praxis ist ihnen heilig und die Menschen in ihrer Umgebung müssen sich dieser Praxis unterordnen. Zeigt sich hier nicht eine andere Variante der Gefühllosigkeit und der Selbstbezogenheit, wie sie auch durch die Fixierung auf die Alltagsrealität entstehen kann?

An diesen verschiedenen Beispielen können wir sehen, wie es durch die Fixierung auf eine einzelne Realitätsebene zu starken Einschränkungen kommt, die eine Person regelrecht gefangen nehmen können. Nur noch ein kleines Spektrum ihrer menschlichen Ressourcen und Möglichkeiten wird genutzt. Diese Haltung wird häufig idealisiert und durch entsprechende Philosophien unterstützt. So können wir sie vor uns und anderen rechtfertigen. Das ausgegrenzte Spektrum der Möglichkeiten und die anderen Ebenen werden dabei, so gut es geht, ausgeblendet und dort, wo dies nicht möglich ist, als bedeutungslos entwertet. Da sie aber ein natürlicher Bestandteil unserer menschlichen Realität sind und wir sie niemals ganz loswerden können, werden sie als lästig und störend empfunden und entsprechend bekämpft.

Das Anerkennen der Ebenen

Wie wir an diesen Beispielen von Fixierung auf verschiedene Realitätsebenen sehen, können wir uns nur dann als Mensch auf eine natürliche Weise in unserer Ganzheit entfalten, wenn wir sowohl die Alltagsrealität als auch die Seelische und die Absolute Realität anerkennen. Erst wenn wir sie als natürliche und gleichwertige Aspekte unseres Menschseins begreifen, werden wir die Potenziale, die jede Bewusstseinsebene für uns bereithält, mit der Zeit erkennen und wertschätzen. Anders gesagt: Nur durch eine dialogische Haltung – bei der wir zunächst den Widersprüchen, die zwischen den Ebenen bestehen, standhalten und diese zulassen, und bei der wir mit Interesse jede Ebene mit ihren Möglichkeiten und Grenzen tiefer studieren – werden wir entdecken, wie sie sich ergänzen und gegenseitig befruchten.

Wie sollen wir auch etwas kennenlernen, wenn wir es nicht anerkennen? Wie können wir etwas entdecken, wenn wir es leugnen und nicht hinschauen? Wie kann etwas fruchtbar werden, wenn wir es nicht mit unserer Aufmerksamkeit nähren? Die wichtigste Zutat für die Entfaltung der Potenziale in den Realitätsebenen ist damit unser Interesse. Ohne Wertschätzung und ohne Interesse für alle drei Ebenen werden wir unsere Aufmerksamkeit nicht so stark bündeln, wie es nötig ist, um die Bedeutung und das Potenzial der jeweiligen Bewusstseinsebene auszuloten. Erst dann können die verschiedenen Ebenen für unser Leben fruchtbar werden.

Wie bei einem dialogischen Gespräch zwischen Menschen genügt es eben nicht, die unterschiedlichen Perspektiven einfach nur anzuerkennen. Das ist nur der erste Schritt. Erst wenn wir diese erkunden, also bereit sind, jede Perspektive von innen her zu erfahren und zu entdecken, offenbart sich uns ein neues, erweitertes Verständnis. Dieses Verständnis wiederum bringt es mit sich, dass wir die verschiedenen Perspektiven erst wirklich ermessen und entsprechend wertschätzen können.

So ist es auch mit den Realitätsebenen. Der Ausgangspunkt, um sie tiefer auszuloten, ist, dass wir sie zunächst als gleichwertig anerkennen.

Aber erst wenn wir in jede Ebene tiefer hineingehen, sie in ihrer Bedeutung erfassen und die Potenziale, die darin liegen, sich in uns entfalten und damit zugänglich werden, wird sich die anfängliche Anerkennung der Ebenen in eine tiefe wissende Wertschätzung verwandeln. Spätestens hier ist die Anerkennung der drei Ebenen zu einer inneren Grundhaltung geworden, die keiner Erinnerung mehr bedarf.

Zu diesem Zeitpunkt zeigt sich eine neue Qualität in unserem Leben. Überrascht werden wir feststellen, dass sich eine neue Sicherheit als generelles Lebensgefühl eingestellt hat. Wo uns zunächst die Widersprüche der Innen- und der Außenwelt immer wieder verunsichert und verwirrt haben, entsteht jetzt eine neue Ordnung, die es ganz leicht macht, sich auf diese Widersprüche sinnvoll zu beziehen. Wenn nicht mehr die äußere Realität mit ihren Anforderungen das eigentliche Leben ist, sondern nur *eine* wichtige Lebensperspektive, die durch die seelische Dimension erst ihre Tiefe und Sinnhaftigkeit erfährt, dann muss es uns auch nicht verunsichern oder erschüttern, wenn die Seele sich meldet und unsere Pläne auf der Oberfläche unseres Alltags durchkreuzt.

Wie ein guter Kapitän wissen wir in einem solchen Moment, dass wir vom inneren Kurs abgekommen sind oder uns von unserem natürlichen Rhythmus abgekoppelt haben. Wenn wir die Signale unserer Seele anerkennen und zuordnen können, werden wir sie ernst nehmen und mit Interesse erforschen. Wie leicht ist es dann doch, die innere und die äußere Ebene unseres Lebens wieder in Einklang zu bringen und den Kurs oder das Tempo unseres Schiffes zu korrigieren?

Für den unerfahrenen Kapitän, der sich strikt an Ziele und Zeitpläne hält und dabei die Befindlichkeit der Mannschaft aus dem Blick verliert, ist das Aufbegehren der Mannschaft ein zutiefst verstörender Vorgang, der als Meuterei bekämpft werden muss. Der erfahrene Kapitän jedoch weiß, dass das Schiff nur dann sein Ziel erreichen wird, wenn die Bedürfnisse der Mannschaft und das angestrebte Ziel wieder in Einklang kommen. Dadurch, dass er beide Ebenen – Mannschaft und äußere Aufgabe – in ihrer Bedeutung sehen kann, bringt der scheinbare Konflikt ihn nicht aus der Fassung. Er weiß, dass beide Ebenen immer wieder ausbalanciert werden müssen und kann sich dadurch in Ruhe beiden Seiten zuwenden, bis sie wieder kooperieren.

Die Sicherheit, die ein erfahrener Kapitän ausstrahlt, ergibt sich nicht daraus, dass er alles unter Kontrolle hat oder alles weiß. Sie ist vielmehr eine Folge davon, dass er ein Verständnis davon besitzt, wie die verschiedenen Aspekte, die alle zu einer Schiffsreise gehören, zusammenwirken und wie sie angemessen einbezogen werden können. Das übergeordnete Verständnis und das Anerkennen der einzelnen, zum Teil widersprüchlichen Kräfte verleihen ihm eine natürliche Autorität.

Diese innere Sicherheit nimmt noch einmal zu, wenn wir uns nicht nur durch unsere menschliche Gestalt und durch seelische Belange definieren, sondern uns zusätzlich als immerwährendes SEIN erfahren. Ein Schicksalsschlag oder eine schwere Krankheit werden uns dann nicht vollkommen aus der Fassung bringen können, da es eine Ebene in uns gibt, die davon unberührt bleibt. Wie ein Kapitän, der in sich spürt, dass es etwas Größeres gibt als das Schiff, das Ziel und die Mannschaft, und somit nicht vollkommen mit seiner Rolle identifiziert ist, kann auch ein Mensch, der einen Zugang zur absoluten Ebene hat, eine Gelassenheit entwickeln, die für andere Menschen unverständlich ist. Eine solche Gelassenheit macht es ihm möglich, sich sorgfältig um alle Aspekte einer schwierigen Situation zu kümmern und dabei weiter in sich zu ruhen.

Die Realitätsebenen im Tagesablauf

Wenn wir die Realitätsebenen als Parallelwelten anerkennen und sie in ihrer jeweiligen Bedeutung für unser Leben wertschätzen, dann ist es sehr natürlich, dass wir allen drei Ebenen in unserem Alltagsleben einen angemessenen Platz geben. So wie wir ganz selbstverständlich die Grundbedürfnisse unseres Körpers berücksichtigen und im Laufe eines Tages Zeiten der Pflege, der Erholung, der Bewegung und der Ernährung einrichten, so werden wir auch unseren Tagesablauf daran orientieren, dass alle Realitätsebenen sich darin natürlich wiederfinden.

Das kann einerseits bedeuten, dass wir neben unseren Pflichten und Tätigkeiten, die typischerweise im Modus der Alltagsrealität stattfinden, bewusst Räume im Tagesablauf schaffen, in denen die Präsenz – das pure Dasein – ihren Platz hat. Vielleicht beginnen wir den Tag mit einer stillen Meditation oder richten nach dem Mittagessen eine Zeit der Tiefenentspannung ein. Vielleicht gehen wir einmal am Tag spazieren und setzen uns auf eine Bank, nur um dazusitzen und bewusst zu atmen und dem Augenblick und der Umgebung zu lauschen. Manche Menschen setzen sich auch täglich eine Weile in eine Kirche und lauschen auf die sakrale Atmosphäre. Es gibt viele Möglichkeiten, der Präsenz einen bewussten Platz in unserem Alltag einzurichten. Das muss nicht durch eine klassische Meditation geschehen. Entscheidend ist aber, dass in unserem inneren Wertesystem die absolute Ebene und damit das Dasein in Stille den gleichen Wert besitzt wie das Tun. Nur dann werden wir unsere eigene Art finden, das Dasein in einer bewussten Weise in unseren Tagesablauf zu integrieren.

Doch nicht nur die Präsenz braucht ihren Platz, sondern auch die Seele. Es gibt unzählige Möglichkeiten, bewusst Seelenräume zu schaffen, in denen wir einen tieferen Kontakt zu uns selbst herstellen können, um daraus unser Leben zu gestalten. Wichtig für einen wirkungsvollen Raum, in dem die Seele ihren Platz haben kann, ist, dass wir Werkzeuge zur Verfügung haben, um eine tiefere Verbindung mit uns selbst aufzunehmen und andererseits ein kreativer, nicht zensierter Raum besteht, damit sich die Seele in ihrer aktuellen Befindlichkeit, aber auch mit ihren Sehnsüchten und Visionen ausdrücken kann. Vielleicht schreiben wir regelmäßig ein Tagebuch der Gefühle, in welchem es vor allen Dingen darum geht, welche seelischen Bewegungen bestimmte Situationen in uns auslösen. Oder wir nutzen den kreativen Tanz oder die Improvisation mit einem Instrument oder das intuitive Malen eines Bildes dazu, um der Seele einen Gestaltausdruck zu ermöglichen.

Die sicherlich direkteste Art, einen Seelenraum zu schaffen, ist die Praxis des Inneren Erforschens. Dabei lenken wir unsere Aufmerksamkeit bewusst in das gegenwärtige Erleben, so wie es sich in diesem Augenblick in allen Wahrnehmungskanälen zeigt. Im nächsten Schritt tauchen wir tiefer in das gegenwärtige Erleben ein, sodass es sich durch unsere Hingabe vertiefen, transformieren und ausdrücken kann. Dadurch besteht die Möglichkeit, dass wir sehr schnell einen Zustand von seelischer Unausgeglichenheit ausbalancieren und die Tiefendimension der Seele mit ihren natürlichen, heilsamen Qualitäten aufsuchen können. Die Praxis des Inneren Erforschens ist eine Form der inneren Aufmerksamkeit, die man erlernen und dann in unterschiedlichsten Lebenssituationen anwenden kann. In meinem Buch »Nach innen lauschen« (Arbor Verlag) habe ich sie ausführlich beschrieben.

Wenn wir uns regelmäßig um unsere Seele kümmern und spürend eine tiefere Verbindung mit dem aufnehmen, was uns innerlich bewegt, führt dies zu einer Ausgeglichenheit und Zufriedenheit, die dann unser ganzes Leben durchzieht. Anders gesagt, wenn die Seele sich wahrgenommen und einbezogen fühlt, wird sie es nicht mehr nötig haben, uns durch Unzufriedenheit und negative Emotionen aufzurütteln und nach Aufmerksamkeit zu schreien. Erinnern wir uns an den Vergleich mit dem Kapitän und seiner Mannschaft. Wenn sich die Mannschaft einbezogen und entsprechend wahrgenommen fühlt, ist sie grundsätzlich zufrieden und muss auch nicht maulen und meutern.

Was für die Seele gilt, gilt natürlich auch für die beiden anderen Realitätsebenen. Wenn sie einen natürlichen Platz in unserem Leben haben und sich dadurch wertgeschätzt und ernst genommen fühlen, müssen sie nicht auf eine destruktive Art auf sich aufmerksam machen. Wenn wir uns zum Beispiel sorgfältig und regelmäßig um die Anforderungen der Alltagsrealität kümmern, dann wird in der Regel kein äußeres Chaos entstehen, das uns dann entsprechend unter Druck setzt und Schwierigkeiten bereitet. Und wenn wir dem stillen Dasein genauso viel Wert beimessen wie dem Tun, werden wir vermutlich nicht ausbrennen.

Ausbrennen kann man übrigens sowohl dadurch, dass wir uns in der Alltagsrealität als auch in der Seelischen Realität überfordern. Wenn wir nur auf dem Gas stehen, weil wir übermäßig arbeiten, oder weil wir in einer kreativen Schaffensperiode, die uns seelisch inspiriert und ein tiefes Herzensanliegen ist, kein Ende mehr finden, und uns daher keine Pausen der Erholung und des Nicht-Tuns mehr gönnen, ist es nur folgerichtig, dass Körper und Seele streiken und wir zur Ruhe gezwungen werden. Daher besteht der beste Schutz, um nicht auszubrennen, darin, regelmäßig Räume des Daseins – der puren Präsenz – einzurichten, vor allem dann, wenn wir vor lauter Aktivität das Gefühl haben, überhaupt keine Zeit mehr dafür zu haben.

Projekte gestalten

Die verschiedenen Realitätsebenen angemessen zu berücksichtigen, findet nicht nur darin einen Ausdruck, dass wir ihnen im regelmäßigen Tagesablauf einen Platz geben, sondern auch dadurch, dass wir sie bei allen konkreten Anforderungen, die das Leben mit sich bringt, miteinbeziehen. Tatsächlich wirken alle drei Realitätsebenen in die meisten Situationen hinein und wenn wir sie bewusst mit ihren Möglichkeiten nutzen, wird uns manches besser gelingen. Ob wir eine Entscheidung treffen müssen, ein großes Projekt verfolgen, einen Konflikt in unserer Partnerschaft austragen müssen oder lediglich den Urlaub gestalten wollen, immer können wir die Situation aus den Perspektiven der drei Bewusstseinsebenen betrachten und dadurch ein vollständigeres Bild gewinnen, welches uns ermöglicht, uns intelligent und ganzheitlich zu verhalten.

Nehmen wir einmal an, dass wir ein Herzensprojekt haben. Vielleicht wollen wir ein Haus für unsere Familie bauen oder streben eine erfüllende berufliche Tätigkeit an. Vielleicht tragen wir die Vision für ein soziales Projekt in uns oder wir wollen schon lange ein bestimmtes Instrument erlernen. Welches Projekt uns auch immer bewegt, es kann nur gelingen und sich auf Dauer auf eine gesunde und organische Weise entfalten, wenn sowohl die innere als auch die äußere Ebene des Lebens miteinbezogen wird, denn auch ein Projekt, das offensichtlich in der äußeren Welt stattfindet, wie zum Beispiel die Errichtung eines Wohnhauses für die Familie, dient letztlich der Seele des Menschen. Nur dann erfüllt es seinen Zweck. Ein Haus nämlich, in dem wir uns nicht wohlfühlen, das also unseren seelischen Bedürfnissen nicht entspricht, erfüllt seine eigentliche Bestimmung nicht.

Der Ausgangs- und der Endpunkt eines Projektes ist daher immer die Seele. Im Idealfall entsteht nämlich ein Projekt aus einem Herzenswunsch und wenn es dann im Äußeren Gestalt annimmt, sollte diese eine positive Rückwirkung auf unsere Innenwelt haben. Ein Haus zum Beispiel soll uns Geborgenheit vermitteln, eine erfüllende berufliche Tätigkeit kann uns helfen, unser individuelles Wesen zu entfalten, ein soziales Projekt kann uns Verbundenheit und Mitgefühl erfahren lassen und ein Musikinstrument kann die unterschiedlichsten Saiten unserer Seele zum Klingen bringen. Die eigentliche Bestimmung von äußeren Projekten liegt daher im Dienst an der Seele. Dann entsteht eine Erfüllung, die sich aus dem Einklang von Innen- und Außenwelt ergibt. Erst dadurch bekommt die äußere Gestalt des Projektes eine Sinnhaftigkeit. Denn für sich genommen, ohne eine Rückbeziehung zur Seele des Menschen oder zur Natur, ist ein äußeres Projekt genauso sinnentleert wie ein Museum, das niemand besucht.

Für das Entstehen eines Projektes, aber auch für die Erfüllung, die daraus entstehen kann, ist die Anbindung an die Seelenebene also entscheidend. Jedoch müssen genauso die Aspekte der Alltagsrealität sorgfältig miteinbezogen werden, sonst kann es keine Gestalt annehmen. Beim Bau eines Hauses dürfen wir nicht nur darauf fixiert sein, wie das ideale Haus einmal aussehen soll, damit es unseren individuellen Bedürfnissen entspricht, sondern wir müssen genauso im Blick haben, wie unsere finanziellen Möglichkeiten sind, sonst werden wir uns finanziell überfordern und dauerhaft belasten oder es wird niemals zu einer Realisierung unserer Träume kommen. Geld ist eine Gedankenrealität und damit ein typischer Aspekt der Alltagsrealität mit seinen kollektiven Übereinkünften. Obwohl Geld keinerlei substanzielle Wirklichkeit hat, ist es, wie wir wissen, für die Durchführung von vielen Projekten ein entscheidender Faktor. Wer das missachtet, wird oftmals scheitern.

Natürlich ist Geld nur *ein* Aspekt von unendlich vielen Facetten der Alltagsrealität. Um ein Haus zu errichten, müssen zum Beispiel auch unzählige Abmachungen zwischen den am Bau beteiligten Personen stattfinden und dann auch eingehalten werden. Ob mit der Architektin, dem Banker, den verschiedenen Gewerken, der Gemeinde und den Nachbarn. Ohne klare Absprachen und ohne Verlässlichkeit würde ein heilloses Chaos entstehen, das den Bau verzögern, verteuern oder vielleicht sogar scheitern lassen könnte. Nur wenn es eine geregelte Zusammenarbeit gibt, die durch klare Projektpläne und Zeitstrukturen unterstützt wird, kann ein Projekt sich konstruktiv entfalten und reibungslos ablaufen. Wer das nicht beachtet, dem wird es kaum gelingen, größere Herzensprojekte zu verwirklichen.

Besonders die Strukturierung von Zeit spielt dabei eine wichtige Rolle, die eine gesonderte Betrachtung verdient. Zeit ist genauso wie Geld eine Gedankenrealität und damit ein wesentlicher Aspekt der Alltagsrealität. Durch die Strukturierung des Lebens mithilfe von Zeit können wir lang dauernde und daher unüberschaubare Prozesse in kleine Häppchen portionieren und entsprechend bewältigen. Wenn wir zum Beispiel ein Musikinstrument erlernen wollen, dann werden wir das nicht dadurch schaffen, dass wir uns mit Feuereifer einen ganzen Tag lang mit dem Instrument befassen. Im Gegenteil führt dies zu dem Gefühl der Überforderung und der Frustration. Erst wenn wir den unüberschaubaren Lernprozess in kleine, überschaubare Zeit- und Lerneinheiten aufgliedern und diese diszipliniert einhalten, werden wir Schritt für Schritt vorankommen und dabei das Gefühl von Erfolg haben.

Zeit gibt uns jedoch nicht nur die Möglichkeit, schrittweise vorzugehen und dabei kontinuierliche Fortschritte zu machen, sondern sie schafft auch einen Rahmen für einen Vorgang, welcher Sicherheit vermitteln und gleichzeitig diesen Prozess verdichten kann. Als Gruppenleiter kann ich zum Beispiel beobachten, wie der Zeitrahmen für eine Übung entscheidend zum Gelingen der Übung beiträgt. Ein angemessener Zeitrahmen vermittelt der praktizierenden Person zum einen die Sicherheit, dass es um ein begrenztes Einlassen auf eine Erfahrung geht, und zum anderen wird die Konzentrationskraft durch die Begrenzung des Zeitrahmens verstärkt. Daher kommt es zu einer Intensität, die ohne ein Zeitmaß nicht stattfinden würde.

Wichtig dabei ist allerdings, dass die Zeitstruktur für das Projekt und die beteiligten Personen angemessen ist. Daher muss sie auch immer wieder überprüft und angepasst werden. Denn auch hier gilt, Zeitpläne haben keinen Selbstzweck und sollten auch nicht zur ständigen Steigerung der Effektivität missbraucht werden, sondern sie dienen der Koordinierung und dem natürlichen Rhythmus der beteiligten Menschen. Nur dann erfüllen sie ihren Zweck, ohne ungesunden Zeitdruck und damit Stress zu erzeugen.

Die Bedeutung des Absoluten für Projekte

Zeit ist offensichtlich ein wesentlicher Faktor für die erfolgreiche Gestaltung eines Projektes. Doch wie steht es um die Zeitlosigkeit – den offenen und weiten Raum der Absoluten Realität? Hat dieser auch eine Bedeutung für Projekte? Und wenn ja, welche? Dass die seelische Dimension und die Alltagsrealität im Idealfall bei Projekten ineinanderwirken und sich dann gegenseitig befruchten, ist relativ offensichtlich, welche Rolle aber das unbedingte SEIN dabei spielt, erschließt sich nicht auf den ersten Blick. Daher wird es auch häufig nicht berücksichtigt.

Um uns dieser Frage anzunähern, ist es zunächst hilfreich, den Beginn eines Projektes zu betrachten. Wo kommt eigentlich die entscheidende Eingebung – die Inspiration oder Vision – für ein großes Projekt her, das uns manchmal dann in der Folge sogar Jahre beschäftigen und uns einiges abverlangen kann? Manche dieser Eingebungen entstehen aus der Resonanz mit äußeren Aspekten des Lebens, die uns berühren. Vielleicht hören wir den Klang eines Musikinstruments und verspüren in uns den tiefen Wunsch, diesen Klang zu erzeugen. Oder wir kommen in Kontakt mit einem Beruf, der für uns wie eine Offenbarung ist. Positive Resonanz kann der Auftakt zu einem großen Herzensprojekt und einem lebenslangen Weg sein.

Manchmal tauchen aber auch tiefe Eingebungen regelrecht aus dem Nichts auf. Es gibt viele Berichte von Künstlerinnen oder Wissenschaftlern, deren wirklich große Intuitionen nicht aus dem Nachdenken entstanden sind, sondern aus Momenten des Nichtdenkens. Gerade dort, wo sich unser Geist in einem Zustand von reiner Präsenz befindet, sind wir nicht von unseren geistigen Fähigkeiten abgeschnitten, vielmehr befinden wir uns hier in einem Modus von erhöhter Intelligenz. Da wir in diesem Zustand von unseren üblichen Denkschleifen frei sind, kann sich eine vollkommen neue, schöpferische Art des Fühlens und Denkens entfalten.

Eingebungen, die aus Momenten von Stille oder reiner Präsenz entstehen, sind häufig ganzheitlicher als Ideen, die aus dem linearen oder analytischen Denken kommen. Da sie intuitiv die Seele und die Ganzheit einer Situation miteinbeziehen, haben sie eine besondere Kraft. Wir spüren in diesen Momenten sofort, dass diese Idee kein gewöhnlicher Gedanke ist, sondern sich etwas Großes offenbart hat – etwas, das wesentlich ist. Allerdings bedeutet dies noch nicht automatisch, dass diese Eingebung in unserem äußeren Leben Gestalt annehmen wird. Und es ist auch keine Aussage darüber, wann es an der Zeit ist, dieser Eingebung zu folgen. Manchmal müssen wir eine große Idee jahrelang in uns tragen, bevor wir die Möglichkeit haben, ihre Gestaltwerdung voranzutreiben. Auch große Eingebungen, die aus Momenten von Stille entstehen, müssen sich in der Alltagsrealität bewähren und brauchen oft einen langen Weg der Umsetzung, der uns sowohl auf der seelischen Ebene wie auch im Kontext der Alltagsrealität fordert.

Zu Beginn eines Projektes kann also die schöpferische Weisheit, die sich in Momenten von Stille und Nichtdenken offenbart, den entscheidenden

Impuls geben. Doch die Absolute Realität hat nicht nur zu Beginn eine Bedeutung, sondern auch später. Besonders in schwierigen Phasen des Projektes, dort, wo wir auf scheinbar unüberwindliche Hindernisse stoßen, kann sie uns den entscheidenden Hinweis vermitteln, um das Projekt fortzusetzen. Dazu müssen wir aber auch wissen, wie wir die Weisheit am Grund unserer Seele bewusst aufsuchen und nutzen können. Ohne die Fähigkeit, vom gefühlten Schlamassel mit all den Gedankenschleifen, die hier in uns kreisen, zurücktreten zu können, wird sich kein Raum von Freiheit und Weisheit in uns öffnen. Erst dann, wenn wir für einen Augenblick lang all die Schwierigkeiten, Gedanken und Gefühle sich selbst überlassen haben und uns vertrauensvoll in die Stille begeben, können sich plötzlich kreative ganzheitliche Lösungsansätze offenbaren, die durch scharfes Nachdenken über die Situation niemals entstanden wären.

Warum entfaltet sich die schöpferische Weisheit, die am Grund unserer Seele im Unbedingten immer schlummert, erst dort, wo wir die Bewusstseinsebene wechseln und vom Denken, vom Machen und vom Fühlen zurücktreten? Der Grund ist sehr einfach. Solange wir in der Alltagsrealität mit Gedanken und dem Handeln beschäftigt sind oder auf der seelischen Ebene uns Gefühle vereinnahmen, ist unsere Aufmerksamkeit belegt. Durch die Fokussierung auf das Denken oder die Gefühle entsteht eine Fixierung und damit eine geistige Enge. Wenn Schwierigkeiten auftauchen, dann nimmt diese Enge noch mal deutlich zu, denn wir sind jetzt nicht nur mit der Lösung der äußeren Situation beschäftigt, sondern auch mit den unterschwelligen Emotionen, die in dieser Ohnmachtssituation auftauchen. In diesem Cocktail an Gedanken und Gefühlen ist kein Raum für Kreativität. Wir sind schlicht zu absorbiert, als dass sich unsere Intelligenz entfalten könnte.

Die große Stärke der absoluten Ebene des puren Daseins ist das Nicht-Verklebtsein. Hier sind wir frei vom Denken, vom Wollen, vom Handeln und von den Gefühlen. Erst in dieser Freiheit – in einem Raum jenseits aller Identifikation –, kann sich wirklich Neues ereignen und damit schöpferisches Denken entstehen. Dieses Nicht-Verklebtsein ist jedoch nicht nur bedeutsam, wenn es darum geht, bei Schwierigkeiten unsere tiefere Weisheit zu nutzen, sondern sie schafft auch einen Ausgleich zum Engagement für ein Projekt. Einerseits brauchen nämlich jedes Projekt und jeder anspruchsvolle Weg unseren Einsatz. Wir müssen uns in unserer Ganzheit – mit Herz und Hirn – hineingeben. Nur dann fließt die Kraft, die jedes Projekt für seine Gestaltwerdung braucht. Unser Engagement ist der Sprit, den jedes Vorankommen und jedes Gefährt benötigt.

Andererseits führt aber genau dieses Engagement dazu, dass wir zu eng werden und uns zu stark mit dem Projekt identifizieren. Wenn es hier nicht als Ausgleichsbewegung immer wieder Momente von reiner Präsenz gibt, in denen wir uns wieder vollkommen frei von allen Identifizierungen und frei vom Verhaftetsein mit dem Gelingen des Projektes erfahren, werden wir extrem anfällig dafür, dass bereits kleine Schwierigkeiten oder Störungen uns stark betroffen machen können. Anders gesagt: Je stärker wir mit einer Sache identifiziert sind, desto verletzlicher und angreifbarer werden wir.

Beim Beispiel der Errichtung eines Hauses ist dies besonders offensichtlich. Einerseits braucht es sicherlich unser Engagement und unser Herzblut, sonst werden wir ein so großes und anstrengendes Projekt gar nicht erst beginnen und wahrscheinlich auch nicht durchhalten. Andererseits dürfen wir auch nicht zu identifiziert sein damit, sonst wird uns jede Panne, die während der Bauphase geschieht, und jede Schwierigkeit mit Handwerkern emotional aufwühlen. Letztlich wird das Haus auch niemals so aussehen, wie es uns zu Beginn in unseren Träumen erschien. Wenn wir hier zu verklebt mit unseren ursprünglichen Vorstellungen sind, kommt es zwangsläufig zu einer großen Enttäuschung. Nur die Ebene der reinen Präsenz ist nicht identifiziert mit Zeitplänen und Zielvorgaben. Sie ist frei und daher auch unbeeindruckt vom Ergebnis.

Die innere Freiheit, die aus dem Zugang zur Absoluten Realität entsteht, birgt als große Frucht für unser gesamtes Leben und besonders für unsere Projekte eine grundlegende Gelassenheit. Diese ist der ausgleichende Pol zur Hitze unseres Engagements für Dinge, die uns am Herzen liegen. Erst wenn diese beiden Pole in Balance sind und sich wechselseitig ergänzen, können wir mit großer Entschlossenheit und Kraft die Gestaltwerdung von Herzensprojekten systematisch vorantreiben und dabei gleichzeitig eine große Gelassenheit verkörpern.

Ist das nicht paradox? Ja und nein. Gelassenheit und Engagement scheinen sich einerseits zu widersprechen, bei genauerer Betrachtung aber sehen wir, dass sie verschiedenen Bewusstseinsebenen entspringen und dadurch nicht gegeneinander gerichtet sind. Vielmehr ist es so, dass das Engagement für eine Herzenssache in der Offenheit und Gelassenheit der Seinsebene enthalten ist. Die Weite des sich grenzenlos ausdehnenden Weltalls steht ja auch nicht im Widerspruch zur Begrenztheit des Planeten Erde. Die Grenzenlosigkeit umfasst die Erde und macht das vielfältige Wachstum darauf erst möglich. Ähnlich ist die Beziehung zwischen Gelassenheit und Engagement. Eine Gelassenheit, die aus der Nicht-Verklebtheit des absoluten Bewusstseins kommt, hebt nicht unser Engagement auf, sondern sie bildet die Grundlage dafür, uns konkret als Mensch mit unserem Leben für Dinge einzusetzen. Sie gibt unserem Leben und unserem Handeln einen weiten Bezugsrahmen, der auch dort nicht verloren geht, wo wir uns mit Herzkraft engagieren.

Wenn wir krank werden

Ein anderer Bereich, der die Bedeutung der Realitätsebenen für unser Leben anschaulich werden lässt, ist der Umgang mit Krankheiten. Wir alle werden immer wieder krank und manchmal sogar auf eine Weise, die uns die Zerbrechlichkeit unserer Existenz vor Augen führt. Vielleicht ringen wir mit einer Krebserkrankung oder machen eine schwere Grippe durch. Vielleicht haben wir auch chronische Krankheiten, die uns dauerhaft einschränken und belasten. In jedem Fall ist es nur natürlich, dass wir uns nach Heilung sehnen und konkrete Maßnahmen treffen, die uns helfen sollen, die Krankheit zu überwinden.

Doch welche Behandlung hilft uns wirklich? Sollen wir der Schulmedizin vertrauen oder alternativen Behandlungsansätzen? Sollen wir uns in Psychotherapie begeben oder einen Schamanen aufsuchen? Oder vielleicht einfach nur beten? Es gibt unzählige Behandlungsmethoden und hinter jeder steht eine Heilungsvorstellung, die einer bestimmten Weltsicht entspringt. Viele dieser Ansätze und Weltbilder widersprechen sich und die Vertreter der jeweiligen Sichtweisen bekämpfen sich manchmal bis aufs Äußerste. Als kranke Person sind wir den Meinungen der verschiedenen Fachleute ausgeliefert, fühlen uns oft hin- und hergerissen oder schlagen uns dann selbst oft auf die eine oder andere Seite.

Wenn wir jedoch eine dialogische Haltung einnehmen und nicht in die Falle von »entweder – oder« tappen, dann ist nicht mehr die Frage, welche der vielen Behandlungsmethoden die richtige ist, sondern auf welcher Ebene eine Behandlung ansetzt und wie sich die Methoden dadurch zu einem ganzheitlichen Vorgehen ergänzen. Dadurch erweitert sich unser Weltbild so stark, dass wir nicht mehr reflexhaft den einen oder anderen Ansatz kategorisch ablehnen müssen, sondern wir erkennen seine spezifische Bedeutung für einen ganzheitlichen Heilungsweg. Auf diese Weise schält sich eine neue Ordnung im Dschungel der Therapiemethoden heraus, die uns hilft, uns darin zu orientieren.

Wenn wir die grundlegende Bedeutung der Realitätsebenen anerkennen, dann sollte eine ganzheitliche Behandlung möglichst immer alle drei Ebenen betreffen. Und das aus dem schlichten Grund, dass bei jeder Krankheit alle Ebenen beteiligt sind, auch wenn das auf den ersten Blick nicht unbedingt offensichtlich ist. Doch wenn in jedem Augenblick unseres Lebens alle drei Realitätsebenen latent anwesend und mit ihrem jeweiligen Potenzial nutzbar sind, wieso sollten diese dann bei einer Krankheit keine Bedeutung haben?

Natürlich gibt es auch Krankheitsgeschehen, die vorwiegend auf einer Realitätsebene ablaufen und auch so geringfügig sind, dass wir nicht alle drei Ebenen berücksichtigen müssen. Jedoch bei genauerer Betrachtung würden wir sogar bei einer simplen Prellung sehen, dass es durchaus eine positive Wirkung haben kann, wenn wir diese nicht nur als ein rein körperliches Geschehen begreifen. Ich habe schon erstaunliche spontane Verbesserungen erlebt, wenn auch in so einem Fall die seelische Dimension miteinbezogen wird. Genauso kann es eine starke positive Auswirkung haben, wenn eine scheinbar rein psychische Erkrankung wie eine depressive Verstimmung nicht nur psychotherapeutisch behandelt wird, sondern diese Maßnahme auch durch eine körperliche Behandlung wie zum Beispiel durch medizinisches Yoga oder durch eine spirituelle Praxis flankiert wird.

Die Einbeziehung aller Ebenen hat besonders dort eine wesentliche Bedeutung, wo heftige, existenzielle oder chronische Krankheitsprozesse uns heimsuchen. Spätestens dann sollte man sich von einem eindimensionalen Behandlungsansatz verabschieden und die anderen Ebenen miteinbeziehen. Nur so können wir sicherstellen, dass wir nicht wesentliche Aspekte eines Krankheitsprozesses übersehen, weil sie vielleicht nicht in unser Weltbild passen oder wir (oder unsere Behandlerin) schlicht zu fokussiert auf eine Realitätsebene sind.

Betrachten wir dieses Vorgehen am konkreten Beispiel eines Krebstumors. Dieser zeigt sich zunächst im Körper in Form eines destruktiven raumgreifenden Zellwachstums, das Organe verdrängen oder überwuchern kann. Im weiteren Verlauf können durch Streuung von Krebszellen auch andere Organe befallen werden und sich damit Metastasen (Sekundärtumore) ausbilden, die irgendwann den Organismus so belasten, dass es zum Zusammenbruch des Systems und damit zum Tod des Menschen kommen kann. Wenn wir diese Krankheit betrachten, scheint sie also zunächst ein rein körperliches Geschehen zu sein.

Das ist genau die Sichtweise, die heute bei der ärztlichen Behandlung von Krebsleiden dominiert und dazu führt, dass die erkrankte Person meist nur mit Methoden behandelt wird, die ganz direkt auf das krankhafte Zellwachstum einwirken. Typischerweise wird der Tumor durch eine Operation entfernt und anschließend eine Chemotherapie eingeleitet, um die schnell wachsenden Zellen des Tumors und der Metastasen in ihrem Wachstum zu hemmen oder zu vernichten. Diese Vorgehensweise ist durchaus sinnvoll und auch wenn sie ihre Schattenseite mit vielen Nebenwirkungen hat, kann sie oft den Krankheitsverlauf entscheidend verlangsamen oder Menschen das Leben retten.

Allerdings ist dieser Heilungsansatz sehr eindimensional und lässt die seelische und absolute Ebene außen vor. Der Körper wird hier als ein rein materielles Geschehen betrachtet, in das man wie in eine Maschine mechanisch eingreifen und Störungen beheben kann. Es ist die Sichtweise der Alltagsrealität, die die Welt objekthaft konstruiert, seziert und sie auf diese Weise handhabbar macht. Dass diese Sichtweise grundsätzlich berechtigt und effektiv ist, wissen wir aus unserem Alltagsleben, bei dem wir typischerweise hauptsächlich auf die äußere Form der Dinge schauen und das Leben darauf reduzieren. Ist uns die beseelte, lebendige Natur eines Nahrungsmittels wie einer Gurke normalerweise bewusst? Und sehen und behandeln wir sie nicht als ein von uns und vom Erdreich, in dem sie gewachsen ist, getrenntes Objekt?

Doch ein Krankheitsgeschehen im Körper ist kein isoliertes mechanisches Geschehen, genauso wenig wie unser Körper als Ganzes nur eine komplizierte, rein materielle Maschine ist. Bereits jede Zelle steht in einem lebendigen Austausch mit dem gesamten Organismus und kann nicht vom lebendigen Gesamtgeschehen, welches wir Mensch nennen, isoliert werden. Jede Zelle ist beseelt. Sie verhält sich wie ein lebendiges, fühlendes Wesen, das mit der Seele des ganzen Menschen in unmittelbarer Verbindung steht. Können wir das irgendwie trennen? Jede Trennung wäre ein künstlicher, analytischer Vorgang, der dem fließenden und ganzheitlichen Geschehen, das wir Seele nennen, nicht gerecht wird.

Wirkt nicht jede seelische Stimmung unmittelbar auf körperliche Prozesse wie zum Beispiel die Atmung und den Herzschlag ein? Und haben nicht auch körperliche Veränderungen wie zum Beispiel hormonelle Schwankungen eine sofortige Auswirkung auf unsere Seele? Der Körper mit all seinen lebendigen Prozessen ist direkt in die Ganzheit der Seele eingebunden. Das betrifft natürlich genauso jedes Krankheitsgeschehen.

Daher hat jede körperliche Beeinträchtigung auch immer eine seelische Dimension, die wir erfahren können und die wir bewusst für den Heilungsweg nutzen können.

Die seelische Dimension einer Erkrankung ist uns jedoch nicht selbstverständlich zugänglich. Wir spüren zwar oft, dass uns eine Diagnose erschüttert und seelische Prozesse wie Ängste oder Niedergeschlagenheit auslöst, aber die eigentliche seelische Bedeutung der Erkrankung liegt unter der Schicht der Alltagsrealität mit ihren Gedankenschleifen verborgen. Da wir meist zu analytisch an das Krankheitsgeschehen herangehen, fragen wir uns nach dem Grund der Erkrankung. Doch diese Frage führt uns nur in den Bereich der Spekulationen und daher nicht wirklich weiter. Erst wenn wir das Geschehen phänomenologisch erkunden, also die Krankheit als ein inneres Geschehen betrachten, und in die gegenwärtige subjektive Erfahrung eintauchen, offenbaren sich plötzlich überraschende Perspektiven. Nicht selten entstehen bei einem solchen Vorgehen spontane innere Transformationen und Momente von Heilung.

Das bedeutet noch nicht, dass die körperliche Krankheit gleich verschwindet. Das geschieht ja auch meistens nicht bei einer einmaligen Gabe einer Arznei. Aber es führt auf jeden Fall dazu, dass auf der seelischen Ebene wichtige Heilungsimpulse gesetzt werden und so die Ganzheit des fühlenden Wesens zu einer neuen Balance findet. Das ist genauso wichtig und heilsam wie eine direkte Behandlung des Krankheitsgeschehens im Körper, selbst dann, wenn es nicht zum Verschwinden der Symptomatik führt. Ich erinnere mich an einen Patienten im Endstadium einer jahrelangen Krebserkrankung, der nach mehreren Sitzungen, in denen ich ihn phänomenologisch begleitet habe, sinngemäß sagte: »Ich beginne ein Gefühl dafür zu bekommen, was es bedeutet, mich innerlich trotz meiner Krebserkrankung gesund zu fühlen.«

»Sich gesund fühlen« ist keine Frage von körperlicher Gesundheit oder Krankheit. Vielmehr wird hier ausgedrückt, dass sich die Person in einer seelischen Ausgeglichenheit befindet, in der sie sich innerlich wohl- und verbunden fühlt und sich zugleich in einem tiefen Einverständnis befindet. Dieses Einverständnis schließt das Krankheitsgeschehen ein, ohne darauf fokussiert oder fixiert zu sein. Es ist viel größer. Es ist ein Einverständnis mit dem Leben in seiner Ganzheit. Was kann heilsamer sein, als dass die Seele eines Menschen in eine tiefe Ausgeglichenheit zurückfindet und sich im Frieden fühlt?

Wir wissen von der neurologischen Forschung, dass in Momenten von tiefer Entspannung die natürlichen Heilungskräfte des Organismus und sein Immunsystem am allerbesten arbeiten. Dagegen, wenn das Bedrohungssystem eines Menschen aktiv ist, weil er Ängste hat oder gegen etwas ankämpft, wird sein Immunsystem geschwächt. Diese Erkenntnis macht deutlich, dass der seelische Heilungsweg nicht darin bestehen kann, *gegen* eine Krankheit innerlich anzukämpfen. Leider ist es weitverbreitet, dass sich Patienten mit einem Krebsleiden auf eine fantasievolle Weise bildlich vorstellen, wie die Tumorzellen bekämpft oder aufgefressen werden. Diese Vorgehensweise lässt uns einerseits viel zu fixiert auf das Krankheitsgeschehen schauen und führt uns andererseits in den Modus von Kampf und Anspannung.

Viel geschickter ist es, sich immer wieder zu vergegenwärtigen, dass das Krebsleiden nur eine Dysbalance eines im Ganzen gesunden und lebendigen Organismus ist. Dadurch relativiert sich das Geschehen und es kommt zu keiner Fixierung. Vielleicht können wir sogar die Perspektive einnehmen, dass ein Krankheitsgeschehen immer der natürliche und gesunde Versuch des Organismus ist, sich wieder in eine ganzheitliche Balance zu bringen. Gesundheit in diesem Sinne ist kein statischer Zustand von vollkommener Ausgeglichenheit, sondern die Fähigkeit des Organismus, sich in einer sensiblen und lebendigen Balance zu halten und diese immer wieder neu herzustellen.

Wenn wir das so betrachten, sind Erkrankungen und ihre Symptome nicht das Problem, sondern bereits Teil der Lösung, da sie eindrücklich darauf hinweisen, dass der lebendige Organismus, den wir mit Seele bezeichnen und der den Körper mit einschließt, sich im Ungleichgewicht befindet. Wenn wir daher die Symptome des Körpers phänomenologisch erkunden, bekommen wir einerseits meist einen deutlichen Hinweis darauf, wo etwas ins Stocken und damit aus dem Gleichgewicht geraten ist, und wir können auf einer seelischen Ebene den inneren Prozess wieder ins Fließen bringen, um das ganzheitliche lebendige Gleichgewicht wiederherzustellen. Dieses Vorgehen ersetzt keine ärztliche Behandlung des Körpers, aber sie hilft der kranken Person, sich wieder als gesunder Mensch und nicht nur als Patient zu fühlen.

Der Ort, an dem wir heil sind

Wenn wir uns mit dem Thema Krankheit beschäftigen, dürfen wir niemals vergessen, dass hier auch immer die spirituelle Dimension mitschwingt. Erkrankungen – besonders existenzielle Krankheiten – erinnern und konfrontieren uns mit unserer Zerbrechlichkeit als Mensch und damit letztlich mit der unumstößlichen Tatsache unserer Vergänglichkeit. Alles, was existiert, wird vergehen. Obwohl wir das wissen, blenden wir diese Tatsache weitgehend im alltäglichen Leben aus und verhalten uns auf eine Weise, als ob uns die Vergänglichkeit nichts angehen würde.

Wie sehr wird doch unser Selbstverständnis erschüttert, wenn der Tod dann unvermittelt in unser Leben in Form einer existenziellen Erkrankung oder durch das Sterben eines nahen Menschen einbricht? Plötzlich können wir die Vergänglichkeit nicht mehr auf später verschieben, sondern sie steht mit aller Wucht mitten in unserem Leben. Damit bekommt die Alltagskruste der Selbstverständlichkeit unseres Daseins Risse und wird durch die existenzielle Dimension unseres Lebens aufgebrochen. Spätestens in diesen Momenten sind wir aufgerufen, unsere Beziehung zum Absoluten zu klären. Daher geschieht es nicht selten nach einer existenziellen Erschütterung durch einen Verlust oder durch eine schwere Erkrankung, dass sich Menschen auf einen spirituellen Weg begeben und zum Beispiel mit der Praxis der Meditation beginnen.

Es gibt viele Formen der Meditation und natürlich auch viele Sichtweisen darüber, was Meditation bewirken kann, aber letztendlich ist sie in ihrer spirituellen Bedeutung ein existenzielles Schauen – ein Weg, uns mit dem SEIN zu verbinden. Je mehr wir einen lebendigen Zugang zu der Absoluten Realität und zu der Dimension des Gewahrseins bekommen, erfahren wir einen Raum, der jenseits aller Lebensformen und jenseits aller Begrenzungen existiert. Das SEIN selbst – diese unbedingte, zeitlose Form der Präsenz, die am Grund unserer Seele wie ein geheimer und heiliger Ort verborgen liegt – kennt kein Werden und Vergehen und damit keinen Tod.

Der Urgrund des SEINS bleibt wie die Grenzenlosigkeit des Himmels von allen Geschehnissen unberührt und ist daher in sich immerwährend vollständig und heil. Aus diesem Grund können wir uns im Bewusstseinsraum des Gewahrseins als heil und unversehrt erfahren, auch wenn wir gleichzeitig körperlich schwer krank sind oder im Sterben liegen. Auf dieser Ebene relativiert sich das menschliche Leiden und unsere existenzielle Zerbrechlichkeit.

Um es noch mal ganz deutlich zu sagen: Das Gewahrsein erspart uns unsere Krankheiten und verschiedene Formen des Leidens nicht. Das wäre eine spirituelle Illusion, die schon dadurch widerlegt ist, dass bereits viele erwachte Menschen, die einen tiefen Zugang zur absoluten Ebene hatten, an Krebs verstorben sind. Auch entbindet uns das Gewahrsein nicht davon, uns auf seelischer und körperlicher Ebene weiterhin um unsere Krankheiten zu kümmern und uns um Gesundung zu bemühen. Wenn wir jedoch einen lebendigen Zugang zum Gewahrsein pflegen und spüren, dass wir zuinnerst immer heil sind, dann haben wir einen zusätzlichen Bezugspunkt in unserem Leben, der frei ist und der unser menschliches Ringen und Leiden relativiert. Das macht einen erheblichen Unterschied.

Wie gelassen können wir mit körperlichen Einschränkungen umgehen, wenn wir uns innerlich davon frei fühlen? Wie entspannt können wir uns auf Krankheiten beziehen, wenn wir uns zuinnerst als heil erfahren? Und wie unerschrocken können wir dem Tod gegenübertreten, wenn wir uns in einer Zeitlosigkeit und Bedingungslosigkeit gegründet wissen?

Letztlich schafft der Zugang zu der heilen und heiligen Dimension von Existenz einen großen und weiten Bezugsrahmen für unser Leben, welcher uns ermöglicht, auch bei schweren Einschränkungen durch Krankheiten unser Vertrauen und unsere Würde nicht zu verlieren.

Das ist ein unschätzbarer Wert, der uns auch auf dem Weg der Heilung hilft, obwohl das auf der absoluten Ebene nicht das Ziel ist. Denn in einem Raum, der unbedingt und damit heil ist, gibt es keine Ziele mehr. Wir sind angekommen. Und gerade deswegen, weil wir hier absichtslos sind und uns die Krankheit nicht weiter bedroht, können wir uns mit großer Ruhe und gleichzeitig liebevoll und sorgsam um die körperliche und seelische Heilung kümmern. Auf diese Weise schafft der Zugang zum absoluten Bewusstsein eine sichere Basis für unseren Heilungsweg und ergänzt die Maßnahmen, die wir in der Alltagsrealität und in der Seelischen Realität treffen.

Es gibt nur *ein* Bewusstsein

Bisher habe ich die Alltagsrealität, die Seelische und die Absolute Realität vor allen Dingen als parallele Bewusstseinsebenen beschrieben. Auch die dialogische Haltung erkennt die Realitätsebenen als eigene und in sich gültige Perspektiven an und bekommt dadurch einen Zugang zu den Möglichkeiten, die jede Ebene in sich birgt. Diese Sichtweise ist für einen intelligenten Umgang mit den drei Ebenen äußerst hilfreich und wirkungsvoll. Wir müssen dann eben nicht mehr entscheiden, welche Realitätsebene die richtige ist, sondern können grundsätzlich alle drei Ebenen anerkennen und gleichwertig mit einbeziehen, so wie ich es bereits bei der Gestaltung von Projekten oder bei der Heilung von Krankheiten beschrieben habe.

Doch so hilfreich und pragmatisch es ist, die Realitätsebenen als Paralleluniversen unseres menschlichen Seins zu begreifen und entsprechend zu berücksichtigen, so vermittelt es gleichzeitig das Bild, als ob diese Ebenen unabhängig voneinander bestehen würden. Das ist natürlich falsch. Die Bewusstseinsebenen sind viel tiefer miteinander verflochten, als uns das normalerweise bewusst ist. Genau genommen sind sie keine Paralleluniversen, sondern ineinander verschachtelte Perspektiven ein und desselben Bewusstseins.

Es gibt nur *ein* Bewusstsein und dieses *eine* Bewusstsein kann je nachdem, welche Fokussierung gerade dominiert, unterschiedliche Welten hervorbringen. Wenn das Bewusstsein – von jeder Fokussierung befreit – in sich ruht, ist es reines Gewahrsein – offen, zeitlos und unbedingt. Wenn jedoch die Aufmerksamkeit auf die unmittelbaren inneren und äußeren Sinneseindrücke des Körpers und des Fühlens gerichtet ist, erscheint die Seele mit ihren lebendigen, fließenden und vielschichtigen Erfahrungen. Doch sowie sich der Fokus der Aufmerksamkeit auf das konzepthafte Denken und Handeln verschiebt, entsteht eine Distanz zum unmittelbaren Erleben und die Alltagsrealität mit ihren Übereinkünften und den starren, voneinander getrennt existierenden Objekten wird zur bestimmenden Wirklichkeit. Und doch ist es immer das *eine* Bewusstsein, das unterschiedliche Formen annimmt und auf diese Weise verschiedene Welten mit den jeweiligen Möglichkeiten und Grenzen hervorbringt.

Ist es nicht faszinierend, wie so grundverschiedene Welten mit ihren tausenderlei Ausformungen alle in einem SEIN wurzeln? Vielleicht wie ein Baum, der sich unendlich vielfältig verzweigt und verschiedene Früchte trägt und dennoch der gleichen Wurzel entspringt. Doch auch diese Metapher hinkt. Das *eine* Bewusstsein ist nämlich nicht nur an der Wurzel des Lebensbaumes zu finden, sondern überall, auch in seinen Blättern und Früchten. Es durchdringt genauso die Alltagsrealität und die Seelische Realität sowie alle Formen, die sich daraus ergeben.

Eine präzisere Metapher, um uns dem Wesen des *einen* Bewusstseins, das in allem wirkt, anzunähern, ist daher das Bild eines Flusses. Das SEIN ist hier vergleichbar mit dem Wasser, das an jeder Stelle des Flusses anwesend ist. Es bildet also nicht nur die Quelle, aus der der Fluss entspringt, sondern ist in all seinen Ausformungen und Nebenflüssen – in seiner fließenden Natur und in seiner objekthaften Form – vorhanden.

Gibt es eine einzige Welle ohne das Wasser? Kann der Fluss ohne Wasser fließen, gurgeln und spritzen? Und gibt es »den Fluss« als wiedererkennbare Form, der seit Jahrtausenden in seinem Bett fließt und dem wir Menschen einen Namen gegeben haben, ohne das grundlegende Element des Wassers?

So wie das Wasser in seiner grundlegenden Natur formlos und damit in jeder Form und an jeder Stelle des Flusses anwesend ist, genauso ist auch das SEIN selbst vollkommen ungeformt. Es ist reine Existenz vor und jenseits aller Form. Daher erfahren wir Momente, in denen wir alle Gedanken und alle inneren und äußeren Wahrnehmungen sich selbst überlassen und uns ganz nach innen sinken lassen in eine ungerichtete, reine Aufmerksamkeit – ein Lauschen pur –, als Offenheit und als einen »Ort« der Leere – eine stille, formlose Präsenz.

Doch das SEIN existiert nicht nur vor und jenseits aller Form, sondern gleichermaßen *in* allen Erscheinungen. Es ist die formlose Grundsubstanz, aus der die Formen gebildet werden. Wie beim ungeformten Wasser, das die verschiedenen Erscheinungsformen des Flusses entstehen lässt, so formen sich auch aus dem formlosen Bewusstsein die verschiedenen Erfahrungswelten mit ihren inneren und äußeren Phänomenen. Das bedeutet, dass in jedem Phänomen – in jedem Geräusch, in jedem Gefühl und in jedem Atemzug – das formlose SEIN anwesend ist. Sogar unsere Gedanken bestehen aus nichts anderem als dem *einen* Bewusstsein. Gedanken sind eine geistige Form, die wir beobachten können, und die uns oft genug vom unmittelbaren SEIN zu trennen scheint. Und doch sind auch Gedanken durchtränkt von SEIN.

Wie kommt es nun, dass sich aus der formlosen Präsenz die anderen Bewusstseinswelten mit ihren tausenderlei Erscheinungen herausformen? Dazu ist die geistige Struktur des Funktionalen Ich notwendig, die sich erst nach der Geburt in den ersten Jahren unseres Lebens langsam ausdifferenziert. Erst durch diese grundlegenden geistigen Muster können wir unsere Sinnesorgane nutzen und wir können aus diffusen Wahrnehmungsfragmenten klar erkennbare Empfindungen, Geräusche und visuelle Gestalten bilden und sie damit »erkennen«. Genauso entwickeln sich mit dem Funktionalen Ich die Muster, die es uns ermöglichen, dass wir Objekte in ihrer Funktion begreifen und damit abstrahieren können, was die Grundlage der Alltagsrealität ist.

Das ungeformte SEIN differenziert sich allmählich durch die geistige Struktur des Funktionalen Ich und plötzlich leben wir nicht mehr in einer Welt voll formloser Präsenz, sondern in einer Welt der Formen und Farben. Mit der Ausdifferenzierung des reinen Bewusstseins in eine lebendige seelische Wirklichkeit und eine Alltagsrealität verlieren wir aber gleichzeitig den Zugang zur Urheimat im Ungeformten. Sie liegt unter dem schillernden Mantel von Formen und Farben verborgen und wir brauchen manchmal lange Zeit, bis wir das reine SEIN in jeder Erscheinung – in jedem Atemzug, in jedem Geräusch und in jedem Gedanken – erkennen und berühren können.

Es gibt nur *ein* Bewusstsein, das im Herzen der verschiedenen Realitätsebenen mit ihren unendlich vielen Ausformungen schlägt und die Realitätsebenen hervorbringt und verbindet.

Wie sich die Realitätsebenen durchwirken

Wenn wir verstanden haben, dass die Realitätsebenen keine getrennt voneinander existierenden Paralleluniversen sind, sondern ineinander verwobene Realitäten ein- und desselben Bewusstseins, dann stellt sich irgendwann die Frage, ob und wie sich die Realitätsebenen wechselseitig beeinflussen. Wenn etwas so eng verwoben ist und aus der gleichen Grundsubstanz besteht, muss es dann nicht mannigfaltige Wechselwirkungen geben? Können wir dann nicht durch eine Veränderung auf einer Realitätsebene die anderen Ebenen mitbeeinflussen? Können wir zum Beispiel durch einen positiven Gedanken oder einen Wunsch unsere Gefühle und unsere äußere Lebensrealität verändern? Oder kann es durch ein Erwachen in die absolute Ebene geschehen, dass sich all unsere seelischen Probleme auflösen?

Stellen wir uns ein dickes Tau vor, das aus mehreren Strängen Hanf geflochten ist. Die Grundsubstanz Hanf findet sich an jeder Stelle des Taus und die verflochtene Struktur des Seils, das ihm seine Form gibt und seine Festigkeit verleiht, verbindet die Stränge zu einem Ganzen. Wenn wir an einem Strang ziehen, hat es unmittelbar auf die anderen Stränge des Seils eine Auswirkung. Auch sie müssen sich verformen. In diesem Bild der verflochtenen Stränge ist die wechselseitige Beeinflussung ganz direkt gegeben.

Doch die Realitätsebenen sind nicht so angeordnet wie die Stränge eines Taus, denn sie sind nicht gleichwertig ineinander verschlungen, sondern stehen in einer hierarchischen Beziehung zueinander. Jede Realitätsebene bildet die Basis für die nächste Ebene und durchwirkt sie daher vollständig. Das ungeformte SEIN ist die Grundsubstanz von Seelischer Realität und Alltagsrealität und in jeder Erscheinung vorhanden. Die Seelische Realität mit ihren unmittelbaren subjektiven Erfahrungen der Sinneseindrücke und der Gefühle ist wiederum die Basis für die geistigen Abstraktionen der Alltagsrealität. Denn ohne dass wir innere und äußere Sinneseindrücke zu klar erkennbaren Objekten formen können, kann der nächste Schritt der Abstraktion, bei dem wir diese Objekte in ihrer Funktion erfassen, sie als abstrakte Figuren verinnerlichen und ihnen schließlich auch noch einen Namen geben, nicht erfolgen.

Betrachten wir diese Dynamik an einem alltäglichen Beispiel. Wenn wir aufmerksam ein Buch lesen, dann ist die Wahrnehmung der Buchstaben und Wörter die Grundlage dafür, dass sich der Inhalt des Buches in unserem Geist als verständliche und erfahrbare Realität formt. Doch obwohl wir unsere Sinne nutzen und offensichtlich die Buchstaben lesen, haben wir keine unmittelbare sinnliche Wahrnehmung dabei. Wir betrachten nicht den einzelnen Buchstaben in seiner Form und Farbe. Wir spüren auch nicht nach, welche Gefühle die Form oder die Farbe eines Buchstabens in uns bewirken. Wir nehmen die Buchstaben also nicht unmittelbar, sondern nur in ihrem Kontext und ihrer abstrakten Bedeutung wahr. Nur dadurch können wir den Inhalt des Buches innerlich geistig konstruieren und verstehen.

Übrigens blenden wir noch etwas anderes Grundlegendes aus, das wir beim Lesen ständig sehen, ohne es bewusst wahrzunehmen. U m j e d e n B u c h s t a b e n h e r u m i s t n ä m l i c h d a s u n b e d r u c k t e u n d d a m i t u n g e f o r m t e W e i ß d e s l e e r e n B l a t t e s z u s e h e n, d a s d i e G r u n d l a g e f ü r j e d e n B u c h s t a b e n u n d d a m i t l e t z t l i c h a u c h f ü r d i e A b s t r a k t i o n d e s L e s e n s b i l d e t. Das Ungeformte – das Absolute – ist die Grundlage für alle Formen und erst wenn wir Formen erkennen können, können wir sie abstrahieren und in ihrer Bedeutung differenzieren und geistig erfassen. Ohne das leere weiße Blatt gibt es keine Buchstaben und ohne Buchstaben keinen Inhalt. Auf diese Weise bauen die Realitätsebenen hierarchisch aufeinander auf und obwohl immer alle Ebenen gleichzeitig ineinander vorhanden sind, verschwinden durch die Fokussierung auf eine Realitätsebene die anderen aus dem Blick.

Das leere Blatt Papier ist immer da. Auch die Formen der Buchstaben als unmittelbare Erfahrungen sind immer vorhanden. Aber wenn wir mit dem Lesen und damit dem geistigen Vorgang beschäftigt sind, den Inhalt des Buches nachzuvollziehen, werden die unmittelbare seelische Ebene und das formlose SEIN ausgeblendet. Umgekehrt, wenn wir uns auf einzelne Buchstaben konzentrieren und sie ohne ihre Bedeutung *nur* in ihrer Form ganz unmittelbar betrachten, wie ein kleines Kind, das noch nicht lesen kann, oder wenn wir nur noch auf die leeren und offenen Zwischenräume achten, wird es uns bestimmt nicht möglich sein, die Bedeutung des Textes zu erfassen.

Die Seelische Realität mit ihren unmittelbaren Eindrücken bildet also die Grundlage für die geistige Welt der Alltagsrealität und ist damit genauso in einer hierarchischen Beziehung mit der Alltagsrealität wie die Absolute Realität des ungeformten SEINS. Eine Ebene ist die Basis für die nächste und durchwirkt sie vollständig. Und doch hat jede Ebene ihre eigene Natur mit speziellen Möglichkeiten und Begrenzungen. Wir können sie nicht in einen Topf werfen. Das ungeformte Weiß ist grenzenlos offen und damit unbegrenzte Potenzialität, hat aber eben auch deswegen noch keine erkennbare Kontur. Diese schält sich erst mit der Seelischen Realität heraus, in der jetzt die unmittelbare, vielfältige und schöpferische Gestalt des Lebens sichtbar wird. Wir sind auf dieser Ebene sehr unmittelbar mit den Erfahrungen und der Intensität des Lebendigen in Kontakt, aber die Erfahrungen sind hier so fließend und so veränderlich, dass wir sie im wahrsten Sinne des Wortes nicht (be)greifen können. Das wird erst dadurch möglich, dass wir ihnen eine spezielle Bedeutung zuschreiben und sie als abstrakte Gestalt geistig verinnerlichen.

Durch die hierarchische Beziehung der Realitätsebenen gibt es zwar schon eine gewisse wechselseitige Beeinflussung, aber keine unmittelbare. Die Gesetzmäßigkeiten der anderen Ebenen lösen sich nämlich nicht dadurch auf, dass eine andere Ebene in den Fokus der Aufmerksamkeit gerät, oder dadurch, dass es auf einer Ebene zu Veränderungen kommt. Wenn wir zum Beispiel nur noch auf das ungeformte Weiß des leeren Blattes schauen und dabei eine reine Präsenz empfinden, lösen sich dadurch die Formen der Buchstaben auf oder verschwindet dadurch der Inhalt des Textes? Und selbst wenn wir das Blatt in eine andere Farbe tauchen und es zum Beispiel in sattem Grün erstrahlt, wird unsere Aufmerksamkeit vielleicht noch mehr vom Hintergrund des Blattes angezogen, aber an den grundsätzlichen Formen der Buchstaben und am Text wird sich weiterhin nichts ändern.

Und doch hat es einen Einfluss, wenn das Blatt zum Beispiel in einer anderen Farbe als der Farbe Weiß erstrahlt. Stellen wir uns vor, die Seiten des Buches wären hellgrün oder dunkelrot. Hätte das nicht eine erhebliche atmosphärische Wirkung, die sowohl ganz direkt unmittelbare Empfindungen auslösen als auch den Inhalt des Buches unterschwellig einfärben würde? Wenn wir dieses Beispiel betrachten, dann hat die Fokussierung auf die Seinsebene durchaus eine Wirkung auf die anderen Ebenen, allerdings nicht so, dass sie sich in ihrer jeweiligen Natur auflösen.

Wenn wir daher tief ins SEIN eintauchen, wird die seelische Ebene, also unsere unmittelbare Erfahrung, in diesem Augenblick sehr direkt dadurch geformt. Wir fühlen uns dann zum Beispiel innerlich frei. Doch wenn wir unsere Aufmerksamkeit wieder etwas weiten, werden weiterhin vielfältige Sinneswahrnehmungen und Gefühle auftauchen, und auch die äußeren Objekte in ihrer Funktion und Abstraktion bleiben bestehen. Das Buch bleibt in seiner Funktion bestehen. Man kann es aufklappen, lesen und wieder weglegen. Die innere und äußere Welt erscheint wie immer mit ihren vielfältigen Gefühlen und äußeren Objekten. Nichts hat sich verändert und doch kann es sein, dass eine atmosphärische Veränderung eingetreten ist, die alles subtil einfärbt wie ein ungreifbarer und doch deutlich wahrnehmbarer Duft von Freiheit.

Genauso hat es natürlich auf unser gesamtes Leben eine atmosphärische Wirkung, wenn uns tiefe erfüllende Erfahrungen oder auch traumatische Erfahrungen auf der seelischen Ebene ereilen. Und doch werden sich auch hier die Alltagsrealität und die Funktion und die Bedeutung der Dinge nicht grundsätzlich ändern. Unsere Wohnung bleibt unsere Wohnung, die Nachbarin bleibt die Nachbarin und die Bedeutung und die Funktion unserer Arbeit bleibt weiterhin bestehen. Und doch haben tiefe seelische Erfahrungen die Wirkung, dass wir uns auch in alltäglichen Bezügen beflügelt oder bedrückt fühlen und uns entsprechend verhalten. Seelische Veränderungen verändern daher nicht unmittelbar die Alltagsrealität, aber sie haben doch einen gewissen Einfluss, der auch dazu führen kann, dass sich die Inhalte unseres Lebens verändern.

So ändert die Frustration in einer Partnerschaft nicht direkt die äußere Realität der Beziehung, aber irgendwann kann es eben doch dazu kommen, dass wir uns von diesem Menschen abwenden und sich damit unser äußeres Leben grundlegend neu ordnet. Oder denken wir an unsere Ich-Identität. Sie ist eine geistige Struktur, die sich aus Selbstbildern, Rollen und Zuordnungen zusammensetzt und ein stabiles Gerüst für unser individuelles Leben bildet. Auch wenn wir alle ständig unterschiedliche seelische Erfahrungen machen und uns mal stark und mal schwach fühlen, verändert sich dadurch nicht sofort unser Selbstbild. Aber manchmal geschieht es eben doch, dass Erfahrungen oder Lebensumbrüche so tiefgreifend sind, dass Selbstbilder aufbrechen und sich unsere Ich-Identität neu ordnet. Das jedoch hat wiederum Auswirkungen auf unsere Gefühle, aber eben auch darauf, wie wir uns in der Welt und in Beziehungen verhalten. Vielleicht trauen wir uns irgendwann plötzlich Dinge zu, die zuvor noch außerhalb der Grenzen unseres Selbstbildes lagen und uns daher unmöglich schienen. So kann sich indirekt durch tiefe seelische Erfahrungen auch unsere Alltagsrealität neu formieren.

Wenn wir also zusammenfassend die Wechselwirkung der Realitätsebenen betrachten, dann sehen wir, dass diese von deren hierarchischer Ordnung bestimmt wird. Da sie alle aufeinander aufbauen und daher auf einer jeweiligen unterschiedlichen hierarchischen Ebene mit eigenen Gesetzmäßigkeiten bestehen, gibt es keine direkte Beeinflussung unter den Ebenen. Aber indirekt und atmosphärisch kann sehr wohl eine Beeinflussung stattfinden, die manchmal auch zu einer grundsätzlichen Änderung auf einer anderen Ebene führen kann. Das betrifft jedoch nicht die ungeformte Präsenz des SEINS. Diese ist und bleibt formlos. Wir können sie entdecken und sehr tief darin eintauchen, aber wir können sie niemals verändern, was auch immer in unserem Leben innerlich oder äußerlich geschieht.

KAPITEL 7

Missverständnisse und Verwechslungen

Wenn ich mit Gott rede, ist es ein Gebet.
Wenn Gott zu mir redet, bin ich schizophren.

QUELLE UNBEKANNT

Als ich das erste Mal mit einer Gruppe längere Zeit schweigend und meditierend in einer Wüste verbracht habe, wurde mir plötzlich nach mehreren Tagen bewusst, dass diese ungezähmte Landschaft ein eigener Lebensraum ist, in dem völlig andere Gesetzmäßigkeiten herrschen als in einer Zivilisation. Ich kann mich noch sehr gut an diesen Moment erinnern. Obwohl ich bereits mehrere Tage unter freiem Himmel und unter einfachsten Bedingungen an diesem Ort mit seiner kargen Schönheit von Sand und Felsen verbracht hatte, konnte ich ihn plötzlich mit neuen Augen sehen. Zum ersten Mal hatte ich das Gefühl, dass ich in das Wesen dieser Landschaft eintauchen konnte.

Wie anders ist doch ein Leben an einem Ort, an dem es nichts gibt, nicht einmal Wasser, und an dem wir uns ungeschützt einer ursprünglichen Natur aussetzen? Ohne künstliches Licht ist der Lebensrhythmus ganz natürlich durch den Lauf der Sonne bestimmt. Selbstverständlich hatte ich damals einen kleinen Reisewecker dabei, aber schon nach kürzester Zeit verlor die Taktung durch eine Uhr ihre Bedeutung und der fließende Rhythmus der Sonne und der Gestirne entfaltete seine natürliche Macht und bestimmte unser Leben in der Wüste.

Uhren haben in der Wüste keine Bedeutung. Sie sind überflüssig. In einer Stadt jedoch, in der es Trambahnen und Busse gibt, die man pünktlich erreichen muss, in der man sich im Büro zu einem Meeting verabredet oder in der es Geschäfte gibt, die pünktlich schließen, sind Uhren unumgänglich. Doch all diese Dinge, die den Pulsschlag einer Stadt ausmachen, gibt es in der Wüste nicht. Hier herrscht ein anderer Rhythmus in der Landschaft selbst, der das Leben in der Wüste prägt und den alle Beduinen in ihrer Lebensweise verkörpern. Solange wir diesen mächtigen und langsamen Puls der Landschaft noch nicht in uns spüren, sind wir in der Wüste noch nicht angekommen.

Wenn wir dann nach einer längeren Zeit aus der uhrenlosen Welt der Wüste in die Zivilisation zurückkehren, wo es plötzlich Licht gibt und Abfahrtspläne, wo das Leben getaktet ist und jeder Mensch eine Uhr bei sich trägt, fühlt sich das zunächst befremdlich an. Wieso ist das Leben hier so schnell? Wieso hetzen die Menschen von Termin zu Termin und wieso haben in dieser Welt Managementpläne mit ihren Ziel- und Zeitvorgaben eine so große Bedeutung? War das Leben in der Wüste ohne Uhr nicht um einiges natürlicher und entspannter?

Vielleicht beschließen wir, uns nicht länger der Taktung einer Uhr zu unterwerfen und in Zukunft ohne Zeit und ohne Terminkalender durchs Leben zu gehen. Doch es wird nicht lange dauern, bis wir merken, wie viele Schwierigkeiten dadurch entstehen. Geliebte Menschen fühlen sich versetzt und missachtet, weil wir zu spät zum Abendessen kommen, wir versäumen den letzten Bus und müssen einen langen Fußmarsch nach

Hause antreten und am nächsten Morgen verschlafen wir und kommen viel zu spät zur Arbeit. Der Ärger mit den Kollegen und der Chefin ist vorprogrammiert.

Wieso sind wir in der Wüste jeden Morgen ganz von selbst und ohne Wecker um 4:00 Uhr aufgewacht und jetzt verschlafen wir den halben Vormittag? Vielleicht dämmert uns hier, dass wir in der Stadt den machtvollen und langsamen Rhythmus der Natur nicht mehr spüren können. Er ist einem anderen Puls gewichen, der ihn übertönt – dem Stakkato einer modernen Stadt. Macht es wirklich Sinn, die Gesetzmäßigkeiten und die Lebensart der Beduinen auf eine moderne Stadt anzuwenden? Und macht es Sinn, die Dinge, die in dieser getakteten Welt Bedeutung haben, in die Wüste mitzunehmen?

Jeder Lebensraum hat eigene Gesetzmäßigkeiten. Wenn wir das nicht anerkennen und zum Beispiel die Lebensart, die das Leben in der Wüste bestimmt, auf die Stadt übertragen wollen, kommt es zu großen Schwierigkeiten und Verwechslungen. Wie schwer tun sich Beduinen damit, sesshaft zu werden und sich auf eine feste Bleibe und damit auf einen Besitz festzulegen? Wie ungewohnt ist es für sie, einer geregelten Arbeit nachzugehen? Wie sehr sträuben sich Wüstenbewohner gegen die Integration in ein modernes Staatsgefüge mit Pass und staatsbürgerlichen Pflichten? All diese Dinge existieren in der Offenheit und Weite der Wüste nicht. Und wie schwer tut sich ein moderner Staat mit den Beduinen, die sich einfach nicht richtig einbürgern lassen?

Die Bedeutung von Gesetzmäßigkeiten

Gesetzmäßigkeiten sind in der Regel nicht willkürlich entstanden. Sie sind oft die Folge eines langen, natürlichen Prozesses, in dem eine bestimmte Lebenswirklichkeit spezielle Notwendigkeiten nach sich zieht. So sind über viele Jahrhunderte hinweg in verschiedenen Lebensräumen ganz unterschiedliche Kulturen mit großen Eigenheiten entstanden. Erst wenn wir die Gesetzmäßigkeiten zum Beispiel einer bestimmten Kultur kennen und ihren gewachsenen historischen Sinn verstehen, werden wir uns innerlich mit dieser Kultur verbinden können. Und wenn wir ihre Eigenheiten achten und beachten, wird es uns möglich sein, uns bald zu integrieren.

Ganz anders ergeht es uns, wenn uns die Gesetzmäßigkeiten und Eigenheiten einer fremden Kultur unverständlich und unzugänglich bleiben. Wahrscheinlich werden wir uns dann gegen manche dieser kulturellen Besonderheiten sträuben und uns gleichzeitig selbst lange Zeit fremd fühlen. Vielleicht sind wir sogar enttäuscht von diesem Land und seinen Leuten. Wir können einfach nicht verstehen, wie man sich so komisch verhalten kann. Es erscheint uns unsinnig und wir versuchen vielleicht sogar, die Menschen von einem anderen, »besseren« Verhalten zu überzeugen. Meistens sind wir darin nicht sehr erfolgreich, wie man an vielen gescheiterten Entwicklungshilfeprojekten sehen kann.

Etwas, das in einem gewachsenen Lebensraum mit eigenen Gesetzmäßigkeiten Sinn ergibt und gut funktioniert, lässt sich nicht so ohne Weiteres auf eine andere Lebenswirklichkeit übertragen. Meistens führt dies zu Konflikten, Frustrationen und ist letztlich zum Scheitern verurteilt. Diese unselige Dynamik findet sich nicht nur zwischen unterschiedlichen Kulturen mit ihren jeweils eigenen gewachsenen Traditionen, sondern auch in unserem eigenen Leben, nämlich immer dann, wenn wir die Realitätsebenen mit ihren jeweiligen Gesetzmäßigkeiten nicht beachten. Auf diese Weise kann es zu Missverständnissen und zu tiefen Frustrationen kommen, die uns immer wieder an uns selbst und am Leben verzweifeln lassen.

Das falsche Werkzeug benutzen

Die Schwierigkeit liegt also nicht darin, dass die anderen oder die Umstände so sperrig sind, sondern daran, dass wir die Gesetzmäßigkeiten der Bewusstseinsebenen nicht angemessen berücksichtigen. Dadurch haben wir oft falsche Annahmen und wenden die falschen Werkzeuge an. Wenn wir eine Zange dazu benutzen, um Wasser zu schöpfen, werden wir bald frustriert aufgeben. Eine Zange kann Dinge fassen, die eine feste Struktur haben, aber bei einem Element ohne feste Form greift sie ins Leere. Wir sehen an diesem Beispiel, dass eine bestimmte Gesetzmäßigkeit ein entsprechendes Werkzeug bedingt. Wer das nicht beachtet, wird sich kaum erfolgreich verhalten können. Leider bekommen wir in unserer Gesellschaft die Gesetzmäßigkeiten der Realitätsebenen nicht vermittelt, so ist es kein Wunder, dass wir die Möglichkeiten unseres Geistes nur sehr unbewusst und ungenau, manchmal sogar falsch anwenden.

Das häufigste Missverständnis, das bei Menschen unserer Kultur zu beobachten ist, besteht darin, dass sie innere, seelische Aspekte im Außen suchen. Vielleicht sehnen wir uns nach Sicherheit und setzen alles daran, Vorsorge zu betreiben und einen äußeren Reichtum aufzubauen. Doch dieses Vorgehen ist wie das Greifen von Wasser mit einer Zange. Vielleicht gelingt es sogar, einen äußeren Reichtum aufzubauen, aber das führt nicht automatisch zum Gefühl von Sicherheit, nach welchem wir uns eigentlich sehnen. Im Gegenteil. Bei manchen Menschen nimmt das Bedrohungsgefühl mit der Größe des Besitzes sogar noch zu und sie fürchten sich immer mehr vor anderen Menschen oder vor dem Verlust ihrer äußeren Sicherheiten.

Solange wir nicht erkennen, dass das Gefühl von Sicherheit aus einem grundlegenden Vertrauen ins Leben entsteht, und dieses eine innere seelische Qualität ist, suchen wir nach der Erfüllung unserer Sehnsucht auf der Ebene der Alltagsrealität. Entsprechend enttäuscht sind wir, wenn unsere jahrelange Anstrengung, Besitz anzuhäufen, nicht dazu führt, dass wir uns sicherer fühlen.

Was für die Sehnsucht nach Sicherheit gilt, gilt genauso für alle anderen Sehnsüchte unserer Seele. Die Sehnsucht nach Freiheit, nach Verbundenheit, nach Erfüllung, nach Lebensintensität, nach dem eigenen Wert und nach Liebe – all diese grundlegenden menschlichen Sehnsüchte und noch viele mehr wurzeln in dem Entfaltungswunsch unserer Seele und nicht darin, dass uns etwas von außen fehlt. Doch statt uns nach innen zu wenden und dem Ruf unserer Seele zu folgen, wenden wir uns meist nach außen der Alltagsrealität zu und suchen dort angestrengt und verzweifelt nach dem, was uns innerlich fehlt.

Freiheit suchen wir im Urlaub, Verbundenheit über Chatrooms und im Sex, Erfüllung im Konsum, Lebensintensität durch Sport und Events, den eigenen Wert über Anerkennung und Liebe in der Partnerschaft. Natürlich geschieht es auch manchmal, dass im Außen die Qualität aufblitzt, die wir innerlich suchen, was wiederum unsere Hinwendung nach außen verstärkt. Doch wirklich fündig werden wir nicht, wie wir an unserer so reichen, aber ruhelosen Gesellschaft erkennen können.

Erst wenn wir uns nach innen wenden und lernen, uns intelligent mit unserer Seele und ihren Reichtümern zu verbinden, wird sich der Mangel von innen her auffüllen und wir werden eine neue Zufriedenheit erfahren. Um also intelligent und angemessen mit unseren Sehnsüchten umzugehen, brauchen wir einerseits eine korrekte Sichtweise über die Gesetzmäßigkeiten der Ebenen – also darüber, *was wo* zu finden ist – und andererseits eine entsprechende Methodik, die sich auf die Gesetzmäßigkeit der jeweiligen Ebene bezieht.

Zeitpläne, Einsatz, zielgerichtetes Handeln und Kontrolle können durchaus auf der Ebene der Alltagsrealität sinnvolle Methoden sein, um dort erfolgreich zu agieren, aber um uns mit der Seele und ihren jeweiligen Qualitäten zu verbinden, ist dieses Vorgehen geradezu kontraproduktiv. Ohne Muße und Entspannung, ohne die Fähigkeit der Absichtslosigkeit und dem Vertrauen darauf, der inneren Wahrheit, die sich im gegenwärtigen Erleben zeigt, zu folgen, kann keine wirkliche Verbindung nach innen stattfinden. Es ist, als wollten wir Wasser mit der Zange schöpfen.

Kann der Glaube Berge versetzen?

Die Gesetzmäßigkeiten der Realitätsebenen enthalten nicht nur das Wissen darüber, welche Möglichkeiten die verschiedenen Bewusstseinswelten in sich bergen und welche Methoden jeweils angemessen sind, um ihre Möglichkeiten zu nutzen, sondern auch das Wissen um die jeweiligen Grenzen. Ohne dass wir die Begrenztheit jeder Ebene kennen und anerkennen, laufen wir Gefahr, Missverständnissen aufzusitzen und wie Don Quichotte gegen Windmühlen zu kämpfen.

Ein typisches Beispiel hierfür ist der Satz: »Glaube kann Berge versetzen.« Wer diesen Satz wörtlich nimmt, könnte denken, dass man nur tief genug an etwas glauben oder sich etwas wünschen muss, um die Alltagsrealität und sogar unverrückbare Berge nach eigenen Wünschen gestalten zu können. Diese Annahme entsteht aus einer Verwechslung der Ebenen und kann dazu führen, dass Menschen gutgläubig und naiv allen äußeren Bedingungen zum Trotz völlig unrealistischen Zielen hinterherlaufen und sich dabei zutiefst erschöpfen.

Auf der anderen Seite kann eine tief gegründete Motivation ungeheure Kräfte mobilisieren und uns helfen, auch im äußeren Leben manch großes und weit entferntes Ziel zu erreichen. Wie viele bedeutende Leistungen haben einzelne Menschen nicht schon vollbracht? Denken wir an Bergsteiger, die auf die höchsten Berge dieser Erde gestiegen sind, oder an Menschen mit sozialen Visionen, die über die Jahrhunderte für soziale Belange und Gerechtigkeit gekämpft haben. Welch großartige Errungenschaften haben sie für andere und die Gesellschaft erwirken können. Denken wir an manche Frauen, die ungeachtet ihrer gesellschaftlichen Stellung Berufe ergriffen haben, die den Männern vorbehalten waren und sich in diesen Berufen behauptet und Großes geleistet haben. Kann also der Glaube nicht doch Berge versetzen?

Um einen Satz wie diesen korrekt zu verstehen und seine Bedeutung für unser Leben zu erfassen, müssen wir ihn in Bezug zu den Realitätsebenen und ihren Gesetzmäßigkeiten setzen. Erst dann werden wir seine wahre Bedeutung erkennen können. Auf welche Ebene bezieht sich also dieser Satz? Ist hier wirklich die Alltagsrealität gemeint und die äußeren Berge? Oder ist der Satz vielleicht eine Aussage über die Seelenrealität und die Berge in unserer Innenwelt? Und wenn ja, was könnte mit inneren Bergen gemeint sein?

Berge sind hoch und verstellen uns die Sicht und manchmal auch den Weg. Sie sind also ein starkes Bild für innere begrenzende Hindernisse, die massiv und gewichtig dastehen und uns in unserer Klarheit, in unserer Freiheit und in unseren Herzenswünschen einschränken. Das können Ängste sein, aber auch starke Überzeugungen, die in unserem Selbstbild verankert sind, und auch Werturteile des Über-Ichs, welche unsere Natürlichkeit begrenzen. Sind Ängste und Selbstbilder nicht manchmal so massiv wie Berge, wenn sich ein innerer starker Ruf zeigt, der uns auffordert, einen Herzensweg zu gehen?

Denken wir an Moses, wie er in der Bibel beschrieben wird. Er reagiert mit großen Ängsten und Selbstzweifeln, als ihn Gott auffordert, zum Pharao zu gehen, um die Freilassung des Volkes Israel zu fordern. Ängste, Selbstzweifel und Mutlosigkeit sind keinesfalls ungewöhnlich. Sie tauchen immer dort auf, wo unsere Seele uns auffordert, die Komfortzone unserer Ich-Identität zu überschreiten. Sie sind die inneren Berge, die wir versetzen müssen, um unserem Ruf folgen zu können.

Doch auch dieser Ruf hat eine Kraft. Tatsächlich kann ein innerer Ruf so machtvoll sein, dass er trotz großer Ängste und innerer Anfeindungen die Grenzen unserer gewohnten kleinen Welt aufsprengt und uns Schritte in ein neues unbekanntes Leben gehen lässt. Manchmal ist der Ruf sogar so machtvoll, dass wir keine Wahl haben und uns dem Neuen, Unbekannten nur ergeben können.

Auf der Seelenebene ergibt der Satz »Glaube kann Berge versetzen« also uneingeschränkt Sinn. Wenn wir ihn jedoch auf die Alltagsrealität und damit auf schwerwiegende äußere Hindernisse beziehen, kann es dazu kommen, dass wir die Gesetzmäßigkeiten der äußeren Welt auf naive Weise ausblenden. In der äußeren Welt können wir nämlich keine Berge versetzen, sondern bestenfalls überwinden. Der Satz müsste also hier korrekt heißen: »Glaube kann Berge überwinden.« Wenn wir einen Berg überwinden, erkennen wir die Existenz des Berges an, wenn wir ihn versetzen, leugnen wir äußere Gesetzmäßigkeiten und verfallen einer inneren Selbstüberschätzung.

Diese Form der Hybris findet sich auch in dem Ausspruch »Geht nicht gibt's nicht«, der nicht wenige Menschen dazu verleitet, äußere, aber auch physische Grenzen zu negieren und dadurch sich und andere bis zur Erschöpfung anzutreiben. Natürlich »gehen« manche Dinge auf der äußeren Ebene nicht. Selbstverständlich können wir uns selbst und unseren physischen Körper überfordern. Wir können keine Berge versetzen, wie tief auch immer unsere Motivation ist. Wir können die Gesetzmäßigkeiten der äußeren Welt nicht außer Kraft setzen. Und es ist auch nicht intelligent, dies zu versuchen und äußere Gegebenheiten zu leugnen.

Vielmehr geht es darum, dass wir unsere seelischen Kräfte, die uns dazu motivieren, unseren ureigenen Weg zu gehen, mit den äußeren Gegebenheiten und der Ganzheit des Lebens in Einklang bringen. Dazu müssen wir beide Ebenen anerkennen: das, was uns innerlich ruft, genauso wie die äußeren Umstände unseres Lebens. Erst wenn wir beides berücksichtigen und bejahen, kann sich die Seele in der Alltagsrealität verwirklichen.

Ein wunderbares Beispiel für das Anerkennen der Gesetzmäßigkeiten beider Ebenen ist eine Bildhauerin, die die Vision hat, aus einem Steinklotz eine Figur herauszuarbeiten. Einerseits braucht es für eine solch anstrengende Herausforderung eine Vision – etwas, das die Bildhauerin stark motiviert und ihr die Kraft gibt, sich ans Werk zu machen. Andererseits muss sie die Gesetzmäßigkeiten der äußeren Welt – zum Beispiel die Härte des Materials und entsprechend die Wahl der richtigen Werkzeuge – bei ihrer Arbeit berücksichtigen. Nur dann kann das Seelenbild in einer äußeren Figur Gestalt annehmen.

An diesem Beispiel sehen wir noch etwas anderes sehr deutlich. Der Glaube allein kann nämlich gar nichts bewirken. Eine Künstlerin, die eine Vision hat, aber kein Werkzeug in die Hand nimmt, wird keine Skulptur erschaffen. Anders gesagt: Wenn das, was uns bewegt, nicht in unserem Handeln und dadurch langsam in unserem äußeren Leben Gestalt annimmt, verändert sich nichts. Wenn wir diese Erkenntnis also noch mal auf den ursprünglichen Satz anwenden, dann müsste er wohl heißen: »Glaube kann große Taten vollbringen.« Diese Aussage stimmt mit Sicherheit.

Wie viel Glaubenskraft es benötigt und wie sehr wir mit der äußeren Wirklichkeit und ihren materiellen, oft sperrigen Gesetzmäßigkeiten ringen müssen, wird jeder Mensch bestätigen, der sich ernsthaft an einem Kunstwerk abarbeitet. Ob wir eine Skulptur erschaffen, eine Komposition oder ein Gedicht schreiben, Aquarelle malen oder an einer Rolle in einem Theaterstück arbeiten, in all diesen Künsten können wir studieren, wie das Zusammenwirken von Innen- und Außenwelt funktioniert, damit die Seele sich in einer äußeren Gestalt verwirklichen kann. Alle Kunstschaffenden werden wohl die Erfahrung bestätigen, wie leichtfüßig unsere Innenwelt in ihren kreativen Visionen ist und wie anspruchsvoll es ist, diese Vision dann in der trägen, physischen Welt umzusetzen.

Das ist eben genau der entscheidende Unterschied zwischen Seelischer Realität und Alltagsrealität: Die schöpferische Kraft unserer Seele kennt keine Schranken. Innerlich gibt es keine Schwerkraft, keine träge Materie und nichts, auf das wir Rücksicht nehmen müssten. Aus diesem Grund können wir in unseren Träumen fliegen oder fantastische Skulpturen und Bauwerke visualisieren, die niemals tatsächlich gebaut werden könnten. Auch sind wir in der Lage, uns in unterschiedlichste Lebensformen hineinzuversetzen. Hier stimmt der Satz: »Geht nicht gibt's nicht.« Aber für die physische Welt stimmt diese Aussage nicht. Dort gibt es Grenzen der Machbarkeit und wir tun gut daran, diese bei unseren Herzensprojekten zu berücksichtigen.

Über das Missverständnis der Magie

Es gibt noch eine weitere Variante dieser Dynamik, nämlich magische Vorstellungen. Auch hier werden die Gesetzmäßigkeiten der Seelischen Realität eins zu eins auf die Alltagsrealität übertragen und die Grenzen der Außenwelt nicht anerkannt. Die Magie gründet sich auf der Annahme, dass wir kraft unserer Gedanken oder Wünsche das äußere Leben beeinflussen oder sogar steuern können. Viele esoterische Systeme fußen auf einer magischen Weltsicht und lehren ihre Anhängerschaft Methoden oder Rituale der Magie, die für das Wohl des eigenen Lebens oder für andere Menschen eingesetzt werden.

Die harmloseste Form der Magie ist sicherlich das kindliche Gebet, bei dem wir um etwas bitten, in der Hoffnung, dass es eine höhere Macht für uns erfüllen möge. Grundsätzlich hat das Beten eine tiefe und heilsame Bedeutung. Beim reifen Gebet verbinden wir uns mit dem Bewusstsein, dass es etwas Größeres als uns selbst gibt, in das wir eingebettet sind. Durch das Gebet überantworten wir uns dieser universalen Kraft. Das ist besonders dort befreiend, wo wir durch Lebensumstände an die Grenzen unserer Machbarkeit stoßen und eine schmerzliche Ohnmacht erfahren. Wenn wir dann unsere eigene Kleinheit und Ohnmacht anerkennen und uns über das Gebet in größere Hände begeben, ist das zutiefst tröstlich. Beim Beten geht es also eigentlich nicht darum, dass sich unsere Wünsche erfüllen, sondern dass wir unsere Machtlosigkeit anerkennen und uns einer größeren Kraft – dem Leben selbst oder Gott – anvertrauen.

Das reife Gebet hat also eine vollkommen andere Grundidee als das kindliche Gebet, das um die Erfüllung der persönlichen Wünsche bittet. Im einen Fall erkennen wir unsere Kleinheit und Machtlosigkeit an und überantworten uns an etwas Größeres, im anderen Fall wird die höhere Macht zu einer Erfüllungsgehilfin meiner persönlichen Wünsche. Dies ist, als ob ein kleiner Junge zu seinen für ihn allmächtigen Eltern geht und darum bettelt, dass sie etwas möglich machen, das er sich wünscht. Bei diesem Vorgang klammert sich das Kind weiterhin an seinen Wunsch und verbindet damit die Vorstellung, wenn es nur lange und intensiv genug die Eltern bittet und darum bettelt, werden sie den Wunsch erfüllen. Dies gibt uns ein Gefühl von Macht. Außerdem nähren wir dadurch ständig die Annahme der Allmacht unserer Eltern.

Das naive Gebet, das bei einer höheren Macht um die Erfüllung persönlicher Wünsche ansucht, führt uns daher nicht in die Hingabe und ins Vertrauen, sondern in das Festhalten am Ich. *Meine* Wünsche für mich und andere, *meine* Vorstellungen von Glück und Gesundheit und *meine* Beziehungssehnsüchte stehen im Zentrum des Gebets und damit immer ich, ich, ich. Natürlich kann das naive Gebet irgendwann dazu führen, dass eine Läuterung geschieht und in uns das erwachsene Gebet heranreift, bei dem wir dann eines Tages beten: »Dein Wille geschehe.« Das aber kann dauern, vor allen Dingen dann, wenn es durch magische Sichtweisen permanent unterfüttert wird.

In vielen esoterischen Systemen wird nämlich die Annahme, die dem kindlichen Gebet zugrunde liegt, aufgegriffen und regelrecht zu einem Lebensmodell erhoben, bei dem davon ausgegangen wird, dass Gebete, Gedanken und Wünsche unmittelbar das äußere Leben beeinflussen können, wenn wir nur fest genug daran glauben. Ob wir beim Universum eine Partnerschaft bestellen, ob wir einen Parkplatz für unser Auto visualisieren, ob wir das sogenannte »positive Denken« praktizieren und damit unseren beruflichen Erfolg erschaffen wollen, oder ob wir durch bestimmte Rituale oder Praktiken eine schwere Krankheit besiegen wollen, immer steht dabei die Machbarkeit und das kleine Ich mit seinen persönlichen Vorstellungen vom Glück im Zentrum all dieser Methoden. Einfach gesagt, geht es hier nicht um die demütige Haltung, welche sich im Gebet »Dein Wille geschehe« ausdrückt, sondern um eine Selbstbezogenheit von »*mein* Wille geschehe«.

Im Unterschied zum kindlichen Gebet, das sich genauso um die persönlichen Wünsche dreht und darum bittet, geht es jetzt bei esoterischen Systemen meist um keine Bitte mehr, sondern um die Vorstellung, dass wir durch bestimmte Vorgehensweisen die Macht hätten, unsere Wünsche und Vorlieben Gestalt annehmen zu lassen. Diese Sichtweise vermittelt uns eine ungeheure Mächtigkeit und hat eine enorme Verführungskraft, da es die grundlegende Sehnsucht des Ego nach persönlicher Größe und Macht aufgreift und bedient: »Wir können unsere Wünsche Gestalt werden lassen. Wir können unsere Vorstellung vom Glück erreichen. Wir können das Schlaraffenland erschaffen.« Was für ein Versprechen!

Man muss sich nicht wundern, dass sich viele Menschen von den Ideen der Esoterik angezogen fühlen und magische Praktiken vollziehen. Schließlich scheint es im ersten Moment wesentlich attraktiver zu sein, die eigenen Wünsche durch Magie Gestalt werden zu lassen, als sich in Demut und Hingabe zu üben. Noch dazu, wenn es so einfach ist: nämlich durch einfache Zauberei.

An dieser Stelle sollten wir uns noch mal bewusst machen, was das Wesen von Magie ist. Der Ausdruck Magie bezeichnet die Idee, dass wir bestimmte Gegebenheiten der äußeren Wirklichkeit, wie zum Beispiel materielle Gesetzmäßigkeiten oder systemische Gegebenheiten, beeinflussen oder sogar außer Kraft setzen können. Wir kennen diese Idee aus vielen Geschichten. Da schwingt ein Zauberer seinen Zauberstab oder eine Hexe murmelt eine Beschwörungsformel, und plötzlich geschieht ein übernatürliches Geschehen: Ein Mensch verwandelt sich in ein Tier oder umgekehrt, aus einem Quellwasser wird eine magische Medizin oder ein Ritter erhält ein unzerbrechliches Schwert, mit dem er alle Feinde besiegen kann. Ganz ehrlich: Würden wir nicht alle gerne manchmal zaubern können?

Doch leider, oder vielleicht auch Gott sei Dank, lässt sich das Leben nicht so leicht manipulieren, wie das die magische Sichtweise in ihrer Naivität annimmt. Wir können durch unsere Gedanken und Wünsche nicht Gesetzmäßigkeiten der Materie und der Alltagsrealität außer Kraft setzen und unsere Wünsche quasi materialisieren. Und das ist auch gut so, wie uns die Geschichte des Zauberlehrlings von Goethe lehrt. Denn selbst wenn wir unsere Wünsche materialisieren könnten, können wir die komplexe Wirkung, die das nach sich zieht, nicht überschauen und auch nicht kontrollieren. Wenn wir das eigene Leben einmal genauer betrachten, werden wir feststellen, dass es viele Ereignisse in unserem Leben gab, die wir uns gewünscht haben und welche dann nicht so erfüllend waren, wie wir dachten, und umgekehrt, dass sich überraschende Entwicklungen ergeben haben, die wir uns niemals gewünscht hatten und über welche wir heute sehr froh sind, dass sie in unser Leben gekommen sind.

Das Leben ist viel zu komplex, um es jemals überschauen zu können und unsere persönlichen Ideen vom Glück sind viel zu klein und zu begrenzt, als dass wir ihnen unser Leben anvertrauen könnten. Letztlich gehören sie dem Reich der Seele an und weisen auf innere seelische Potenziale hin, die in uns schlummern und nach denen wir uns sehnen. Sie sind also ein verlässlicher Wegweiser nach innen, um unseren inneren Reichtum zu bergen, aber nur sehr begrenzt aussagekräftig für das Leben im Äußeren.

Auf der seelischen Ebene sind also unsere Wünsche Tore zur inneren Erfüllung und seelischen Entfaltung. Das macht uns viel unabhängiger von den Bedingtheiten des äußeren Lebens und die Notwendigkeit, das Leben nach unseren Vorstellungen und Wünschen gestalten zu wollen, nimmt ab. Auf der absoluten Ebene geht es sowieso nicht darum. Im Gegenteil unterstützt der spirituelle Weg eine Haltung, die über die Selbstbezogenheit der persönlichen Wünsche hinausführt und uns öffnet für das Leben in seiner Ganzheit.

Da mag es dann doch verwundern, dass auch spirituelle Gemeinschaften, welche einen Meditationsweg beschreiten, immer wieder zu Massenmeditationen aufrufen, um den Weltfrieden zu erreichen, um die Kriminalität in einem bestimmten Gebiet zu senken oder um eine Pandemie zu überwinden. Immer wieder gab und gibt es diese Aufrufe zu verschiedenen Gelegenheiten und immer wieder wird dabei die Botschaft vermittelt, wenn genügend Menschen sich dieser Meditation anschließen würden, hätte sie die Kraft, äußere Bedingungen grundlegend zu verändern. Das geht so weit, dass manche spirituelle Meister suggerieren, alle Menschen würden spontan erwachen, wenn eine bestimmte kritische Masse von erwachten Menschen erreicht werden könnte.

Es ist selbstverständlich wertvoll, wenn viele Menschen gemeinsam meditieren, sich innerlich verbinden und sich zum Beispiel auf den Weltfrieden besinnen. Die Kraft der gemeinsamen Meditation und Besinnung wird dadurch in das große Netz des Lebens eingespeist und wird, wie alles andere auch, eine Wirkung entfalten – für die Gemeinschaft der Meditierenden selbst und vielleicht auch für das Umfeld dieser Menschen, die, durch die Aktion angeregt, sich der eigenen Sehnsucht nach Frieden bewusst werden. Wir können das vergleichen mit dem langsamen

Bewusstseinswandel, der dadurch gefördert wird, dass sich viele Menschen über lange Zeit und mit großen Aktionen für das Thema Ökologie einsetzen. Mit den Jahren wächst dadurch in der Gesellschaft ein kollektives Bewusstsein über die Bedeutung einer ökologischen Lebensweise.

Aktionen für den Weltfrieden oder für andere Grundanliegen der Menschheit sind also durchaus hilfreich und unterstützenswert. Aber wenn wir dabei die magische Vorstellung nähren, es könnte eine große Gruppe Meditierender alleine durch ihre Meditation den Weltfrieden erschaffen, gehen wir wieder naiv davon aus, dass die seelische Dimension alleine die äußere Realität entscheidend verändern kann. Dass das nicht so ist, sieht man schon daran, dass durch keine dieser großen Aktionen jemals die versprochene magische Wirkung eingetreten ist. Es gibt leider immer noch keinen Weltfrieden und der oft beschworene Sprung in eine neue Bewusstseinsstufe der Menschheit ist auch noch nie eingetreten.

Außerdem verbirgt sich in einer solchen Vorgehensweise, die dem magischen Denken entspringt, immer auch eine Anmaßung und eine Selbstüberschätzung, die der Grundidee der spirituellen Praxis von Hingabe und Demut komplett widerspricht. Wir sind nicht allmächtig! Wir haben das Leben nicht im Griff! Wahre Spiritualität deckt die Kontrollmechanismen des Ego und unsere kindlichen Allmachtsfantasien auf und führt uns in eine tiefe Bescheidenheit und Einfachheit hinein, in der wir erkennen, dass wir mit unserem Leben in eine große komplexe Ganzheit eingebettet sind. Diese Erkenntnis wiederum hat eine Magie ganz anderer Art, bei der wir uns in das Geheimnis des Lebens einfügen.

Vom Wesen des Wunders

Es gibt viele Geschichten, die die Vorstellung einer magischen Welt, in der es übernatürliche Geschehnisse gibt, zu beweisen scheinen, die sich aber bei näherer Betrachtung oft nicht halten lassen. Nehmen wir zum Beispiel die beliebte Erzählung über das Wunder der Hummel. Wissenschaftler hatten nämlich festgestellt, dass die Hummel zu schwer ist und zu kurze Flügel hat, um fliegen zu können. Das schien vielen Menschen eine Bestätigung und eine Ermutigung dafür zu sein, materielle Gesetzmäßigkeiten nicht zu ernst zu nehmen. Inzwischen hat man entdeckt, dass die Hummel tatsächlich nicht fliegen kann, sondern durch die Luft »schwimmt«. Durch ihre spezielle Art der filigranen Flügel kann sie die Luft wie eine Art flüssiges Element nutzen und gleichsam wie ein Fisch durchs Wasser schwimmen.

An diesem Beispiel sehen wir deutlich, wie ein zunächst begrenztes Verständnis über gewisse Zusammenhänge uns erst einmal staunen und an ein Wunder denken lässt – also an einen Vorgang, der übernatürlich ist und die Gesetzmäßigkeiten der äußeren Wirklichkeit außer Kraft setzt. Doch mit zunehmendem Wissen erscheinen plötzlich Zusammenhänge als natürlich und folgerichtig. Würden Menschen aus früheren Jahrhunderten uns nicht für Zauberer halten, wenn sie in die heutige Zeit schauen könnten, wie wir mit weit entfernten Menschen über ein schnurloses Telefon sprechen und mit tonnenschweren Luftschiffen Tausende von Kilometern am Himmel zurücklegen?

Was ist also ein Wunder? Gibt es sie überhaupt? Oder bezeichnen wir damit einfach nur Momente von Unerklärbarkeit? Um dem Wesen des Wunders näher zu kommen, müssen wir zunächst zwei verschiedene Arten unterscheiden, die wir beide mit dem Begriff »Wunder« bezeichnen. Zum einen wird das Wort im Kontext der Alltagsrealität verwendet, wenn ein Geschehnis unser Verständnis übersteigt und übernatürlich zu sein scheint. Wenn zum Beispiel Jesus Wasser in Wein verwandelt oder wenn ein Gelähmter in seinem Beisein eine Spontanheilung erfährt und plötzlich wieder gehen kann, sprengt dies offensichtlich die normalen Gesetzmäßigkeiten des alltäglichen Lebens.

Die andere Bedeutung des Begriffs Wunder bezieht sich nicht auf übernatürliche Ereignisse in der Alltagsrealität, sondern auf eine Haltung des Staunens in der Seelenrealität. Staunen entsteht in einem Zustand jenseits von Wissen und Erklärungen. Im Staunen sind wir auf eine Weise geöffnet, dass wir uns innerlich berühren – ja sogar ergreifen – lassen.

Wie ein kleines Kind, für das noch nichts selbstverständlich und durch Erklärungen banalisiert ist, können wir plötzlich das Wunder der Schöpfung in jedem Grashalm, in jeder Blüte und in jedem Insekt spüren und eine tiefe Ergriffenheit dabei erfahren. In diesen Momenten sind wir dem Geheimnis des Lebens viel näher als in all unseren Erklärungen, die sich in unserem Kopf abspielen und eine distanzierte Betrachtungsweise bewirken.

Staunen ist also ein Tor, uns dem Wesen von Existenz anzunähern und führt uns über den Rand des Rationalen hinaus, tief ins Mysterium des Lebens hinein. Staunen ist damit eine spirituelle Öffnung in die transrationale Dimension des SEINS. Wenn etwas jedoch transrational – also jenseits des Denkens und Wissens – existiert, ist es nicht gleichzeitig irrational. Es hebt die normalen Gesetzmäßigkeiten des äußeren Lebens und die Erklärungen über die Zusammenhänge nicht auf, sondern übersteigt diese in der unmittelbaren Schau. Die transrationale Erfahrung des Wunders ist damit kein Beweis dafür, dass es übernatürliche Geschehnisse gibt. Wir können von der Existenz und Schönheit einer Hummel ergriffen sein, unabhängig davon, ob wir ihr Flugverhalten erklären können oder nicht.

Für die spirituelle Haltung des Staunens ist es also überhaupt kein Problem, wenn wissenschaftliche Erkenntnisse Schritt für Schritt die Zusammenhänge des Lebens verständlich machen und im ersten Moment vielleicht dadurch auch entzaubern. Denn beide Ebenen – das Rationale und das Transrationale – können wunderbar nebeneinander existieren und sich ergänzen. Das Irrationale jedoch hat darin keinen Platz und weist nicht darauf hin, dass es übernatürliche Ereignisse gibt, sondern dass wir gewisse Zusammenhänge mit dem Verstand (noch) nicht begreifen.

Trotzdem sind viele Menschen beeindruckt und geradezu angezogen von übernatürlichen, unerklärlichen Geschehnissen wie den berühmten Kornkreisen in England, und nehmen sie als Zeugnisse für geistige Wesen. Genauso faszinieren sie Erzählungen von magischen Handlungen von Heiligen oder von spirituellen Lehrern und Lehrerinnen, von

Menschen, die nichts essen und angeblich von Lichtnahrung leben, oder Yogapraktizierende, die die Gesetze der Schwerkraft außer Kraft setzen und die Grundbedürfnisse des Körpers überwinden können. All diese übernatürlichen Geschehnisse nehmen sie als Beweis für die spirituelle Verwirklichung oder die spirituelle Macht einer Person.

Doch Kornkreise sagen nichts über die Existenz von übernatürlichen Wesen aus, sondern nur darüber, dass wir im Moment ein Ereignis noch nicht erklären können. Und magische übernatürliche Handlungen einer spirituellen Lehrerin oder eines Heiligen sind meist ein Mythos und sagen schon gar nichts über deren spirituelle Verwirklichung aus. Diese zeigt sich nämlich nicht darin, ob ein Mensch die Gesetze der äußeren Welt außer Kraft setzen kann, sondern darin, wie tief er sich mit dem absoluten Bewusstsein verbinden und daraus leben kann.

Gibt es also überhaupt keine übernatürlichen Ereignisse? Sind all die Erzählungen von Menschen, die Übernatürliches vollbracht haben, erfunden? Hat Jesus etwa nicht Wasser in Wein verwandelt und gelähmte Menschen geheilt? Ich weiß es nicht. Aber es könnte sein, dass diese Erzählungen, wie so oft, metaphorisch zu verstehen sind und sich nicht auf tatsächlich geschehene äußere Ereignisse beziehen, sondern eine Metapher für ein Geschehen auf der seelischen oder spirituellen Ebene sind (siehe auch das Kapitel: »Als Jesus übers Wasser ging«). Wenn es diese Ereignisse tatsächlich gegeben hat oder gibt, sind sie offensichtlich eine absolute Ausnahme und aus einer spirituellen Perspektive keinesfalls erstrebenswert, da sie ein grundlegendes Missverständnis über spirituelle Freiheit befördern.

Alle Menschen leiden immer wieder unter der Bedingtheit ihres Körpers und des äußeren Lebens und wir alle sind durch die Vergänglichkeit in unserer Existenz bedroht. Daher ist es nur verständlich, dass viele Menschen die Sehnsucht in sich tragen, die Bedingtheiten des Lebens zu überwinden und davon frei zu werden. Doch der Weg dazu ist nicht, die Bedingtheiten des äußeren Lebens, des Körpers oder der Materie zu überwinden oder außer Kraft zu setzen, wie es Geschichten von übernatürlichen Fähigkeiten zu vermitteln scheinen, sondern mitten in aller Begrenztheit unseres menschlichen Daseins zuinnerst die unbedingte Existenz einer reinen Präsenz zu entdecken, welche zeitlos und immerwährend auf der absoluten Bewusstseinsebene zugänglich ist. Wenn wir diese innere Freiheit spüren, verlieren alle Erzählungen von übernatürlichen Geschehnissen ihre Anziehungskraft.

Sich in der Innenwelt verlieren

Könnte man nicht manchmal daran verzweifeln, wie träge die äußere Welt mit ihren Systemen ist? Wenn wir daran denken, wie bestimmte gesellschaftliche Entwicklungen einrasten und wie schwer es ist, auch unsinnige Systeme, die weder Mensch noch Natur dienen, wieder zu verändern, kann man schon manchmal am Sinn des Lebens zweifeln. Wie schwer findet die Menschheit einen Weg aus dem Rüstungswahnsinn dieser Zeit, obwohl sich die überwiegende Mehrheit der Menschen mit Sicherheit nach Frieden sehnt? Warum können wir das System der CO_2-produzierenden Energiewirtschaft nicht hinter uns lassen, obwohl die Möglichkeiten der erneuerbaren Energien zur Verfügung stehen und durch die Dynamik des Klimawandels der Menschheit sprichwörtlich das Wasser bis zum Halse steht?

Doch nicht nur im Äußeren finden wir Systeme, die eingerastet sind und deren ursprünglicher Sinn längst ausgedient hat. Auch in uns gibt es geistige Strukturen, die uns extrem unflexibel machen und manchmal so gar nicht zu unserer seelischen Wahrheit oder zu den Erfordernissen des äußeren Lebens passen. Die Ich-Identität mit ihren Selbstbildern und Identifizierungen ist ein ebenso träges wie manchmal sogar starres System wie die Strukturen der Energiewirtschaft in der äußeren Welt. Unabhängig von den tatsächlichen inneren und äußeren Erfahrungen hält sie die meiste Zeit an bewährten Konzepten fest.

Obwohl wir vielleicht immer wieder die Erfahrung machen, dass uns viele Menschen schätzen und mögen, können wir das alte Selbstbild, dass wir für andere uninteressant sind, nicht ablegen. Ist das nicht seltsam? Oder ein anderes Beispiel: Obwohl wir uns von einer Sache überfordert fühlen, können wir uns diese Überforderung nicht eingestehen, da wir ein Selbstbild in uns tragen, welches keine Schwäche zulässt. Wir sehen an diesen typischen Beispielen die Macht der Ich-Identität. In ihr sind bestimmte Konzepte zu Selbstbildern eingerastet, welche sich dann gegen uns wenden können. Ist das nicht wirklich unsinnig eingerichtet?

Doch diese Sicht ist nur die eine Seite der Medaille, die uns manchmal vergessen lässt, welch zentrale Bedeutung innere und äußere Systeme für die Stabilität des Lebens haben. Wenn nämlich jeder neue Impuls und jede Gefühlslage sofort die Ganzheit verändern und bestimmen würde, würde ein heilloses Chaos dabei entstehen, das keine sinnvolle Strukturierung und damit keine aufbauenden Prozesse ermöglicht. Dies ist in großen Zusammenhängen genauso wie im Kleinen, im Äußeren genauso wie im Inneren.

Stellen wir uns vor, jede neue Regierung würde alle vier Jahre eine vollkommen neue Richtung vorgeben und sich dabei an keinerlei Verträge, Gesetze oder Projekte der Vorgängerregierungen halten. Es wäre unmöglich, ein funktionierendes Gemeinwesen zu errichten, das einen verlässlichen Rahmen für die darin lebenden Menschen bietet. Nur dadurch, dass die neue Regierung grundlegende Konzepte und bereits bestehende Vorgaben akzeptiert und vielleicht dann schrittweise modifiziert, ist eine gesunde Mischung aus Stabilität und Fortschritt möglich.

Dies gilt nicht nur für Regierungen von Staaten, sondern auch für die Regierung in unserem Inneren – die Ich-Identität. Für unsere Stabilität spielen die grundlegenden Konzepte des Funktionalen Ichs und der Ich-Identität eine entscheidende Rolle. Sie schaffen eine gewisse Verlässlichkeit im Wandel des äußeren Lebens, genauso wie in den permanenten Schwankungen unserer Seele. Im Idealfall geben uns diese grundlegenden Konzepte so viel Halt, dass wir uns intelligent auf die inneren und äußeren Anforderungen beziehen können, ohne dabei ein gewisses Kontinuum von uns selbst zu verlieren. Gleichzeitig aber sind sie flexibel genug, bei starken neuen Erkenntnissen oder bei Lebensumbrüchen einen langsamen Umbau der Ich-Identität zuzulassen und sich somit adäquat weiterzuentwickeln.

Wie wichtig die stabilisierende Kraft des Funktionalen Ichs und der Ich-Identität ist, sehen wir bei Menschen, bei denen die Ich-Struktur nur schwach ausgebildet ist. Sogenannte »Borderliner« sind den seelischen Schwankungen ihrer Gefühle und Impulse fast schutzlos ausgeliefert und werden dadurch massiv beeinträchtigt. In gewissem Sinne könnte man sagen, dass die Seelische Realität hier die dominierende Bewusstseinsebene ist, welche die Alltagsrealität mit den geistigen Strukturen und ihrer Funktionalität permanent überschwemmt. Man kann sich vorstellen, wie intensiv und gleichzeitig anstrengend ein solches Leben ist, sowohl für die Person selbst als auch für deren Umfeld.

Ein Mensch, der immer wieder von seinen Gefühlen und Impulsen überschwemmt wird, neigt zu einer großen Impulsivität. Was immer die Person gerade bewegt oder fühlt, wird ungefiltert und dadurch oft mit großer Intensität ausagiert. Das betrifft euphorische Zustände genauso wie Aggressionen oder Phasen von Schwermut. Dabei dürfen wir die Impulsivität, die sich hier zeigt, nicht mit einer gesunden Form der Spontaneität verwechseln. Einer Impulsivität fehlt nämlich die Fähigkeit, Gefühle bezeugen und auch innerlich halten zu können, also die Fähigkeit zur Achtsamkeit. Im Gegensatz dazu ist sich ein Mensch mit einer gesunden Ich-Struktur seiner Gefühle und Impulse bewusst und wird dadurch in der Regel nicht von seinen Gefühlen überschwemmt. Er hat die Fähigkeit, seine Bedürfnisse und Gefühle in sich zu halten und sich auf sie zu beziehen. Er kann dadurch beispielsweise über das, was ihn bewegt, sprechen und muss es nicht ungefiltert und impulsiv ausagieren.

Genau diese Fähigkeit der Achtsamkeit fehlt einer Person mit einer schwachen Ich-Struktur. Kein Wunder also, dass sie von ihren Gefühlen und Impulsen hin und her geworfen wird und dadurch größte Schwierigkeiten hat, konstante, tragende Beziehungsstrukturen aufzubauen oder beruflich etwas kontinuierlich anzustreben. Manchmal ist es geradezu tragisch, zu beobachten, wie Menschen, die mit großen Talenten ausgestattet sind, nicht in der Lage sind, aus diesen Gaben etwas in ihrem Leben zu machen. Denn um innere Potenziale zu entfalten und mit den Jahren zu veredeln, damit daraus im äußeren Leben Früchte erwachsen, braucht es eine große Kontinuität. Genau diese aber fehlt Menschen mit einer schwachen Ich-Struktur.

Noch stärker sind von dieser Dynamik Menschen betroffen, deren Ich-Struktur zusammenbricht und die dann in der Folge schizophren werden. Hier ist das Funktionale Ich zeitweise fast vollständig außer Kraft gesetzt, wodurch die Person nicht mehr zwischen Innen- und Außenwelt unterscheiden kann. Es kommt dann beispielsweise zum Hören von inneren Stimmen, die sich so real anfühlen, als würde jemand wirklich zu der Person sprechen. Oder bei der Paranoia können innere Ängste die kranke Person so stark besetzen, dass sie bedrohliche Fratzen an der Wand sieht oder davon überzeugt ist, dass friedliche Nachbarn ihr etwas Böses wollen. Bei Psychosen vermischen sich also innere seelische Vorgänge mit der äußeren Wahrnehmung und überlappen diese teilweise so stark, dass sie realer erscheinen als alles, was von außen kommt. Es ist selbstredend, dass ein Mensch, der in einem akuten Schub einer Schizophrenie gefangen ist, sein Leben auf der Alltagsebene nicht mehr auf die Reihe bekommt, da das Funktionale Ich und die Alltagsrealität fast vollständig außer Kraft gesetzt sind.

An diesen Extrembeispielen sehen wir deutlich, welche zentrale Bedeutung die Ich-Struktur für eine gesunde, stabile Psyche hat. Wenn wir uns nicht in der Innenwelt mit ihren emotionalen Schwankungen und zum Teil widersprüchlichen Impulsen verlieren wollen, braucht es eine ordnende Instanz, die sich sowohl achtsam und intelligent auf unsere Seele bezieht, als auch eine Unterscheidung zur äußeren Welt mit ihren Notwendigkeiten herstellen kann. Wer das leugnet und zum Beispiel propagiert, dass die Kontrolle des Ichs und des Verstandes grundsätzlich falsch und einengend sind, der läuft Gefahr, Menschen in die Psychose zu führen, statt ihnen eine größere Freiheit zu ermöglichen.

In den siebziger Jahren des letzten Jahrhunderts, in denen die engen, autoritären Strukturen der damaligen Zeit infrage gestellt und teilweise gesprengt wurden, entwickelten sich im Kontext von Psychotherapie und Spiritualität viele Methoden und Richtungen, die vorwiegend darauf basierten, die Kontrolle des Verstandes aufzubrechen. So wurden Menschen in Übungen dazu ermuntert, alles »auf Teufel komm raus« auszuagieren. Es wurde mit Drogen und »freier Liebe« experimentiert und jegliche Art von Impulskontrolle war als unreif geächtet. Natürlich hatte diese Zeit eine ungeheure Intensität und die befreiende Wirkung dieser gesellschaftlichen Phase, die die Verkrustungen von Traditionen und von autoritären Strukturen aufgebrochen hat, ist heute noch in den Gesellschaften spürbar. Gleichzeitig aber sind auch viele Menschen damals den radikalen Maßnahmen zum Opfer gefallen. Retraumatisierungen, Drogensucht, tiefe Beziehungsverletzungen und leider auch Psychosen waren an der Tagesordnung und nicht wenige Menschen sind daran zerbrochen.

Heutzutage ist das Verständnis in der Psychotherapie einen entscheidenden Schritt weiter. Das Postulat ist nicht mehr das unbedingte Aufbrechen der Kontrolle des Verstandes, sondern das Entwickeln einer inneren Achtsamkeit, die es uns ermöglicht, sowohl die Verstandesaktivität wie auch seelische Prozesse zu beobachten und das Potenzial beider Ebenen anzuerkennen und angemessen zu nutzen. Dadurch können wir sowohl im Alltagsleben verlässlich funktionieren und hier das Wissen und die Kontrollmechanismen unseres Verstandes nutzen, als auch eine innere Hingabefähigkeit entwickeln, die uns einen Zugang zu der kreativen und sinnspendenden Kraft unserer Seele ermöglicht. So können sich beide Realitätsebenen gegenseitig befruchten und das Funktionale Ich kann zu einer Instanz heranreifen, das nicht zu einer Zwangsinstanz wird, sondern uns den nötigen Freiraum gewährt, beseelt zu leben und beherzt und verlässlich im Alltag zu handeln.

Letztlich ist die Fähigkeit zur Achtsamkeit auch der entscheidende Schlüssel für unsere spirituelle Entwicklung. Denn zuinnerst bedeutet

Achtsamkeit, das Potenzial zu bezeugen – also zu einer bewussten Aufmerksamkeit. Mit ihr können wir grundlegende Annahmen und Konzepte unserer Ich-Identität betrachten und hinterfragen und gleichzeitig in einen Raum vorstoßen, der von all diesen Konzepten frei ist. Wenn wir nämlich die Aufmerksamkeit nicht auf etwas Bestimmtes richten, sondern sie freischwebend lassen und dabei immer tiefer in diese reine Form des Aufmerksamseins eintauchen, öffnet sich eine zeitlose, stille Präsenz – der Raum des Absoluten.

Doch was gibt uns die Möglichkeit, bewusst die Aufmerksamkeit freischwebend zu lassen und in das Absolute einzutauchen? Auch dazu braucht es grundlegende Muster des Funktionalen Ichs, die es uns ermöglichen, das Instrument der Aufmerksamkeit auf eine bewusste Weise einzusetzen. Die ordnende Instanz des Funktionalen Ichs mit ihren geistigen Strukturen ist also keinesfalls nur überflüssig oder einengend. Ja, sie kann in starre Konzepte einrasten, die unsere inneren und äußeren Möglichkeiten als Mensch einschränken und entsprechend leidhaft wirken. Sie kann aber auch im Laufe unseres Lebens durch viele Erfahrungen zu einer ordnenden Instanz heranreifen, die uns eine gesunde Stabilität verleiht und uns ermöglicht, sich auf allen drei Bewusstseinsebenen bewusst und angemessen zu bewegen und das grundlegende Potenzial unserer Aufmerksamkeit zu nutzen.

Ängste bei veränderten Bewusstseinszuständen

Was sich bei Psychosen auf eine krankhafte und oft dramatische Weise zeigt, nämlich ein Verwischen der Grenzen zwischen Seelischer Realität und Alltagsrealität, kann durchaus auch bei gesunden Menschen mit einer stabilen Ich-Identität auftreten, wenn eine Person die Realitätsebenen nicht differenzieren kann. So kommt es immer wieder vor, dass Erfahrungen in veränderten Bewusstseinszuständen tiefe Ängste auslösen können, da die Person diese ungewöhnlichen Erfahrungen nicht zuordnen kann und sie fälschlicherweise auf die Alltagsrealität überträgt.

Ich habe schon oft Menschen in seelischen Prozessen begleitet, in denen nach alltäglichen Maßstäben zutiefst bedrohliche Bilder oder Gefühle auftauchen. Zum Beispiel gibt es immer wieder die Situation, dass eine Person die deutliche Empfindung hat, zu brennen. Und wenn sie ein Bild dazu auftauchen lässt, sieht sie sich selbst lichterloh brennend. Jeder normale Mensch würde bei diesem Bild erschrecken und vielleicht spontan an einen Scheiterhaufen denken, auf dem sogenannte Hexen im Mittelalter auf grausame Weise zu Tode kamen. Wer dieser Assoziationskette folgt und entsprechend befürchtet, dass der Prozess des Verbrennens ein schlimmer, destruktiver Vorgang ist, wird höchstwahrscheinlich Angst bekommen und versuchen, in irgendeiner Form die Flammen zu löschen oder den Prozess zu interpretieren, um sich damit ein Stockwerk höher in den Verstand zu retten.

Noch schlimmer wird die Situation, wenn die Person, die gerade innerlich verbrennt, nicht klar zwischen Seelischer Realität und Alltagsrealität unterscheiden kann. Dann nämlich entsteht immer mehr das Gefühl, dass der Vorgang nicht nur ein rein seelischer Prozess ist, sondern auch auf einer physischen Ebene die Person bedroht. Entsprechend entwickelt sich in der Person eine enorme Angst, die sich bis zur Panik steigern und schließlich in eine Dissoziation münden kann. Eine Dissoziation ist ein Notmechanismus der Seele, bei der alle Gefühle abgeschaltet werden und die Seele sich durch eine Abspaltung aller Empfindungen aus höchster Bedrohung rettet. Wie bei einem Schock, der nach einem Unfall auftreten kann und zu einem Zustand führt, bei dem die Person keinerlei Schmerzen mehr spürt, taucht die Person bei einer Dissoziation in einen Zustand der inneren Leere ein, in der nichts mehr gefühlt wird.

Auf diese Weise kann der seelische Prozess, innerlich zu verbrennen, höchst dramatisch erlebt werden und schließlich dazu führen, dass die Person vor lauter Angst in eine Art Schockzustand verfällt, der sie längere Zeit besetzen kann und der nicht das Gefühl einer heilsamen Erfahrung hinterlässt. Doch diese negative Spirale einer aufschaukelnden Angst ist überhaupt nicht nötig, wenn die Person dem inneren Prozess des Verbrennens vertraut und sich ihm hingibt. Wenn sie sich nämlich innerlich verbrennen lässt und sich nicht dagegen wehrt, transformiert sich die Erfahrung nach wenigen Augenblicken und es öffnet sich von innen her ein Raum des Friedens oder der Stille.

Um sich auf diese Weise vertrauensvoll hinzugeben und sich verbrennen zu lassen, muss jedoch ganz klar sein, dass es sich um einen rein seelischen Vorgang handelt und keinerlei physische Bedrohung besteht. Die Ebenen müssen also eindeutig voneinander differenziert werden können. Sehr hilfreich ist hier, wenn die Person von jemandem begleitet wird, der den Prozess angstfrei und mit klarem Blick verfolgt und die Person darin unterstützt, dem inneren Vorgang des Verbrennens zu vertrauen.

Immer wenn es um seelische Prozesse geht, in denen dramatische oder lebensbedrohliche Gefühle oder Bilder auftauchen, braucht es die klare Differenzierung zwischen Seelischer Realität und Alltagsrealität, damit die Person nicht in den Strudel der Angst abrutscht, sondern dem inneren Prozess weiterhin folgen kann. Je bewusster der Unterschied zwischen einem veränderten Bewusstseinszustand und dem Geisteszustand der Alltagsrealität ist, desto angstfreier können wir uns in einem Moment einem seelischen Prozess des Sterbens hingeben und ein paar Minuten später wieder aufstehen und unseren Alltagsgeschäften nachgehen. Je öfter wir diesen Wechsel zwischen den Bewusstseinszuständen erleben, desto leichter und vertrauensvoller können wir uns den inneren Prozessen hingeben. Das Funktionale Ich lernt dabei zu unterscheiden, auf welcher Realitätsebene wir uns befinden, und ob uns dadurch etwas wirklich physisch bedroht oder nicht.

Diese Unterscheidung ist nicht nur für Prozesse wichtig, die in der Seelischen Realität stattfinden, sondern genauso für gewisse Erfahrungen auf der absoluten Ebene. Denn auch hier gibt es Erlebnisse, die komplett dem zuwiderlaufen, was unserer Alltagsrealität entspricht. So kann es sein, dass in der Übergangsphase zur absoluten Ebene sich Phänomene eines Kontrollverlustes einstellen, die einem Menschen, der diese Phänomene nicht kennt, Angst einflößen können. Zum Beispiel können sich

Lähmungsgefühle im Körper einstellen oder ein starkes Empfinden, ins Bodenlose zu fallen. Nicht selten entsteht auch ab einem bestimmten Punkt das Erleben von Körperlosigkeit. Das Bewusstsein löst sich hier vollkommen vom physischen Körper ab und wir haben das Gefühl, dass es keinen Körper mehr gibt.

Diese und ähnliche Erfahrungen können zutiefst verstörend sein, wenn wir sie nicht zuordnen können. Stellen wir uns zum Beispiel eine Person vor, deren Körper sich »auflöst« und in der die Angst aufkeimt, nicht mehr in die körperliche Form zurückkehren zu können. So kann die Person das Gefühl bekommen, dass sie regelrecht in der Körperlosigkeit eingesperrt ist. Das kann zu einer ähnlichen Panik führen wie bei dramatischen seelischen Prozessen. Wenn hier nicht ein erfahrener Begleiter eingreift und der Person hilft, dem Erleben der Körperlosigkeit zu vertrauen und sich in diesen Zustand hineinzuentspannen, kann es sein, dass die Person sich immer mehr verkrampft und längere Zeit in diesem Zwischenzustand hängen bleibt.

Wie wir an diesen Beispielen deutlich sehen können, ist ein gesundes, reifes Funktionales Ich mit einer stabilen Ich-Identität, das zwischen den Realitätsebenen mit ihren sehr unterschiedlichen Erfahrungswelten differenzieren kann, die Basis dafür, zwischen den Ebenen angstfrei hin- und herwechseln zu können. Erst dadurch entsteht eine innere Sicherheit, die uns die Freiheit gibt, uns spielerisch durch die Realitätsebenen zu bewegen und die jeweiligen Erfahrungen einordnen und integrieren zu können.

Gibt es Engel?

Ein ähnliches Verwischen der Grenzen zwischen seelischer Realität und Alltagsrealität tritt auch bei gewissen Glaubenskonzepten auf, bei denen Aspekte der Seele fälschlicherweise für Objekte einer äußeren Wirklichkeit gehalten und dieser zugeordnet werden. So gibt es nicht wenige Menschen, die auf eine Weise an Engel glauben, als ob diese zwar als unsichtbare Wesen, aber genauso real wie konkrete Personen existieren würden.

Manche dieser Menschen bezeugen sogar, dass sie die Stimme und Botschaften der Engel »hören« oder sie sogar leibhaftig »sehen« könnten. Was soll man davon halten?

Um diesem Phänomen auf den Grund zu gehen, müssen wir zunächst die Funktionsweise unserer Seele begreifen. Die Innenwelt der Seele mit ihrer tiefen Weisheit und mit ihrem Drang, sich uns zu offenbaren und in unserem Leben zu entfalten, zeigt sich vielgestaltig in den verschiedenen Wahrnehmungskanälen. So melden sich unterschiedlichste Gefühle und Körperempfindungen, bewegende Bilder oder auch Klänge, Worte oder Stimmen. Auf unterschiedlichsten Kanälen also versucht sich uns die Seele zu vermitteln und in unser Bewusstsein vorzudringen, damit ihre Anliegen gespürt und wahrgenommen werden. Manchmal ruft sie uns mithilfe von körperlichen oder seelischen Schmerzen, damit wir Verletzungen oder auch innere Mangelzustände integrieren können. Manchmal schickt sie uns aber auch bewegende Bilder, die uns tief ergreifen können und welche einen zentralen Aspekt der Tiefendimension unserer Seele offenbaren.

In der Tiefe unserer Seele schlummern nämlich potenziell alle natürlichen und heilsamen seelischen Qualitäten – sogenannte essenzielle Qualitäten –, nach denen wir uns im Leben sehnen. Solange wir zu diesen Grundeigenschaften der Seele keinen Zugang haben und sie uns nicht von innen her erfüllen, neigen wir dazu, sie im Außen oder in anderen zu suchen und dorthin zu projizieren. Vielleicht sehnen wir uns nach Schutz und Geborgenheit und begegnen einer Person, die eine große Stärke und Sicherheit ausstrahlt. Wahrscheinlich fühlen wir uns spontan hingezogen oder wir sind auf sie und ihre Selbstsicherheit neidisch. In beiden Fällen findet eine Verwechslung statt, denn wir erkennen nicht, dass die Anziehung oder der Neid nur ein Ruf unserer Seele ist, sich nach innen zu wenden. In Wirklichkeit sehnen wir uns natürlich nicht nach der Stärke oder Sicherheit einer anderen Person, sondern nach unserer eigenen.

Der gleiche Vorgang der Projektion kann nun auch innerlich stattfinden, indem eine bestimmte seelische Qualität noch so außerhalb des

Selbstbildes der Ich-Identität liegt, dass sie uns durch eine innere Gestalt erscheint. Wenn wir zum Beispiel unsere Aggressionen aus unserem Selbstverständnis ausgegrenzt haben und entsprechend unterdrücken, werden sie uns in unseren Träumen auf eine Weise heimsuchen, dass uns dort aggressive Gestalten wie schreckliche Monster oder Räuber anfallen. Eigentlich will die Seele uns mit diesen Bildern nicht quälen, sondern uns aufrütteln, verdrängte Anteile in unser Selbstbild zu integrieren und eine neue, konstruktive Beziehung zu diesen inneren Kräften aufzubauen.

Seltsamerweise liegen nicht nur innere Anteile, die wir für destruktiv halten, wie Aggressionen, Schwäche oder Ohnmacht, außerhalb unseres gewohnten Selbstbildes, sondern auch manche der essenziellen Qualitäten aus der Tiefendimension unserer Seele. Ich erinnere mich zum Beispiel an eine Frau, die urplötzlich ein so tiefes Durchströmt-Werden von Liebe und dabei eine so starke Entgrenzung erfuhr, dass sie lange Zeit größte Schwierigkeiten damit hatte, diese offensichtlich positive Erfahrung in ihr normales Selbstverständnis zu integrieren. Diese und ähnliche intensive Erfahrungen führen daher nicht selten dazu, dass die Person das Gefühl hat, dass es nicht ihre eigene Liebe ist, die sie durchströmt, sondern die Liebe eines göttlichen Wesens. Es liegt außerhalb des Vorstellungsbereiches, dass eine solch intensive und entgrenzende Liebe zum eigenen Wesen gehören könnte und sie wird daher innerlich auf eine Figur projiziert, der man diese Qualität zutraut.

Ich weiß aus persönlichen Erzählungen von manchen katholischen Nonnen, dass ein solch intensives essenzielles Erlebnis für sie den entscheidenden Ausschlag gab, ins Kloster zu gehen, da sie die ungewöhnliche Erfahrung einer entgrenzenden Liebe oder einer unbedingten Präsenz Jesus, Maria oder Gott selbst zugeschrieben haben. Nicht selten haben sie bei ihrem Initialerlebnis eine Gestalt im Raum »gesehen« oder »empfunden«, die sie dann der Figur von Jesus oder Maria zugeordnet haben.

Nun ist es sicher kein Fehler, ins Kloster zu gehen und das eigene Leben der Gestalt Jesu zu weihen und ihm und seiner Lehre nachzufolgen. Und doch liegt eine kleine Verwechslung vor, bei der die seelische

Qualität der Liebe auf die Figur von Jesus projiziert wird und dabei nicht erkannt wird, dass die Seele nicht Jesus sucht, sondern die Qualität, die er für uns verkörpert. Sobald wir das erkennen, verschiebt sich unsere Perspektive und wir entdecken Jesus in uns. Natürlich nicht die Gestalt Jesu, sondern das, was sie uns vermittelt – entgrenzende Liebe oder unbedingte Präsenz.

Das gibt uns die Möglichkeit, die essenzielle Qualität, die zunächst außerhalb unseres Selbstbildes liegt und entsprechend auf eine andere Figur projiziert werden muss, nach innen zu nehmen und sie in unserem Leben zu verkörpern. Natürlich muss sich dabei das Selbstbild entsprechend erweitern, sonst können wir die Liebe oder die Präsenz von »Jesus« nicht in uns fühlen und sie selbst sein. Mit diesem Schritt verändert sich nicht nur unser Selbstbild, sondern auch unsere Beziehung zur Gestalt Jesus. Solange die Liebe oder Präsenz Jesus zugeschrieben wird, werden wir ihn suchen und anbeten. Wenn wir diese essenziellen Qualitäten in uns spüren, leben wir die spirituelle Kraft von Jesus, die er für uns bedeutet, ganz unmittelbar. Die Anbetung verliert ihre Bedeutung, aber die Nachfolge Jesu ist damit vollendet.

Ist es eine Anmaßung, wenn wir nicht mehr die Heiligen des christlichen Glaubens oder des Buddhismus anbeten, wenn wir den inneren Altar freiräumen und dabei immer mehr selbst zu dem werden, was wir angebetet haben? Ist es eine spirituelle Selbstüberschätzung, wenn wir die Worte Jesu »Ich bin die Wahrheit. Ich bin das Leben. Ich bin das Licht« innerlich aussprechen und diese Qualitäten in uns selbst entdecken? Nein, denn *nu*r wenn wir diese Worte in uns selbst entdecken, werden wir ihren Sinn und ihre Kraft in der Tiefe unserer Seele spüren können. Erst dann wird eine Verwirklichung, ja, eine Verkörperung möglich, die weit über die normale Frömmigkeit einer Anbetung hinausgeht.

Und wie steht es mit Engeln? Gibt es sie? Kann man ihnen wirklich begegnen? Selbstverständlich kann man Erscheinungen von Engeln haben, genauso wie sich tiefe und berührende Begegnungen mit Jesus, Maria oder Buddha ereignen können. Ich habe schon viele Menschen begleitet, die mir von solchen für sie zutiefst bewegenden wundersamen Erscheinungen berichtet haben und diese Erfahrungen als einen inneren Schatz hüten. Es wäre völlig falsch, diese Erscheinungen als Trugbilder abzutun. Im Gegenteil offenbart sich in diesen Begegnungen etwas zutiefst Bedeutsames, nämlich grundlegende essenzielle Qualitäten der Seele, die bislang im Verborgenen gelegen haben. In diesen Erscheinungen leuchten sie jetzt auf. Es ist, als ob unsere Seele uns wachrüttelt und eindrücklich zuflüstert: »Du bist mehr als das, was du bisher von dir dachtest. Nimm es zu dir!«

Um dieser Aufforderung nachzukommen, müssen wir zunächst die Erscheinung, wie zum Beispiel die eines Engels, als tiefes Seelenbild anerkennen und sie gleichzeitig aber nicht für bare Münze nehmen, sondern sie als Mittler einer tiefen Seelenqualität begreifen. Die Figur des Engels hat nämlich keine eigenständige Bedeutung oder Realität, sondern weist auf eine grundlegende essenzielle Qualität in unserer Seele hin, die in dieser Erscheinung verkörpert ist.

Eine einfache Frage, um einen Zugang zur seelischen Qualität in der Figur des Engels zu bekommen, ist: Welche seelische Qualität vermittelt die Figur des Engels? Vielleicht spüren wir dann einen schützenden Mantel, der sich um uns legt, und eine tiefe Geborgenheit, die sich im Körper und in unserer Seele ausbreitet. Je mehr die seelische Qualität der Geborgenheit in den Vordergrund rückt, verblasst das Bild des Engels. Plötzlich spüren wir deutlich, dass das Erleben der schützenden Geborgenheit wesentlicher ist als die Vision der Gestalt des Engels. Spätestens hier sind wir auch nicht mehr in Gefahr, die Erscheinung des Engels mit einem tatsächlich existierenden Wesen zu verwechseln.

Natürlich könnte man jetzt einwenden, ist es wirklich eine Gefahr, wenn Menschen seelische und damit innere Qualitäten in Form von Erscheinungen anderer Wesen erfahren und diese dann wie reale äußere Wesen behandeln? Ist es schlimm, wenn sie einen kleinen Engel in die Windschutzscheibe ihres Autos hängen, der sie beschützen soll? Ist nicht ein gewisser Aberglaube ein Teil einer Volksfrömmigkeit, den Menschen nutzen, um sich zu stärken, zu trösten oder zu ermutigen? Und ist es nicht in allen Religionen Usus, dass Gläubige heilige Figuren anbeten und um Unterstützung bitten, als wären sie konkret existierende Wesen, die in das Alltagsleben der Menschen eingreifen könnten?

Daran ist zunächst nichts weiter schlimm, solange sich eine Person durch das Gebet gestärkt fühlt und ansonsten mit beiden Beinen auf dem Boden der Alltagswirklichkeit steht. Wenn sich dagegen die Grenze zwischen Seelischer Realität und Alltagsrealität immer mehr verwischt, kann das dazu führen, dass die inneren Figuren immer mehr ein Eigenleben führen. Dabei werden diese mit der Zeit zu einer festgefügten inneren Instanz und ihre Botschaften immer bedeutsamer. So kann es dazu kommen, dass die inneren Wahrnehmungen die äußeren überlappen und wir plötzlich die Stimme des Engels sogar »hören« können und ihn vielleicht sogar neben uns »spüren« oder vor uns »sehen«.

Spätestens zu diesem Zeitpunkt wird die innere subjektive Wahrheit, die mit der inzwischen festgefügten Instanz des Engels verknüpft ist, so dominierend, dass die Grenzen zur Alltagsrealität komplett verwischen und eine Abschottung in eine Fantasiewelt einsetzt. Die Botschaften des Engels werden als uneingeschränkt »wahr« genommen und andere Menschen und ihre Botschaften können nicht mehr zu der Person durchdringen. So driftet sie immer mehr in eine eigene Welt ab, die für sie zutiefst schlüssig ist und in der sie nicht mehr erreichbar ist. Spätestens hier aber zeigen sich deutlich krankhafte Züge, die einer Schizophrenie nicht unähnlich sind und im schlimmsten Fall sogar in eine echte Psychose münden können. (Das gleiche Phänomen kennen wir übrigens auch von Menschen, die Opfer von Verschwörungstheorien werden und sich darin immer mehr einigeln.)

Leider wird die Sichtweise, bei der Begegnungen mit inneren Erscheinungen wie Engel, Teufel, geistige Wesen oder Heilige unreflektiert für bare Münze genommen und nicht als Mittler von seelischen Qualitäten erkannt werden, von einigen Glaubensrichtungen und esoterischen Systemen unterstützt. So wird die eigene Interpretation dieser Erfahrungen durch ein äußeres Glaubenssystem gestützt und damit vor sich selbst und anderen gerechtfertigt. Auf diese Weise fügt sich ein bestimmtes Weltbild zusammen, das die Bedeutsamkeit dieser Erfahrungen bestätigt und das zu einem wesentlichen Teil der Ich-Identität einer Person werden kann, an dem nicht mehr gerüttelt werden darf.

Doch warum suchen diese Menschen überhaupt nach einem Glaubenssystem, welches ihre Erfahrungen von inneren Erscheinungen einordnet und bestätigt? Das ist sehr leicht erklärbar. Schließlich sucht unsere Seele immer bei wesentlichen Erfahrungen eine Bestätigung für deren Bedeutung. Es ist, als müssten wir uns vergewissern, dass wir nicht geträumt haben oder verrückt sind. Erst wenn die Bedeutsamkeit einer Erfahrung anerkannt wird und sie irgendwie eingeordnet werden kann, können wir sie in unser Selbstverständnis integrieren.

Leider leben wir in einer Gesellschaft, in der die seelische Dimension vollkommen unterbewertet ist und in der Öffentlichkeit niemand von bedeutsamen essenziellen Erfahrungen spricht. Wo sollen wir uns also hinwenden und wen sollen wir um eine Einschätzung fragen, wenn wir eine für uns umwälzende Begegnung mit einem Engel oder einem heiligen Wesen hatten? Wer weiß schon, was solche Erfahrungen bedeuten und wie man mit ihnen sinnvoll umgeht? Die Angst der Person, in dieser für sie heiligen Erfahrung nicht ernst genommen oder missverstanden zu werden, ist groß, die Sehnsucht nach Bestätigung aber auch. So ist es kein Wunder, dass die Person ihre Erfahrung als geheimen Schatz hütet und sich selbst ein eigenes Weltbild dazu errichtet oder bei esoterischen Glaubenssystemen Zuflucht nimmt, welche die Existenz von inneren Erscheinungen als reale Wesen beschreiben und behandeln. Die Wurzeln solcher Glaubensgebäude liegen in der magischen Phase unserer Kindheit begründet und sind uns daher alle irgendwie vertraut. (Siehe auch Kapitel 5: »Magische Phase und emotionale Kompetenz«)

Um also Menschen mit tiefen Erfahrungen von Begegnungen mit Engeln oder anderen heiligen Figuren zu helfen, ist es enorm wichtig, dass wir die Bedeutsamkeit dieser Erscheinungen erkennen und bestätigen.

Erst dann wird sich die Person ganz anvertrauen können und im nächsten Schritt auch bereit sein, zu erkunden, welche essenzielle Qualität sich durch die Erscheinung offenbart. So kann die Person einen unmittelbaren Zugang zur Seelenqualität bekommen, die sich durch die Erscheinung vermittelt, und auf eine gesunde Weise diese Qualität in ihr Selbstverständnis integrieren, ohne dass die Grenzen zwischen Seelischer Realität und Alltagsrealität verwischen.

Als Jesus übers Wasser ging

Wie kann man etwas vermitteln, das uns zutiefst bewegt und doch in Worte kaum zu kleiden ist? Solange es um konkrete Erfahrungen geht, wie Trauer, Liebe, Ärger, Frustration oder Freude, ist es noch relativ leicht, mit anderen Menschen darüber zu sprechen. Aber sobald es um essenzielle Erfahrungen geht, die aus der Tiefendimension unserer Seele aufleuchten und aus dem Meer unserer gewöhnlichen Erfahrungen herausragen, wird es schwierig, sie anderen zu vermitteln. Wie soll man eine Erfahrung von totaler Entgrenzung oder eine Stille, die alles durchdringt, oder das Erleben einer umfassenden Einheit beschreiben?

Und doch ist in uns der Drang, diese für uns höchst bedeutsamen Erfahrungen auszudrücken, ihnen eine Gestalt zu verleihen und sie anderen Menschen nahezubringen. Dabei erscheinen uns diese seelischen Erlebnisse viel bedeutsamer als alles, was wir tagtäglich fühlen oder mit was wir uns auf der äußeren Ebene beschäftigen. Nur so lässt es sich erklären, wie Menschen aller Kulturen seit Jahrhunderten darum ringen, innere Erfahrungen in Geschichten, Metaphern, Liedern, Gedichten und Kunstwerken aller Art zu fassen. Doch bei der Vermittlung dieser besonderen Erfahrungen gibt es eine Schwierigkeit: Da innere Begegnungen mit dem Absoluten jenseits unserer normalen Erfahrungswelt als Mensch liegen, können sie nicht oder nur sehr schwer direkt ausgedrückt werden. Daher müssen sie in Bilder, Geschichten, Gleichnisse oder Ereignisse von Personen gekleidet werden, um sie zu vermitteln. Die eigentliche Essenz der Erfahrung wird also meist verschlüsselt weitergegeben und muss daher erst aufgeschlüsselt werden, damit wir sie wirklich erfassen können.

Wenn man die Kirchen, Tempel und Moscheen der verschiedenen Religionen aufsucht und ihre Schriften liest, finden sich in den Figuren, Bildern und Texten vielfältige Zeugnisse für tiefe authentische Erfahrungen vergangener Menschen. Die Schätze und der Reichtum in der Überlieferung der Religionen ist unermesslich und kann uns dabei helfen, eigene spirituelle Erfahrungen zu bestätigen oder einen Zugang für die verschiedenen Facetten spiritueller Erfahrungen zu bekommen.

Da diese Schätze jedoch in der Regel verschlüsselt sind, offenbaren sie sich nur, wenn wir nicht in einer Bewunderung oder Anbetung verharren, sondern wie bei inneren Erscheinungen von Engeln oder Heiligen diese kostbaren Zeugnisse als Mittler nutzen, die Tiefenerfahrung, die sich hier verbirgt, in uns selbst zu erfahren. Bei dem Bild einer Ikone zum Beispiel müssen wir uns in das Bild und seine Symbolik hineinversetzen und sie damit quasi nach innen holen. Wir werden überrascht sein, wie anders es sich anfühlt und was sich alles offenbart, wenn wir ein Bild nicht wie üblich von außen betrachten, sondern hineinschlüpfen und die wesentlichen Aspekte des Bildes selbst verkörpern.

Es macht zum Beispiel einen erheblichen Unterschied, ob wir eine Buddha-Statue betrachten und dabei von dem sanften »inneren« Lächeln und seiner aufrechten Haltung fasziniert sind, oder ob wir selbst dieses Lächeln und diese Aufrichtung verkörpern und in uns spüren. Erst dann bekommen wir einen unmittelbaren Zugang zu dem, was sich in dieser Art des Lächelns und in dieser Körperhaltung ausdrückt. Erst jetzt spüren wir vielleicht diese innere Freiheit und Gelassenheit, die sich in dem Lächeln ausdrückt oder diese bedingungslose Präsenz, die sich in der Aufrichtung zeigt. Auch an diesem Beispiel sehen wir wieder, dass es letztlich nicht um die Statue, um das Lächeln oder die aufrechte Haltung geht, sondern all diese Aspekte sind nur ein konkretes Bildnis dafür, authentische spirituelle Tiefenerfahrungen in eine erfahrbare Gestalt zu bringen. So können sie über Jahrhunderte konserviert und weitergegeben werden.

Das trifft natürlich genauso für spirituelle Geschichten, Texte und Gleichnisse zu. Auch sie beschreiben meist keine wörtlich zu nehmenden Ereignisse, sondern sind Metaphern und damit Zeugnisse spiritueller Erfahrungen. Um sie »lesen« und vor allem in ihrer Bedeutung erfahren zu können, müssen wir begreifen, auf welche Realitätsebene sich der Text bezieht, sonst kann es zu schwerwiegenden Verwechslungen kommen, die uns auf eine völlig falsche Fährte führen. Manchmal ist es eindeutig, auf welche Ebene der Inhalt zielt, manchmal aber ist eine Geschichte so komplex, dass sich das auf den ersten Blick nicht erschließt. Wenn wir uns nicht sicher sind, auf welche Realitätsebene sich ein Text oder ein Gleichnis bezieht, können wir den Versuch machen, ein und die gleiche Geschichte auf allen drei Realitätsebenen zu erkunden. Wahrscheinlich werden bei diesem Versuch drei verschiedene Bedeutungen hervortreten und es wird sich allmählich herauskristallisieren, in welcher Realitätsebene dieser Text am meisten Sinn macht.

Ich möchte dieses Vorgehen kurz an einem Beispiel verdeutlichen. Nehmen wir die bekannte Erzählung aus dem Neuen Testament, in der die Jünger Jesu mit dem Boot auf den See hinausfahren und sich ein Sturm mit starkem Wellengang erhebt, der sie in Bedrängnis bringt. Als Jesus, der an Land geblieben ist, das sieht, geht er den Jüngern auf dem stürmischen Wasser entgegen. Doch als diese ihn so sehen, haben sie Angst vor seiner Erscheinung. Doch er beruhigt sie und Petrus wagt es sogar, ihm ein paar Schritte auf dem Wasser entgegenzugehen. Doch dann blickt er auf den Sturm und bekommt abermals Angst und droht unterzugehen. Jesus aber gibt ihm die Hand und sie steigen gemeinsam ins Boot, worauf sich der Sturm beruhigt.

Wenn wir diese Geschichte wörtlich nehmen und damit auf die Alltagsrealität beziehen, dann hat Jesus magische, übernatürliche Kräfte, mit denen er übers Wasser laufen und die Elemente beruhigen kann. Das ist zwar beeindruckend, aber nicht sehr plausibel.

Versuchen wir also die Geschichte als Metapher für die Seelische Realität zu betrachten. Es geht in der Geschichte ja tatsächlich um starke Gefühle, nämlich um das Gefühl von Bedrohung und existenzieller Angst. Das drückt sich sowohl in der unmittelbaren Angst von Petrus aus, unterzugehen, als auch im starken Wellengang des Meeres. Das Wasser war schon immer die zentrale Metapher für Gefühle und so träumen Menschen in Krisensituationen und Lebensumbrüchen häufig von großen Fluten und Überschwemmungen. Jesus lässt sich also durch den seelischen Aufruf im Sinnbild des stürmischen Wassers nicht beirren, sondern vermittelt den Jüngern, dass die Gefühle sogar tragen können, wenn wir ihnen vertrauen. Das wird noch mal zugespitzt in dem Moment, als Petrus wagt, aufs Wasser zu steigen. Solange er vertraut, trägt das Wasser. Doch in dem Moment, als er Angst bekommt, droht er unterzugehen. Wenn wir also die Geschichte als Metapher für die seelische Dimension betrachten, klingt sie plötzlich gar nicht mehr magisch und vermittelt eine grundlegende Botschaft des Vertrauens in unsere Gefühlsebene, die jeder Mensch erfährt, der sich vertrauensvoll seiner Seele anheimgibt und sich von ihr führen lässt.

Doch gehen wir noch einen Schritt weiter und betrachten diesen Text im Kontext der Absoluten Realität. Dazu müssen wir den Schlüsselmoment der Geschichte aus der Perspektive der Absoluten Realität betrachten. Nun, was ist der Schlüsselmoment? Er zeigt sich in dem unbedingten Vertrauen, das Jesus in der Geschichte verkörpert. Er geht in einer großen Selbstverständlichkeit über das aufgewühlte Wasser und zeigt dabei eine Unerschrockenheit, die über das menschliche Maß hinausgeht. Wenn wir uns jetzt selbst in dieses unbedingte Vertrauen und in diese absolute Ruhe hineinversetzen, die Jesus hier verkörpert, öffnet sich ein bestimmter Aspekt des Absoluten, nämlich eine Präsenz und eine Ruhe, die vollkommen unberührt von allen äußeren Ereignissen und auch von allen seelischen Wellengängen ist. Jetzt begreifen wir, dass das Bild von Jesus, der übers Wasser geht, nichts anderes ausdrückt als die Unberührbarkeit des SEINS. Und was noch viel wichtiger ist, wir können diesen speziellen Aspekt des Absoluten in uns spüren.

Welche Version der Interpretation dieser Geschichte scheint uns jetzt plausibel? Welche Realitätsebene ist der Schlüssel, um sie zu ergründen?

Und welche Version hat für unser Leben wirklich Relevanz? Es gibt keine absolute Wahrheit in der Deutung einer Geschichte und letztlich ist das auch gar nicht entscheidend. Viel wichtiger ist, dass wir die Sichtweise zur Verfügung haben, einen spirituellen Text nicht nur wörtlich, sondern ihn als Metapher und damit als Mittler nehmen zu können. Und dass wir die Möglichkeit zur Verfügung haben, seine verschlüsselte Botschaft in Bezug auf die seelische und die absolute Bewusstseinsebene untersuchen zu können. Wir werden überrascht sein, welche Einsichten und essenziellen Tiefenerfahrungen sich dadurch eröffnen.

Warum Gespräche manchmal so unbefriedigend sind

So wie sich manche spirituellen Geschichten oder auch Gedichte nur entschlüsseln lassen, wenn wir sie in Beziehung zu der Realitätsebene setzen, aus der heraus sie geschrieben sind, so gibt es auch in der Kommunikation zwischen Menschen oft Missverständnisse, wenn sich zwei Menschen, die sich auf unterschiedlichen Realitätsebenen befinden, unterhalten. Im besten Fall reden sie aneinander vorbei und es bleibt das Gefühl, dass die Unterhaltung nicht wirklich befriedigend ist. Im schlechtesten Fall kommt es zu Konflikten, die nicht auflösbar sind, solange die Beteiligten nicht erkennen, dass sie sich auf verschiedenen Bewusstseinsebenen bewegen.

Ich erinnere mich zum Beispiel an eine kleine Begebenheit in einem großen Seminarhaus, in dem regelmäßig kunstvolle Ikebana-Gestecke für die Kursräume hergestellt werden. Ein Teilnehmer eines Kurses kam zufällig dazu, als eine zuständige Frau des Seminarhauses ein Ikebana nach allen Regeln der Kunst zusammensteckte. Ganz berührt von der Schönheit und Anmut des Gestecks blieb der Teilnehmer stehen und war ganz versunken in den Anblick. Nach einer Weile sagte er, wie zauberhaft dieses Gesteck sei und wie sehr ihn gerade diese Schönheit bewege, worauf die Frau begann, ihm freundlich und ganz sachlich zu erklären, nach welchen Prinzipien und in welchem Verhältnis die Blumen in einem

Ikebana zusammengesteckt werden. Für den berührten Teilnehmer wirkten diese Erklärungen wie eine kalte Dusche und er ging schnell weiter.

Dies ist ein harmloses, aber typisches Beispiel für eine missglückte Kommunikation, bei der sich zwei Menschen auf verschiedenen Realitätsebenen bewegen. Die Beschreibung der Funktionalität eines Vorgangs bezieht sich auf die Alltagsrealität und ist für die konkrete Gestaltung eines Ikebanas selbstverständlich maßgeblich. Aber um jemandem auf der gleichen Ebene zu begegnen, der gerade mit unmittelbaren Gefühlen beschäftigt und damit mit der Seelenebene in Kontakt ist, müsste die Frau sich selbst auf die Seelenebene begeben, sonst läuft der Versuch des Mannes, sein intimes Erleben mitzuteilen, ins Leere.

Wie oft geschieht es im Alltag, dass zwei Menschen über ein Thema sprechen, das gerade in der Gesellschaft aktuell ist und sich dabei immer mehr entzweien? Bei näherer Betrachtung würden wir wahrscheinlich feststellen, dass es nur oberflächlich betrachtet um ein sachliches Thema geht. In Wirklichkeit sind oft seelische bedeutsame Erfahrungen mit Ereignissen aus der Alltagsrealität verknüpft, die im Hintergrund die Diskussion anheizen. Solange diese nicht sichtbar werden und es dadurch klar wird, dass es gar nicht um eine sachliche Auseinandersetzung geht, sondern um wichtige seelische Erfahrungen der Innenwelt einer Person, kann keine wirkliche Verständigung geschehen.

Besonders bei Konflikten zwischen Paaren oder in Konferenzen von Arbeitsteams vermischen sich manchmal die Ebenen so unglücklich, dass es zu tiefgreifenden Verwerfungen kommen kann. Zum Beispiel wenn ein Paar beginnt, über den Urlaub zu sprechen, kann es sehr schnell zu einer Polarisierung zwischen der Machbarkeit einer Alltagsrealität und den Sehnsüchten und Träumen der Seelischen Realität kommen. Vielleicht beginnt die Frau über ihre Sehnsucht zu sprechen, weit entfernte Länder zu bereisen und sich dort am liebsten ohne festen Plan von Moment zu Moment und von Begegnung zu Begegnung treiben zu lassen. Worauf ihr Partner sofort darauf hinweist, dass sie nur zwei Wochen Urlaub zur Verfügung haben, außerdem kein Geld für Flüge da sei und es sowieso aus ethischen Gründen zurzeit kaum vertretbar ist, zu fliegen. Man kann sich vorstellen, wo dieses Gespräch endet.

Oder nehmen wir die Situation, wo in einer Konferenz ein Teammitglied im Laufe der Erörterung plötzlich emotional wird und eine spitze Bemerkung über eine Kollegin loslässt. Wenn die Leitung der Konferenz diese Bemerkung übergeht und auf ein sachliches Gespräch pocht, geht die seelische Ladung, die in der spitzen Bemerkung verborgen liegt, in den Untergrund und führt zu einer Spannung, die mit der Zeit das ganze Team erfassen kann. Kein Wunder also, wenn sich dann irgendwann die Spannung über starke emotionale Konflikte zwischen Teammitgliedern entlädt.

In all diesen Fällen besteht die Gefahr, dass die Vernunft die seelische Ebene als unvernünftig und nicht maßgeblich für die Lösung eines sachlichen Problems übergeht oder entwertet. Die Seele jedoch mit ihrem Anliegen fühlt sich dadurch nicht gehört und nicht anerkannt. Entweder zieht sie sich dann verletzt aus dem Kontakt zurück oder sie beginnt, massiv den Austausch auf der sachlichen Ebene zu stören. Dabei lässt sie natürlich die Vernunft und die Grenzen der Machbarkeit genauso wenig gelten wie zuvor die vernünftige Position die Gefühle und Anliegen der Seele.

Einen Ausweg aus dieser Kollision gibt es nur, wenn wir das Anliegen beider Realitätsebenen als gleichwertig anerkennen und uns bewusst sind, von welcher Ebene aus eine Person gerade spricht. Dann können wir sie ermutigen, noch mehr von dem Anliegen, das sich hier verbirgt, zu zeigen. Erst dann werden wir das Gegenüber tiefer verstehen und die andere Person wird sich dadurch gesehen fühlen. Der Partner könnte zum Beispiel seine Frau einladen, noch mehr von ihrer Reisesehnsucht zu berichten und vielleicht sogar eine Zeit lang mit ihr »vollkommen unvernünftig« eine solche gemeinsame Reise ausschmücken. Natürlich könnten sie sich dann immer noch keine solche Reise im Urlaub leisten, aber der gemeinsame seelische und kreative Prozess der »inneren Reise« würde sie in diesem Augenblick tief verbinden.

Kollisionen zwischen Realitätsebenen in Gesprächen gibt es übrigens nicht nur zwischen Seelenrealität und Alltagsrealität, sondern ebenso, wenn ein Mensch aus der Absoluten Realität heraus spricht. Ein typisches Beispiel hierfür ist die Begebenheit, als Sri Nisargadatta Maharaj, der tief mit dem absoluten SEIN in Kontakt ist, nach dem Leiden in der Welt gefragt wird und darauf antwortet: »Nichts geschieht.« Natürlich könnte man jetzt denken, dass dieser Mann herzlos ist und das Leiden von Geschöpfen leugnet. Ein mitfühlender Mensch, der sich sozial engagiert, würde wahrscheinlich mit Maharaj zu streiten beginnen oder sich verständnislos abwenden. Erst wenn klar wird, aus welcher Ebene Maharaj spricht, und dass dies keine Verleugnung oder Entwertung des Mitgefühls und der seelischen Dimension darstellt, können wir eine solche Aussage einordnen. Vielleicht kann sie uns dann sogar einen Weg weisen in den absoluten Raum jenseits von Leidensprozessen.

Im Grunde müssen wir uns also dafür sensibilisieren, welche Realitätsebenen in einem Gespräch beteiligt sind und wie wir das Gespräch auf eine Weise handhaben können, dass die Anliegen der verschiedenen Ebenen gehört werden und sinnvoll in Beziehung gesetzt werden. Damit kann Begegnung und echte Verständigung geschehen und sich eine wirklich ganzheitliche Sicht auf ein Thema eröffnen.

Zwischen Relativität und Fundamentalismus

Eine weitere Schwierigkeit, die zu schweren Konflikten zwischen Menschen führen kann, ist die Fixierung auf die eigene Wahrheitsperspektive und der Fundamentalismus, der daraus entstehen kann. Dabei ist die Gefahr der Fixierung grundsätzlich auf jeder Realitätsebene gegeben. Wir können uns auf eine vernünftige Weltsicht festlegen und dabei nur sogenannte sachliche Aspekte gelten lassen, wir können uns an seelische Wahrheiten klammern und sie verallgemeinern, und wir können uns mit dem Absoluten identifizieren und dabei die persönliche Identität und alles »Weltliche« leugnen.

Identifikation – also der geistige Vorgang einer Fixierung – ist im Kern das, was man landläufig Ego nennt. Bestimmte Konzepte rasten immer mehr ein und verdichten sich dabei zu dem Gefühl von Wahrheit, denn je mehr wir uns auf eine einzige Wirklichkeitsperspektive fixieren, desto mehr werden alle anderen ausgeblendet. Doch bei Licht betrachtet, gibt es zwar subjektive Blickwinkel, die wir momenthaft oder dauerhaft einnehmen können, aber keine absolute Wahrheit. Das Leben ist vielschichtig und wir selbst als Person ebenso. Wie können wir also an irgendeiner Stelle unseres Lebens behaupten, dass das, was uns gerade richtig erscheint, die einzige Wahrheit ist? Und wie können wir so vermessen sein, zu denken, dass sie für alle anderen auch stimmen muss?

Die Relativität von Sichtweisen anzuerkennen ist eine große Herausforderung für uns Menschen, bedeutet sie doch, dass wir uns immer in einem Feld von Unsicherheit bewegen. In einer Welt der Relativität ist nichts für immer sicher und der Boden, auf dem ich heute stehe, kann morgen schon wieder ins Schwanken geraten. Selbst das, was ich glaube zu sein – also unsere Selbstbilder, die uns das Gefühl von Kontinuität verleihen –, können jederzeit wieder infrage stehen und sich als Trugbilder entpuppen. An was sollen wir uns also orientieren? Da ist es doch kein Wunder, dass wir unbewusst den Komfort und die Sicherheit von »klaren und feststehenden Wahrheiten« suchen.

So sind viele Menschen von populistischen Äußerungen, die mit großer Sicherheit und Vehemenz von Politikerinnen oder von spirituellen Lehrern vertreten werden, beeindruckt und lassen sich entsprechend blenden. Das Bedürfnis nach klaren, einfachen Wahrheiten wird hier bedient. Dadurch entsteht das Gefühl einer eindeutigen Orientierung darüber, was richtig und was falsch ist. Das vermittelt Sicherheit. Doch auch wenn es noch so verführerisch ist, einem Menschen zu vertrauen, der genau »Bescheid weiß«, so ist es doch gleichzeitig eine große Falle. Denn wir folgen diesem Menschen in die beschränkte Welt seiner Fixierung auf eine bestimmte Sichtweise oder Ideologie.

Wir alle sind immer wieder in Gefahr, innerlich oder äußerlich in die Falle der Identifikation zu tappen und die Komplexität und die vielfältigen Möglichkeiten des Lebens auszublenden. Besonders fatal wirkt sich das dort aus, wo eine seelische tiefe Erfahrung immer mehr zu einer Weltsicht gerinnt, die nicht nur für uns selbst bedeutsam ist, sondern darüber hinaus generalisiert wird. Entsprechend erwarten wir auch von anderen, dass sie diese Weltsicht teilen. Unsere Fixierung auf eine bestimmte Perspektive verbindet sich mit dem Anspruch auf Verallgemeinerung. Das ist im Kern das Wesen des Fundamentalismus, der Beziehungen vergiften kann und manchmal sogar buchstäblich tödlich wirkt.

Dabei dürfen wir in diesem Zusammenhang nicht nur an menschenverachtende Ideologien denken, bei denen bestimmte Bevölkerungsgruppen wie Migranten, Homosexuelle oder andere Religionsgemeinschaften verachtet und bekämpft werden. Nein, das Gift des Fundamentalismus findet sich überall, auch bei sogenannten menschenfreundlichen Ideologien. Wie schnell kann es gehen, dass eine Gruppierung, die für Ökologie eintritt, plötzlich militant wird und vielleicht konventionelle Bauern verachtet oder sogar ihre Äcker zerstört?

Betrachten wir dieses einfache Beispiel einmal genauer. Denn zu Beginn steht nicht der Fundamentalismus, sondern sehr häufig authentische Erfahrungen. Vielleicht hat ein Mensch eine innige Beziehung zur Natur und fühlt in sich immer wieder den Schmerz darüber, wie der Mensch die Natur rücksichtslos ausbeutet und die Artenvielfalt abnimmt. Dieser authentische Schmerz führt in das verständliche Bedürfnis, die Natur zu bewahren, sodass sich diese Person irgendwann einer ökologischen Gruppierung anschließt, die die eigene Sichtweise bestätigt und sich diese dadurch mehr und mehr verstärkt. So kann nach einiger Zeit ein Tunnelblick entstehen, der sich zu einer einzigen legitimen Wahrheit verdichtet. Wenn jetzt noch eine große Frustration oder das Erleben von Ohnmacht dazukommen, wie zum Beispiel ein großer konventioneller Betrieb große Ställe für die industrielle Massentierhaltung baut und dazu öffentliche Gelder bekommt, kann der Einsatz *für* die Natur in einen Hass gegen konventionelle Bauern umkippen. In der Folge dann wütend und vielleicht sogar militant zu werden und die »Schuldigen« schädigen oder das »Böse« vernichten zu wollen, ist dann nur noch ein kleiner Schritt.

Jede bedeutsame seelische Erfahrung trägt das Potenzial in sich, irgendwann einmal fundamentalistisch zu werden und unsere Beziehungen zu vergiften, schon allein deswegen, da sie in uns als zutiefst wahr erfahren wird. Doch etwas, das wir in einer Situation auf eine bestimmte Weise erfahren, kann sich sogar für eine andere daran beteiligte Person vollkommen anders anfühlen. Und wenn sich beide zu einem späteren Zeitpunkt über das Geschehene austauschen, kann es sein, dass ein und dieselbe Situation in der jeweiligen Erinnerung sich ganz unterschiedlich zugetragen hat. Wer also hat recht? Sollen wir an uns und unserer Erinnerung zweifeln oder lieber an dem Erleben der anderen Person? Was ist wirklich geschehen?

Wir werden es nie erfahren und die Frage nach dem, was tatsächlich geschehen ist, hat auch letztlich keine Bedeutung. Denn das, was für den einzelnen Menschen von Bedeutung ist, ist letztlich nur sein subjektives Erleben einer bestimmten Situation und seine Interpretation dazu. Das ist das Eigentliche, was uns prägt und zu bestimmten Erinnerungen und Sichtweisen gerinnt. Wenn uns also ein Mensch eine Erinnerung an eine zentrale Erfahrung von ihm erzählt, ist dies nur sehr bedingt eine Aussage darüber, was »tatsächlich« geschehen ist. Aber es ist ein authentischer Einblick in die Innenwelt dieses Menschen und in diesem Sinne zutiefst wahr.

Die Relativität des Lebens anzuerkennen bedeutet also nicht, dass wir zu unserer eigenen subjektiven Wahrheit und unseren Erfahrungen nicht mehr stehen dürfen. Natürlich sind unsere Erlebnisse und die Sichtweisen, die sich daraus gebildet haben, für unsere innere Welt wahr und wir tun gut daran, diese ernst zu nehmen, da sie die Basis für das Verständnis von uns selbst sind. Wir sollten nur nicht den Fehler machen, zu denken, dass sie nur dann wahr sind, wenn auch andere Menschen diese Erlebnisse teilen und sie entsprechend bestätigen.

Ist uns das bewusst, wenn wir unsere Erinnerungen austauschen? Können wir einem anderen Menschen zugestehen, dass er ein und dieselbe Situation ganz anders als wir selbst erfahren hat? Und dürfen beide Erinnerungen als »wahr« nebeneinanderstehen? Wie oft kommt es in Familien zu schweren Zerwürfnissen, weil Kinder, die bereits erwachsen sind, ihren Eltern bestimmte Erlebnisse aus der Kindheit vorwerfen, die ihre Eltern ganz anders erinnern? Auch in diesen Situationen wirkt das Gift des Fundamentalismus, bei dem das inzwischen erwachsene Kind sein Erleben verallgemeinert und die Eltern diese Weltsicht unbedingt teilen und bestätigen sollen. Ansonsten kann es geschehen, dass es sich von den Eltern abwendet. In manchen Fällen geht das so weit, dass die Eltern für das Kind »gestorben« sind.

Wenn wir uns also das nächste Mal entrüstet von einer anderen Person abwenden, bloß weil sie nicht unser Erleben, unsere Erinnerung oder unsere Sichtweise teilt, könnten wir uns daran erinnern, dass nicht der andere das Gift ist, das unsere Wahrheit bedroht, sondern der Fundamentalismus in uns selbst, der keine zwei Wahrheiten anerkennt.

Der Verlust der Bodenhaftung

Fixierungen können nicht nur im seelischen Bereich stattfinden, wenn wir innerlich oder äußerlich bedeutsame Erfahrungen machen, sondern genauso auf der absoluten Ebene. Das scheint zunächst paradox zu sein, da wir im reinen Gewahrsein eine Welt betreten, die absolut frei von allen Identifikationen ist. In der reinen Präsenz gibt es kein Greifen und kein Anhaften. Alles kann hier in einer vollkommenen Freiheit und Natürlichkeit geschehen und vergehen. Wie kann es hier also – in einem Raum der absoluten Freiheit – zu einer Fixierung kommen?

Solange wir in der Offenheit des Gewahrseins verweilen, gibt es tatsächlich keine Fixierung. Alltagserfahrungen tauchen darin genauso wie seelische Empfindungen in einer großen Freiheit auf. Sogar Denken und Handeln können hier in einer großen Natürlichkeit geschehen, ohne dass dabei das Gefühl entsteht, dass wir eingreifen müssten. Tatsächlich ist im Gewahrsein das grundlegende Erleben so, dass die Gedanken und die Handlungen in der Offenheit und Weite des Gewahrseins von selbst entstehen. Es denkt und handelt also in diesem offenen und weiten Raum.

Dieser Zustand ist wunderbar frei, allerdings auch sehr weit vom Geisteszustand in der Alltagsrealität entfernt, in welchem wir nicht das Gefühl haben, dass es durch uns denkt und handelt, sondern in dem wir oft Anstrengung und Druck empfinden und uns für unser Handeln (und das zu Recht) verantwortlich fühlen. Wie mag sich wohl ein Mensch fühlen, der gerade mit den Verpflichtungen des Alltags in seiner Arbeit oder in der Familie ringt, und der auf einen anderen Menschen trifft, der sich in der Offenheit des Gewahrseins befindet, selig lächelt und davon berichtet, dass es kein Tun gibt und alle Handlungen von selbst geschehen? Wahrscheinlich würde er sich an die Stirn tippen und den anderen als weltfremd und entrückt bezeichnen.

Dabei sind diese Worte nicht falsch. Im Raum des Gewahrseins sind wir welt-fremd und im wahrsten Sinne des Wortes »ent-rückt« – also weggerückt von der normalen, menschlichen Wirklichkeitsperspektive der Alltagsrealität, in der die Verklebung mit dem Ich im Zentrum des Erlebens steht. In diesem entrückten, jenseitigen Zustand scheint der Alltag mit seinen Sorgen und Nöten weit weg und unwichtig zu sein, und auch seelische Regungen haben hier keinerlei Bedeutung mehr. Sind die alltäglichen Sorgen und Verpflichtungen und all die Gefühle der Seele nicht unglaublich klein gegen die Weite und Offenheit des Gewahrseins? Ist es da ein Wunder, dass wir unser Interesse am Alltag und an der Seele verlieren, wenn wir uns längere Zeit in diesem Modus aufhalten? Wozu sollen wir uns um das Alltägliche kümmern oder uns engagieren, wenn all das, was dort geschieht, letztlich keine Bedeutung hat?

So kann es geschehen, dass ein Mensch, der im Absoluten weilt, sich immer weiter von der alltäglichen Welt zurückzieht und irgendwann beginnt, die Alltagssorgen der Menschen zu belächeln wie ein Erwachsener, der über die Begeisterung und die Aufregung eines Kindes beim

Spiel schmunzelt. Auf diese Weise entsteht immer mehr das Erleben, *über* den Dingen zu stehen. Und wenn er dann gefragt wird, wie es ihm geht, kommt immer die gleiche stereotype Antwort: »Es geht mir gut. Ich bin glücklich. Es gibt keine Probleme.«

Doch ist diese Antwort wirklich wahr? Oder weist sie nur darauf hin, dass dieser Mensch den Schwierigkeiten des alltäglichen Lebens und den Schwankungen der Seele keine Bedeutung mehr beimisst? Oder bedeutet diese Antwort vielleicht sogar, dass er diesen Schwierigkeiten und Gefühlen keine Bedeutung mehr beimessen *darf*? Das ist allerdings ein kleiner, aber wesentlicher Unterschied, der es wert ist, genauer untersucht zu werden.

Wenn ein Mensch sagt, »es gibt keine Probleme«, und damit den inneren und äußeren Wellengängen des Lebens keinerlei Bedeutung mehr beimisst, dann bedeutet diese Aussage nicht, dass in seinem Leben weniger Schwierigkeiten und Herausforderungen auftreten als im Leben von anderen Menschen, sondern nur, dass er nicht darauf fokussiert ist. Der Fokus der Aufmerksamkeit liegt hier eben nicht auf dem einzelnen Geschehen, sondern ruht in der Offenheit und Weite des Gewahrseins, in welchem dieses Geschehen stattfindet. Diese Fokussierung auf die Weite führt aber schnell dazu, dass das konkrete Auf und Ab des Lebens mithilfe der Aufmerksamkeit ausgeblendet und entsprechend negiert wird.

Es kommt also innerlich zu einer Auswahl und einer Gewichtung, bei der die große Perspektive des Gewahrseins immer mehr Bedeutung bekommt und die kleinen alltäglichen Herausforderungen als unbedeutend ausgeblendet werden. Fast unmerklich entsteht dadurch eine neue Fixierung auf die Weite, die den kleinen, konkreten und alltäglichen Dingen und den Herausforderungen des Lebens nicht den gleichen Wert zugesteht wie der zeitlosen und grenzenlosen Freiheit des Gewahrseins. Die Folge ist, dass wir den inneren und äußeren kleinen Wellengängen des Lebens nicht mehr die gleiche Sorgfalt zukommen lassen wie der Offenheit des Absoluten. So kann es mit der Zeit dazu kommen, dass wir alltägliche Pflichten oder unsere soziale Verantwortung für das

Gemeinwesen, in dem wir leben, vernachlässigen. Sogar unsere nahen Beziehungen können an Bedeutung verlieren, sodass wir uns auch dort zurückziehen und wir nicht mehr für unsere Liebsten greifbar sind.

Bei einer allmählichen Fixierung auf die große Perspektive des Gewahrseins lernt das Funktionale Ich, das die geistigen Prozesse in uns steuert, natürlich mit, und die Ich-Identität, in der konzepthaft abgespeichert ist, wer wir sind, muss sich grundlegend wandeln. Wo zunächst die Identität von der Identifizierung mit der körperlichen Gestalt und verschiedenen Zuordnungen bestimmt ist, weitet sich das Selbstgefühl jetzt ins Unbegrenzte und Formlose aus. Während wir einerseits in der Offenheit und Weite immer heimischer werden, versucht unser Geist dieses neue entgrenzende Erleben zu verarbeiten, wie er auch sonst immer versucht, jede bedeutsame Erfahrung zu integrieren und einzuordnen. So kommt es dazu, dass das Funktionale Ich neue Sichtweisen und Muster ausbildet, die schließlich zu einer neuen Ich-Identität führen, bei der nicht die menschliche Form im Zentrum des Erlebens steht, sondern das unbedingte SEIN.

Es entsteht also, ob wir das wollen oder nicht, ein neues Selbstkonzept. In diesem neuen Bild von uns selbst stehen die Qualitäten von Freiheit, von Offenheit, von Unberührbarkeit und Gelassenheit im Zentrum und nicht das kleine menschliche Ich mit seinen Problemen. So kann es dazu kommen, dass wir nicht nur über die Wellengänge und Probleme des Lebens hinwegsehen, sondern dass wir den inneren und äußeren Schwierigkeiten keine Bedeutung mehr geben *dürfen*. Die Antwort »es gibt keine Probleme« kann also auch ein Ausdruck dafür sein, dass im neuen Selbstverständnis von innerer Freiheit Probleme grundsätzlich nicht mehr auftreten dürfen. Spätestens hier aber ist die Fokussierung und allmähliche Fixierung auf die Perspektive des Gewahrseins zu einer neuen Identifizierung eingerastet, die uns genauso unfrei und blind macht wie die Identifizierungen des alten Selbstkonzeptes mit der menschlichen Form.

Mit dieser neuen Identifizierung wird aber typischerweise auch eine neue Form des Narzissmus genährt, die der Person das Gefühl von Unantastbarkeit und Besonderheit vermittelt. In dieser »spirituellen« Selbstbezogenheit hat sie das Gefühl, auf dem Olymp des Lebens zu stehen und den Zustand von Reife schlechthin erreicht zu haben. Doch das ist eine große Illusion, die wie so oft aus einem Missverständnis der Realitätsebenen herrührt. Die Offenheit des Gewahrseins schließt die Begrenztheit der menschlichen Form mit ihren äußeren und inneren Anforderungen nicht aus, sondern ein. Und erst wenn wir die Seelische Realität und die Alltagsrealität unseres Daseins genauso anerkennen und uns darum genauso sorgfältig kümmern wie um das unbedingte SEIN, verkörpern wir die Offenheit des Gewahrseins wirklich.

Das aber bedeutet, dass wir auch anerkennen müssen, dass wir nicht nur frei und weit, sondern wie andere Menschen auch begrenzt und zerbrechlich sind. Wie in jedem anderen Leben gibt es auch im Leben eines erwachten Menschen innere seelische Regungen, körperliche Schmerzen und Krankheiten und äußere Schwierigkeiten und Probleme, welche ihn herausfordern und auf eine Antwort warten. Wer das nicht empfinden oder zugeben kann, ist nicht erwacht, sondern in einem spirituellen Selbstbild gefangen, das ihn scheinbar aus den Niederungen des Lebens und aus der Masse der »normalen« Menschen heraushebt. Welch große Illusion.

Nicht selten führt dieser spirituelle Narzissmus dazu, dass ein Mensch ein neues Image um sich herum aufbaut. Vielleicht trägt die Person plötzlich nur noch leinenfarbige, fließende Gewänder, welche sich von der Gewöhnlichkeit des alltäglichen Lebens abheben, oder sie legt sich einen neuen »spirituellen« Namen zu, um die alte Identität abzustreifen. Vielleicht gibt sie sich einen Titel wie »erwacht« oder »Meister« und schmückt sich auf diese Weise genauso mit einer spirituellen Rolle, wie sich die Ich-Identität immer mit vielen Rollen im Leben, die wir ausüben, identifiziert.

Doch wenn sich ein Mensch nicht vollkommen in diesem spirituellen Image versteigt und sich darin einspinnt, dann wird es für ihn viele Gelegenheiten geben, um aus dieser Abgehobenheit wieder zu erwachen und die Bodenhaftung erneut zu finden. Schließlich hören die Herausforderungen in der Alltagsrealität und im Seelenleben einer erwachten Person nicht auf, und so wird sie ständig dazu ermuntert, diese beiden Ebenen als gleichwertig anzuerkennen und das eigene Selbstverständnis entsprechend auszuweiten – vielleicht wie Johannes Tauler, der vom »äußeren Menschen«, vom »inneren Menschen« und vom »innersten Menschen« spricht und damit alle drei Bereiche als gleichwertige Aspekte unserer natürlichen Identität benennt.

Freilich sind wir dann nichts Besonderes mehr, sondern Mensch unter Menschen. Doch nach einer Weile werden wir entdecken, dass dieses schlichte Selbstverständnis von uns als Mensch, der in allen drei Realitätsebenen zu Hause ist, uns mehr Freiheit und Natürlichkeit ermöglicht als die alleinige Fokussierung auf das Absolute.

KAPITEL 8

Ein neuer Blick aufs Leben

Was kümmert mich die dürre Sonne?
Ich schaffe die blaue Quelle in meinem Innern.

Schnee ohne Licht – was tut´s?
Ich schaffe in meinem Herzen die rot glühende Schmiede.

Was kümmert mich menschliche Liebe?
Ich schaffe der Liebe Ewigkeit in meiner Seele.

JUAN RAMÓN JIMÉNEZ

Am Anfang war das Wort. So steht es im Johannesevangelium geschrieben. Und tatsächlich hat das Wort eine Gestaltkraft, die ihresgleichen sucht. Worte sind mehr als Symbole zur Verständigung von Menschen. Und sie sind weit mehr als bloße Hilfsmittel, um die Welt zu beschreiben. Vielmehr formen sie im Geist unser Verständnis und damit die Weise, wie wir auf das Leben schauen. Das Verständnis und der jeweilige Blickwinkel sind aber entscheidend dafür, welche Wirklichkeit sich in uns und durch uns gestaltet.

Wenn wir in ein Museum für moderne Kunst gehen, können wir die Gestaltkraft des Wortes plastisch erfahren. Vielleicht betrachten wir die Werke einer Künstlerin und naturgemäß wird uns manches davon spontan ansprechen und manches auch nicht. Immer wieder wird es geschehen, dass wir vor einem Kunstwerk stehen und es längere Zeit betrachten, ohne dass es sich uns erschließt, als ob wir mit einer fremden Kultur konfrontiert sind, deren Sitten und Gebräuche uns unverständlich sind.

Doch dann kommt ein erfahrener Museumsführer dazu und führt uns in das Werk der Künstlerin und ihre Lebensphilosophie ein. Plötzlich sehen wir das Kunstwerk mit neuen Augen und es öffnet sich für uns eine neue, vielschichtige Welt mit immer weiteren spannenden Facetten. Das Werk wird für uns lebendig und wo wir zunächst wie ein Fremder außen vor standen, ist jetzt eine tiefe Begegnung möglich, die uns inspiriert und beglückt. Vielleicht begleitet sie uns sogar noch Tage danach.

Oder stellen wir uns vor, wir gehen mit einem erfahrenen Naturkundler einen Tag lang in den Wald. Wahrscheinlich werden wir danach den Wald und seine darin lebenden Geschöpfe mit neuen Augen sehen. Die Erfahrung, das Wissen und die Liebe unseres Begleiters werden im Laufe dieses Tages unser eigenes Verständnis erweitern und damit unsere Erfahrungsmöglichkeiten unmittelbar verändern. Worte wie »Baum« oder »Pilz« oder »Wurzelgeflecht« bekommen ganz neue und tiefgründige Bedeutungsfacetten, die wir nicht nur kognitiv erfassen, sondern in uns fühlen können. So entsteht eine Nähe zu den Wesen im Wald – eine gefühlte innere Beziehung –, die es nicht mehr möglich macht, Bäume als unbeseelte, von uns getrennte Nutzobjekte zu sehen, die uns zwar Holz spenden, aber uns ansonsten nichts angehen.

Bäume können für uns vieles sein. Lebendiges Geschöpf und totes Holz, berührende Schönheit und Nutzobjekt, ein verbundenes Ökosystem und ein einzelnes Ding, Teil unserer eigenen Seele und etwas, das für unser Leben keine Bedeutung hat. Es gibt also nicht »den Baum« als eindeutiges, feststehendes Objekt, der für alle Zeit und alle Menschen gleich ist, sondern das, was ein Baum für uns ist und wie wir ihn erfahren, hängt unmittelbar mit dem tieferen Verständnis in unserem Geist und unserer Seele zusammen und kann sich dadurch jederzeit ändern.

Das bedeutet, mit dem Verständnis ändert sich die Wirklichkeit. So wie als Kind durch das allmähliche Verständnis für die Funktion und die Bedeutung der Objekte diese sich erst langsam in unserem Geist formen und damit sichtbar und fassbar werden, so bekommt das Leben auch für uns Erwachsene allmählich eine neue Gestalt, wenn in uns ein erweitertes, tiefgründiges Verständnis über das Wesen der Wirklichkeit heranreift. Vermutlich ist dies auch beim Lesen dieses Buches bereits geschehen und manche Facette der äußeren oder inneren Welt erscheint jetzt in einem neuen Licht.

So hat das Entdecken der drei Realitätsebenen mit ihrer jeweiligen Bedeutung für mein Leben zu einem differenzierten Verständnis geführt, welches meine Sichtweise und meinen Blick zum Teil grundlegend verändert hat. Das wiederum hat einen Prozess in Gang gesetzt, in dem es notwendig wurde, viele Aspekte des Lebens auf eine neue Weise zu beleuchten und zu ergründen. Viele Worte und Begriffe, die bis zu diesem Zeitpunkt eindeutig zu sein schienen und welche ich achtlos benutzte, bekamen plötzlich einen neuen Sinn und mussten für mich ganz neu definiert werden.

Tatsächlich erschüttert die Erkenntnis, dass das menschliche Leben keine feststehende, objektive Wirklichkeit ist und dass wir nicht in *einer* Welt, sondern in drei sehr unterschiedlichen und sich ergänzenden Bewusstseinswelten leben, unsere tradierte Sicht auf eine kohärente Welt. Die Wirklichkeit und wir selbst werden plötzlich vielschichtig. Um uns in dieser Vielschichtigkeit zurechtzufinden und die Potenziale darin nutzen zu können, müssen viele Bereiche und viele Begrifflichkeiten regelrecht auf eine neue Weise durchdekliniert werden, was sie im Kontext der verschiedenen Realitätsebenen bedeuten. Daher will ich das letzte Kapitel dieses Buches dazu verwenden, einige zentrale Aspekte unseres menschlichen Lebens herauszugreifen und sie auf eine neue Weise, nämlich aus der Sicht der drei Realitätsebenen, zu beleuchten.

Wachstum und Bildung

Die Förderung einer gesunden Entwicklung von Kindern ist ein ungeheuer hohes Gut für jede Gesellschaft und natürlich auch für das individuelle Leben. Wir wissen heutzutage sehr genau, dass zum Beispiel der entscheidende Faktor zum Überwinden von Armut eine gute Bildung ist. Daher ist die beste Investition eines Staates zur Gestaltung seiner Zukunft, große Mittel für Kindergärten, Schulen und Universitäten einzusetzen. Das ermöglicht nicht nur eine dauerhafte gesamtgesellschaftliche Entwicklung, sondern erspart auch enorme Folgekosten, die fällig werden, wenn Kinder nicht adäquat gefördert werden und dadurch später durch gesundheitliche Probleme, durch Perspektiv- und Arbeitslosigkeit oder durch soziale Schwierigkeiten eingeschränkt sind und entsprechend Unterstützungsbedarf besteht.

Wenn wir die Förderung von Kindern unter dem Blickwinkel der drei Realitätsebenen betrachten, zeigt sich, dass wir den Bildungsbegriff viel weiter fassen müssen, als es in unseren Schulen üblich ist. Die kognitive Entwicklung, die hier vorwiegend gefördert wird, ist wichtig, umfasst allerdings nicht alles. Sie bildet vor allen Dingen den Verstand aus und bezieht sich damit vorwiegend auf die Alltagsrealität mit ihren allgemeingültigen Konzepten. Kein Wunder also, dass in unserer Gesellschaft das Denken und die Funktionalität stark dominieren und wir in Gefahr sind, zwar eine höchst effektive Gesellschaft zu sein, aber dabei gleichzeitig soziale und ökologische Aspekte, die mit der Dimension der Seele in Verbindung stehen, nachrangig zu behandeln. Entsprechend drohen diese immer wieder unterzugehen, ganz zu schweigen von der spirituellen Dimension unseres Lebens.

Wenn wir die drei Realitätsebenen ernst nehmen und anerkennen, müssen wir daher den Bildungsbegriff erweitern und in einem ganzheitlichen Sinne verwenden, um den verschiedenen Aspekten der menschlichen Entwicklung gerecht zu werden und diese differenziert fördern zu können. Was bedeutet also Bildung des Verstandes, was bedeutet sie für die Seele und in Hinblick auf die spirituelle Dimension? Wie können wir das Wachstum in diesen drei zentralen Schichten unseres Menschseins fördern und damit eine ganzheitliche Bildung anstoßen?

Eine ganzheitliche Bildung muss also alle drei Bewusstseinsebenen im Blick haben und sich bewusst sein, wie sich das Wachstum in diesen drei Ebenen vollzieht. Die menschliche Entwicklung in diesen Ebenen entfaltet sich nämlich auf eine sehr unterschiedliche Art und Weise und auch das Verständnis darüber, was man unter Entwicklung versteht, unterscheidet sich vollkommen, je nachdem auf welcher Ebene wir uns befinden.

In der verstandesdominierten Alltagsrealität ist Entwicklung ein linearer Prozess, bei dem ein Zustand A in einen Zustand B überführt wird. Ein Kind wächst zu einem Erwachsenen heran, aus dem Plan einer Architektin entsteht irgendwann ein fertiges Haus und ein systematisches Einüben eines Instruments führt zur Fähigkeit, darauf zu spielen. Wenn Entwicklung als ein linearer Prozess verstanden wird, dann können wir ihn auch isoliert betrachten, ihn in kleine, überschaubare Teilschritte zerlegen und diese zeitlich portionieren und sehr gezielt didaktisch fördern. So entstehen geschickte Förderpläne oder auch ausgefeilte Management- und Zeitpläne, die äußerst effektiv Entwicklungen koordinieren, vorantreiben und die Teilschritte kontrollieren.

Dieses Vorgehen dominiert die Führungsetagen von großen Firmen genauso wie die ausgefeilten Lehrpläne unserer Schulen und Universitäten. Obwohl die lineare Sichtweise auf eine gewisse Weise sehr erfolgreich ist, ist sie gleichzeitig sehr eindimensional auf einen bestimmten Prozess, der gefördert werden soll, fokussiert, und lässt dabei das komplexe, organische Ganze, in das jede Entwicklung eingebettet ist, außer Acht. Die didaktischen Teilschritte für das Erlernen von Mathematik zum Beispiel lassen sich genau portionieren und zeitlich planen, aber die Dynamik in der Klasse und die Aufnahmefähigkeit des einzelnen Kindes nicht. Genauso lassen sich beim Bau eines Hauses das Baumaterial und das Ineinanderwirken der Gewerke sowie alle Teilschritte zu einem fertigen Haus penibel planen, aber die Lebensumstände und die Gesundheit der Handwerker, das Wetter und manche Überraschung, die sich erst beim Bauen selbst zeigt, sind unplanbar. Oder betrachten wir das Erlernen eines Musikinstruments. Die Fertigkeit des Spielens kann eine Musikschule systematisch und didaktisch geschickt vermitteln, aber die Motivation der Schülerinnen lässt sich nicht berechnen und nicht vorhersagen.

Aus diesem Grund können Entwicklungspläne ein sinnvolles Gerüst darstellen, aber sie werden auch immer wieder durchkreuzt werden, da sie sich auf ein isoliertes Geschehen beziehen, welches aus der Ganzheit des Lebens gedanklich herausgelöst wird. Wenn wir auf den Plan fixiert sind, wird das komplexe Leben zum Störenfried, wenn nicht gar zum Feind. Eine Lehrerin, die in bester Absicht wunderbar didaktisch den Lernstoff aufbereitet und portioniert, und dabei eine genaue Vorstellung davon hat, bis wann ein Lernschritt erfolgt sein soll, wird immer wieder an ihren Schülerinnen verzweifeln. Nach dem Motto: »Mein Plan war so gut, wenn nur die Schülerinnen nicht wären.«

Dieses Phänomen, dass wir uns vom Leben in unseren Plänen gestört fühlen, findet sich natürlich nicht nur in der Schule, auf der Baustelle oder in einer Firma wieder. Wir finden es überall, wo Menschen zu sehr an den Zielen und der linearen Logik ihres Verstandes anhaften – also überall dort, wo die Alltagsrealität dominiert. So entsteht ein zentraler Aspekt unseres Leidens als Mensch. Keine andere Spezies hat die Verstandesrealität so perfektioniert wie der Mensch. Sie ist die Quelle seiner Macht und seiner ungeheuren Effektivität. Sie ist allerdings auch eine zentrale Ursache seines Leidens – eines Leidens, das spezifisch menschlich ist.

Wenn wir aus diesem hausgemachten Leiden aussteigen wollen, müssen wir die Relativität und Beschränktheit unseres linearen Denkens und unserer Pläne anerkennen und die Perspektive einer mehr ganzheitlichen Entwicklung einnehmen. Wir sollten sie vielleicht Wachstum nennen. Wachstum ist eine Begrifflichkeit, die wir nur im Zusammenhang von lebendigen Geschöpfen gebrauchen, welche in größere Zusammenhänge eingebettet sind und eine eigene schöpferische und dynamische Lebenskraft entfalten. Eine lebendige Pflanze oder ein Kind kann wachsen, der Plan eines Architekten oder ein Haus nicht.

Dadurch, dass das Wachstum eine innere dynamische Kraft ist, die zwar unterstützt oder gehemmt werden kann, aber nicht von außen »gemacht« oder »entwickelt« wird, verändert es unser Verständnis von Entwicklungsprozessen und unsere Beziehung zu diesen auf eine grundlegende Weise. Wenn wir nämlich eine Entwicklung »machen« oder vorantreiben können, stehen unsere Pläne im Zentrum des Vorgehens. Wenn jedoch das Wachstum ein innerer organischer Vorgang ist, der sich durch eine dynamische Kraft entfaltet, dann können wir nur bestmöglich diesem Wachstumsprozess dienen. Nicht wir und unsere Pläne stehen dann im Mittelpunkt, sondern der lebendige, aus sich selbst heraus entfaltende Prozess. Aus diesem Grund kennen wir zwar Entwicklungspläne, aber keine Wachstumspläne.

Wachstum kann nicht geplant werden. Diese Erkenntnis stellt unser Selbstverständnis als Mensch im wahrsten Sinne des Wortes vom Kopf auf die Füße. Unsere gedanklichen Ziele und linearen Entwicklungspläne können dadurch kein Eigenleben mehr entfalten und sich vom lebendigen Ganzen abkoppeln. Vielmehr müssen wir uns in ein größeres Geschehen einfügen, dem wir zwar dienen, welches wir aber niemals steuern können. Ist das nicht ein völlig anderes Selbstverständnis als das des modernen Menschen mit all seinen Entwicklungs- und Managementplänen?

Entwicklung – oder besser Wachstum – als inneren, organischen und ganzheitlichen Vorgang zu sehen ist selbstverständlich keine Domäne der Alltagsrealität, sondern entspricht den Gesetzmäßigkeiten der Seelischen Realität. Die Seele kennt keine Pläne und keine Zeit, aber es sind in ihr Potenziale wie in Samen von Früchten angelegt, die von innen heraus nach Entfaltung suchen. Doch anders als in der Verstandesrealität geht die Seele nicht von einem festgelegten Ziel oder Ergebnis aus, das erreicht werden soll, sondern orientiert sich an der Entfaltungskraft selbst und den Bedingungen, in die das Entfaltungspotenzial eingebettet ist. Dadurch bleibt die Seele ergebnisoffen und kann sich organisch, rhythmisch und zyklisch entfalten, ohne sich einer Taktung von Zeitplänen zu unterwerfen.

Wer daher das Wachstum von Kindern, aber auch von Erwachsenen in diesem Sinne unterstützen will, muss sich mehr von den Menschen und ihren inneren Sehnsüchten und Rhythmen leiten lassen, und damit von der Lebenskraft selbst, als von Entwicklungs- und Lehrplänen, und seien sie noch so evaluiert. Eine ganzheitliche Bildung darf sich daher nicht nur auf didaktische Pläne beziehen, die sich aus breit angelegten Studien ergeben, sondern muss sich vor allen Dingen am Entwicklungspotenzial und den inneren Rhythmen des einzelnen Kindes orientieren. Nur dann können wir dem Menschen selbst gerecht werden und die Entfaltungskraft seines individuellen Wesens unterstützen. Dieser Kraft vertrauensvoll zu dienen und dafür möglichst optimale Bedingungen zu schaffen, das ist die große und gleichzeitig demütige Aufgabe von Erzieherinnen, Pädagogen, Lehrkräften und auch der Erwachsenenbildung.

Dieses Verständnis von Bildung schließt die kognitive Förderung von Wissen und Fertigkeiten in keiner Weise aus. Auch ein didaktisches und damit planvolles Vorgehen von Lehrkräften kann durchaus partiell Sinn machen und dem Ziel einer ganzheitlichen Förderung des Menschen dienen. Allerdings ist hier der Verstand mit seinen Fähigkeiten ein Instrument, das der Entfaltung des ganzheitlichen Wesens und seiner angelegten Potenziale untergeordnet ist und keinen Selbstzweck darstellt. Sonst kann es dazu führen, dass ein Mensch zwar effektiv und erfolgreich in seinem äußeren Leben vorankommt, gleichzeitig aber unglücklich ist, da er an seiner inneren Bestimmung vorbeilebt.

Was für das Verständnis von Bildung gilt, gilt übrigens genauso für den Umgang mit uns selbst. Wenn wir unsere natürliche Entfaltung fördern wollen, dann dürfen wir uns auf keine Lebensziele fixieren und uns nicht mit dem vergleichen, was andere Menschen erreicht haben oder was gesellschaftlich gerade angesagt ist. Vielmehr müssen wir nach innen unseren Sehnsüchten lauschen und dem Rhythmus unserer Lebenskraft vertrauen. So wird sich kein Ziel, aber ein eigener, authentischer Lebensweg entfalten, der aus dem Einklang und der Verbundenheit mit unserer

Innenwelt und dem äußeren Umfeld erwächst. Was könnte erfüllender sein und dem Leben in seiner Ganzheit mehr dienen?

Und wie steht es mit dem spirituellen Wachstum? Kann es auf der absoluten Ebene von reiner Präsenz überhaupt ein Wachstum geben? Und kann man das pure SEIN fördern oder bilden? Hat es überhaupt eine Relevanz für die menschliche Reife?

Selbstverständlich liegt die Absolute Realität von Natur aus jenseits von Werden und Vergehen und kennt damit keine Entwicklung und kein Wachstum. Sie ist da – zeitlos – und zuinnerst in jedem Moment unseres Lebens anwesend. Und doch kann sie ihre Wirkmächtigkeit erst für unser Leben entfalten, wenn wir uns dieser Dimension leibhaftig bewusst werden. Das Bewusstsein dafür und vor allem die Bedeutung und die Kraft der Aufmerksamkeit, die den Schlüssel zum Raum des Gewahrseins darstellt, kann durchaus geschult werden. Auf dieser Ebene kann ein großes Wachstum stattfinden, welches es der einzelnen Person ermöglicht, die Aufmerksamkeit auf eine Weise zu richten, dass der Urgrund des Gewahrseins mit seiner Freiheit und seiner Verbundenheit spürbar wird und als Basis und Bezugspunkt des individuellen Lebens zur Verfügung steht.

Um eine solche spirituelle Reife zu erlangen, ist es von entscheidender Bedeutung, dass eine Person darin unterstützt wird, möglichst oft und möglichst tief in das grundlegende Erleben von SEIN einzutauchen. Dadurch »lernt« der Geist – oder genauer: das Funktionale Ich – allmählich, wie es die Aufmerksamkeit richten muss, damit die Dimension des Absoluten mit seinen verschiedenen Facetten unmittelbar aus dem Schleier der gewöhnlichen inneren und äußeren Erfahrungen auftaucht.

Erinnern wir uns: Das Funktionale Ich bildet durch intensive Erfahrungen geistige Muster aus, die es uns ermöglichen, gezielt und absichtsvoll unsere Aufmerksamkeit zu lenken. Da wir zum Beispiel unzählige Erfahrungen mit dem Spüren unserer rechten Hand gemacht haben, können wir jederzeit mühelos unsere rechte Hand spüren. Das geistige Muster, unsere Aufmerksamkeit auf die Hand zu richten und sie zu spüren, ist so stark verinnerlicht, dass es als grundlegende Fähigkeit zur

Verfügung steht, die wir jederzeit abrufen können. Auf dieselbe Weise können uns auch tiefe SEINSerfahrungen ermächtigen, dass uns das absolute Bewusstsein jederzeit nicht nur als Gedanke, Glaube oder Erinnerung, sondern ganz unmittelbar zur Verfügung steht.

Um solch tiefe SEINSerfahrungen zu ermöglichen, werden von jeher in den verschiedenen spirituellen Traditionen spezielle Räume des Daseins und der Meditation angeboten. In ihnen finden Meditierende die optimalen Bedingungen vor, um die Außenwelt mit ihren Eindrücken, Verpflichtungen und Beziehungen abzustreifen und sich ganz nach innen zu wenden. Letztlich muss der oder die Meditierende sich nicht nur von der Außenwelt abwenden, sondern auch noch die seelische Dimension mit ihren Gefühlen sich selbst überlassen, um sich nach innen ins Absolute fallen lassen zu können. Heutzutage gibt es ein dezidiertes Wissen über die Aspekte des Bewusstseins und viele Übungen aus der Transpersonalen Psychologie, sodass eine Person durch gezielte Bewusstseinsschulung sehr direkt darin geschult werden kann, den Fokus der Aufmerksamkeit auf eine Weise zu richten, dass sie ins Absolute eintauchen kann.

Eine ganzheitliche Bildung, die Menschen nicht nur äußerlich befähigen möchte, sondern sich vor allen Dingen an der beseelten, reichen Innenwelt orientiert, darf sich der spirituellen Dimension und den damit verbundenen zeitlosen Fragen über den Ursprung unseres menschlichen Daseins und über unsere Beziehung zu anderen Geschöpfen und zur Ganzheit der Schöpfung nicht verschließen oder diese als nebensächlich behandeln. Denn letztlich gründen sowohl die seelische Dimension des Lebens als auch unser äußeres, alltägliches Leben und Handeln in der absoluten Dimension unseres Menschseins. Unser Selbstverständnis, und damit wie wir in der Welt sind und wie wir uns darin verhalten, wird entscheidend dadurch mitbestimmt, welchen Zugang wir zum spirituellen Raum des Gewahrseins haben.

Was ist also Wachstum und was ist Bildung? Aus Sicht der drei Realitätsebenen kann der Mensch auf allen drei Ebenen – auf der kognitiven wie auf der seelischen Ebene und der spirituellen Dimension – große

Reifungsschritte machen und darin jeweils gezielt gefördert werden. Eine ganzheitliche Bildung, die alle drei Ebenen im Blick hat, hat die Möglichkeit, sich sehr differenziert und ausgewogen auf den einzelnen Menschen zu beziehen. Welche Potenziale der verschiedenen Realitätsebenen sind bereits gut ausgebildet? Welche Aspekte und Ebenen sind noch unentwickelt und wie können diese genährt, geschult oder unterstützt werden? Durch einen differenzierten Blick und eine entsprechende Vorgehensweise wird eine ganzheitliche Bildung dazu beitragen, dass in einem Menschen nicht eine Realitätsebene dominiert und die Person dann bildhaft wie mit einem geistigen Wasserkopf ausgestattet die innere Balance verliert. Vielmehr kann eine ausgewogene Entwicklung zu einem reifen, ganzen Menschen unterstützt werden.

Zusammenfassung: Wachstum und Bildung

ALLTAGSREALITÄT

- Entwicklung als linearer Prozess
- Kognitive Förderung
- Gezielte Förderung durch Entwicklungspläne und Teilschritte sowie die Kontrolle dieser Schritte

SEELISCHE REALITÄT

- Wachstum als innere dynamische Kraft in einem organischen, ganzheitlichen Prozess, der sich ergebnisoffen, rhythmisch und zyklisch aus einem inneren Potenzial heraus entfaltet
- Wachstum können wir nicht steuern oder vorantreiben, wir können ihm nur vertrauensvoll dienen und möglichst optimale Räume dafür gestalten.

ABSOLUTE REALITÄT
SEIN kennt keine Entwicklung. Es ist immer präsent.
Wir können jedoch die Aufmerksamkeit schulen, damit ein Mensch lernt, sich unmittelbar mit dem SEIN zu verbinden.

Sicherheit und Vertrauen

Sicherheit ist ein Basisbedürfnis im Menschen. In der Hierarchie unserer Bedürfnisse ist das nach Sicherheit das grundlegendste – das Fundament, auf dem sich unser Leben gesund entwickeln kann. Erst wenn wir uns sicher fühlen, kommt unser Organismus zur Ruhe und es kommen wesentliche Mechanismen zum Tragen, die für unsere seelische und körperliche Gesundheit grundlegend sind. Das wiederum ist die Basis dafür, dass andere Bedürfnisse in uns erwachen, wie unsere Lebens- und Entdeckerlust, unser Freiheitsdrang und unsere Sehnsucht nach Entfaltung unserer Individualität. Um also seelisch und körperlich ausgeglichen und gesund zu sein und gleichzeitig unsere lebendigen Anteile entfalten zu können, ist Sicherheit eine entscheidende Voraussetzung.

Bei kleinen Kindern kann man beobachten, wie fundamental das Sich-Versichern ist. Die Eltern als Bindungspersonen bilden den sicheren Hafen, der Geborgenheit, Halt, Entspannung, Erholung und Genährt-Werden garantiert. Er ist aber auch der Ausgangspunkt für die Unternehmungen in die große, unbekannte Welt. Es gibt unzählige Spiele der Rückversicherung, mit denen sich Kinder wieder und wieder vergewissern, dass ihre Eltern verlässlich da sind, auch wenn sie sich kurz entfernen oder in ein kleines Abenteuer stürzen. Wie sehr lieben Kinder auf der ganzen Welt das Verstecken und Gesucht-Werden? Oder das Weglaufen und Eingefangen-Werden?

Ich erinnere mich zum Beispiel an einen meiner Söhne, der sich als zweijähriges Kind viele Male von der erhöhten Küchenanrichte herunterstürzte und sich von mir auffangen ließ. Ein Spiel, das eine Zeit lang eine große Bedeutung hatte und täglich von uns gespielt wurde. Mit einer Mischung aus Nervenkitzel und freudiger Aufregung musste dabei der Abstand zwischen ihm und mir immer weiter vergrößert werden, bis wir schon so weit auseinanderstanden, dass sich ein »großer Abgrund« zwischen uns auftat. Wie spannend war doch jeder Sprung! Und welch große Entspannung danach, den Halt in meinen Armen zu spüren.

Wie wir an diesem kleinen Beispiel sehen können, hat Sicherheit eine äußere und eine innere Dimension. Der konkrete verlässliche Halt durch meine väterlichen Arme und die Wiederholbarkeit und damit Verlässlichkeit dieses Experiments ist die äußere Dimension der Sicherheit, die mit der Zeit das Vertrauen und damit die innere Sicherheit des Kindes systematisch stärkt. Dadurch kann es allmählich wagemutiger werden und den Abstand zwischen sich und dem väterlichen Halt ausdehnen. Irgendwann verliert dieses Spiel sogar seinen Reiz, da die Verlässlichkeit des Gehalten-Werdens so stark verinnerlicht ist, dass das Springen keinen wirklichen Reiz mehr darstellt.

Was gibt uns also Sicherheit? Eine stabile äußere Realität und verlässliche Beziehungen? Oder ein tiefes inneres Vertrauen ins Leben? Kann das eine ohne das andere überhaupt existieren?

In der kindlichen Entwicklung können wir genau beobachten, wie die äußere Sicherheit und das innere Vertrauen sich gegenseitig bedingen. Als Baby kommen wir mit einem Urvertrauen in die Welt und »stürzen« uns ungeschützt und voller Hingabe in jede Erfahrung und jede Beziehung, die uns angeboten wird. Daher ist das Baby auch zunächst nicht auf die Mutter als zentrale Bindungsfigur festgelegt, sondern kann sich genauso an einen anderen Menschen binden, der sich verlässlich um das Baby kümmert.

Dieses Urvertrauen ist jedoch zunächst »blind«. Es weiß nichts von der fundamentalen Unsicherheit des Lebens. Kein Wunder. Schließlich hat das Baby neun lange Monate in einem Hort der absoluten Geborgenheit im Mutterbauch verbracht, bevor es in eine Welt kam, in der es Ungeborgenheit, Einsamkeit und Schmerzen gibt. Voller Unschuld und Naivität ist es in eine Welt geworfen, in der es zunächst vollkommen abhängig davon ist, dass der Halt und die Geborgenheit, die es über viele Monate im Mutterbauch erfahren hat, jetzt durch die zentralen Bindungsfiguren weiterhin vermittelt werden. Die regelmäßige körperliche und seelische Zuwendung, das verlässliche Genährt-Werden, der Halt und der Trost in schmerzhaften Momenten, die vielen kleinen Rituale des alltäglichen Zusammenseins; all das vermittelt dem Kind im Idealfall einen verlässlichen Rahmen, in dem es aufgehoben ist.

Diese immer wiederkehrenden Erfahrungen eines äußeren Halts werden wie alle anderen äußeren Erfahrungen auch mit der Zeit verinnerlicht und als inneres Erfahrungsmuster abgespeichert. So ersetzt das verinnerlichte Erfahrungsmuster mehr und mehr das naive Urvertrauen. Je verlässlicher der äußere Beziehungsrahmen ist, desto stärker bildet sich im heranwachsenden Kind ein gesundes Vertrauen ins Leben, das zwar um die grundsätzliche Unbeständigkeit des Lebens und seine Gefahren weiß, aber davon unbeeindruckt eine Sicherheit in sich fühlt, mutig die eigenen Entwicklungsschritte zu gehen.

Die Abhängigkeit von einem äußeren Halt führt jedoch leider auch oft dazu, dass grundlegende Bindungsstörungen, bei denen kein verlässlicher und sicherer Beziehungsrahmen vermittelt werden konnte, genauso als Grunderfahrungen bezüglich Sicherheit verinnerlicht werden. Entsprechend bildet sich das Gefühl der inneren Sicherheit und des Vertrauens nur schwach oder brüchig aus. Da jedoch die innere Sicherheit die Basis unserer seelischen und körperlichen Gesundheit ist und auch das Fundament für die Entwicklung aller lebendigen Anteile darstellt, kann man sich vorstellen, wie gravierend sich ein verinnerlichtes Muster von grundlegender Unsicherheit oder Lebensangst auswirken kann.

Kein Wunder also, dass es viele Menschen mit einem schwachen oder brüchigen Vertrauen ins Leben gibt, welche zeitlebens immer wieder von

Existenzängsten heimgesucht werden. Diese lauern als unterschwellige Grundängste in der Seele des Menschen und können jederzeit, durch äußere drohende Lebensveränderungen ausgelöst, an die Oberfläche steigen und die Person vereinnahmen. Die Folge ist eine große Anspannung im ganzen Organismus, die die Person grundsätzlich schwächt. Oft kommt es dann zu panischen, impulsiven Reaktionen oder zu einem Rückzug von der Welt und von Beziehungen, manchmal auch in Kombination mit einer inneren Lähmung.

Wie verbreitet existenzielle Ängste sind, kann man daran ablesen, wie stark eine Gesellschaft reagiert, wenn gesellschaftliche Umbrüche drohen. Infolge der großen Anzahl an Flüchtlingen, die 2015 durch den Krieg in Syrien ausgelöst nach Europa kamen, entstand eine kollektive Reaktion der Angst und der nationalen Abschottung in vielen Ländern Europas. Viele rechtspopulistische Bewegungen und Parteien wurden gegründet und bekamen einen enormen Zulauf. Dieser Rechtsruck beschäftigt bis heute die Gesellschaften wesentlich mehr als das Mitgefühl und die Integrationsleistung der vielen Flüchtlinge, die in den einzelnen Ländern aufgenommen wurden.

Existenzielle Ängste und ihre Abwehrstrategien sind äußerst machtvoll, da sie das ganze System in einen Alarmzustand versetzen. Das ist im Großen genauso wie im Kleinen. Alle Kräfte werden mobilisiert, um die Bedrohung abzuwenden und viele Ressourcen, die uns sonst wie selbstverständlich zur Verfügung stehen, sind uns plötzlich nicht mehr zugänglich. So verliert ein Mensch mit Existenzangst seine Offenheit und Empathiefähigkeit. Alle Energie wird zur Kontraktion und für Abschottung – also zur Sicherung der eigenen Existenz – aufgewendet. Man kann sich vorstellen, wie viel Kraft das kostet und wie erschöpfend eine solche Überlebensstrategie ist.

Leider sind sich viele Menschen dieser Dynamik nicht bewusst und so wenden sie alle Kraft auf, um die vermeintliche äußere Bedrohung abzuwenden, und bleiben damit in den Krallen ihrer Ängste gefangen. Das nämlich, was sie eigentlich bedroht, sind nicht die äußeren

Veränderungen, sondern ihre Urängste, die durch die äußere Situation ausgelöst werden. Solange sie dies nicht erkennen, kämpfen sie an der falschen Front und bleiben entsprechend oft lange Zeit Opfer ihrer eigenen Ängste. Erst wenn sie sich nach innen wenden und den grundlegenden Ängsten in sich Raum geben, damit die innere Anspannung und der Schmerz, der darin konserviert ist, wieder abfließen kann, findet der Organismus seine innere Ruhe, und das Vertrauen ins Leben kann wieder zurückkehren.

Vertrauen entsteht aus dem Gefühl einer inneren Sicherheit. Wie anders empfindet doch ein Mensch einen gesellschaftlichen Umbruch, der zum Beispiel durch Flüchtende ausgelöst wird, wenn er in seinem Vertrauen gegründet ist, und sich entsprechend durch eine äußere Veränderung nicht bedroht fühlt? Er begegnet der neuen Situation mit Offenheit, die es ihm ermöglicht, einerseits Mitgefühl mit den Geflüchteten zu haben und andererseits die Chancen einer Situation zu sehen und zu nutzen. Wenn wir vertrauensvoll sind, können wir in aller Ruhe eine herausfordernde Situation betrachten, um von innen heraus eine intelligente Antwort darauf reifen zu lassen. Eine solche Vorgehensweise kostet uns keine Kraft, da hier die Lebensenergie nicht durch eine Kontraktion des Organismus gebunden ist, sondern weiterhin frei fließen kann und uns dann auch fürs Handeln zur Verfügung steht. Daher können wir uns in aller Ruhe und annehmend auf die Situation beziehen.

Ein Mensch, der ans Vertrauen angebunden ist, bleibt in einer Offenheit, die es ihm ermöglicht, sich immer wieder neu zu wandeln und mit den Erfordernissen des Lebens mitzufließen. Wie Wasser, das niemals in seiner Form festgelegt ist und nicht davon bedroht ist, wenn sich die Umstände ändern und es in eine andere Richtung fließen muss, so ist auch ein Mensch mit großem Vertrauen nicht in seiner Identität erstarrt. Das gibt der Person eine enorme Flexibilität und Hingabefähigkeit, die es ihr leicht macht, Lebensumbrüche vertrauensvoll zu vollziehen. Woran Menschen mit Existenzängsten in ihrer Unflexibilität zerbrechen können, ist für Menschen mit Grundvertrauen eine Lebensphase, aus der sie innerlich reifer hervorgehen. Sie tun sich vergleichsweise leicht damit, in ein neues Leben hineinzuwachsen. Das Gefühl von innerer Sicherheit ist damit ein entscheidender Faktor für die Resilienz einer Person – also der Fähigkeit, herausfordernde Lebenssituationen innerlich gesund und unbeschadet zu überstehen.

Doch woraus kommt diese wertvolle Ressource der inneren Sicherheit, die uns ein Leben in Vertrauen und Hingabe ermöglicht? Einerseits ist sie eine grundlegende essenzielle Eigenschaft unserer Seele, die immer dann auftaucht, wenn sich Körper und Seele tief entspannen und öffnen können. Wenn wir in eine Tiefenentspannung eintauchen, können wir regelrecht spüren, wie die Zellen unseres Körpers offenporig werden und Energie tanken. In diesem Zustand fließt die Lebensenergie deutlich spürbar durch den ganzen Organismus. Doch fühlen wir uns nicht nur genährt und von Lebensenergie durchflutet, sondern können durch das Loslassen von Spannung nach unten absinken und uns tragen lassen. Solange wir innerlich subtil in einer Anspannung sind, halten wir uns durch diese unterschwellige Kontraktion selbst und können nicht spüren, dass uns das Leben trägt. Erst wenn wir loslassen und uns innerlich überlassen, spüren wir den grundlegenden Halt, in den wir eingebettet sind.

Gibt es nicht in jedem Augenblick unseres Lebens einen riesigen Planeten unter unseren Füßen, der uns trägt? Sind wir nicht immer in eine Natur eingebettet, die uns Atemluft und Nahrung zum Leben beschert? Gibt es nicht ungeheuer viele kleine und große Dinge, wodurch wir in unserem Leben unterstützt werden? Je tiefer wir entspannen, desto mehr können wir spüren, in welch großes lebenspendendes System wir eingebettet sind. Wie eine große Mutter hält und nährt uns der Organismus Erde mit seinen über Jahrtausende gewachsenen Ökosystemen ein Leben lang und setzt damit die Grunderfahrung der mütterlichen Fürsorge als Kind in einer universalen, unpersönlichen Qualität fort. Sind wir an das Vertrauen angebunden, können wir spüren, wie uns das Leben zufließt und wir ins große Ganze eingebunden sind.

Noch tiefer wird das Vertrauen, wenn es auch in der spirituellen Ebene der Absoluten Realität gegründet ist. Dort spüren wir nämlich, dass es eine Ebene unserer menschlichen Existenz gibt, die von allen Veränderungen und Bedrohungen unberührt bleibt. In der reinen Präsenz gibt es kein Werden und Vergehen, keine Geburt und keinen Tod, und daher nichts, das uns bedrohen könnte. Die Sicherheit, die sich auf dieser Ebene offenbart, gründet nicht wie bei der seelischen Ebene auf der Fähigkeit der Hingabe und der Flexibilität, sondern auf einer grundlegenden Eigenschaft des Bewusstseins, nämlich seiner Unberührbarkeit von allem.

Wer diese absolute Sicherheit in sich fühlt, kann verstehen, warum es in der buddhistischen Tradition im Rahmen der Meditationspraxis die Ausdrucksweise gibt: »Sitzen wie ein Berg.« Ein riesiger Berg ruht in sich und ist vollkommen unberührt von allen Ereignissen, die sich auf seiner Oberfläche abspielen. Wind und Wetter können darüber hinwegziehen, die Natur kann sich unablässig im Lauf der Jahreszeiten verwandeln, doch den Berg bringt nichts aus seiner vollkommenen Ruhe, denn das Massiv selbst ist unerschütterlich – eine Dimension jenseits all der Veränderungen auf seiner Oberfläche. Genauso jenseitig und unerschütterlich ist die Existenz selbst in jedem Augenblick unseres Lebens anwesend. Auch dort, wo auf der Oberfläche große Veränderungen stattfinden, ist zuinnerst diese vollkommene Sicherheit da. Daher spürt ein Mensch, der sich des Absoluten unmittelbar bewusst ist, eine Unerschütterlichkeit, die ihn in diesen Momenten vollkommen angstfrei macht.

Wer sich so sicher fühlt, kann auf der seelischen Ebene mitfließen und sich innerlich immer wieder neu verwandeln. Und auch im äußeren Lebensvollzug muss ein solcher Mensch an nichts festhalten. Die absolute Sicherheit, die aus einem Gegründetsein in der spirituellen Dimension entsteht, entbindet uns also nicht davon, uns, wie jeder andere Mensch auch, innerlich und äußerlich zu verändern. Der Wandel des Lebens mit seinen Schicksalsschlägen, Umbrüchen, Verlusten, Krankheiten und letztlich Tod wird sich selbstverständlich weiterhin ereignen und uns innerlich und äußerlich herausfordern, doch wir sind davon nicht mehr existenziell bedroht.

Vertrauen ist also auf der seelischen Ebene die innere Sicherheit, in eine große Fürsorge eingebettet zu sein und uns entsprechend hingeben zu können. Auf einer absoluten Ebene fühlen wir dagegen, dass wir in unserer innersten Existenz niemals bedroht sind. Und in der Alltagsrealität? Bedeutet Vertrauen, dass wir keine Gesundheits- oder Altersvorsorge mehr leisten sollen, nichts mehr im Leben aufbauen und keine verbindlichen Beziehungen mehr eingehen sollen?

Wie schnell kann unser Blick doch eindimensional werden. Wo wir vielleicht zunächst nur die äußere Sicherheit im Blick haben und krampfhaft an bestimmten Situationen, Strukturen, Ritualen, materiellen Dingen oder Beziehungen festhalten, die uns äußerlich Sicherheit versprechen, kann es sein, dass wir jetzt in eine Fixierung auf die Absolute Realität kommen und daraus eine falsch verstandene Spiritualität entsteht, bei der wir der äußeren Ebene gar keine Bedeutung mehr zusprechen und uns nicht mehr sorgfältig auch um diese Ebene kümmern. Doch Sicherheit in der Alltagsrealität bedeutet, dass wir anerkennen, dass wir mit unserem menschlichen Leben auf äußere Strukturen und Beziehungen angewiesen sind und für diese Dankbarkeit empfinden. So werden wir ganz natürlich und sorgsam mit diesen unterstützenden Strukturen des äußeren Lebens umgehen, sie pflegen und aufbauen.

Körperliche und finanzielle Vorsorge zu betreiben, Rituale zu pflegen, verbindliche tragende Beziehungen aufzubauen und sich vor akuten äußeren Bedrohungen zu schützen, ist zutiefst intelligent und natürlich. Wir dürfen nur nicht den Fehler machen, zu denken, dass es die Ebene ist, die uns innerlich sicher macht. Sonst laufen wir Gefahr, die Ebenen zu verwechseln und uns an äußeren Sicherheiten anzuklammern, in Momenten, wo es eigentlich um eine Veränderung und damit ums Loslassen geht. Das schafft aber innerlich keine Sicherheit und kein Vertrauen, sondern führt uns immer tiefer in die Unsicherheit und damit direkt in unsere Urängste hinein.

Zusammenfassung: Sicherheit und Vertrauen

ALLTAGSREALITÄT

- Als Kind: Sicherheit durch den äußeren Halt von stabilen Bindungen
- Als Erwachsener: Rituale und hilfreiche Strukturen (z. B. Tagesstruktur, Arbeit ...)
- Verbindliche tragende Beziehungen aufbauen
- Körperliche und finanzielle Vorsorge
- Sich vor akuten äußeren Bedrohungen schützen

SEELISCHE REALITÄT

- Vertrauen als inneres Sicherheitsgefühl
- Offen für Neues; Hingabefähigkeit und Flexibilität; Bereitschaft, sich zu wandeln; mitfließen
- Loslassen, entspannen, sich sinken lassen und das große Ganze spüren, in das wir eingebettet sind; spüren, wie uns das Leben nährt und zufließt

ABSOLUTE REALITÄT

Absolute Sicherheit durch Unberührbarkeit/Unerschütterlichkeit des SEINS

Wert und Vollkommenheit

Neben dem fundamentalen Bedürfnis nach Sicherheit ist vor allen Dingen das Bedürfnis nach Wert zentral für die seelische Entwicklung und das innere Wohlbefinden. Was tun wir nicht alles, um Anerkennung zu bekommen und damit das Gefühl zu haben, ein wertvoller Mensch zu sein? Wie sorgen wir uns um unser Image und lassen uns entsprechend von gesellschaftlichen Moden leiten? Und wie sehr kann es uns verletzen, wenn wir von anderen kritisiert, übersehen oder entwertet werden.

Offensichtlich dreht sich viel in unserer Innenwelt um das Bedürfnis, dass wir uns und unser Dasein als wertvoll erfahren wollen. So bilden wir schon früh in unserem Leben unbewusst alle möglichen Strategien aus, um im Wertesystem der Familie oder der Gesellschaft, in der wir aufgewachsen sind, anerkannt zu sein. Vielleicht sind wir die ewig »Nette«, die immer alles mit sich machen lässt, oder der »Kluge«, der sich über Wissen Achtung verschafft, oder die »Hübsche«, die sich gerne durch ihr Äußeres definiert, oder der »Fleißige«, der sich durch großen Einsatz Anerkennung verdient. Je nachdem, wie die Konstellation war und welche Rolle wir zum Beispiel in der Familie eingenommen haben, können sich unterschiedliche Muster verfestigen, die uns dann oft ein Leben lang begleiten und unser Verhalten, Fühlen und Denken prägen.

Dabei werden diese Muster durch ein inneres Wertesystem motiviert, das in der Psychologie das Über-Ich genannt wird. Es ist ein Sammelbecken aus verinnerlichten Werturteilen und selbst gewählten Idealen, das uns weitgehend unbewusst steuert und als Teil der geistigen Struktur des Funktionalen Ichs agiert. Wenn eine Handlung oder ein Beziehungsvorgang dem inneren Wertesystem entspricht und wir dadurch das Gefühl haben, dass unser Bedürfnis nach Wert erfüllt werden könnte, hat dies einen enormen Motivations- und Energieschub zur Folge. Auf diese Weise stachelt uns das Über-Ich ständig an, seinen Idealen und den Mustern unserer Lebensstrategien immer weiter zu folgen, auch wenn sie uns, bei Licht betrachtet, nicht wirklich dienlich sind.

So kann es sein, dass eine Person in einer Familie aufgewachsen ist, in der sie vor allen Dingen durch gute Leistungen Aufmerksamkeit bekommen hat. Mit den Jahren wird das äußere Wertesystem verinnerlicht und führt dazu, dass die Person sich selbst permanent zu immer höheren Leistungen antreibt und sich durch die Identifizierung mit ihrem Ehrgeiz immer wieder in Situationen bringt, bei denen sie regelmäßig ihre eigenen Grenzen übergeht. Diese Lebensstrategie kann lange Zeit gut funktionieren. So können sich zunächst viele Erfolge einstellen und sie kann immer wieder einen enormen Energieschub verspüren, wenn sie sich zu neuen Leistungen anspornt. Irgendwann jedoch kippt das System zwangsläufig um, da sie dem notwendigen Ausgleich keinen Wert beimisst und daher keine Beachtung schenkt. So wendet sich ein ursprünglich hilfreiches Lebensmuster, das sich um Leistung und Ehrgeiz dreht, irgendwann gegen die Person, wenn sie daraus nicht mehr aussteigen kann. Es wird zu einem Leidensmuster.

Wenn wir verschiedene Strategien, mit denen das Über-Ich versucht, Wert und Anerkennung zu bekommen, genauer betrachten, dann sehen wir, dass in all diesen Strategien zuinnerst das Bedürfnis steckt, in unserer Einzigartigkeit gesehen zu werden. Eine echte, liebende, interessierte und zugewandte Aufmerksamkeit ist die grundlegende seelische Nahrung, die unsere Seele genauso fundamental benötigt wie unser Körper die Luft zum Atmen, und regelmäßige Mahlzeiten für seinen Stoffwechsel. Wenn wir uns wirklich gesehen und damit tiefer verstanden fühlen, wird unser natürliches Dasein bestätigt und wir fühlen uns gleichermaßen frei und lebendig. Frei, weil wir keine Strategien mehr anwenden müssen, um Zuwendung zu bekommen, und lebendig, da wir uns in unserer Natürlichkeit entfalten können.

Je mehr Kinder in ihrer Entwicklung eine liebende und zugewandte Aufmerksamkeit bekommen, desto mehr kann sich das Gefühl verinnerlichen, einen grundsätzlichen Wert zu besitzen. Das aber entzieht dem Über-Ich seine Kraft, denn auf dem Boden eines gesunden Selbstwertgefühls entwickelt die Person zwar auch ein inneres Wertesystem, das ihr

Orientierung gibt, welches sich aber nicht zu einer Zwangsinstanz ausbildet, unter der die Person leidet. So kann es sein, dass sie zwar Misserfolge oder äußere Entwertung durch andere Menschen erfährt, sich dabei aber trotzdem nicht grundlegend infrage gestellt fühlt. Das gibt ihr eine enorme Freiheit, unabhängig vom inneren Wertesystem des Über-Ichs und unabhängig von äußerer Anerkennung oder Prestigeverlockungen darauf zu hören, was ganzheitlich stimmt und ihr selbst und anderen wirklich dient.

Wenn die Seele also vom Wertesystem des Über-Ichs frei ist, kann sie sehr innengeleitet auf die eigene Stimme und den inneren Rhythmus lauschen und sich in ihrer Natürlichkeit entfalten. Dabei folgt sie häufig völlig anderen Werten, als ihr das Über-Ich einflüstert. Was für die Seele nämlich Wert hat, sagt ihr die Stimme des Herzens. Immer wenn wir uns unmittelbar über etwas freuen, wenn uns etwas tief berührt oder wenn wir etwas spontan in seiner Schönheit erkennen, öffnet sich das Herz und unsere Seele ist für einen Augenblick lang glücklich, da sie ihrer natürlichen Bestimmung ganz nahe ist.

Was uns jedoch im Herzen berührt, kann nach äußeren Maßstäben vollkommen unbedeutend sein. Vielleicht lauschen wir andächtig dem Lied einer Amsel oder wir genießen es, im Garten zu arbeiten. Für das Wertesystem des Über-Ichs mögen diese Momente, in denen unser Herz jubelt, wertlos sein, aber unsere Seele weiß, dass diese oft unscheinbaren Momente die eigentlichen Kostbarkeiten des Lebens sind. Was also wertvoll ist, unterscheidet sich erheblich, ob wir uns auf der Ebene der Alltagsrealität bewegen oder auf der Ebene der Seelischen Realität.

Die Werte der Gesellschaft und die Werte des Über-Ichs finden sich in unserem Verstand und der Alltagsrealität wieder. Hier haben Männer mehr Wert als Frauen, Weiße sind mehr geachtet als Farbige, Diamanten sind wertvoller als Kieselsteine und Akademiker verdienen weit mehr als Reinigungskräfte. Diese allgemeingültigen Werte der Gesellschaft bilden ein implizites Raster, das eine enorme Ungleichheit auf der Welt erschafft. Obwohl wir das erkennen und auch oft als ungerecht empfinden, sind diese Wertigkeiten über Jahrhunderte tradiert und fest in der Gesellschaft verankert, sodass wir uns auf einer äußeren Ebene kaum entziehen können. Denn selbst wenn wir erkennen, dass es ungerecht ist, dass nach wie vor Frauen weniger als Männer verdienen, so können wir diese althergebrachten Strukturen nur sehr allmählich – wenn überhaupt – verändern.

Ganz anders ist die Dynamik im Reich der Seele. Für das, was unsere Seele als wertvoll empfindet, gibt es keine Raster und keine allgemeingültigen Schubladen, die uns einengen und einordnen. Für die Seele zählen keine Prestigeobjekte, keine gesellschaftliche Stellung und keine Goldmedaillen. Für sie zählen einzig und allein die kostbaren Augenblicke, in denen sich unser Herz öffnet und unsere Lebensfreude sich entfaltet. In ihnen sind wir uns selbst und dem Leben ganz nah und wir spüren eine Erfüllung, die uns kein noch so teures Prestigeobjekt geben kann. Man kann sich vorstellen, dass ein Mensch, der den primären Werten seines Herzens folgt, sowohl innerlich wie auch äußerlich ein völlig anderes Leben führt als ein Mensch, der vom Wertesystem seines Über-Ichs bestimmt wird. Vielleicht wird er nach äußeren Maßstäben nicht reich, aber innerlich ist er es mit Sicherheit.

Das Thema »Wert« hat also in der Alltagsrealität mit ihren allgemeingültigen Werten eine völlig andere Bedeutung als auf der seelischen Ebene, in der ganz subjektiv das Herz entscheidet, was für uns kostbar ist. Doch wie steht es jetzt mit der Absoluten Realität? Wie erfahren wir hier das Thema Wert? Gibt es vielleicht sogar einen absoluten Wert?

Um uns dem anzunähern, was Wert in der Absoluten Realität bedeutet, müssen wir uns zunächst vergegenwärtigen, dass die Dimension des SEINS jenseits des Denkens und damit auch jenseits aller gedanklichen Urteile liegt. Alles, was uns unter normalen Umständen richtig oder falsch erscheint oder was uns normalerweise wichtig oder unwichtig ist, hat im reinen Gewahrsein keinerlei Bedeutung. Die Dinge sind hier nicht gut oder schlecht, weder erstrebenswert noch des Ablehnens wert, sondern sie *sind*. Jenseits des Denkens und jenseits unserer Gefühle tauchen wir in einen Raum ein, in dem es kein besser oder schlechter, schön oder hässlich, wertvoll oder wertlos gibt. Von hier aus spüren wir die Existenz – das SEIN – in allen Dingen gleichermaßen. Daher ist von hier aus alles, was existiert, vollkommen. Wert auf der absoluten Ebene bedeutet, dass wir die Vollkommenheit des Lebens in jeder Erscheinung sehen und empfinden können.

Der Begriff »Vollkommenheit« kann missverständlich sein. Wenn wir normalerweise etwas als vollkommen bezeichnen, dann meinen wir damit etwas, das in höchster Vollendung geschieht oder größtmögliche Kunstfertigkeit verkörpert. Zum Beispiel kann es sein, dass eine Sängerin eine Arie in absoluter Perfektion vorträgt oder wir ein Kunstobjekt in vollendeter Ausführung bewundern. Doch diese Art von Vollkommenheit bezieht sich immer auf eine Vorstellung davon, was für uns Perfektion bedeutet. Sie ist damit die Erfüllung eines hohen Ideals. Selbst wenn wir sagen, »dieser Augenblick war perfekt«, drücken wir damit nur aus, dass unsere Vorliebe in diesem Augenblick erfüllt wurde.

Die Vollkommenheit der absoluten Ebene ist aber von allen Vorlieben und Idealen frei und kann damit *jeden* Augenblick und jede Erscheinung in deren existenziellem Wert empfinden. Wenn alles gleichermaßen wertvoll ist, dann breitet sich in unserer Seele eine ungewohnte Ruhe aus. Der innere Antreiber, der uns permanent unterschwellig anstachelt, das, was da ist, zu verbessern, schweigt und ein tiefer, stiller Friede durchzieht alle Dinge wie ein Duft, den man zwar nicht greifen kann, der aber alles atmosphärisch einfärbt.

Natürlich betrifft die Vollkommenheit des Absoluten nicht nur andere Geschöpfe und Objekte, sondern auch uns selbst. In diesen Momenten erkennen wir, dass wir und all unsere Anteile – also wir in unserer Ganzheit – im Frieden dieser Vollkommenheit mit eingeschlossen sind. Auch in und durch uns wirkt die Existenz des SEINS. Ob wir gerade stark oder schwach sind, ob wir einen Fehler machen oder nicht, ob wir gerade unseren Idealen einigermaßen entsprechen oder auch nicht, spielt dabei keine Rolle. Aus der Perspektive der Absoluten Realität sind wir immer vollkommen und zutiefst in Ordnung. Wer das spürt, wird eine Entspannung fühlen, die bis tief in die Zellen hineinreicht, da damit eine Grundüberzeugung des Ego – nämlich, dass wir uns anstrengen müssen, um in Ordnung zu sein – in diesem Augenblick wegfällt. Was für eine Erleichterung!

In diesem Sinne vollkommen zu sein, bedeutet jedoch nicht, dass wir besonders sind. Wir sind nicht mehr oder weniger wert als ein anderer Mensch oder ein anderes Geschöpf. Und wir müssen auch nicht länger besonders sein oder mehr als andere darstellen. Das ermöglicht uns, in einer großen Einfachheit und Natürlichkeit das zu sein, was wir *sind.* Nicht mehr und nicht weniger. Diese Schlichtheit, die Tiefenentspannung und die damit einhergehende Gelassenheit sowie der stille Friede, den wir in allem spüren, sind die reichen Früchte, die sich im Erleben ausbreiten, wenn wir einen Zugang zur Vollkommenheit des SEINS bekommen.

Je öfter wir diese grundlegende Art von existenziellem Wert erfahren, desto unbedeutender erscheinen uns das innere Wertesystem des Über-Ichs und das Äußere der Gesellschaft. Das gibt uns noch mehr die Freiheit, auf das zu hören, was das Herz uns sagt, und innenzentriert zu leben, um das natürliche Wesen unserer Seele zu entfalten. Allerdings bedeutet dies nicht, dass das äußere Wertesystem der Gesellschaft dadurch außer Kraft gesetzt ist, selbst wenn es für uns persönlich keine Bedeutung mehr hat. Wir tun also gut daran, die Werte der Alltagsrealität als *eine* wirkmächtige Ebene anzuerkennen, die auf das Leben vieler Menschen und auch auf uns selbst weiterhin einwirkt, auch wenn wir inzwischen innerlich frei genug sind, unserem Herzen zu folgen oder das SEIN in allem zu spüren.

Zusammenfassung: Wert und Vollkommenheit

ALLTAGSREALITÄT

- Das Wertesystem der Familie, der Gesellschaft und der Religion
- Das innere Wertesystem des Über-Ichs
- Die Lebensmuster und die Anstrengung, die sich daraus ergeben, diesen Werten gerecht zu werden

SEELISCHE REALITÄT

- Grundbedürfnis nach Gesehen- und Bestätigt-Werden in unserem Dasein
- Wir leben innenzentriert und können uns in unserer Natürlichkeit und in unserem Rhythmus entfalten.
- Kostbar ist, was unser Herz öffnet.
- Innerer Reichtum

ABSOLUTE REALITÄT

- Jenseits von Richtig und Falsch; jenseits aller Wertvorstellungen und Vorlieben
- Die Vollkommenheit des SEINS in allen Erscheinungen. Alles ist.
- Innerer Friede, totale Entspannung und Gelassenheit, Natürlichkeit und Schlichtheit

Wissen und Weisheit

Wissen hat für uns Menschen auf der Ebene der Alltagsrealität eine ungeheure Bedeutung. Genauer gesagt, besteht die Alltagsrealität fast nur aus geistigen Konzepten. Wie ich bereits im fünften Kapitel, das vom Entstehen der Bewusstseinswelten handelt, ausgeführt habe, sind Alltagsobjekte nicht durch unmittelbare Empfindungen definiert, sondern vor allen Dingen durch das Wissen um ihre Funktion. Eine Tasse zum Beispiel kann es in unterschiedlichsten Formen geben, die sich in der Hand vollkommen anders anfühlen, aber ihre Funktion und damit ihre Bedeutung im alltäglichen Kontext bleibt immer gleich.

In dem Moment, wo wir das Prinzip »Tasse« als geistiges Konzept verinnerlicht haben, können wir jeden Gegenstand mit einer bestimmten Funktion als »Tasse« erkennen und entsprechend nutzen. Erst das geistige Konzept von der Funktion eines Gegenstands gibt uns damit die Fähigkeit, uns im Leben zu orientieren und Dinge sinnvoll zu gebrauchen. Je genauer und damit besser unsere Konzepte sind und je weiter unser Wissen über verschiedenste Zusammenhänge reicht, desto mehr Macht bekommen wir darüber, das Leben nach unseren Wünschen zu gestalten. Das Sanskritwort für Mensch ist »purusha« und bedeutet sinngemäß »jemand, der Macht besitzt«.

Wissen ist also Macht. Macht kommt von Machen und tatsächlich nimmt mit der Differenziertheit unseres Wissens die Machbarkeit zu. Kein Wunder also, dass der Mensch einen tiefen Drang hat, die Gesetzmäßigkeiten des Lebens und des Kosmos bis ins kleinste Detail hinein zu erforschen. Dieser Drang ist uns bereits in die Wiege gelegt und maßgeblich dafür verantwortlich, dass wir uns Stück für Stück die Welt als Kind erobern und dadurch immer mehr die Fähigkeit erlangen, selbstbestimmt zu leben. Der Drang nach Wissen endet jedoch nicht dort, wo wir uns auf der Alltagsebene zurechtfinden und gelernt haben, selbstständig zu leben, sondern er treibt uns als Menschheit dazu, mit Raumschiffen auf fremde lebensfeindliche Planeten zu fliegen, die unzugänglichen Tiefen der Ozeane auszuloten oder den Beginn des Universums zu erkunden.

(Letztlich ist diese Lust am Erforschen auch ausschlaggebend dafür, dass dieses Buch entstanden ist.)

Dieser ungeheure Drang, wissen zu wollen, ist der eigentliche Grund, warum der Mensch inzwischen die mächtigste Spezies auf Erden ist und das Antlitz der Erde unwiederbringlich verändert hat. Der Mensch ist nämlich nicht das stärkste oder größte Geschöpf auf Erden. Er ist sogar auf eine Weise sehr verletzlich und schwach. Auch hat er große charakterliche Schwächen, welche ihm selbst und anderen sehr zu schaffen machen und sogar seine eigene Existenz gefährden können, wie sich in weltweiten Kriegen oder der ökologischen Krise offenbart. Doch seine Fähigkeit, das Leben geistig zu erfassen, ist hier auf Erden einzigartig und lässt ihn trotz seiner offensichtlichen Probleme und Schwächen immer mächtiger werden.

Die geistigen Konzepte, die uns das Leben erschließen, haben jedoch auch eine Schattenseite. Sie sind nämlich gleichzeitig dafür verantwortlich, dass der unmittelbare Zugang zur lebendigen Gegenwartserfahrung mehr und mehr unter einem Schleier von konzepthaftem Wissen entschwindet. Doch es ist ein großer Unterschied, ob wir ein Objekt in seiner Funktion erfassen und benutzen oder ob wir es unmittelbar sinnlich erfahren. Das eine gibt uns Macht, das andere erfüllt uns innerlich, da es uns ins Reich der Sinne und der Seele führt.

Ich erinnere mich in diesem Zusammenhang an eine Begebenheit, wie ich mit einer Gruppe ein paar Tage in einem Kloster verbrachte. Im Innenhof des Klosters war ein großer und unglaublich schöner Kräutergarten mit den unterschiedlichsten Heilkräutern angelegt. Während der Pause zog es mich und viele andere Teilnehmende in diesen zauberhaften Garten und ich spazierte eine Zeit lang, berührt von der Vielfalt und Schönheit der Pflanzen, durch die schmalen angelegten Gässchen. Doch die Zeit des Staunens war nur von kurzer Dauer. Vor jeder Heilpflanze war nämlich ein kleines Schild angebracht, auf dem der Name, die Gattung und die Heilkraft standen, welche diesen Pflanzen zugesprochen wurden. Und während ich mich immer mehr in die interessanten

Informationen auf den Schildchen vertiefte und mich darüber mit anderen Besucherinnen des Gartens unterhielt, entschwand der Zauber, den der Garten und seine Geschöpfe zunächst auf mich ausübten. Das unmittelbare Erleben seiner Schönheit ging in der Flut der interessanten Informationen verloren.

Dieses kleine Ereignis steht stellvertretend für ein grundlegendes Drama, welches das menschliche Leben durchzieht. Natürlich ist es hilfreich, Heilkräuter einordnen zu können und ihre Wirkstoffe zu kennen, um ihre Heilkraft gezielt einsetzen zu können. Aber die Konzentration auf dieses Wissen verstellt uns gleichzeitig den unmittelbaren Kontakt und damit den seelischen Zugang zum lebendigen Wesen dieser Geschöpfe. Ist diese Dynamik nicht allgegenwärtig? Sogar die liebsten und vertrautesten Menschen sehen wir oft nur durch den Schleier der Gewohnheit und der unterschwelligen Konzepte und Bilder, die wir uns über die Person gemacht haben. Die Unmittelbarkeit und das Geheimnis der Begegnung bleiben uns verstellt.

Konzepte und Wissen sind hilfreich und geben uns die Möglichkeit, Dinge zu nutzen, aber sie nähren unsere Seele nicht. Im Gegenteil. Je länger wir uns in der geistigen Welt der Alltagsrealität – also in einer Gedankenwelt – aufhalten, desto mehr haben wir das Gefühl, dass unsere Seele dabei verloren geht und regelrecht nach echten Erfahrungen hungert. Echte Erfahrungen aber entstehen nur über Unmittelbarkeit. Nur wenn etwas durch den Filter der Gedankenrealität durchdringt und uns unmittelbar erreicht, berührt, packt oder aufschreckt, bekommt unsere Seele Nahrung. Wir fühlen uns wieder unter der Flut der Gedanken, die normalerweise unser alltägliches Leben bestimmt.

Die Gegenwartserfahrung ist das Tor in die Seelenrealität und unsere Sinne das Gefährt, um ins Reich der Seele zu gelangen. Um das Tor der Unmittelbarkeit bewusst nutzen zu können, ist es unerlässlich, dass wir den Mantel unseres Wissens für einen Augenblick abstreifen und zurücklassen. Nur wenn wir uns ohne Wissen – quasi nackt – auf das augenblickliche Erleben einlassen und in diese Erfahrungen hineintauchen, wie jemand, der entblößt von allen Kleidern in einen See springt, kann uns die Seele mit ihrer Vielfalt, ihrer Intensität und Vitalität erfüllen. Wie nährend, wie erholsam und erfrischend ist es doch, in einem kühlen See zu baden? Genauso unmittelbar nährend fühlt es sich an, wenn wir in die lebendige Welt von Körper und Seele eintauchen und uns davon unmittelbar berühren und bewegen lassen.

Doch der Seelenraum ist nicht nur nährend, er beinhaltet auch eine eigene Weisheit, die uns erst zugänglich wird, wenn wir das Wissen der Alltagsrealität abstreifen und uns auf die lebendigen Erfahrungen der Seele einlassen. Wie oft stehen wir im Alltag vor Entscheidungen und fragen uns, in welche Richtung wir uns wenden sollen? Genauso fragen wir uns immer wieder in schwierigen Situationen, wie etwa bei einer Krankheit oder einem Schicksalsschlag, warum das passiert und was das Geschehen für uns bedeuten kann? Wie oft versuchen wir einen Konflikt, den wir mit einem anderen Menschen haben, mit dem Verstand zu analysieren? Und wie oft drehen sich unsere Gedanken dabei im Kreis, ohne auf eine wirkliche Lösung zu kommen?

In all diesen Fällen könnten wir auch den Herrschaftsbereich des Denkens verlassen und unsere Seele befragen. Denn sie hat eine andere Art des Wissens als unser Verstand parat. Im Gegensatz zum Denken, das eine distanzierte und analytische Art der Herangehensweise pflegt, geht die Weisheit der Seele aus einem unmittelbaren Kontakt und einem ganzheitlichen Geschehen hervor. Die Herangehensweise und die Betrachtungsperspektive sind also grundverschieden. Der Verstand schaut von außen auf eine Situation und versucht diese zu analysieren, indem sie mit alten Erfahrungen und alten Konzepten verglichen wird. Die Seele jedoch erspürt die Situation von innen her und lässt die Erfahrung als ganzheitlichen lebendigen und gegenwärtigen Prozess in sich reifen, bis von innen heraus ein gefühltes Verständnis für die Situation erwächst. Die Seele orientiert sich daher mit ihrer Weisheit nicht wie das Verstandeswissen an alten Erlebnissen und Konzepten, sondern an der unmittelbaren Begegnung mit einer einzigartigen und vollkommen neuen Situation. Kein Wunder, dass bei diesem Vorgehen völlig andere – nämlich neue, ganzheitliche und schöpferische – Antworten für Situationen auftauchen als durch Analyse und Denken.

Diese Art von Weisheit ist übrigens unabhängig davon, ob ein Mensch kognitiv viel weiß und eine hohe Intelligenz hat oder nicht. Es gibt Personen, welche ein unglaubliches Wissen über die Natur und ihre wissenschaftlichen Zusammenhänge besitzen. Das bedeutet jedoch nicht, dass sie damit automatisch einen unmittelbaren gefühlten Zugang zu Bäumen, Gräsern und Vögeln pflegen und ihnen die ganzheitliche Weisheit zugänglich ist, die aus der unmittelbaren Begegnung mit Geschöpfen aus der Natur entsteht. Manche Menschen mit hoher kognitiver Intelligenz tendieren sogar dazu, dieses Wissen überzubewerten und die seelische Weisheit als romantische Gefühlsduselei oder esoterische Spielerei abzutun. Damit bleibt ihnen aber eine entscheidende Quelle für Weisheit verborgen, welche völlig neue Perspektiven eröffnen und sogar das Wissen des Verstandes erweitern und anreichern kann.

Ich bin immer wieder davon überrascht, welche tiefen und neuen Erkenntnisse in Teilnehmenden von Gruppen auftauchen, wenn ich sie in Übungen eine Begrifflichkeit, die für sie bedeutsam ist, nicht mit dem Instrument des Denkens, sondern den Werkzeugen der Seele untersuchen lasse. Wenn wir zum Beispiel ein Wort, das für uns Bedeutung hat, wie Mensch, Tod, Sehnsucht, Glück oder Liebe innerlich klingen lassen, dann tauchen zunächst unsere Assoziationen dazu auf. In ihnen spiegeln sich alte Erfahrungen und kulturelles Wissen, das wir mit dieser Begrifflichkeit verknüpfen. Wenn wir in einem zweiten Schritt jetzt all diese Assoziationen bewusst auf die Seite legen und dieses Wort noch einmal ganz neu und ohne Wissen – quasi wie ein unschuldiges und neugieriges Kind, das noch keine Erfahrungen mit diesem Wort verknüpft – verkosten und in den Klang und die Empfindungen, die dieses Wort in uns unmittelbar im Körper und in der Seele hervorruft, eintauchen, erscheinen in uns völlig andere, neue und überraschende Erfahrungen und Assoziationen zu dieser Begrifflichkeit. Die seelische

Weisheit zu Begriffen hat dabei eine Tiefe und eine Kraft, die das oberflächliche Wissen unseres Verstandes bei Weitem übersteigt.

Ist es da nicht erstaunlich, dass wir die innewohnende Weisheit unserer Seele im Alltag so selten nutzen und uns meist nur auf die Konzepte unseres Denkens stützen? Vielleicht ist es aber auch nicht seltsam. Schließlich füllen wissenschaftliche Erkenntnisse und kognitives Wissen ganze Bibliotheken, und Studenten aus aller Welt werden im analytischen Denken geschult. Wo wird hingegen der Zugang zur seelischen Weisheit vermittelt und welchen Stellenwert hat er in unserer Gesellschaft?

Am ehesten vielleicht noch in der Kunst. In der Gestalt von Gedichten, in Werken von Bildhauern oder in musikalischen Kompositionen leuchtet immer wieder die intuitive Weisheit auf, die aus der Inspirationskraft und dem ganzheitlichen Wissen unserer Seele stammt. Doch wenn wir den Zugang zur Weisheit den Kunstschaffenden überlassen, dann schließen wir die meisten Menschen davon aus. Denn wer ist schon ein echter Künstler oder eine Künstlerin? Die Schaffenskraft der Seele lebt aber in allen Menschen. So können wir beobachten, wie immer mehr Menschen sich in ihrer Freizeit mit kreativen Ausdrucksformen beschäftigen und sich daran versuchen.

Wissen hat also eine ganz andere Quelle als Weisheit. Das eine ist die Domäne der Alltagsrealität, das andere ist die Frucht einer ganzheitlichen inneren Begegnung mit der Seele. Doch welche Beziehung besteht jetzt zur Absoluten Realität? Lebt hier auch eine Art von Wissen oder Weisheit?

Zunächst einmal verlassen wir im reinen Gewahrsein den Herrschaftsbereich des Denkens. Reine Präsenz ist ein Ort jenseits des Denkens und übersteigt damit jegliches Wissen. Es ist der Ort vor oder hinter allem Wissen und damit der Ort des Nicht-Wissens schlechthin. Nur wenn wir alle Gedanken abstreifen und alles Wissen sich selbst überlassen und die unmittelbare lebendige und stille Präsenz fühlen, die in Momenten des Nicht-Denkens aufscheint, kann das Absolute als lebendige Erfahrung auftauchen.

Hier gibt es kein Wissen und keine Erfahrung im herkömmlichen Sinne, aber eine Klarheit und eine Transparenz, die ihresgleichen sucht. Jenseits des Denkens und des Fühlens öffnet sich nämlich die Quelle alles Wissens und aller Weisheit – der Raum des Bewusstseins mit seinen grundlegenden Eigenschaften von totaler Offenheit und Transparenz. Ich bin immer wieder erstaunt, wie durchlässig und klar unser Geist werden kann, wenn wir uns längere Zeit ins Schweigen der Meditation zurückziehen. Ganz allmählich kann es hier geschehen, dass die inneren »Schwebstoffe« der Gedanken und Gefühle, die uns normalerweise beschäftigen und unseren Geist wie aufgewirbeltes Wasser trüb machen, verdaut werden und sich absetzen. Dadurch öffnet sich eine vollkommene Klarheit und Transparenz in unserem Geist, die jede einzelne Empfindung in einer Deutlichkeit und Schärfe hervortreten lässt, wie wenn wir im kristallklaren Wasser eines Gebirgsbaches, der vom Sonnenlicht erhellt wird, einen leuchtenden, im Wasser stehenden Fisch beobachten.

Die Unmittelbarkeit der Erfahrung von inneren oder äußeren Phänomenen ist in solchen Momenten ergreifend, aber die Klarheit, in der diese Phänomene stattfinden und die sie erst in dieser Schärfe und Unmittelbarkeit sichtbar macht, ist das eigentlich bedeutsame Element dieser Erfahrung. So können wir uns, wenn wir am Bach sitzen, auf den leuchtenden Fisch konzentrieren oder auf die kristallklare, absolut transparente Substanz des Wassers. Sie ist das Element – der Raum –, in dem der Fisch schwimmt. Sie ist die Grundlage seiner Existenz. Das SEIN selbst ist in seiner absoluten Offenheit und Durchlässigkeit die grundlegende »Substanz«, in der die innere und äußere Welt mit all ihren Erscheinungsformen eingebettet ist, und nur ihre innewohnende Klarheit und Transparenz ermöglicht es uns, diese Erscheinungen als Erfahrungsobjekte zu erkennen.

Auf der Ebene der Absoluten Realität ist also die Klarheit das entscheidende Element, das der Weisheit der Seele und dem Wissen des Verstandes zugrunde liegt. Obwohl wir hier in einen Raum des Nicht-Wissens eintauchen, der jenseits des Denkens liegt, und obwohl sich dieser

Raum der Stille auch jenseits all der Bewegungen und der Weisheit unserer Seele befindet, ist er doch gleichzeitig die entscheidende Quelle für kreatives Denken und ganzheitliches, seelisches Wissen. Daher können wir sowohl unsere Intelligenz als auch die Weisheit unserer Seele ganz grundlegend nähren, wenn wir uns immer wieder für Augenblicke ganz im Nicht-Wissen einer reinen Präsenz niederlassen. Von hier kommend werden wir überrascht sein, wie erfrischt und schöpferisch unser Verstand und unsere Seele arbeiten.

Zusammenfassung: Wissen und Weisheit

ALLTAGSREALITÄT

- Das Wissen um die Funktion der Dinge
- Die Macht, Dinge absichtsvoll zu benützen und dadurch selbstbestimmt leben können
- Distanz und Analyse; Abgleichung mit alten Erfahrungen

SEELISCHE REALITÄT

- Heraustreten aus allem vermeintlichen Wissen
- Seelische Weisheit, die sich aus dem unmittelbaren Kontakt mit sinnlicher Wahrnehmung ergibt
- Neue, ganzheitliche und schöpferische Antworten

ABSOLUTE REALITÄT

- Ort des Nicht-Wissens
- Klarheit und Transparenz
- Quelle für kreatives Denken und ganzheitliches, seelisches Wissen

Freiheit

Freiheit ist eine Ursehnsucht des Menschen. Bereits im Alten Testament findet sich das Buch »Exodus«. Es handelt von der Befreiung des Volkes Israel aus der Knechtschaft des ägyptischen Pharao. Diese uralte mythische Geschichte kann auf verschiedene Weise gedeutet werden. Wenn wir sie auf die äußere Realität beziehen, dann handelt sie von der Knechtschaft eines Volkes, das in einer Diktatur lebt, und dem schwierigen Kampf, sich daraus zu befreien. Tatsächlich finden wir noch heute viele Völker, die in Unrechtsregimen leben und in denen Menschen für ihren Freiheitskampf eingesperrt und verfolgt werden. Doch mindestens genauso häufig finden wir heutzutage eine andere Art der Knechtschaft. Unzählige Menschen leiden nämlich unter einer Lohndiktatur, welche sie als moderne »Sklaven« hält und ihnen unwürdige Lebens- und Arbeitsverhältnisse aufzwingt.

Wir können die Exodus-Geschichte jedoch auch auf die Seelische Realität beziehen und die Figuren intrapsychisch deuten. Dann ist das Volk Israel das Symbol für die Seele und der Pharao das Über-Ich, welches die Seele in Gefangenschaft hält. Moses wiederum, der der Führer des Volkes Israel ist, steht für die innere Wahrheit, die sich nach Freiheit sehnt und immer wieder beim Pharao als Sinnbild für das Über-Ich anklopft, um die Freiheit der Seele einzufordern. Selbstverständlich ist das Über-Ich nicht bereit, sich zu ergeben. Sogar als verschiedene Plagen über das ägyptische Volk hereinbrechen, gibt die Diktatur des Über-Ichs zunächst nicht nach. Erst als in einer letzten Plage alle erstgeborenen Söhne der Ägypter getötet werden, lässt der Pharao die Seele frei.

Plagen stehen sinnbildlich für körperliche oder seelische Leiden, welche die Kraft haben, die Macht des Über-Ichs zu brechen. Wie oft geschieht es, dass Menschen lange Zeit nicht den Mut haben, ihrer Wahrheit zu folgen, da ihre Angst vor der Verurteilung durch das Über-Ich allzu groß ist? Doch dann kommt eine Krankheit oder ein Schicksalsschlag und rüttelt die Person existenziell derart auf, dass sie trotz ihrer Angst und trotz des Wertesystems des Über-Ichs eine neue Weichenstellung vornimmt und ihrer Wahrheit folgt.

Die Exodus-Geschichte kann also sowohl in Bezug auf die äußere Realität als auch auf die Seelische Realität gedeutet werden und spricht in beiden Fällen ein grundlegendes Menschheitsthema an, mit dem jede Person auf die eine oder andere Weise ringt. Dabei hat die Sehnsucht nach Freiheit eine viel tiefere Dimension, als es vielleicht im ersten Moment in unserer Gesellschaft scheint. Wenn man nämlich in einer modernen westlichen Gesellschaft wie der unseren lebt, hat man den Eindruck, als ob Freiheit vor allen Dingen Freizeit, Urlaub und Konsum bedeutet. Die Werbeplakate der Reiseindustrie sind voll mit Bildern von weißen Stränden und einem weiten Meer unter einem strahlend blauen Himmel. Ist das wirklich Freiheit? Oder ist es nur das Abziehbild von Freiheit? Ein Lockmittel der Reiseindustrie, die uns mit Bildern von romantischer Weite ködert?

Wenn Konsum und Urlaub nicht wirklich Freiheit bedeuten, was ist sie dann? Was verbirgt sich in der Sehnsucht nach Freiheit eigentlich? Um dem Wesen dieser Sehnsucht auf die Spur zu kommen, müssen wir uns zunächst bewusst machen, dass der Begriff »Freiheit« sich immer auf etwas bezieht. Es gibt keine Freiheit an sich, nur die Freiheit von etwas. Von was möchten wir uns also befreien? Oder anders: Was engt uns ein? Und wozu möchten wir davon befreit sein? Was kann dann leben?

Auf der äußeren Ebene unseres Lebens gibt es viele Bedingtheiten, Verpflichtungen und Beziehungen, in die wir eingebunden sind und welche wir von Zeit zu Zeit als einengend und begrenzend erfahren. Denken wir zum Beispiel an die Bedingtheiten unseres Körpers. Einerseits ist er ein wunderbares Gefäß, das uns mit seinen Sinnen die Welt erfahren lässt und uns viel ermöglicht. Andererseits ist er bedingt und lässt uns das bei jeder Krankheit und jeder kleinen Wunde schmerzlich spüren. Wie unfrei fühlen wir uns doch, wenn unser Körper nicht mitspielt? Oder denken wir an unsere Beziehungen. Sie sind zum einen eine Quelle für erfüllende Begegnungen und können unser Leben unendlich bereichern, zum andern aber leiden wir unter nichts so sehr wie an Konflikten, Missverständnissen und Verletzungen, die durch nahe Beziehungen ausgelöst werden.

Tatsächlich ist unser menschliches Leben auf der äußeren Ebene in allen Bereichen bedingt und es kann jederzeit geschehen, dass uns dies schmerzlich bewusst wird. In jeder Krise fühlen wir uns auf uns selbst zurückgeworfen und ohnmächtig der Situation ausgeliefert. Ohnmacht ist das Gegenteil von Freiheit. In der Ohnmacht sind wir nicht selbstbestimmt und wir fühlen dabei zuinnerst, dass uns dieser Zustand unsere Würde nimmt. Die Sehnsucht nach Freiheit ist also eigentlich eine Sehnsucht nach Selbstbestimmung und Würde. Wenn wir nämlich das Gefühl haben, dass wir selbstbestimmt unserer tieferen Wahrheit folgen und dabei unser natürliches Wesen entfalten können – dass wir also ganz wahrhaftig wir selbst sein können –, fühlen wir trotz aller Bedingtheiten des äußeren Lebens den grundlegenden Wert und die Sinnhaftigkeit unseres Daseins. Wir spüren unsere Würde und die Sehnsucht nach Freiheit ist erfüllt.

Anders formuliert: In der Sehnsucht nach Freiheit verbirgt sich die grundlegende Sehnsucht nach einem authentischen Leben, in dem wir *unser* Wesen und *unsere* natürlichen menschlichen Potenziale entwickeln können. Es geht also um Selbstverwirklichung – um die Sehnsucht nach Individuation, wie es C.G. Jung genannt hat. Dabei müssen wir uns bewusst machen, dass die Kraft der Selbstentfaltung ein Lebensprinzip ist, das in jedem lebendigen Geschöpf wirkt und es dazu drängt, sogar unter widrigsten Umständen das innewohnende Potenzial zu entfalten. Was hat doch die Natur für eine Kraft, wann immer es möglich ist, zu wurzeln, zu sprießen, zu wachsen, zu grünen, zu blühen und schließlich als Krönung auch noch süße Früchte zu bekommen?

Die gleiche Lebenskraft drängt auch uns Menschen danach, uns zu entwickeln und unsere tiefsten Träume in unserem Leben Gestalt werden zu lassen. Nur wenn wir das Gefühl haben, dass wir zu unseren ureigenen Lebensträumen einen Zugang haben und sie Stück für Stück verwirklichen können, fühlen wir uns innerlich selbstbestimmt. Diese Autonomie enthält eine Würde, vergleichbar mit einem Adler, der seine Schwingen weit ausbreitet und in seinem majestätischen Flug seiner Bestimmung folgt. Jedes Geschöpf, das seiner Bestimmung folgt und sich von innen heraus in seiner Autonomie entfaltet, verkörpert diese Würde. Ob es eine anmutige Rose mit ihren zarten Blütenblättern und ihrem lieblichen Duft ist oder ein wildes Tier, das in seiner ursprünglichen Umgebung seinen Instinkten folgt und sein natürliches Leben lebt.

Wie würdelos ist es umgekehrt, wenn ein Adler in einen Käfig gesperrt wird und wie traurig wirkt es manchmal, wenn Tiere aus der Savanne, wie ein Elefant oder eine Giraffe, im Zoo gehalten werden. Jeder Mensch, der diesen Tieren bereits in freier Wildbahn – also in ihrer natürlichen Umgebung – begegnet ist, wird bezeugen, dass sie hier eine völlig andere und sehr beeindruckende Ausstrahlung versprühen. Nur hier spüren wir ihre Ursprünglichkeit und ihre Authentizität, die ihnen eine Aura von Würde verleihen. Ist es nicht mit uns Menschen genauso? Haben Menschen, die sehr selbstbestimmt ihren eigenen Sehnsüchten folgen und ihrer authentischen Lebensweise treu sind, nicht auch eine völlig andere Ausstrahlung und Präsenz als Menschen, die nicht wagen, ganz sie selbst zu sein?

Wenn Freiheit eigentlich die Sehnsucht nach authentischer Selbstverwirklichung ist, dann gibt es natürlich auf der äußeren Ebene unseres Menschseins, wie bereits ausgeführt, viele Bedingtheiten, die dem Ruf nach einem wahrhaftigen Leben entgegenstehen können. Ob es nahe Menschen sind, die nicht an unsere Träume glauben, ob wir in finanziellen Abhängigkeiten stecken, die es uns nicht erlauben, einer Berufung äußerlich nachzugehen, oder ob es ein körperliches Leiden ist, das uns einschränkt; immer kann es Lebensumstände geben, die es sehr schwer oder sogar unmöglich machen, äußerlich uns zu verwirklichen. Wer das leugnet und davon ausgeht, dass äußere Armut oder Perspektivlosigkeit immer selbst verschuldet sind, ist hochgradig überheblich und herzlos, und kennt die Härten des Lebens (noch) nicht.

Auf der äußeren Ebene unseres Lebens können wir dem Drang nach einem authentischen Leben mal mehr und mal weniger nachgehen, je nachdem wie die äußeren Bedingungen unseres Lebens sind. Manchmal können wir darum kämpfen, dass die Bedingungen sich verbessern, oder wir können in ein anderes Umfeld wechseln, manchmal aber auch nicht. Über kurz oder lang werden wir alle äußerlich immer wieder auf existenzielle Grenzen stoßen, die unsere Freiheit begrenzen und uns in Krisen stürzen. Auch wenn die Anlässe dieser Begrenzungen eine unterschiedliche Gestalt haben und wir sie allzu oft persönlich nehmen, ist die grundlegende Ohnmacht, die sich hier ausdrückt, universell und damit unpersönlich. Wir *sind* äußerlich bedingt und damit begrenzt, ob wir das wahrhaben wollen oder nicht. Momente der Ohnmacht führen uns nur vor Augen, dass es auf der äußeren Ebene unseres Lebens keinen Anspruch und keine Garantie auf Freiheit gibt.

Authentizität auf dieser Ebene bedeutet, dieser grundlegenden Bedingtheit zuzustimmen und damit das äußere Eingeschränktsein anzuerkennen. Dann allerdings können wir unsere Würde auch in einer äußeren Ohnmachtssituation wiederfinden. Wenn wir nämlich der existenziellen Begrenztheit zustimmen, fühlen wir paradoxerweise gerade in der Bejahung der Begrenzung unsere Freiheit und unsere Autonomie wieder. Welch beeindruckende Kraft und welche Würde strahlen doch Menschen aus, die ein schweres Schicksal angenommen haben und diesen Leidensweg aufrecht und aufrichtig gehen? Aus diesem Grund bedeutet Freiheit in der Alltagsrealität letztlich ein tiefes Einverstandensein mit der Begrenztheit des Lebens.

Ganz anders ist das Verständnis von Freiheit in der Seelischen Realität, denn in der Innenwelt unserer Seele gibt es keine universalen Grenzen der schöpferischen Kreativität, die hier lebt. Sowohl unsere Empathiefähigkeit, die sich in jede Lebensform einfühlen kann, als auch die Empfindungen, kreativen Bilder und die Facetten der Lebendigkeit sind wahrhaft unbegrenzt. Wenn wir körperlich krank sind und daher einer Sportart, die wir lieben, nicht mehr nachgehen können, lebt sie in unserer Innenwelt jedoch weiter und wir können sie in uns im wahrsten Sinne des Wortes lebendig werden lassen – so lebendig, dass wir die Lebensenergie, die mit dieser Sportart verknüpft ist, ganzheitlich spüren können. Und wenn wir einen Lebenstraum aus finanziellen Gründen nicht verwirklichen können, kann er uns trotzdem innerlich erfüllen und zu einer tiefen Quelle unseres Glücks werden. Mit anderen Worten: Auf der seelischen Ebene sind wir tatsächlich frei, uns authentisch zu verwirklichen.

Leider gibt es aber auch auf dieser Ebene verschiedene innere Dynamiken, die diesen unbegrenzten Raum der Möglichkeiten einschränken können. Dabei ist nicht der Seelenraum selbst bedingt oder begrenzt, sondern bestimmte geistige Konzepte des Funktionalen Ich können es verhindern, dass wir die innere Welt der Seele in ihrer grenzenlosen Freiheit entdecken und nutzen. So besteht die erste Einschränkung schon allein darin, dass viele Menschen die Seelische Realität in ihrer Bedeutung nicht erfassen. Oft wird sie der Alltagsrealität untergeordnet und dabei nicht erkannt, dass eine Verwirklichung in der Innenwelt unserer Seele genauso erfüllend sein kann und auf eine Weise genauso real ist wie eine Verwirklichung im äußeren Leben. Damit aber eine innere Erfüllung möglich wird, müssen wir die Zugänge und Werkzeuge kennen, um in die inneren Räume ganzheitlich einzutauchen. Denn nur dann, wenn wir einen unmittelbaren Kontakt zur Seele herstellen können, kann sie uns auch ganzheitlich beleben und inspirieren.

Daneben gibt es auch noch andere Grundüberzeugungen, die die Freiheit der Seele einschränken. Solange es noch starre Selbstbilder, einengende Über-Ich-Sätze und eine Fixierung auf eine festgelegte Ich-Identität gibt, legen wir unserer Seele unbewusst selbst Fesseln an. Leider ist die Macht von Identifizierungen oft sehr groß, da sie entweder unbewusst und damit untergründig wirken, oder da wir diese Glaubenskonzepte für wahr halten und aus diesem Grund nicht hinterfragen. Um hier freier zu werden und Stück für Stück unsere Authentizität und die unbegrenzte Kreativität unserer Seele zurückzuerobern, ist nicht selten ein langjähriger Weg der Bewusstheitsarbeit nötig, der uns darin unterstützt, einengende Konzepte zu erkennen und zu hinterfragen, um uns auf eine neue Weise für die Vielfalt unserer selbst und den Reichtum, der hier lebt, öffnen zu können.

Doch werfen wir noch einen Blick auf die absolute Ebene. Der Begriff »Freiheit« bekommt hier noch mal eine vollkommen neue Färbung, denn auf der Ebene des SEINS ist die Freiheit im wahrsten Sinne des Wortes absolut. Das reine Gewahrsein nämlich haftet an nichts. Dieser grenzenlose Raum der Bewusstheit ist vollkommen losgelöst von allem. Es ist das Losgelöstsein an sich, das hier lebt. Wie ein Spiegel, in dem alles unterschiedslos erscheinen darf und der doch an nichts haftet, ist auch das Gewahrsein ein Raum, in dem einerseits alles auftauchen und wieder vergehen kann, und der andererseits keinerlei Verklebungen kennt. Daher erfahren wir diesen Raum als Offenheit pur oder als eine grenzenlose Weite hinter allen Erscheinungen.

Da die Freiheit der Absoluten Realität unbegrenzt ist und sogar über den Tod hinaus wirkt – wir sind hier ja auch nicht mit der menschlichen Form verklebt –, wird sie oft in spirituellen Kreisen als die höchste Freiheit angesehen, die ein Mensch verwirklichen kann. Dadurch wird häufig dem Erwachen in die spirituelle Dimension des SEINS die höchste Priorität beigemessen. Nach dem Motto: Wenn wir erwacht sind und erkennen, dass wir zuinnerst Grenzenlosigkeit pur sind, haben wir das Anhaften an die menschliche Form und das Leiden, das sich aus dem vielfältigen Verklebtsein mit inneren und äußeren Objekten ergibt, überwunden. Dann sind wir wirklich frei und erlöst.

Jedoch wird dabei häufig übersehen, dass ja weiterhin, solange wir als Mensch leben, die innere Welt der Seele und die äußere Welt der Alltagsrealität existieren und wir entsprechend aufgefordert sind, unsere Verantwortung in diesen beiden Welten zu übernehmen. Wir können uns nicht in eine Welt der inneren Zeugenschaft und der absoluten Freiheit zurückziehen und uns darin verstecken. Sobald wir das nämlich tun, werden die anderen Ebenen unseres Menschseins an uns rütteln und uns auffordern, auch in diesen Ebenen präsent zu sein. Abgesehen davon würde durch den Rückzug in den offenen Raum der Absoluten Realität eine neue Identifikation und damit eine neue Unfreiheit entstehen.

Letztlich basiert eine solche Haltung auf einem Missverständnis. Es geht beim Erwachen nicht darum, tiefe Erfahrungen von absoluter Freiheit und Offenheit zu machen, sondern vielmehr das Losgelöstsein selbst mehr und mehr zu verkörpern. Das bedeutet aber keinen Rückzug vom

Leben, sondern die Fähigkeit, *in* allem präsent zu sein, gleichzeitig aber der Anhaftung daran zu entgehen. Erst dann sind wir wirklich frei.

Um diesen Unterschied noch einmal zu verdeutlichen, möchte ich noch ein anderes plastisches Beispiel verwenden. Eines der wichtigsten Meditationsobjekte ist die Atmung. Sie kann uns helfen, uns in der Gegenwart zu zentrieren und gleichzeitig viele zentrale spirituelle Erkenntnisse vermitteln. Für die Praxis der Meditation ist dabei typischerweise das Ausatmen wichtiger als das Einatmen. Wenn wir tief ins Ausatmen gehen, lassen wir alles los. Es ist die Verkörperung einer vollkommenen Hingabe und steht daher sinnbildlich für die Ablösung von allen Identifikationen. Wenn wir uns in das Ausatmen vollständig hineingeben und uns darüber »auflösen«, entsteht in der Atempause danach ein Moment von totaler Stille und Offenheit. In diesem Zwischenraum – einem Raum der Leere – können wir unmittelbar erfahren, was pures Dasein, jenseits aller Erscheinungen, bedeutet. Die Stille und Weite, die sich hier offenbart, kann sehr beglückend sein und eine unbegrenzte Tiefe offenbaren.

Doch können wir hier in der Leere einer Atempause verweilen? Unweigerlich geht das Leben weiter und ein neuer Atemzug will geatmet werden. Wenn wir jetzt versuchen, an der Atempause oder der inneren Stille und Weite festzuhalten, verlieren wir nicht nur das beglückende Gefühl, uns in einem unbegrenzten Zustand zu befinden, sondern auch das Glück, in einem neuen Atemzug ganz anwesend zu sein und zu fühlen, wie das Leben in uns einströmt und durch uns pulsiert. Wir sollten also nicht nur ausatmen oder in der Atempause verharren. Und darum geht es auch gar nicht beim Erwachen.

Die Stille und Weite, die wir durch vollständiges Loslassen im Ausatmen und durch das Eintauchen in die Leere der Atempause erfahren können, ist nicht das Wesentliche, das es zu verwirklichen gibt. Es ist vielmehr das Losgelöstsein von allem, das den Erfahrungen von Stille und Weite zugrunde liegt. Sobald wir das realisiert haben, geht es überhaupt nicht mehr darum, immer auszuatmen oder den Moment der Atempause zu verkosten, sondern darum, das Leben in seiner Ganzheit zuzulassen – also auszuatmen *und* einzuatmen… loszulassen und wieder etwas zu ergreifen… sich zu verabschieden und sich wieder neu einzulassen. Absolute Freiheit ist also kein Zustand von Jenseitigkeit, sondern letztlich die Freiheit, *in allem* präsent zu sein, ohne damit verklebt zu sein, und alles wieder ziehen zu lassen, ohne daran anzuhaften.

Diese Haltung ermöglicht es uns, auf allen drei Realitätsebenen präsent zu sein und die unterschiedlichen Aspekte von Freiheit in den beiden anderen Bewusstseinswelten sehr spielerisch einzunehmen. Auf der Alltagsrealitätsebene können wir uns dann dafür einsetzen, unsere tiefsten Träume Schritt für Schritt im äußeren Leben zu verwirklichen und gleichzeitig den existenziellen Grenzen unseres Lebens zustimmen. Zusätzlich können wir auf der seelischen Ebene die schöpferische Kreativität und den Reichtum auskosten, der hier lebt, und die Würde erfahren, die in unserer Autonomie begründet liegt.

Mit anderen Worten: Wir können letztlich durch die Verkörperung des totalen Losgelöstseins auf der absoluten Ebene spielerisch zwischen den verschiedenen Realitätsebenen hin- und herwandern und ihre Potenziale situationsgemäß gebrauchen, ohne mit einer Ebene zu verkleben. So ergibt sich einmal mehr eine dialogische Haltung, bei der Freiheit nicht bedeutet, in einer Perspektive zu verharren, sondern die Fähigkeit meint, spielerisch und leicht die Bewusstseinsebenen und damit die Perspektiven wechseln zu können.

Zusammenfassung: Freiheit

ALLTAGSREALITÄT

- Freiheit bedeutet fürs Ego: Freiheit von Bedingtheiten, Verpflichtungen und Beziehungen und die materielle Freiheit, sich alles leisten zu können (siehe Urlaub, Konsum)
- Freiheit aus Sicht von innerer Reife bedeutet: der Einsatz dafür, unsere tiefsten Träume im Äußeren Gestalt werden zu lassen und gleichzeitig ein Einverständnis mit der Begrenztheit des Lebens

SEELISCHE REALITÄT

- Sehnsucht nach Autonomie und Würde
- Der natürliche Drang, der inneren Wahrheit zu folgen und das eigene Wesen zu entfalten (= Selbstverwirklichung, Individuation)
- Die grenzenlose schöpferische Freiheit unserer Innenwelt; ein unbegrenzter Raum der Möglichkeiten

ABSOLUTE REALITÄT

- Offenheit pur, ein Losgelöstsein von allem, eine grenzenlose Weite
- Die Freiheit, die sich ergibt, wenn wir nicht mehr an die menschliche Form anhaften
- Die Fähigkeit, in allem präsent zu sein und gleichzeitig nicht damit verklebt zu sein
- Die Freiheit, spielerisch und situationsgemäß zwischen den Ebenen wechseln zu können

Verbundenheit und Liebe

Eine der tiefsten Sehnsüchte des Menschen ist die nach Verbundenheit. Neurologen haben herausgefunden, dass die Motivationssysteme im Gehirn durch nichts so sehr befeuert werden wie durch die Aussicht auf Kooperation, Nähe, wertschätzende Aufmerksamkeit oder sogar Liebe. Wie stark die Sehnsucht nach Verbundenheit in uns wirkt, können wir auch daran ermessen, wie viele Lieder, Gedichte und Geschichten von der Liebe handeln. Offensichtlich sind die Momente von liebender Begegnung mit anderen Menschen oder anderen Geschöpfen die Höhepunkte eines erfüllten Lebens. Nicht umsonst nennen wir die Heirat zweier Menschen auch eine »Hoch-zeit«.

Doch was verstehen wir eigentlich unter Liebe? Und was bedeutet Verbundenheit aus den verschiedenen Blickwinkeln der Realitätsebenen? Das ist nämlich den meisten Menschen nicht wirklich klar, wie wir an den vielen Missverständnissen in diesem Bereich sehen können. Als ehemaliger Paartherapeut weiß ich nur zu gut, wie viele Verstrickungen und Verletzungen daraus entstehen können, dass in einer Partnerschaft die Verbundenheit auf unterschiedlichen Realitätsebenen gesucht wird und dafür keine Bewusstheit herrscht. Da kann es sein, dass der Mann gemeinsame Unternehmungen oder Hobbys vorschlägt, um das Verbundenheitsgefühl über ein gemeinsames Handeln zu stärken, und verwundert registriert, dass seine Frau das keine gute Idee findet und lieber zu Hause ein intensives Gespräch oder körperliche Nähe sucht. Oder die Frau sucht die Allverbundenheit in einem Meditationsretreat, kommt erfüllt durch tiefe Einheitserfahrungen nach Hause und muss feststellen, dass ihr Mann aber das Gefühl hat, dass sie weit weg und unerreichbar ist. Möglicherweise wendet er sich sogar verletzt ab. »Wie kann es sein«, fragt sie sich, »dass ich eine so tiefe Liebe zu allem in mir fühle und mein Mann mich als lieblos und unerreichbar erlebt?«

Diese typischen Missverständnisse sind leider keine Einzelfälle und können sich zu großen Zerwürfnissen auswachsen. Das ist sehr tragisch, denn eigentlich wollen die Konfliktpartner ja zusammenkommen. Sie suchen sich, nur leider auf unterschiedlichen Ebenen. Wenn sie mehr Verständnis darüber gewinnen, welche Ebenen von Verbundenheit es gibt und dass diese gleichwertig sind, dann ist bereits der Konflikt entscheidend entschärft und sie können lernen, die Unterschiedlichkeit, mit der beide nach Verbundenheit suchen, anzuerkennen und sich auf den verschiedenen Ebenen aufeinander zuzubewegen.

Doch betrachten wir jetzt genauer, wie die Sehnsucht nach Verbundenheit und Liebe sich in den drei Realitätsebenen ausdrückt. Auf der Ebene der Alltagsrealität bedeutet Verbundenheit vor allen Dingen eine bestimmte Form der Verbindlichkeit, die eingegangen und eingehalten wird. Wenn man sich zum Beispiel in einem Chor trifft, um gemeinsam zu singen und aufzutreten, entsteht durch die Verbindlichkeit zu diesem gemeinsamen Vorhaben ein Wir-Gefühl, das sehr stark werden und eine große Bedeutung für das Leben dieser Menschen einnehmen kann. Dieses Wir-Gefühl sagt aber nichts darüber aus, wie die persönliche Beziehung der Beteiligten untereinander ist. Es kann durchaus sein, dass die Menschen, mit denen man gemeinsam regelmäßig singt, nicht die Menschen sind, mit denen man typischerweise Freundschaften eingehen würde.

Allerdings gibt es noch einen zweiten zentralen Aspekt, wodurch ein Wir-Gefühl in der Alltagsrealität geschaffen werden kann, ohne dass sich die beteiligten Personen wirklich kennen oder mögen müssen, nämlich durch eine gemeinsame Zugehörigkeit zu einer Idee oder einem Konstrukt aus der Alltagsrealität. Wenn sich zum Beispiel eine Person stark einer politischen Partei zugehörig fühlt, dann muss sie nicht mal aktiv darin engagiert sein, um ein Wir-Gefühl zu erfahren. Selbstverständlich hat dieses Gefühl von Verbundenheit nichts mit einer real gefühlten Nähe zu den Personen zu tun, die in dieser Partei verkehren, denn die meisten kennt sie ja nicht einmal. Ob wir uns einer Nation, einer Religion, einer politischen Partei oder einer anderen Gruppierung zugehörig fühlen, die oberflächlich betrachtet eine gemeinsame Idee vereint, es entsteht dabei immer ein unpersönliches und diffuses Zusammengehörigkeitsgefühl, das im positiven, wie im negativen Sinne eine große Kraft entfalten kann.

Denken wir an Fans von Fußballclubs, die für ihren Verein einstehen und ihrer Mannschaft in guten wie in schlechten Tagen die Treue halten, die aber manchmal auch zusammenstehen, um andere Fangruppen aggressiv zu bekämpfen. Oder denken wir an Staaten. Ein gesundes Nationalgefühl, das die eigenen kulturellen Errungenschaften und Besonderheiten wertschätzt, kann sich auf die eigenen Stärken besinnen und fühlt sich damit nicht von anderen Nationen oder anderen kulturellen Einflüssen bedroht. Wenn das Nationalgefühl aber in einen blinden Nationalismus umschlägt, entsteht ein zerstörerisches Aggressionspotenzial, das Minderheiten ausschließt und im Extremfall sogar Kriege gegen andere Nationen anzetteln kann.

Obwohl das Verbundenheitsgefühl durch Zugehörigkeiten zu einer Idee oder einer Gruppierung also enorm starke Kräfte entfalten kann, gründet es sich lediglich auf ein Konzept aus der Alltagsrealität, das verallgemeinert wird. Denn natürlich gibt es keine einheitliche Nation, Religion oder Partei. Jede dieser Gruppierungen besteht bei näherer Betrachtung aus vielfältigen und zum Teil widersprüchlichen Strömungen, welche nur scheinbar einer gemeinsamen Idee unterstellt sind. So gibt es natürlich eigentlich kein Christentum oder keinen Buddhismus, sondern nur viele verschiedene Ideen darüber, was Menschen mit der christlichen oder buddhistischen Lehre verbinden. Wenn wir wirklich einzelne Christen oder Buddhisten nach ihrem Verständnis ihrer Religion fragen würden, würden sich wahrscheinlich manche sogenannte Christen mit manchen sogenannten Buddhisten besser verstehen und sich in ihrem Glauben näher fühlen als mit vielen Gläubigen aus ihrer eigenen Religion.

Verbundenheit auf der Ebene der Alltagsrealität bedeutet also Verbindlichkeit, entweder zu einer gemeinsamen Handlung wie bei einem Projekt oder zu einer gemeinsamen Idee, aus der eine Zugehörigkeit erwächst. In beiden Fällen kann ein Wir-Gefühl entstehen, das die einzelne Person nährt und ihr Halt gibt, welches aber nichts damit zu tun hat, ob eine real empfundene Nähe zu den beteiligten Personen besteht. Das ist nun beim Verbundenheitsgefühl in der Seelischen Realität vollkommen anders, denn hier geht es nicht um eine abstrakte Idee, die wir lieben – wie zum Beispiel in der Liebe zur Nation –, sondern um die gefühlte Nähe zu anderen konkreten Menschen oder Geschöpfen.

Gefühlte Nähe ist kein Konzept und keine Theorie, sondern der Ausdruck eines realen Resonanzgeschehens unserer Seele in der lebendigen Begegnung mit einem anderen Wesen. Daher können wir uns auch in einen Menschen unsterblich verlieben, der gleichzeitig einer völlig anderen Volksgruppe, einer anderen Nation oder Religion angehört, oder sogar von seinen Überzeugungen und seiner Zugehörigkeit unser Feind ist. Man kann sich vorstellen, dass dies ein enormes Spannungsfeld und damit Konfliktpotenzial beinhaltet, welches die beteiligten Personen regelrecht innerlich zerreißt. Handelt nicht die tragische Geschichte von Romeo und Julia von genau so einer Unvereinbarkeit?

Doch betrachten wir genauer, was ein seelisches Resonanzgeschehen, welches das Gefühl von Nähe, Hingezogenheit oder Liebe auslöst, eigentlich ist. Stellen wir uns vor, dass wir auf einen Menschen treffen, der uns spontan sympathisch ist. Manchmal sind es Kleinigkeiten, auf die wir positiv reagieren: eine geschmeidige Art, sich zu bewegen, eine Ausstrahlung von Integrität, das wache lebendige Blitzen in den Augen oder der Tonfall einer Stimme. Was immer es ist, das zu uns spricht und das Gefühl von Nähe oder Interesse erzeugt, wenn wir es tiefer untersuchen würden, würden wir entdecken, dass es mit einem inneren Anteil von uns selbst korrespondiert. Es entsteht also eine seelische Resonanz, bei der eine Facette unserer Innenwelt wie eine Saite eines Instruments durch die Begegnung mit dem Gegenüber angeschlagen wird und in Schwingung gerät. Durch dieses Resonanzgeschehen wird also etwas in uns angeregt, was zwar vorher potenziell auch bereits da war, das aber wie eine Saite, die nicht angeschlagen wird, keine Melodie entfalten und uns nicht erfüllen kann. Doch jetzt wird diese Musik in uns lebendig und bewirkt gleichzeitig das Gefühl einer unmittelbaren Nähe mit dem Gegenüber. Eine Art Gleichklang, der entsteht und einen unmittelbaren seelischen Kontakt herstellt.

Je nachdem, welche inneren Anteile in Schwingung geraten und je nachdem wie stark sie lebendig werden, kann der seelische Gleichklang zu einem Gefühl von Interesse, Vertrautheit, Heimat, Sich-verstanden-Fühlen, Sympathie, Freundschaft, Hingezogenheit, Liebe oder Erotik führen; doch die Quelle für die unterschiedlichen Gefühlsfacetten von Nähe ist immer das Zusammenschwingen von inneren Anteilen der Beteiligten. Haben Liebende nicht das Gefühl, dass sie sich zuinnerst gesehen und verstanden fühlen? Sagen sie nicht manchmal sogar, dass sie das Gefühl hätten, den anderen schon immer zu kennen? Das stimmt und stimmt nicht, je nachdem, ob auf die Alltagsrealität oder die Seelische Realität geschaut wird. Natürlich kennen sie die andere Person nicht schon immer, aber der innere Anteil, der durch die Begegnung in Schwingung gerät und zusammenklingt, begleitet sie schon ein Leben lang.

Ein seelisches Resonanzgeschehen kann ein sehr starkes Verbundenheitsgefühl mit einem anderen Menschen bewirken, so stark, dass die andere Person ein verlängerter Teil der eigenen Identität wird. Wir sagen dann »*meine* Freundin, *mein* Mann, *mein* Kind«. Dabei ist das Wörtchen »mein« in diesem Fall viel mehr als eine Orientierungsangabe. Vielmehr drückt sich hier eine Zugehörigkeit aus, die über das Gefühl der aktuellen Nähe und Resonanz hinausgeht. Mit anderen Worten, die seelische Nähe zu einem Menschen kann dazu führen, dass wir uns mit dieser Person grundsätzlich identifizieren und sie in unsere Welt eingebaut wird. Das führt einerseits dazu, dass sich die Verbundenheit noch mehr verstärkt, andererseits entsteht dadurch aber auch wie bei jeder anderen Identifizierung ein Konfliktpotenzial, da typischerweise mit der Identifizierung Ansprüche einhergehen.

Am plakativsten sehen wir diesen Vorgang, wenn zwei Menschen heiraten. Die seelische Nähe, die die beiden zueinander empfinden, führt zu dem Schritt, dass sie sich entschließen, zusätzlich auf der Alltagsrealitätsebene einen Vertrag der Verbindlichkeit einzugehen und zusammenzuleben. Bei einer Heirat kommen also beide Ebenen zusammen – die Seelische Realität und die Alltagsrealität. Dadurch bekommt die seelische

Resonanz, die zwischen beiden Menschen wirkt, eine zusätzliche Dimension der Verbindlichkeit, die die Beziehung vertieft und die grundsätzliche Identifikation mit dem Partner oder der Partnerin verstärkt. Auf diese Weise sind die beiden grundsätzlich miteinander verbunden, unabhängig davon, ob die seelische Nähe gerade gespürt wird oder nicht. Allerdings hat dies auch eine Schattenseite, die oft zu tiefen Konflikten oder auch zum Zerbrechen einer Ehe führen kann. Dadurch nämlich, dass eine tiefe Zugehörigkeit zur eigenen inneren Welt empfunden wird, entstehen häufig Ansprüche, bei denen die Freiheit der anderen Person eingeschränkt oder sie für die Erfüllung der eigenen Bedürfnisse verantwortlich gemacht wird. Auf diese Weise kann die Verbindlichkeit, die zunächst die seelische Verbundenheit zweier Menschen vertieft, auf Dauer auch ins Gegenteil umkippen und sie schwer belasten.

Eine reife, verbindliche Ehe zu führen ist daher ein anspruchsvolles Unterfangen, bei dem die Pole Verbindlichkeit und Freiheit immer wieder ausbalanciert werden müssen und gleichzeitig darauf geachtet werden muss, dass das, was die beiden ursprünglich seelisch verbunden hat, immer wieder genährt und aktualisiert wird. Denn eine verbindliche Beziehung, in der man sich zwar zugehörig fühlt, aber bei der längere Zeit keine unmittelbare seelische Nähe mehr zur anderen Person gespürt wird, ist wie das Gefäß eines großen, schönen Blumentopfes, in dem die Pflanze verdorrt ist. Der Topf gibt noch Halt, aber ohne eine lebendige Pflanze darin ist er ein totes Gefäß und verliert seinen Sinn.

Doch gehen wir bei unserer Betrachtung noch einen Schritt weiter. Viele Menschen nämlich suchen die Verbundenheit nicht nur auf der Ebene der Alltagsrealität durch Verbindlichkeit und Zugehörigkeit oder auf der seelischen Ebene durch unmittelbar gefühlte Resonanz mit anderen Menschen, sondern auch im Erleben einer Allverbundenheit, welche in der spirituellen Dimension der Absoluten Realität wurzelt. Diese Art von Verbundenheit hat wiederum einen vollkommen anderen Charakter als die Verbundenheit der anderen beiden Bewusstseinswelten. Hier können wir nämlich ein universales Einssein erfahren, das alle Erscheinungen und alle Geschöpfe umfasst und durchdringt und gleichzeitig nichts Persönliches mehr an sich hat.

Tatsächlich betreten wir im Absoluten einen Raum jenseits der persönlichen Bezogenheit und jenseits unserer Gefühle. Daher spielt hier weder eine seelische positive Resonanz noch eine gefühlte Dissonanz zu einem anderen Wesen eine Rolle. Anders gesagt, wir verlassen den Bereich von Sympathie und Antipathie. Sogar die Zugehörigkeiten zu nahen Menschen, die normalerweise eine große Bedeutung für uns haben, lassen wir zurück, wenn wir uns nach innen ins Absolute fallen lassen. All unsere Zugehörigkeiten, Beziehungen, Gefühle und letztlich sogar alles, was uns äußerlich oder innerlich ausmacht, werden abgestreift, denn nur so können wir das Innerste unseres Menschseins – reine Präsenz – berühren. Diese Präsenz ist Existenz pur – vor und hinter und in jeder Erscheinung. Sobald wir erkennen, dass diese Präsenz nicht nur jenseitig – also vor oder *hinter* den Dingen existiert –, sondern auch das grundlegende Element *in* jeder Erscheinung ist, erfahren wir die zugrunde liegende Einheit, die zeitlos und unterschiedslos die gesamte Schöpfung mit ihrer Vielfalt durchdringt und verbindet.

In diesem Zustand können wir das SEIN *in allem* fühlen – in jedem Geschöpf und in jedem noch so unbedeutenden Gegenstand. Hier entfaltet sich eine universale Liebe zu allem und jedem. Allerdings ist diese Liebe überhaupt nicht vergleichbar mit der Liebe, die Ausdruck eines seelischen Resonanzgeschehens ist. Sie ist weder ein wirkliches Gefühl, noch in irgendeiner Weise persönlich bezogen. Sie ist vielmehr im wahrsten Sinne des Wortes überpersönlich, also transpersonal. Damit eignet sie sich nicht, um eine persönliche, seelische Nähe zu einem anderen Menschen herzustellen. Das sollten wir unbedingt wissen, wenn wir nach einer tiefen Erfahrung von »unio mystica« wieder auf andere Menschen oder auf unsere Liebsten treffen. Denn solange wir in diesem Zustand sind, sind wir auf eine gewisse Weise für den anderen unerreichbar. Und das mit gutem Grund, da wir tatsächlich für einige Zeit alles Persönliche abgestreift haben und uns in einem jenseitigen Zustand befinden.

Wenn wir das erkannt haben, dann können wir nach einem tiefen Eintauchen in die absolute Liebe wieder bewusst die Realitätsebene wechseln und uns mit dem Körper und der seelischen Dimension verbinden, um von hier aus wieder anderen Menschen fühlend nahe sein zu können. Das macht nicht nur Sinn, um Menschen innerlich wieder begegnen zu können, es ist auch ein Ausdruck von Respekt. Wir gehen ja auch nicht mit einer Badehose bekleidet in ein Restaurant, sondern streifen zuvor unsere Alltagskleider wieder über. Wenn wir gerade den »Bademodus« nicht verlassen wollen, dann sollten wir vielleicht auch darauf verzichten, das Restaurant aufzusuchen. Anders gesagt: Wenn wir so tief im Zustand der Einheit sind, dass wir gerade die Bewusstseinsebene nicht wechseln können oder wollen, sollten wir uns mit Kontakten zurückhalten oder zumindest das Gegenüber darüber informieren, dass wir gerade in einem veränderten Bewusstseinszustand sind. Das ist zum einen respektvoll und zum anderen kann es viele Missverständnisse und Verletzungen verhindern helfen.

Was ist also Verbundenheit und was ist Liebe? Es gibt viele Facetten von Verbundenheit und viele unterschiedliche Qualitäten von Liebe, welche Menschen suchen und erfahren können. Sie alle haben eine Berechtigung und ergänzen sich. Doch solange wir nicht differenzieren können, auf welcher Realitätsebene sich ein Mensch befindet, wenn er von Liebe spricht, können wir ihn auch nicht wirklich verstehen und eine Resonanz darauf geben. Und erst wenn wir die Realitätsebenen mit ihren unterschiedlichen Qualitäten von Verbundenheit und die jeweiligen Zugänge zu diesen verschiedenen Qualitäten der Liebe kennen, können wir sie situationsgemäß aufsuchen, sodass wir im wahrsten Sinne des Wortes »in der Liebe leben« können.

Zusammenfassung: Verbundenheit und Liebe

ALLTAGSREALITÄT

- Verbundenheit meint hier Verbindlichkeit, eine Art Vertrag
- Ein unpersönliches Wir-Gefühl durch ein gemeinsames Projekt oder durch die Identifikation mit einer gemeinsamen Idee oder die Zugehörigkeit zu einer Gruppierung

SEELISCHE REALITÄT

- Verbundenheit als persönliche Bezogenheit; die gefühlte Nähe zu anderen Geschöpfen
- Ein Resonanzgeschehen der Seele in der lebendigen Begegnung mit einem anderen konkreten Wesen

ABSOLUTE REALITÄT

- Verbundenheit als universale, unpersönliche Liebe
- Das SEIN, das alles durchdringt und verbindet

Wer sind wir?

Ich will dieses Buch nicht beenden, bevor ich noch einen Blick auf die großen Fragen nach unserer Identität geworfen habe. Seit Menschengedenken treiben uns diese Fragen um. Wer bin ich? Wo komme ich her? Wo gehe ich hin? Was ist der Sinn meines Daseins? Diese Fragen sind entscheidend für unser Selbstverständnis und je nachdem, welche Antworten wir entdecken, wird sich dabei die Ausrichtung für unser Leben erheblich verändern.

Nehmen wir zum Beispiel an, dass eine Person sich diese Fragen nicht wirklich stellt und die derzeit verbreitete Antwort der Werbung und der

Industrie auf diese Fragen unbewusst übernimmt, dann wird er wahrscheinlich zu einem »Homo consumptionis« – einem konsumorientierten Menschen. Wenn man nämlich den Botschaften der Werbung unreflektiert folgt, dann besteht der Sinn und das Glück des Menschen darin, immer mehr Konsumgüter anzuhäufen und sich in oberflächlichen Vergnügungen wie Freizeitparks und Fünfsternehotels zu zerstreuen. Der Sinn unseres Daseins liegt hier also in einer Selbstbezogenheit auf unsere Bedürfnisse und auf Annehmlichkeiten. Wie wir alle wissen, trägt diese Antwort nicht. Spätestens dann nämlich, wenn Menschen mit existenziellen Herausforderungen konfrontiert sind und dadurch in Krisen kommen, bricht die selbstbezogene Schale einer Disney World voll Vergnügungen auf und die Fragen nach unserer Existenz stellen sich ganz neu und äußerst drängend.

Wie oft schon habe ich Menschen erlebt, die zum Beispiel nach einem Schicksalsschlag in eine tiefe Identitätskrise gefallen sind, bei der ihr bisheriges Weltbild und damit auch ihr Selbstverständnis eingebrochen ist. Wenn wir uns vergegenwärtigen, wie fundamental die Konzepte des Funktionalen Ichs mit seinen Selbstbildern und der Ich-Identität für unsere innere Stabilität sind, dann kann man sich ausrechnen, wie vernichtend ein Zusammenbruch von bisherigen Lebenskonzepten für eine Person sein kann. Es ist, als ob das innere Fundament einbricht und sie nicht mehr weiß, woran sie sich halten kann. Entsprechend orientierungslos und sinnlos fühlt sie sich und es kann eine lange Zeit dauern, bis sie wieder Boden unter den Füßen bekommt.

Diese inneren Krisen sind jedoch alles andere als überflüssig oder nur schrecklich. Im Gegenteil. Sie sind die Momente in unserem Leben, in denen unter der Wucht der existenziellen Ereignisse die Oberfläche unserer Gewohnheiten und scheinbaren Sicherheiten aufgebrochen werden. In diesen Momenten werden wir auf uns selbst zurückgeworfen und stehen plötzlich ganz allein vor der Existenz unseres Lebens. Niemand kann uns hier helfen und niemand kann für uns eine Antwort finden. Sie muss sich von innen heraus neu formen, bis sie eine neue tragende

Basis für unser Leben wird. Diese Antwort gibt uns aber nicht nur eine neue Stabilität, sondern auch eine neue Ausrichtung. So haben bereits viele Menschen erfahren, wie sich ihr Leben nach einer Identitätskrise grundlegend verändert hat und sie ein neues Leben begannen.

Nicht selten verändert sich nach einer solchen Krise auch die Oberfläche unseres Lebens. Manchmal fühlt es sich regelrecht zwingend an, ganz neue Weichenstellungen vorzunehmen und wir wechseln zum Beispiel den Beruf, lösen uns aus nicht mehr stimmigen Beziehungen oder suchen nach einem neuen Wohnort. Doch diese manchmal durchaus gravierenden Veränderungen auf der Oberfläche unseres Lebens sind nur die äußere Gestalt für eine viel tiefer liegende Verwandlung, die in unserer Innenwelt stattgefunden hat – die Verwandlung unserer Identität. Wir haben nämlich innerlich eine ganz neue Antwort auf die Frage gefunden, was unser Leben ausmacht.

Manchmal ist uns das neue Selbstverständnis bewusst und wir können es klar benennen. Nicht selten aber ist es den betroffenen Personen nicht bewusst, da es in der Phase der Krise innerlich und ohne Sprache herangereift ist, wie eine Frucht, die verborgen vor allen Blicken in ihrer Schale so lange reift, bis sie durch einen Windhauch angestoßen vom Baum fällt. Diese Personen können nicht benennen, was das neue Selbstverständnis ist und woraus für sie nun der neue Sinn besteht, und doch fühlen sie, dass sich etwas entscheidend verändert hat und sie jetzt bereit sind, ein neues Leben zu beginnen. Dieses neue Leben aber fühlt sich wahrhaftiger, ernster und tiefer an. Nicht dass es hier keine Lebensfreude mehr gibt. Vielleicht freuen sie sich sogar viel unmittelbarer als zuvor und es erfüllt sie eine neue Art von Dankbarkeit. Und doch ist das neue Leben durchdrungen von einem tiefen Ernst, da sie in der Tiefe um die Bedeutung und die Wucht von Existenz wissen.

Wie können wir diese wichtigen Reifungsphasen von Menschen gesellschaftlich unterstützen? Die wichtigste Hilfestellung besteht vielleicht bereits darin, dass wir die Bedeutung dieser Findungsphasen anerkennen und entsprechend nicht davor zurückschrecken, sondern im Gegenteil den Identitätskrisen eine besondere Wertschätzung zukommen lassen. Sie sind die Phasen, in denen wir eine neue Reife als Mensch erlangen und unsere eigentliche Bestimmung entdecken können. Dort nämlich, wo uns bisherige Lebenskonzepte abhandenkommen und eine Außenorientierung wegfällt, kann und muss die Seele sich ganz neu – von innen heraus – formen und entfalten. So können die natürlichen Wesensanteile, die in unserer Seele veranlagt sind, zu einer neuen Blüte kommen. Doch nicht nur das. In Identitätskrisen kann auch ein spirituelles Erwachen geschehen, in welchem wir der Dimension der Existenz ganz nahekommen und vielleicht sogar das Absolute als unmittelbare Erfahrung aufscheint. Nicht selten beginnt hier ein spiritueller Weg, der die Person in der Folge ein Leben lang begleitet.

Wenn wir diese Krisen also in ihrer zentralen Bedeutung für eine innere Reifung erkennen und entsprechend wertschätzen – vielleicht sogar mehr wertschätzen als die glücklichen Phasen, in denen alles glatt läuft –, dann entsteht ein geschützter Raum, in dem die betroffene Person sich in ihrer Ganzheit dem inneren Wandlungsprozess zuwenden kann. Sie fühlt sich dann nicht falsch, komisch oder krank, wenn ihr die gewohnte Stabilität wegbricht, sondern kann sich ohne Selbstzweifel und ohne sich nach außen rechtfertigen zu müssen, auf diese Phase der Instabilität und Ungewissheit einlassen. Vielleicht zieht sie sich eine Weile aus allen gewohnten Bezügen zurück, geht viel in die Natur oder macht ein Schweigeretreat, um den Raum zu haben, nicht wie gewohnt funktionieren zu müssen, sondern ganz nach innen lauschen zu können.

Nichts ist für die innere Reifung hilfreicher als geschützte Räume des Rückzugs und begleitende Menschen, die um die Bedeutung dieser Phasen wissen und uns Mut machen dazu, unserer Seele zu vertrauen und unsere eigenen Fragen in der Tiefe unseres Herzens zu stellen. Ein solch wertschätzender Rahmen gibt uns die Sicherheit, die wir benötigen, um uns der fundamentalen Unsicherheit, die sich in unserem Inneren geöffnet hat, zu stellen und um nicht vorschnell nach (Schein-)Antworten zu greifen, die nicht von innen heraus gereift und damit auch nicht tragfähig sind.

Zu einem solchen Halt gebenden Rahmen würde auch beitragen, wenn unsere Gesellschaft dazu bereit wäre, Menschen in dieser Phase mit einem Grundeinkommen zu unterstützen. Tatsächlich würde das nicht nur der einzelnen Person in ihrer Selbstfindung zugutekommen, sondern auch dazu führen, dass wir als Gesellschaft im Ganzen reifen können. Denn jede Person, die mehr ihrer inneren Bestimmung folgt und dadurch eine neue Sinnhaftigkeit erfährt, kann in der Folge aus einer inneren Fülle schöpfen und daraus anderen Menschen und damit der Gesellschaft als Ganzes etwas zuteilwerden lassen. Die Entdeckung der Seele und des Wesens ist letztlich keine narzisstische Nabelschau und hat keinen Selbstzweck, sondern lässt uns das entdecken, was wir mit unserem Leben und unserem Dasein zu *geben* haben.

Das ist nämlich deutlich mehr und geht viel tiefer als das, was Menschen, die auf die Alltagsrealität fixiert sind, bewusst ist. Es ist eine natürliche und gesunde Entwicklung, dass wir eine persönliche Ich-Identität ausbilden und uns zunächst durch die Gestalt des Körpers, durch unseren Namen, unsere persönliche Geschichte, unsere Rollen usw. definieren. Durch dieses komplexe innere Selbstkonzept erschaffen wir eine handlungsfähige Figur, die im Zentrum unseres Lebens agiert und die einen Bezugspunkt für unser Bezogensein in der Welt darstellt. Wir verhalten uns dabei wie eine Schriftstellerin eines Romans, die zunächst einen Protagonisten für ihre Geschichte erschafft und ihm verschiedene charakteristische Eigenschaften und Verhaltensweisen zuschreibt. So entsteht ein Bezugspunkt, der die Geschichte mit all ihren Verästelungen und verschiedenen Szenarien zusammenhält.

Der Unterschied zu einer Schriftstellerin ist allerdings, dass sie den Protagonisten bewusst als Kunstfigur gestaltet, während unser Geist im Laufe unseres Heranwachsens unsere persönliche oberflächliche Identität aus vielen Erfahrungen und Interpretationen konstruiert, ohne dass wir uns dieses Vorgangs bewusst wären. Tatsächlich sind wir bald davon überzeugt, dass unsere äußere Gestalt und all unsere damit verknüpften Selbstbilder die einzige Realität sind, die uns als Mensch ausmacht. Die

Seelische Realität mit ihrer Vielfalt und Kreativität wird der äußeren Identität, deren einzige Realität die äußere Welt ist, untergeordnet und entsprechend zurechtgestutzt oder in weiten Teilen verdrängt. Die Absolute Realität mit ihrer unbegrenzten Dimension von SEIN hat natürlich in einer begrenzten Ich-Identität erst recht keinen Platz und wird häufig nach außen auf ein wie auch immer geartetes diffuses Gottesbild projiziert.

Beide Realitätsebenen – die Seelische und die Absolute – sind immer in unserem Leben präsent, aber werden aus dem Bezugsrahmen der Alltagsrealität und einer individuellen Ich-Identität betrachtet und verlieren daher ihre jeweilige Wirkmächtigkeit. Wie sollen wir auch die Seele mit ihren inneren Räumen, mit ihrer Vielfalt und ihrem Reichtum, mit ihrer inneren Weisheit und ihrer schöpferischen Kreativität ausloten, wenn wir sie als Fantasie und flüchtige Träumerei abtun? Und wie können wir das lebendige, zeitlose und unbegrenzte SEIN als Quelle jeden Augenblicks erfahren, solange wir glauben, dass Gott eine Dimension ist, die außerhalb von uns existiert?

Doch auch wenn wir der kollektiven Suggestion unserer Kultur Glauben schenken, dass wir nur aus unserer oberflächlichen Identität einer konkreten, objekthaften Person bestehen und dies uns zunächst eine gewisse Stabilität verleiht, mit der wir unser äußeres Leben aufbauen und gestalten können, muss zwangsläufig der Punkt kommen, an dem dieses Konstrukt infrage steht oder einbricht. Denn jedes Selbstkonzept ist von seinem Wesen her starr. Das Leben aber wandelt sich. Sowohl die äußere Welt in ihrer Komplexität als auch wir selbst – unser Körper und unsere Seele – sind ständig im Fluss. Lange Zeit mag es daher gelingen, an gewissen Selbstbildern, Zugehörigkeiten und Rollen festzuhalten, aber irgendwann werden diese zu klein wie alte Kleider, aus denen wir herauswachsen. Außerdem gibt es immer eine Reibung zwischen einem starren Bild und der lebendigen, fließenden Wirklichkeit des Augenblicks. Wie das reißende Wasser eines Flusses, das unablässig an den Pfeilern einer Brücke arbeitet und irgendwann die Brücke zum Einsturz bringt, so können wir zwar lange mit unseren Selbstkonzepten und Lebensplänen dem Fluss der lebendigen Gegenwart trotzen, aber immer wieder wird es geschehen, dass wir mitgerissen werden und nicht leugnen können, dass die unmittelbare Kraft des Lebens mächtiger ist als unsere Gedankenwelt.

Natürlich bauen wir sofort wieder neue Brückenpfeiler im Fluss des Lebens, die uns herausheben aus dem fließenden Wasser der Gegenwart, aber mit der Zeit dämmert uns vielleicht, dass nicht das lebendige Leben unser Feind ist, sondern das Problem einzig und allein darin besteht, dass wir unsere Konzepte von uns selbst und vom Leben zu wichtig nehmen. An dieser Stelle könnte ein neues Interesse für die lebendige Gegenwart wachsen, denn auch wenn wir oft dagegen ankämpfen, merken wir vielleicht doch, dass die Gegenwart eine Intensität und Frische beinhaltet, die wir in der Gedankenwelt der Alltagsrealität häufig vermissen.

Vielleicht interessieren wir uns von nun an auch für Praxisformen, die uns helfen, mit der Unmittelbarkeit des Lebens in Berührung zu kommen. Ob wir Meditation, Yoga, Formen der Körperarbeit, Inneres Erforschen oder einfach wache Spaziergänge in der Natur praktizieren, mit all diesen Methoden treten wir aus der Gedankenwelt heraus und sensibilisieren uns für den gegenwärtigen Augenblick. Dadurch bekommt unser Leben eine neue Balance zwischen Denken und unmittelbarer Präsenz – zwischen der Gedankenwelt und dem tatsächlichen lebendigen Geschehen in der Gegenwart. Diese neue Ausrichtung ist sehr hilfreich, da dies uns die Relativität unserer geistigen Konzepte vor Augen führt und dadurch die Dominanz der Alltagsrealität und der Ich-Identität schwächt. Wir merken immer mehr, dass unsere Selbstbilder und Lebenspläne nur manchmal hilfreich und sinnvoll sind, da sie uns eine Orientierung geben, aber dass sie sehr häufig im Weg stehen, nämlich immer dann, wenn der Lebensfluss in eine andere Richtung fließt, als wir dachten.

Je mehr wir entdecken, dass unsere Selbstkonzepte nicht verlässlich und schon gar nicht absolut sind, desto mehr macht sich eine neue Unsicherheit breit. Wer sind wir, wenn unsere oberflächliche Identität mit ihren Selbstbildern, Rollen und Zugehörigkeiten immer wieder einbricht und sich alle paar Jahre verändern und neu konstituieren muss? Kann überhaupt ein klares, festes Selbstbild in einer Welt, die sich ständig bis in die kleinsten Bausteine hinein wandelt, bestehen? Spätestens bei dieser Frage spüren wir, dass es keine Rettung gibt. Wir können uns auf keine Insel flüchten, sondern sind dem Fluss des Lebens, ob wir wollen oder nicht, ausgesetzt. Wenn wir daher nicht ständig mit dem lebendigen, fließenden Charakter der Gegenwart im Clinch sein wollen, brauchen wir eine neue Lebenshaltung, die nicht auf starre Ideen und Kontrolle setzt, sondern auf Vertrauen und Hingabe.

Hingabe ist die einzig tragfähige Antwort, die es in einem fließenden Element, das sich fortwährend und auf komplexe Weise verändert, gibt. Und Vertrauen ist die Basis, auf der Hingabe erst möglich wird. Erstaunlicherweise gehen wir nicht gleich unter, wenn wir mit unserem verzweifelten Kampf gegen den lebendigen Strom des Lebens aufhören und uns hingeben. Im Gegenteil merken wir erst in der Hingabe, dass wir in eine große fließende und lebendige Kraft eingebettet sind, die uns auch trägt, wenn wir uns anvertrauen. Noch erstaunlicher ist, dass wir in dieser Haltung zwar unsere starren Lebenspläne aufgeben müssen und wir daher zunächst die Orientierung verlieren, aber gleichzeitig eine innere Kraft und Weisheit spürbar wird, aus der eine innere Führung erwächst. Obwohl wir also nicht mehr klar wissen, wer wir sind und wo es für uns hingehen soll, lernen wir zunehmend, darauf zu lauschen, was sich von innen her entfalten will.

Spätestens jetzt spüren wir immer mehr die Weisheit der Seele als eine eigenständige Kraft, die in uns genauso existiert und unser Menschsein ausmacht, wie die Gedankenwelt des Verstandes. Je mehr wir die Seelische Realität kennenlernen und sie vielleicht auch immer wieder bewusst aufsuchen, indem wir in das gegenwärtige Erleben tiefer eintauchen und uns wie ein Fisch im Wasser darin bewegen, desto freier werden wir innerlich von allen Selbstkonzepten. Denn hier, in der Seelischen Realität der lebendigen Gegenwart, ist die Welt fließend und wir sind es auch. »Kann es sein«, fragen wir uns, »dass wir gar nicht auf unsere äußere Identität festgelegt sind? Darf es sein, dass ich ständig jemand anderes bin, je nachdem was die Gegenwart in mir hochspült?«

Es kann durchaus sein, dass diese Fragen uns längere Zeit beschäftigen und verunsichern, aber irgendwann werden wir den intensiven und lebendigen Erfahrungen der Seele mehr vertrauen als der flachen und distanzierten Welt des Verstandes. So wird die Seele für uns zu einer eigenständigen Realität, in der wir kein festgefügtes Selbstbild benötigen, sondern eine fließende Identität erfahren, welche eine enorme Freiheit durch innere Hingabe enthält. Hier, im Reich der Seele, können wir alles und nichts sein. Wir sind das, was wir jetzt sind und jetzt unmittelbar empfinden. Und auch wenn unser Verstand sagt, dass wir doch etwas brauchen, woran wir uns festhalten können, erfahren wir hier immer mehr, wie unglaublich frei und erfüllend es sich jenseits aller Konzepte lebt.

Vielleicht genießen wir eine ganze Zeit lang diese neu gewonnene Freiheit, die unter der Oberfläche unserer Alltagsidentität existiert. Vielleicht führt uns aber genau diese neue Freiheit irgendwann über die unmittelbare und fließende Welt der Seele hinaus in die absolute Dimension des SEINS. Eine fließende Identität setzt nämlich eine völlige Offenheit voraus. Je fließender und durchlässiger wir werden und je unmittelbarer wir die lebendige Gegenwart zulassen, desto mehr erfahren wir eine grundlegende Offenheit, die in jedem unmittelbaren Erleben anwesend ist. Wir können alles beobachten, alles spüren, alles zulassen, uns mit allem verbinden und uns gleichzeitig dessen bewusst sein, was geschieht. Wir sind also offen *und* bewusst. Vielleicht fragen wir uns irgendwann, was diese totale Offenheit und Bewusstheit ist, die in jeder Erfahrung lebt? Wo kommt sie her? Was in uns hat die Fähigkeit, in jedem Augenblick unseres Lebens vollkommen offen und bewusst zu sein?

Wenn diese Fragen in uns erwachen, dann lenken sie unsere Aufmerksamkeit in eine neue Richtung. Plötzlich interessieren uns nicht mehr so sehr die momenthaften lebendigen Erfahrungsfacetten der Seele, sondern die Kraft der Aufmerksamkeit selbst, die allen Erfahrungen zugrunde liegt. Wo wir vorher auf die Weisheit der Seele und auf die

Augenblickserfahrungen gelauscht haben, tauchen wir jetzt immer tiefer in das Lauschen selbst ein, um das Wesen von Offenheit und Bewusstheit zu ergründen. Lauschen pur, Aufmerksamsein pur – reine unmittelbare Präsenz.

Je tiefer wir in die Aufmerksamkeit selbst eintauchen, ohne sie auf etwas Bestimmtes zu richten, desto deutlicher spüren wir eine unmittelbare Präsenz – Existenz pur. Erstaunlicherweise treten hier alle inneren und äußeren Erfahrungen zurück und es öffnet sich eine neue Welt, die zwar ganz deutlich spürbar in jeder Erfahrung anwesend, aber gleichzeitig sehr schwer fassbar ist. Das ist auch kein Wunder, da diese Welt aus purer Offenheit besteht und keine konkreten Objekte kennt, die wahrgenommen werden könnten. Was sollen wir erspüren, sehen oder erfassen, in einer Realität, die aus nichts anderem besteht als aus Offenheit und Bewusstheit? Und doch ist sie zweifellos da und löst charakteristische Empfindungen aus, die in unserer Ganzheit spürbar werden: ein intensives SEINSgefühl, eine allesdurchdringende Stille, eine grenzenlose Weite und ein Einssein mit allem.

Vielleicht dämmert uns irgendwann, dass diese typischen entgrenzenden Erfahrungen nur der Ausdruck dafür sind, dass wir das Innerste unseres Menschseins berühren – SEIN pur – und dass dieses unbedingte SEIN kein Objekt ist, wie andere Erfahrungsobjekte, sondern das Subjekt selbst – unsere innerste Identität. Es ist das, was wir zuinnerst sind, und was jede innere oder äußere Erfahrung erst möglich macht: der Raum des Gewahrseins – vollkommen offen und vollkommen bewusst. In ihm erscheint jedes innere oder äußere Erfahrungsobjekt. Verblüfft stellen wir vielleicht fest, dass hier nicht nur Empfindungen, Gefühle, Gedanken und äußere Wahrnehmungen erscheinen, sondern auch die Gestalt des Körpers, die unserer oberflächlichen Identität ihre Form gibt.

Wer sind wir also? Sind wir ein konkreter Mensch, der Erfahrungen eines grenzenlosen SEINS macht, oder sind wir grenzenloses Bewusstsein, in welchem unsere äußere Gestalt erscheint? Oder sind wir vielleicht beides? Natürlich will unser Verstand uns gerne auf *eine* Identität festlegen, damit er ein neues Selbstkonzept entwerfen und darauf aufbauen kann. Aber tatsächlich sind beide Perspektiven auf eine Weise wahr. Wir können aus dem Blickwinkel eines normalen konkreten Menschen nach innen lauschen und in eine Innerlichkeit eintauchen, die uns die Weite und Stille des Absoluten offenbart. Wir können jedoch auch einen anderen Blickwinkel einnehmen, bei dem wir von innen heraus – aus dem grenzenlosen Bewusstsein – beobachten, wie alles und auch wir selbst in unserer menschlichen Form erscheinen.

Und was ist mit der fließenden Identität unserer Seele, mit den intensiven und lebendigen Gegenwartserfahrungen und der Weisheit, die darin lebt? Sind wir nicht auch diese lebendige, fließende Präsenz mit all ihrer Vielfalt, die weder zeitlos und grenzenlos wie unsere innerste Identität ist, noch eine konkrete feste Gestalt wie unsere oberflächliche Identität hat? Ist diese Perspektive weniger wahr als die beiden anderen Welten? Gibt es also eine abschließende Antwort auf die Frage, wer wir sind? Und brauchen wir sie überhaupt noch, wenn uns alle drei Realitätsebenen mit ihren jeweiligen Möglichkeiten zugänglich sind?

Wir sind Mensch, wir sind Seele und wir sind absolutes Bewusstsein und haben kraft unserer Aufmerksamkeit die Fähigkeit, diese Identitäten spielerisch zu wechseln. Was brauchen wir da eine absolute Antwort?

Zusammenfassung: Wer sind wir?

ALLTAGSREALITÄT

- Die persönliche individuelle Ich-Identität, die sich durch die Gestalt des Körpers, durch den Namen, die persönliche Geschichte, die Rollen usw. definiert
- Durch dieses komplexe innere Selbstkonzept erschaffen wir eine handlungsfähige Figur, die im Zentrum unseres Lebens agiert.

SEELISCHE REALITÄT

- Eine fließende Identität jenseits aller Selbstkonzepte, welche sich vertrauensvoll hingeben kann
- Hier können wir alles und nichts sein. Wir sind das, was wir jetzt sind und jetzt unmittelbar empfinden.

ABSOLUTE REALITÄT

- SEIN pur, das ewige Subjekt
- Der grenzenlose Raum des Gewahrseins, in dem die äußere Gestalt erscheint

Zwischen Zeit und Ewigkeit

Wo können wir die Relevanz der Realitätsebenen besser studieren als beim Phänomen der Zeit? Wir alle kennen den Unterschied von äußerer und innerer Zeit. Eine Sitzmeditation von 20 Minuten zum Beispiel, die wir täglich praktizieren, kann wie im Flug vergehen oder sich quälend lange hinziehen, je nachdem wie aufmerksam und interessiert wir in der Gegenwart verweilen.

Oder ein anderes Beispiel, woran wir die Relativität von Zeit erkennen können, ist die Vergangenheit. Vergangene Erlebnisse (sowie auch zukünftige Ereignisse) können uns sehr stark beschäftigen – so stark, dass Gedanken und Gefühle, die eigentlich die Vergangenheit betreffen, die Gegenwart vollkommen überlappen können. Vielleicht erleben wir eine anstrengende Phase in der Arbeit mit vielen Problemen und die Ereignisse und die Anspannung, die damit einhergehen, bestimmen auch noch abends unser Erleben in der Freizeit. Doch dann gehen wir am Wochenende ins Hochgebirge wandern und durch die intensiven Eindrücke in der Bergwelt verdichtet sich die Zeitqualität der Gegenwart so stark, dass die Vergangenheit weit, weit wegrückt. Bei der Heimfahrt haben wir das Gefühl, dass die Ereignisse vor diesem Wochenende um Wochen zurückliegen.

Offensichtlich kann sich das innere Erleben von Zeit und damit die Qualität von Zeit sehr stark von der äußeren Zeit – also der Quantität von Zeit – unterscheiden. Das ist kein Wunder, da die äußere Zeit ein Konstrukt des Denkens ist und der Alltagsrealität entspringt, während die innere Zeit ein Gefühl ist und damit unsere seelische Realität widerspiegelt. Dass die äußere Zeit ein Konstrukt des Verstandes ist, können wir daran erkennen, dass es Uhren erst seit ca. 500 Jahren gibt. Vorher gab es kein Instrument zur Messung. Auch in der ersten Zeit der Erfindung von Uhren war es aus technischen Gründen nicht möglich, dass alle Uhren gleich gingen. So hatten jedes Dorf und jede Stadt eine eigene Zeit. Erst Jahrhunderte später mit der Einführung eines öffentlichen Verkehrs, der die Dörfer und Städte miteinander verband, wurde es notwendig, ein einheitliches System der Zeitmessung zu erschaffen. Die äußere Taktung durch eine Uhr, die im modernen Leben eine so selbstverständliche Größe ist, die fast jede Person am Handgelenk oder in der Tasche bei sich trägt und der wir uns oft regelrecht unterwerfen, ist also im Grunde eine relativ moderne Erfindung.

Wo kommt überhaupt das Bedürfnis her, die Zeit zu messen und sie einzuteilen? Gibt es eine Zeit ohne Uhren? Und wenn ja, was ist die Zeit eigentlich, was ist ihr Wesen? Tatsächlich gibt es Zeit auch ohne Uhren und ohne eine äußere, konstruierte Taktung. Das Leben entfaltet sich nämlich überall in einer dynamischen, schöpferischen Weise und die Zeit ist der Ausdruck für diese grundlegende dynamische Kraft. Jedes Element erscheint in Raum und Zeit. Während der Raum die Ausdehnung und Größe eines Elements benennt, das es einnimmt, beschreibt die Zeit seine dynamische Entwicklung – die Bewegung allen Lebens.

Alles ist immer in Bewegung. Die Natur, die winzigen Atome und sogar die Sterne des Universums bewegen sich. Und natürlich ist auch alles, was uns als Mensch ausmacht – das ganze menschliche Leben –, in Bewegung. Das Herz, die Atmung, die Zellen, die Empfindungen, Gefühle und Gedanken stehen niemals still, auch dann nicht, wenn wir in eine tiefe innere Stille eingetaucht sind. Manchmal können wir in der Stille, wenn wir dem gegenwärtigen Ausdruck des Lebens lauschen, das Pulsieren und Strömen – diesen immerwährenden Fluss der Lebendigkeit – besonders intensiv spüren, wie wenn uns ein sanftes energetisches Strömen durchzieht. Dabei spüren wir deutlich, dass das Fließen nicht an unseren Körpergrenzen endet, sondern darüber hinausgeht.

Doch wo kommt dieser Lebensfluss her, der alles und auch unser Dasein lebendig macht? Gibt es einen Anfang dieser ewigen Bewegung? Und gibt es ein Ende? Kaum vorstellbar. Wenn wir uns nämlich in diese fließende Bewegung hineingeben, spüren wir, wie sie mit der Ganzheit des Lebens verbunden ist. Es gibt keine einzelne Bewegung für sich, auch wenn es uns oft so erscheint. Kann das Herz unabhängig von der Bewegung der Atmung schlagen? Ist das Atmen unabhängig von der Bewegung der Zellen? Ist unser Geist mit all seinen lebendigen Phänomenen von Denken, Fühlen und Wahrnehmen unabhängig von den Bewegungen des Körpers? Und umgekehrt, kann der Körper unabhängig vom Geist existieren?

Es gibt keine isolierte Bewegung. Und auch unser menschliches Leben existiert nur scheinbar als eine singuläre Lebensform. Wenn wir genauer hinschauen, dann sehen wir, dass unsere Form als Mensch zwar einzigartig und individuell ist, aber die dynamische Kraft des Lebens, die sich darin bewegt, ist es nicht. Sie ist eine universale Bewegung, die mit allen Erscheinungsformen verbunden ist und in allen Geschöpfen und in allem, was existiert, fließt. Diese *eine* große Bewegung, die in tausenderlei Gestalt lebt, atmet, wächst, pulsiert, kriecht, hüpft, fliegt und schwimmt, fließt auch in uns – in den vielen kleinen Bewegungen, die unser persönliches Leben ausmachen. Wie anders ist doch das Lebensgefühl, ob wir uns als eine individuelle Lebensform begreifen, die geboren wird und irgendwann stirbt, oder ob wir diese *eine* große Bewegung spüren, die ohne Anfang und ohne Ende in allem und auch in uns strömt? Spüren wir hier nicht ein völlig anderes Vertrauen, wenn wir mit unserem individuellen Leben in diese eine große Bewegung eingebettet sind?

Diese universale Bewegung kennt keinen Anfang und kein Ende. Sie ist das dynamische und schöpferische Element unseres Lebens – das innere Wesen der Zeit –, welche sich jeder Zeitmessung entzieht. Wie könnten wir auch das unmittelbare Fließen eines Flusses messen? Und welchen Sinn hätte dieses Unterfangen? Die Zeit in ihrer äußeren Form braucht einen Maßstab, mit dem wir einen Vorgang einteilen, unterteilen und vergleichen können. So können wir die Größe eines Flusses, die Menge des Wassers und die Fließgeschwindigkeit messen und in Zeiträume untergliedern, aber die Lebendigkeit des Fließens selbst – die Zeit als dynamische, innere Kraft – ist ein unmittelbares Geschehen und entzieht sich daher jedem Vergleich.

Wenn wir in den Spiegel schauen und unser Gesicht betrachten, dann sehen wir sofort, dass es älter geworden ist und wir nicht mehr aussehen wie als Kind. Ganz klar, wir sind in unserer menschlichen Form der dynamischen Kraft des Lebens – der Zeit – ausgesetzt und wir können unser Leben quantitativ in Tage, Wochen und Jahre einteilen. Wenn wir diesen Blickwinkel einnehmen, dann hat unser Leben einen Anfang und auch ein Ende. Wir wurden geboren, altern und werden sterben. Doch wenn wir unsere Augen schließen und auf den lebendigen Fluss im Inneren lauschen, dann spüren wir keine Tage, Wochen oder Jahre – keine Geburt, keinen Tod und kein Alter –, sondern immer nur dieses unglaublich lebendige gegenwärtige Fließen, welches unser Leben innerlich ausmacht. In der unmittelbaren Aufmerksamkeit gibt es zwar Bewegung, aber keine äußere Zeit und keine Taktung, in der unser Leben stattfindet.

Ist das nicht seltsam, wenn wir bedenken, welch große Bedeutung in der Alltagsrealität die Zeit hat? Haben wir nicht normalerweise das Gefühl, dass wir *in* der Zeit leben und Vergangenheit und Zukunft eine Realität sind? Wie sind wir im Alltag doch oft getaktet? Unser Leben scheint in Zeiträumen zu verlaufen, die durch Uhren und Kalender gemessen werden und wenn wir uns in der Gesellschaft umschauen, stellen wir fest, dass die Einteilung durch die Zeit in der modernen Welt eine immer größere Bedeutung einnimmt. Handlungsabläufe werden vermessen und dadurch optimiert. Ob in der Industrie oder im privaten Sport ermöglicht uns die Einteilung in Zeiträume eine stetig wachsende Produktivität und Selbstoptimierung. Doch je effektiver wir werden, desto äußerlicher werden wir auch, da uns dadurch mehr und mehr die Kategorien der Alltagsrealität und des Verstandes bestimmen.

Natürlich ist es hilfreich, die Uhr zu kennen und im Alltag zu nutzen, aber wir dürfen dabei nicht den Fehler machen, zu denken, dass die Lebendigkeit eine Kategorie innerhalb der Zeit ist, sonst laufen wir Gefahr, uns von unserer Innenwelt abzutrennen. Die Seele nämlich hat ihre eigene Zeit, besser gesagt, ihre eigenen Rhythmen, die sich nicht takten lassen. Rhythmen sind lebendig und organisch. Sie entstehen aus natürlichen, fließenden Bewegungen, die sich von innen heraus und durch ein Zusammenspiel mit den unterschiedlichsten Bewegungen bilden. Rhythmen greifen also ineinander und sind daher ganzheitliche

Bewegungen. Wir können sie nicht wirklich trennen. Ist der Rhythmus zwischen Tag und Nacht nicht *eine* natürliche Bewegung, die ineinander übergeht? Ist die organische Bewegung der Jahreszeiten nicht ein einziges fließendes Geschehen, das sich bei genauerer Betrachtung an keinen Kalender hält?

Je mehr wir uns der Zeit und der Uhr verschreiben und uns entsprechend antreiben und kontrollieren, desto schwieriger wird es, auf unsere Seele mit ihren natürlichen Rhythmen und ihrer unmittelbaren Lebendigkeit zu hören und umso weniger werden wir dieser organischen und ganzheitlichen Weisheit, die hier lebt, vertrauen. Das bedeutet, dass die Vorstellung von Zeit und die Fixierung auf Uhren zwar im Alltag hilfreich ist und oberflächlich effektiver macht, aber gleichzeitig unser grundlegendes Vertrauen ins Leben fundamental schwächt. Können wir nicht genau das in unserer Leistungsgesellschaft überall beobachten? Wie Menschen auf eine Weise immer äußerlicher und oberflächlicher werden und gleichzeitig die Anbindung nach innen und das Vertrauen ins Leben verlieren?

Nur wenn wir die Uhren zur Seite legen und vollkommen losgelöst von Zeitvorstellungen und Zeitdruck auf die natürliche Bewegung des Lebens in unserer Seele und um uns herum lauschen, können wir uns wieder mit dem großen Fluss des Lebens verbinden. Nur dann sind wir im Einklang mit der Ganzheit des Lebens. Aus dieser inneren Anbindung heraus entfaltet sich eine Lebensweise, die nicht unsere Ideen und Pläne dem Leben abtrotzen will, sondern die Weisheit hat, mitzufließen und organisch zu gestalten. Innere Muße ist daher der Schlüssel zur Weisheit und Innerlichkeit der Seele und zu einem ganzheitlichen und damit friedfertigen Leben.

Wenn wir uns in eine innere Muße begeben, zeigt sich sogleich das Erleben von Freiheit. Wir treten aus der Idee von Zeit heraus, indem wir uns in einen offenen und empfangenden Zustand begeben und darin der natürlichen, schöpferischen Bewegung des Lebens lauschen. Je tiefer wir in diese lauschende Haltung eintauchen, desto mehr treten wir aus der dynamischen Dimension von Zeit heraus und wir spüren inmitten all der Bewegung einen Raum der Stille. Vollkommenes Lauschen *ist* vollkommene Stille – ein Raum der Ewigkeit. Dieser Raum ist von jeglicher Bewegung frei und daher jenseits der dynamischen Kraft von Zeit. In dieser vollkommenen Präsenz verdichtet sich die Dimension von SEIN, ohne Zeit und ohne Raum. Hier nimmt alle Bewegung ihren Anfang und hier endet jede Bewegung. Es ist der zeitlose Grund, die Quelle, aus der sich der dynamische Aspekt des Lebens speist.

In einem Moment des vollkommenen Lauschens kann sich also der Raum der Absoluten Realität als eine zeitlose, immerwährende Dimension offenbaren. Wenn wir in einem solchen Moment auf die Uhr blicken, wirkt die Einteilung in Zeit und Kalendertage äußerst irreal und wir spüren deutlich, dass sie ein rein gedankliches Konstrukt ist und keine wirkliche Relevanz hat. Selbst unser Alter scheint hier eine Kategorie zu sein, die nicht wirklich existiert. Wie könnte auch etwas altern in einer Dimension, in der es nur Präsenz pur gibt – also reines SEIN vor und jenseits aller Bewegung?

Und doch sind wir als Mensch, so wie alle anderen Geschöpfe auch, der Zeit ausgesetzt und werden älter, werden sterben. Ein wacher Blick in den Spiegel zeigt es uns. Wir tun gut daran, der existenziellen Wucht dieser Tatsache standzuhalten, denn das Bewusstsein über die Endlichkeit öffnet unser Herz für die Kostbarkeit des Lebens.

Gleichzeitig offenbart sich auf einer tieferen Ebene, dass nur unsere menschliche, individuelle Form stirbt, nicht aber die eine große Bewegung des Lebens selbst, die in uns und in allem immer weiterfließt und in welche wir mit unserem individuellen Leben eingebettet sind. Diese dynamische, ganzheitliche Kraft können wir ganz unmittelbar spüren, sobald wir uns mit der Seele und dem lebendigen Augenblick verbinden.

Und dann gibt es noch das SEIN – die Quelle aller Bewegungen. Eine Stille jenseits der Zeit. Sie ist zuinnerst in jedem Augenblick unseres Lebens anwesend. Hier offenbart sich Ewigkeit.

Am Ende meines Weges ist ein tiefes Tal.
Ich werde nicht weiterwissen.
Ich werde mich niedersetzen und verzweifelt sein.

Ein Vogel wird kommen und über das Tal fliegen,
und ich werde wünschen, ein Vogel zu sein.
Eine Blume wird leuchten jenseits des Abgrundes,
und ich werde wünschen, eine Blume zu sein.
Eine Wolke wird über den Himmel ziehen,
und ich werde eine Wolke sein wollen.

Ich werde mich selbst vergessen.
Dann wird mein Herz leicht werden wie eine Feder,
zart wie eine Marguerite, durchsichtig wie der Himmel.
Und wenn ich aufblicke,
wird das Tal nur ein kleiner Sprung sein
zwischen Zeit und Ewigkeit.

WOLFGANG POEPLAU

Zusammenfassung: Zwischen Zeit und Ewigkeit

ALLTAGSREALITÄT

- Uhrzeit, Kalender, Quantität von Zeit
- Vergangenheit, Gegenwart, Zukunft
- Geburt und Tod

SEELISCHE REALITÄT

- Die Qualität von Zeit; wie wir sie subjektiv empfinden
- Fließendes Jetzt
- Die dynamische ganzheitliche Bewegung des Lebens in allem

ABSOLUTE REALITÄT

- Zeitlosigkeit, Ewigkeit
- Der Ort jenseits der Zeit
- Die Quelle, aus der alle Bewegung entspringt

ANHANG

Zitatquellen

Fred Alan Wolf, aus: Der Quantensprung ist keine Hexerei: Die neue Physik für Einsteiger. Springer 2014

Carlos Castaneda, aus: Die Reise nach Ixtlan. S. Fischer 1976

Rabindranath Tagore, aus: Indische Weisheiten für jeden Tag. S. Fischer 2011

Bede Griffiths, aus: Eine Welt – Eine Menschheit – Eine Religion. Sheema Medien, 2008

Mark Nepo, aus: Ankommen im Jetzt: Inspirationen und Meditationen für jeden Tag im Jahr, Koha Verlag 2011

Juan Ramón Jiménez, aus: Herz, stirb oder singe. Diogenes Verlag 1987

Wolfgang Poeplau, aus: Noch einmal sprechen von der Wärme des Lebens, herausgegeben von Mechthild Voss-Eiser, Kreuz Verlag 2012

Dank

Mit diesem Buch rundet sich für mich eine jahrzehntelange Arbeit ab. Seit etwa 2001 schreibe ich parallel zu meiner Tätigkeit als Gruppenleiter Bücher, um mein Grundverständnis eines spirituellen Weges zu vermitteln. Seit dieser Zeit lebt in mir die Vision, über die drei Realitätsebenen ein Buch zu schreiben, und ich bin zutiefst dankbar dafür, dass es mir jetzt möglich war, dieses Werk zu vollenden. Das war unter anderem nur deshalb möglich, weil durch die Corona-Krise plötzlich über Monate Kurse ausfallen mussten und ich daher längere Zeit ungestört an diesem Buch schreiben konnte. So ist immer wieder erstaunlich, wie sich aus zunächst schwierigen Umständen überraschende Früchte entfalten können.

Wie immer, wenn ich ein großes Werk vor mir habe, fühle ich mich zu klein dafür und habe einen tiefen Respekt vor der Größe der Aufgabe und dem Schaffensprozess. Doch dann im Schreiben fließt mir die nötige Erkenntnis zu und so kann das Werk Stück für Stück voranschreiten. Ich werde dabei oft auf eine für mich überraschende Weise geführt, sodass ich letztlich mich nur vor der Weisheit verneigen kann, die sich in dem Prozess des Schreibens entfaltet. So spüre ich gerade im Schreiben, dass ich Teil einer größeren Intelligenz bin, die sich durch mich ausdrückt und welcher ich zutiefst dankbar bin für den Weg, den sie mir und anderen aufzeigt.

Letztlich fließt mir alles zu: Erfahrungen, Lebenskraft, Weisheit und Begegnungen mit so vielen Menschen. Daher danke ich zunächst den Teilnehmerinnen und Teilnehmern meiner Kurse und Fortbildungen. Sie haben meine Arbeit durch ihre Fragen, Themen und Erfahrungen bereichert und weiterentwickelt. Ich lerne immer noch mit jedem Kurs, den ich leite.

Dann danke ich den vielen Lehrerinnen und Lehrern, die mich inspiriert und mit ihrer Präsenz, ihrem Vorbild und ihrem Wissen und Können unterstützt haben. Zum Teil habe ich sie nur durch Bücher, Zitate und Übungen kennengelernt und doch waren sie unschätzbar für meinen Weg und meine Arbeit. Sie alle leben in mir und meinen Büchern und Kursen weiter.

Ein paar meiner persönlichen Lehrer möchte ich erwähnen: Josef Schönberger, durch den ich die wunderbare Arbeit des Gruppenleitens entdeckt habe. Thich Nhat Hanh, der erste spirituelle Lehrer, den ich persönlich kennengelernt habe und bei dem ich einen tiefen inneren Frieden empfinden durfte. Seine Schlichtheit hat mich tief berührt. Dann danke ich Halko Weiß, bei dem ich die erste für mich wichtige psychotherapeutische Ausbildung in Körperzentrierter Psychotherapie (HAKOMI) gemacht habe. Einen besonderen Dank empfinde ich für meine beiden wichtigsten persönlichen Lehrer: Fred von Allmen und Dyrian Benz-Chartraud. Fred von Allmen war über Jahre mein Vipassana-Lehrer. Seine menschliche Integrität war mir ungeheuer kostbar. Bei Dyrian Benz-Chartraud besuchte ich eine Ausbildung in Transpersonaler Psychologie. Seine Offenheit, seine Annahme und Klarheit als Gruppenleiter waren für mich wegweisend.

Wichtig für meinen Weg war aber auch mein langjähriger Freund Oliver Schumann, mit dem ich bereits früh eigene Ansätze der spirituellen Arbeit entwickelte, die mich bis heute begleiten. Ohne seine Unterstützung und Ermutigung hätte ich manche Schritte nicht gewagt.

Mein besonderer Dank gilt meinem Verleger Lienhard Valentin und der Programmleiterin Usha Swamy vom Arbor Verlag für deren Offenheit und Vertrauen in mich. Auch meinem Lektor, Thomas Böhmer, danke ich für die inzwischen jahrelange fruchtbare Zusammenarbeit.

Mein größter Dank geht an meine Frau und an meine Kinder. Die Unterstützung und Liebe, die ich durch meine Familie und insbesondere durch meine Frau Elisabeth erfahre, ist unschätzbar.

Begriffsklärungen

Immer wieder werden im Buch verschiedene Fachbegriffe verwendet. Die meisten dieser Begriffe werden bereits im Laufe des Buches eingeführt und erklärt. Da Fachbegriffe in verschiedenen Schulen unterschiedlich gebraucht werden, werde ich im Folgenden zusammengefasst darstellen, welche Bedeutung sie im Kontext der Transpersonalen Prozessarbeit haben und wie sie in Beziehung mit verwandten Begriffen stehen.

Gewahrsein – Absolute Realität, Sein, Stille, Achtsamkeit, Seinsnatur

Die Absolute Realität oder das Gewahrsein ist der unbegrenzte und absichtslose Raum des Bewusstseins, der alles umfasst und doch von allem unberührt bleibt. Es ist der unbedingte, zeitlose Hintergrund, auf dem jegliche Erfahrung im Vordergrund stattfindet.

Das Gewahrsein ist frei von jeglicher Individualität. Der Ich-Gedanke und das Ich-Gefühl kommen und gehen im offenen Raum des Gewahrseins genauso wie jede andere Erfahrung. Der Raum des Gewahrseins ist davon jedoch losgelöst.

Alles kommt und geht, aber der Raum des Gewahrseins besteht immer. Er ist die Grundlage jeglicher Art von Erfahrung. Jedoch wird dieser meistens nicht wahrgenommen, da wir von den Erscheinungen und Erfahrungen, die sich im Vordergrund abspielen, hypnotisiert sind und die Offenheit selbst ausblenden. Doch wenn wir nur einen Augenblick entspannen und absichtslos und ungerichtet aufmerksam sind (= lauschen), zeigt sich das natürliche Gewahrsein als intensives Feld von unbedingtem **SEIN** – eine unbedingte Präsenz.

Diese Art der unbedingten und ungerichteten Aufmerksamkeit ist eine spezielle Form der **Achtsamkeit**. Normalerweise sprechen wir von Achtsamkeit als einer bewussten und bezogenen Aufmerksamkeit, in der es ein Subjekt und ein Objekt gibt (z. B.: Ich nehme diesen Atemzug wahr). Im Gewahrsein fehlt jedoch das Subjekt (= Zeuge) genauso wie das Objekt. Gewahrsein ist daher keine normale Form der Achtsamkeit, sondern die innerste Natur von Achtsamkeit in einer völlig losgelösten und unbedingten Form.

Da hier keine konkrete Erfahrung und kein konkretes Erfahrungsobjekt erscheinen, sondern nur ein intensives Seinsgefühl, wird es oft als ein Raum von **Stille** beschrieben. Auch die Erfahrung von Stille (= Präsenz in einer absoluten Lautlosigkeit) kennt kein Objekt und trotzdem ein unbedingtes intensives Seinsempfinden.

Genau genommen müssen wir beim Gewahrsein zwei sich ergänzende Aspekte unterscheiden: das unberührte Gewahrsein und das umfassende Gewahrsein. Wir können diese beiden Aspekte in der Metapher eines stillen Sees sehen: Zum einen bleibt die Oberfläche des Sees von allen Spiegelungen unberührt, kann aber gleichzeitig die ganze Welt in sich aufnehmen und widerspiegeln.

Je tiefer wir erfassen, dass unsere innerste Identität nicht unser normales individuelles Menschsein ist, sondern der Raum des Gewahrseins, desto mehr lockert sich unsere Identifikation mit unserer alltäglichen Identität und wir erkennen unsere **Seinsnatur** als unsere innerste Identität.

Ego – Selbstgrenzen, Funktionales Ich

Unter dem Begriff »Ego« wird der Prozess der Identifikation verstanden. Identifikation meint ein unbewusstes Verklebtsein mit Vorstellungen, Vorlieben, Idealen, Selbstbildern und Urteilen, die dann zu automatischen Gefühls- und Handlungsmustern führen.

Unbewusste Identifikationen mit Selbstbildern werden zu einem wesentlichen Teil unserer Identität. Sie bestimmen auch unsere **Selbstgrenzen.** Wenn eine Eigenschaft außerhalb unserer Selbstbilder liegt, dann wird sie in uns unterdrückt und ausgegrenzt, sodann nach außen projiziert und dort nicht selten bekämpft (siehe »Schatten«). Die Folge ist, dass wir unsere Ganzheit aus dem Blick verlieren und gleichzeitig in viele Konflikte mit anderen verstrickt sind.

Letztlich ist das Ego der Grund für unser selbst gemachtes Leiden. Denn jegliche Identifikation beinhaltet automatisch auch eine Verneinung von anderen Aspekten und damit Abwehr gegen das Leben. Abwehr ist aber immer Anstrengung, Konflikt und letztlich Leiden. Erst im Erkennen der eigenen Grenzen und durch die Grundhaltung der Annahme und Hingabe können wir aus dem selbst gemachten Leiden aussteigen.

Wenn wir von »Ego« sprechen, müssen wir jedoch den Begriff des »**Funktionalen Ich**« davon unterscheiden. Auch wenn es uns möglich ist, aus der Identifikation mit unserer menschlichen Individualität aufzuwachen in den Raum des unbedingten und unbegrenzten Gewahrseins, gibt es weiterhin in uns ein »Funktionales Ich«, das als innere Funktionseinheit unsere Erfahrung differenzieren, ordnen, beschreiben und zielgerichtet handeln kann.

Mit anderen Worten, auch eine erwachte Person hat noch Gedanken, Vorstellungen, Pläne etc. in sich und wird zielgerichtet handeln. Aber sie ist nicht mehr damit identifiziert und innerlich frei. Sie kann sich daher auch dann immer wieder ohne Abwehr auf den lebendigen Augenblick beziehen, selbst wenn dieser den eigenen Vorlieben widerspricht.

Seele –
Psyche, Geist, Alltagsrealität, Seelische Realität, Absolute Realität

Die Seele ist sicherlich der schwierigste aller Begriffe, da er sehr unterschiedlich verwendet wird. Im Volksmund wird mit Seele meist der Bereich der Gefühle assoziiert, wohingegen speziell im Christentum der unsterbliche Teil von uns Menschen damit bezeichnet wird.

Im Kontext der Transpersonalen Psychologie meint Seele zunächst die innere subjektive Erfahrung des Menschen. Sie ist somit ein sehr umfassender Bereich, der alle inneren und äußeren Erfahrungen, also Körperempfindungen, Gefühle, Gedanken, aber auch alle Wahrnehmungen miteinbezieht.

Die subjektive Erfahrung des einzelnen Menschen wird in der Transpersonalen Prozessarbeit die **Seelische Realität** genannt und unterscheidet sich deutlich von der **Alltagsrealität**, die sich auf die äußere Dimension von Erfahrung bezieht und im Grunde eine Gedankenrealität ist. Wenn wir zum Beispiel eine Blume betrachten, können wir sagen, dass es eine Rose ist und sie die Farbe Gelb hat. Darauf haben sich Menschen kollektiv geeinigt. Dies ist aber nicht die tatsächliche subjektive Erfahrung, die ein Mensch bei der Betrachtung einer Rose erlebt, denn jeder Mensch wird diese Rose innerlich anders erfahren und empfinden.

Die subjektive Erfahrung des Menschen reicht von »normalen« alltäglichen Erfahrungen bis hinein in den Bereich des Gewahrseins. Hier berühren wir die unsterbliche, da zeitlose und überindividuelle Seinsnatur, die daher auch die **Absolute Realität** genannt wird. Die Seele ist aus diesem Grund individuell und subjektiv, wurzelt aber gleichzeitig im Überindividuellen, im Absoluten. Insofern steht die transpersonale Sichtweise von Seele in keinem Widerspruch zum christlichen Verständnis.

Wenn wir den Begriff der Seele mit dem Begriff **Psyche** vergleichen, der im Kontext der Psychologie verwendet wird, sehen wir, dass Psyche vor allem die gedankliche und emotionale Struktur eines Menschen beschreibt, also wie ein Mensch Erfahrungen strukturiert und verarbeitet. Die tatsächlichen Erfahrungen, Wahrnehmungen und Körperempfindungen sind darin nicht einbezogen. Daher ist »Seele« ein phänomenologischer Begriff und viel umfassender als der Begriff »Psyche«. Er bezieht sich auf die tatsächliche Erfahrung eines Menschen.

Geist wiederum ist ein Begriff, der sich in unserer Kultur meist nur auf Gedanken bezieht. Auch in der buddhistischen Tradition ist »Geist« ein Begriff, der auf den Verstand abzielt. Er wird allerdings auch oft als ein umfassender Begriff verwendet, der alle Schichten unseres Menschseins (Wahrnehmungen, Empfindungen, Gefühle, Gedanken und Bewusstsein) miteinbezieht. In diesem Sinne ist er durchaus mit dem Begriff der Seele vergleichbar.

Wesen – transpersonaler Raum, Essenz

Im Erfahrungsraum unserer Seele können sich die unterschiedlichsten Facetten ausdrücken. Wenn wir zum Beispiel mit Egomustern identifiziert sind, dann prägen diese unser gesamtes Empfinden, Denken und Handeln. In Zeiten jedoch, in denen wir von Identifizierungen frei sind und unserem Herzen und unserer natürlichen inneren Wahrheit folgen, offenbart sich in unserer Seele das Wesen.

Wesenseigenschaften entsprechen unserem natürlichen individuellen Lebendigsein jenseits aller Prägungen und Anpassungsleistungen. Am leichtesten entdecken wir unser Wesen, wenn wir uns folgende Fragen stellen:

Wo geht unser Herz in Resonanz? Was freut oder interessiert uns besonders? Was spricht unser Mitgefühl an oder wofür sind wir dankbar? Was lieben wir? Was ist uns besonders wesentlich oder kostbar?

Obwohl Wesensanteile bei einem Menschen ein Leben lang gleich bleiben, legen sie ihn nicht fest. Das Wesen ist eher wie eine grundlegende Tönung, die einen Menschen einfärbt und die ihm gleichzeitig die Freiheit lässt, alle anderen Facetten von Lebendigkeit auch zu leben. Wenn es uns gelingt, vom Ego losgelöst zu sein und einen tiefen Zugang zum Gewahrsein zu haben, entfaltet sich unser Wesen ganz natürlich und mühelos von selbst.

Hier haben wir auch die Möglichkeit, tiefer in den **transpersonalen Raum** einzutauchen. Dabei leben wir nicht nur unsere natürlichen Wesensimpulse aus, sondern gehen mit unserer Aufmerksamkeit nach innen in die jeweilige Wesensqualität hinein. Je tiefer wir in dieses Erleben eintauchen, desto mehr verlassen wir unser alltägliches Bewusstsein (= Alltagsrealität) und treten in den transpersonalen Raum ein. Hier befinden wir uns in einem veränderten Bewusstseinszustand, in dem sich das Zeit- und Raumerleben in der gewohnten strukturierten Weise auflöst.

Im transpersonalen Raum erfahren wir verschiedene Facetten unserer Seinsnatur in ihrer Reinform. Die wichtigsten sind: eine unbedingte Präsenz; eine innere Stärke und Lebendigkeit; eine stille innere Freude ohne Grund; ein freier, unbegrenzter innerer Raum; eine innere Festigkeit, die uns gleichzeitig ermöglicht, mit dem Leben mitzuschwingen; ein Mitgefühl, das uns mit allen Wesen verbindet; ein unbedingtes Vertrauen ins Leben; ein innerer Wert, der uns die Vollkommenheit des Lebens fühlen lässt, und eine innere Fülle, die eine überfließende Dankbarkeit enthält. Diese Facetten unserer Seinsnatur werden auch essenzielle Qualitäten oder schlicht **Essenz** genannt. Sie sind die Essenz unseres Menschseins.

Schatten – personaler Entwicklungsschritt

Im Schatten sind ungeliebte und häufig auch unbewusste Anteile, die bekämpft und verdrängt werden. Das können sowohl destruktive Emotionen sein, wie Wut oder Neid, als auch konstruktive Wesensanteile, wie zum Beispiel Freude oder innere Festigkeit.

Alles, was in unserer Kindheit nicht oder negativ bestätigt wurde, hat keine Möglichkeit, sich natürlich zu entfalten und uns als innere Ressource zur Verfügung zu stehen. Da wir diese inneren Anteile aufgrund unserer Konditionierung innerlich ablehnend betrachten, erscheinen sie uns auch entsprechend verzerrt und negativ und so verstecken wir sie vor uns und vor anderen. Doch so sehr wir uns auch bemühen, sie auszugrenzen, wir werden diese Anteile nicht los. Manchmal brechen Schattenanteile wie Gefangene mit Macht und großer Destruktivität aus und überschwemmen uns. Nicht selten begegnen sie uns auch in anderen Menschen (= Projektion) und erscheinen uns dort dann als unangenehm oder sogar bedrohlich. Entsprechend lehnen wir diese dann ab oder bekämpfen sie sogar, was zu vielen Konflikten unter Menschen führt.

Der erste zentrale Schritt von innerem Wachstum ist daher, Schattenanteile zu erkennen und sie wieder als innere wertvolle Kräfte zu uns zu nehmen. In der Transpersonalen Prozessarbeit wird dieser Schritt der **personale Entwicklungsschritt** genannt. Wir integrieren ungeliebte Anteile und entfalten dadurch zunehmend unsere Ganzheit als Mensch und brauchen zudem nicht mehr auf andere Menschen projizieren – ein echter Beitrag zum Frieden in der Welt.

Ergänzende und weiterführende Literatur

Almaas, A.H., Essentielles Sein. Die Bedeutung des Lebens, Arbor Verlag

Almaas, A.H., Essenz. Der diamentene Weg der inneren Verwirklichung, Arbor-Verlag

Verschiedene Beiträge über Essenz und Persönlichkeit.

Allmen, Fred von, Mit Buddhas Augen sehen. Buddhistische Meditation und Praxis, Theseus Verlag

Eine klare Einführung in die Vipassana-Tradition.

Bauer, Joachim, Prinzip Menschlichkeit – Warum wir von Natur aus kooperieren, Heyne Verlag

Neue neurowissenschaftliche Studien belegen, dass die Evolution nicht in erster Linie auf »Fressen und Gefressen-Werden« aufbaut, sondern auf Kooperation und Zusammenarbeit. Sehr Mut machend!

Brown, Byron, Befreiung vom inneren Richter. Die Intelligenz der Seele erkennen, Kamphausen Verlag

Eine ausführliche Beschreibung des Über-Ich und seiner Wirkungsweise mit vielen Beispielen.

Buber, Martin, Das dialogische Prinzip, Gütersloher Verlagshaus
Eine philosophische Beschreibung der Seinsebene als Begegnung.

Dürr, Hans-Peter, Auch die Wissenschaft spricht nur in Gleichnissen. Die neue Beziehung zwischen Religion und Naturwissenschaften, Herder Verlag
Dürr versteht es in einer seriösen Weise, die Erkenntnisse der Quantenphysik und der Spiritualität zu vergleichen.

Fenner, Peter, Reines Gewahrsein: Radiant Mind – Ein praktischer Weg zum Erwachen, Aurum Verlag
Einführung in das nicht-bedingte Gewahrsein und Übungen dazu.

Fischer, Theo, Wu wei. Die Lebenskunst des TAO, Rowohlt Verlag
Über die Kunst des Nichthandelns im Sinne von Geschehenlassen und zum richtigen Zeitpunkt das Richtige tun. Sehr eingängig geschrieben.

Gilbert, Paul und Choden, Achtsames Mitgefühl. Ein kraftvoller Weg, das Leben zu verwandeln, Arbor Verlag
Das Buch spannt einen weiten Bogen von einer wissenschaftlichen Sicht auf Geist und Gesundheit bis hin zu buddhistischen Übungen.

Grunwald, Martin, Homo Hapticus. Warum wir ohne Tastsinn nicht leben können, Droemer Verlag

Kornfield, Jack, Das weise Herz. Die universellen Prinzipien buddhistischer Psychologie, Arkana Verlag
Grundlagenwerk über den Buddhismus als ein System positiver Psychologie und Heilkunst.

Kornfield, Jack und Joseph Goldstein, Einsicht durch Meditation. Die Achtsamkeit des Herzens, Arbor Verlag
Eine gut verständliche, schlicht gehaltene Einführung in die Vipassana-Praxis mit einfachen, gut instruierten Übungen, die eine gute Verbindung zum Alltag herstellen.

Kramer, Gregory, Einsichtsdialog. Weisheit und Mitgefühl durch Meditation im Dialog – eine buddhistische Praxis, Arbor Verlag
Wie kann »Meditation im Dialog« in einer Gruppe oder mit einem Partner gelingen? Sehr strukturiert und einfach beschrieben mit kleinen, anschaulichen Erfahrungsberichten.

Lipton, Bruce H., Intelligente Zellen. Wie Erfahrungen unsere Gene steuern, KOHA-Verlag

Wie unsere Zellen auf die Wahrnehmungen aus unserer Umwelt reagieren und die Schalter der DNA bedienen, sodass klar wird, wie wir aus biochemischer Sicht agieren.

Lucille, Francis, Ewigkeit Jetzt – Dialoge über das Glück, Kamphausen Verlag

Über die Stille des absoluten Bewusstseins.

Maharaj, Sri Nisargadatta, Ich bin (Teil 1 und 2) – Context Verlag

Ein Erwachter betrachtet Geist und Leben vom absoluten Standpunkt aus.

Maharshi, Ramana, Sei, was du bist! Die wichtigsten Lehren des großen indischen Weisen, O.W. Barth Verlag

Die Kernaussagen des Erwachten.

Mindell, Amy, Die Weisheit der Gefühle. Metafähigkeiten – die spirituelle Kunst in der Therapie, Via Nova Verlag

Die Autorin beschreibt therapeutische Haltungen, die unter spirituellen Gesichtspunkten sehr unterstützend für die prozessorientierte Arbeit mit Menschen sind. Es geht auch allgemein um Lebensprinzipien und Gefühlseinstellungen, die sich im Alltag auswirken.

Mingyur Rinpoche, Yongey, Buddha und die Wissenschaft vom Glück. Ein tibetischer Meister zeigt, wie Meditation den Körper und das Bewusstsein verändert, Goldmann Verlag

Mit Leichtigkeit und Tiefgang bringt der tibetische Lama grundlegende buddhistische Erkenntnisse mit westlichen wissenschaftlichen Erkenntnissen in Einklang.

Naess, Arne, Die Zukunft in unseren Händen. Eine tiefenökologische Philosophie, Peter Hammer Verlag

Das philosophische Grundlagenwerk der Tiefenökologie. Es wird aufgezeigt, wie nur das Bewusstsein der Verbundenheit auf Dauer Mensch und Natur retten kann.

Ostertag, Silvia, Lebendige Stille. Einstimmung und Einübung, Butzon Bercker Verlag

Wunderschöne, inspirierende Gedichte zur Einstimmung in die tägliche Praxis.

Packer, Toni, Fragen in der Stille: Meditieren jenseits des Wissens, Aurum Verlag
Eine Zenlehrerin stellt meditative Betrachtungen an. Wunderbar schlicht.

Stahl, Bob und Elisha Goldstein, Stressbewältigung durch Achtsamkeit: Das MBSR-Praxisbuch, Arbor Verlag
Grundlagen der MBSR-Methode mit Beiträgen von verschiedenen Autoren.

Stiegler, Richard, Kein Pfad – aus der Stille leben, Kamphausen Verlag
Ein systematischer Zugang zu innerer Stille. Es wird schrittweise aufgezeigt, welche Erfahrungsdimensionen sich in der Vertiefung von innerer Stille (Gewahrsein) ergeben.

Stiegler, Richard, Im Einklang leben. Spirituelle Grundhaltungen und Alltag, Arbor Verlag
Die zentralen spirituellen Grundhaltungen (Präsenz, Annahme, Offensein, Einssein und innere Führung) werden beschrieben und in ihrer Relevanz für den Alltag dargestellt.

Stiegler, Richard, Nach innen lauschen. Inspirationen für die spirituelle Praxis, Arbor Verlag
Einführung in die drei Grundformen der Praxis: die Praxis der stillen Meditation, die Praxis des Inneren Erforschens und die Praxis des Zuhörens. Viele konkrete Inspirationen für die tägliche Praxis.

Tolle, Eckhart, Jetzt! Die Kraft der Gegenwart, Kamphausen Verlag
Inzwischen ein Klassiker! Einfache und klare Zugänge zu Essenz.

Welwood, John, Bewusst lieben. Ein Weg des Erwachens, Arbor Verlag
Was bedeutet Achtsamkeit in Beziehungen? Aus der Perspektive von Essenz wird ein bewusster Weg für die Partnerschaft dargelegt.

Zum Autor

Richard Stiegler, geb. 1963. Heilpraktiker. Von 1988 bis 2008 psychotherapeutische Praxis in Rosenheim. Kursleiter, Meditationslehrer, Ausbilder in Transpersonaler Prozessarbeit. Buchautor.

Ausbildungen in Körperzentrierter Psychotherapie und in Groupfield (Transpersonale Psychologie nach Dyrian Benz-Chartraud) und anderen Verfahren der Humanistischen Psychologie. Jahrelange Meditationspraxis, vorwiegend Vipassana bei Fred von Allmen und Einzelretreats.

Schon in jungen Jahren bewegte Richard Stiegler die Verbindung zwischen seelischer und spiritueller Entwicklung, was ihn zur Transpersonalen Psychologie führte. Mit der Zeit ist ein eigener integrativer Ansatz der Transpersonalen Psychologie entstanden. 2001 hat er die Schule SEELEundSEIN gegründet, in der regelmäßig Ausbildungen und weiterführende Fortbildungen zur Transpersonalen Prozessarbeit stattfinden.

Heute bietet Richard Stiegler Kurse und Ausbildungen in Transpersonaler Prozessarbeit an und gibt Meditationskurse, in denen das offene Gewahrsein im Zentrum der Praxis steht.

Von Richard Stiegler sind bereits erschienen:

- »Kein Pfad – aus der Stille leben«, J. Kamphausen, 2005
- »Nach innen lauschen – Inspirationen für die spirituelle Praxis«, Arbor Verlag, 2014
- »Im Einklang leben – Spirituelle Grundhaltungen und Alltag«, Arbor Verlag, 2017
- »Warum uns der Klimawandel an innere Grenzen bringt … und wie wir daran wachsen können«, Arbor Verlag, 2020

Informationen zu Kursen und Ausbildungen von Richard Stiegler unter: www.seeleundsein.com

Weitere Literatur aus dem Arbor Verlag

ISBN 978-3-86781-173-6

RICHARD STIEGLER

Im Einklang leben

Spirituelle Grundhaltungen und Alltag

Spirituelle Praxis, wie zum Beispiel die Meditation, kann uns tiefe Erkenntnisse und Erfahrungen bescheren. Aber nur wenn wir daraus Grundhaltungen ableiten, die unser ganzes Menschsein durchwirken, wird unser Leben auf natürliche Weise Ausdruck des inneren Friedens, der Verbundenheit und der inneren Freiheit sein und entsprechend in die Welt und in unsere Beziehungen hineinstrahlen.

Anschaulich beschreibt Richard Stiegler in fünf Kapiteln die Grundhaltungen und vermittelt, welche Auswirkungen diese sowohl auf unsere Innenwelt als auch auf unser Handeln und unser Bezogensein haben. So ist mit diesem Buch ein Leitfaden für ein spirituelles Leben in all unseren menschlichen Lebensbezügen entstanden.

ISBN 978-3-86781-119-4

RICHARD STIEGLER

Nach innen lauschen

Inspirationen für die spirituelle Praxis

Jeder spirituelle Weg braucht eine Praxis, sonst bleibt unser Verständnis oberflächlich. Erst die Auseinandersetzung mit Praxisformen, auf die wir uns einlassen, an denen wir uns reiben und in welchen sich unsere seelische Entwicklung entfalten kann, führt dazu, dass sich spirituelle Einsichten vertiefen und verinnerlichen.

In diesem Buch werden drei grundlegende Formen der spirituellen Praxis behandelt, die alle in der Grundhaltung des „Lauschens" – einem vertieften Zuhören – wurzeln. In der Praxis der stillen Meditation steht das Gewahrsein im Zentrum, in der Praxis des inneren Erforschens wird unsere Aufmerksamkeit auf die schöpferische Lebendigkeit unserer Seele gerichtet und in der Praxis des Zuhörens stehen unsere Beziehungen im Mittelpunkt.

Nach einer kurzen Einführung in die jeweilige Praxisform folgen Inspirationen mit konkreten Anregungen. So wird dieses Buch zu einem Praxisbuch – einem Wegbegleiter für die tägliche spirituelle Praxis.

ISBN 978-3-86781-291-7

RICHARD STIEGLER

Warum uns der Klimawandel an innere Grenzen bringt …

… und wie wir daran wachsen können

Der Klimawandel zählt wohl zu den größten Herausforderungen, die die Menschheit jemals zu bewältigen hatte. So ist es nicht verwunderlich, dass bei vielen Menschen seelische Prozesse ausgelöst werden, mit denen sie sich überfordert und alleingelassen fühlen.

In der Öffentlichkeit wird vor allem über die äußere Dimension gesprochen, also darüber, wie wir CO^2 einsparen können. Doch wie geht es uns innerlich mit der Erkenntnis, dass wir unser Leben in Zukunft radikal ändern müssen? Wie geht es uns damit, wenn in Frage steht, ob unsere Kinder noch eine lebenswerte Zukunft haben?

Richard Stiegler lädt dazu ein, zu erforschen, wie die anstehende Veränderung seelisch auf uns wirkt. Er regt an, sich mit inneren Widerständen und Ohnmachtsgefühlen auseinanderzusetzen und so die Voraussetzungen zu schaffen, den Wandel konstruktiv gestalten zu können.

Sein wegweisendes Buch beleuchtet die wesentlichen Aspekte, die für einen individuellen und kollektiven Bewusstseinswandel notwendig sind, und setzt einen intensiven Bewusstwerdungsprozess in Gang.

Online

Umfangreiche Informationen zu unseren Themen, ausführliche Leseproben aller unserer Bücher, einen versandkostenfreien Bestellservice und unseren kostenlosen Newsletter.
All das und mehr finden Sie auf unserer Website.

www.arbor-verlag.de

Mehr über Richard Stiegler

www.arbor-verlag.de/richard-stiegler

Seminare

Die gemeinnützige *Arbor-Seminare gGmbH* organisiert regelmäßig Seminare und Weiterbildungen mit führenden Vertretern achtsamkeitsbasierter Verfahren. Nähere Informationen finden Sie unter:

www.arbor-seminare.de

Arbor Online-Center

Mit dieser Plattform hat Arbor einen virtuellen Ort der Inspiration und des Lernens rund um das Thema Achtsamkeit geschaffen. Lernen Sie die AutorInnen unserer Bücher und die ReferentInnen unserer Veranstaltungen kennen: in Interviews, Vorträgen, Meditationsübungen, Webinaren, Podcasts sowie Online-Kursen und zahlreichen weiteren Ressourcen.

www.arbor-online-center.de